グローバルヒストリーの中の辛亥革命

辛亥革命100周年記念国際シンポジウム
（神戸会議）論文集

日本孫文研究会編

〔孫中山記念会研究叢書Ⅵ〕

汲古書院

目　次

開会の辞　　　　　　　　　　　　　　　　　　　田﨑雅元　5
　　　　　　　　　　　　　　　　　　　　　　　井戸敏三　6

基調講演
　近代世界史における多民族国家　　プラセンジット・デュアラ　8
　　　―中国の実験―

第1部　複数の辛亥革命
　秘密結社と辛亥革命　　　　　　　　　　　　　　孫　江　22
　辛亥革命とジェンダー：　　　　　　　　　　坂元ひろ子　35
　　　革命に耐える／進化を見せる装置（試論）
　福建の辛亥革命　　　　　　　　　　　　　　　　許毓良　58
　　　―『台湾日日新報』を例に
　モンゴル人留日学生と辛亥革命　　　　　　　　　田中剛　77
　まとめとコメント　　　　　　　　　江田憲治、島田美和　93

第2部　辛亥革命はいかに表象されたか
　革命が憲政を凌駕したのは何故か　　　　　　　　許紀霖　98
　　　―辛亥革命前後における制度変容の分岐点
　革命、共和国と文化　　　　　　　　　　　　　　車泰根　130
　　　―『東方雑誌』を中心に
　形象化された辛亥革命　　　　　　　　　　　　　蔣海波　148
　　　―マッチラベルから見る近代中国の社会変遷
　まとめとコメント　　　　　　　　　高嶋航、小野寺史郎　172

第3部　都市文化ヘゲモニーと辛亥革命

革命がもたらした差異　　　　　　　ブライナ・グッドマン　176
　—民国初期の上海における「経済学」、個人の自由と国家主権
成都における保路運動　　　　　　　　　　　　鄭小威　196
　—国家の主権と人民の権利
税金の代理徴収より見る清末蘇州商会の「代表性」問題
　　　　　　　　　　　　　　　　　　　　　　邱澎生　223
中国キリスト教史からみた辛亥革命　　　　　　土肥歩　251
　—梁発の「発見」と太平天国叙述の再形成
まとめとコメント　　　　　　　　　　陳来幸、城山智子　274

第4部　辛亥時期人物研究

孫文思想における理想の国家　　　　　　　　三輪雅人　278
近代科学思想と孫文　　　　　　　　　　　武上真理子　297
革命に対する揺らぎ　　　　　　　　　　　　　彭　剣　323
　—唐璆の生涯における革命への参加と拒絶
まとめとコメント　　　　　　　　　　石川禎浩、安井三吉　337

総合討議　　　　　　　　　　　　　　　　　　　　339

　パネリスト：プラセンジット・デュアラ、西村成雄、中村哲夫、
　　　　　許毓良、車泰根、許紀霖、ブライナ・グッドマン
　司会：緒形康　　通訳：城山智子、袁広泉、宋晴美

閉会の辞　　　　　　　　　　　　　　　　山田辰雄　353

あとがきにかえて—「辛亥革命100周年記念国際シンポジウム（神戸
　会議）」が問いかけるもの　　　　　　　　　緒形康　355

編集後記	緒形康	358

付　録
1　シンポジウム関係者名簿　　　　　　　　　　　　　　360
2　「グローバルヒストリーの中の辛亥革命」プログラム　　363
3　助成団体・個人寄付者一覧　　　　　　　　　　　　　366

執筆者プロフィール　　　　　　　　　　　　　　　　　　367

索　引（人名索引・事項索引）　　　　　　　　　　　　　373

開会の辞

田﨑　雅元

　財団法人孫中山記念会は、辛亥革命100周年を記念する諸行事の一貫として国際シンポジウム（神戸会議）を孫文とゆかりの深い神戸の地で開催することに致しました。

　当記念会は1988年に創設され、辛亥革命の中心人物であった孫文の日本と神戸における活動、またそれを支えた多くの人々の実像を調査検証しその記録を保存公開することを目的とし、孫文の思想と行動や近代の日中関係について討議する孫文研究会の学術活動を支援しながら、風光明媚な神戸舞子の地に設置されている国の重要文化財である「移情閣」を使用した「日本で唯一の孫文記念館」を運営しています。

　すでに昨年10月には「辛亥革命百周年に向けてのメッセージ」と題する講演・学術シンポジウムを開催し300名を超える一般市民のご参加を頂きました。辛亥革命100周年という節目を迎えた本年、辛亥革命に始まる中国社会の巨大な変革の歴史的な意味を多面的かつ重層的に問い直し21世紀の東アジア、ひいては広く世界の平和と発展のヴィジョンを描くために、今回は国内外の多くの優れた専門家、研究者の方々にお集まりいただきました。

　世界的に先の見えない不安感が漂う今日、「グローバルヒストリーの中の辛亥革命」をテーマとする本日のご講演、シンポジウムが実りあるものとなり、これが世界に向けて様々な意義ある未来志向のメッセージとなって発信されることを心から期待しております。

開会の辞

井 戸 敏 三

「辛亥革命100周年記念国際シンポジウム　神戸会議」が盛大に開催されます。心からお喜びします。

11月上旬、中国からの誘客促進のため、中国全土から観光旅行会社等が集まる「広東国際旅游文化節」にあわせて広東省を訪れ、兵庫の多彩な魅力をＰＲしました。

旅游文化節の開催地である韶関市は、かつて軍閥が割拠する中国の統一をめざして孫文が指導した北伐の根拠地となった場所です。今回の訪問にあたり、昨年整備されたばかりの「北伐（中山）紀念館」を視察し、日本唯一の孫文記念館の関係者として記念記帳を行いました。孫文の事跡を顕彰する活動が盛んに行われている様子を目の当たりにし、中国革命の父としていかに深く尊敬を集めているかを改めて実感しました。

孫文はその激動の人生において、18回にわたり神戸を訪れ、最後の訪日となった1924年、現兵庫県庁舎の場所で「大アジア主義」演説を行いました。武力を中心とした西洋の覇道に対し、アジア諸国における人と人との結びつきや道義を基礎とする王道こそが、世界秩序の基本になるべきと唱えました。

しかし、世界ではいまだテロや紛争が絶えず、多くの人々が貧困と飢餓の中にあります。私たちは、いま一度、孫文の言葉に耳を傾け、「争いと競争の20世紀」から「平和と協調の21世紀」への転換に向けて力を合わせる時ではないでしょうか。

それだけに、孫文と辛亥革命に関する内外の研究者が集う本日のシンポジウムを通じて、辛亥革命の歴史的意義が広く発信されるとともに、21世紀の世界の平和と発展に向けて活発な議論が行われることを期待しています。

シンポジウムの開催にご尽力いただいた皆様に感謝するとともに、ご参集の皆様のご健勝とご活躍を心からお祈りします。

基調講演

近代世界史における多民族国家
―― 中国の実験 ――

プラセンジット・デュアラ（緒形康訳）

序　論

　近代多民族国家の歴史は1世紀にも満たない。この報告で私は、こうした形態が20世紀における帝国から民族への移行という問題を克服する努力の産物であることを示したい。中国はこの解決策を発展させて、世界における帝国から民族への問題に本気で取り組んだ最初の政治システムの1つであるというのが、私の意見である。そうやって中国はグローバルな問題に応えたのだが、それが可能であったのは、清帝国における連邦制の概念を現代政体になくてはならないものへと作り変えたからである。中国革命後まもなく、中国以外のいくつかの国家もまた、帝国の遺産を新しいアプローチによって作り変え、民族の普遍的でグローバルな要求に応えようとした。

　こうした国家がみな帝国から民族への移行を無事に果たしたわけではない。最も知られているのはハプスブルク帝国、オスマン帝国、大英帝国、ソ連である。もちろん中国における移行も容易ではなかったから、われわれは今もこの主題を考察するのである。しかし、世界でグローバリゼーション、超国家主義、地域主義が拡がる現在、アジアの民族国家の確立と拡大から100年経った今、世界の新しい政治的連合のかたちを思い描く上でも、こうした歴史的な解決策をもう一度振り返る必要がある。

1　多民族主義のグローバルな起源

　グレートブリテン（連合王国ほど多民族国家として樹立された訳ではなったが）を

除外して、最初の多民族国家は20世紀、それも第１次世界大戦後に建設された。ここにはソ連邦、ユーゴスラヴィア、中国や、ウォーカー・コナーが優れて多民族的と述べた他の民族国家（インドからベルギーまで多種多様な）が含まれる[1]。これらほとんどの国家の起源は、帝国から民族へと変化する中に、とりわけ旧い帝国の継承者が民族国家へと自らを変容してゆく中に見出すことができる。それらの社会は、オーストリア＝ハンガリー帝国から極東中国にいたるユーラシアの弧を形作っているのである。そうした変容の試みには、いくつかの独特な歴史的条件が付随している。

１）　旧い帝国の中心・周縁の関係は、経済的あるいはイデオロギー的な関係ではなく、多くの場合、戦略的あるいは軍事的な関係として想像された。

２）　優勢なエスニック・人種・宗教エリートが民族の自己意識を身にまとって現れ、新たに出現した民族国家を支配しようとする。

３）　歴史的には後進の（現代化の可能性が限定的な）新生民族や人民にとって、周縁は、戦略的のみならず資源の辺境であるという理解がこれに加わる。

４）　辺境や周縁の新しい理解は、地域における資源、時にはその忠誠さえも奪ってしまう帝国主義列強の侵略によって陰影を帯びたものになる。

５）　優勢なエスニック・民族集団もまた、周縁におけるエリート、そして／または帝国主義者によってはぐくまれた反体制民族主義の出現に直面している。

６）　支配的民族は周縁の集団に対して民族性の権利をある程度容認するが、国家建設の技術を通じて周縁を同化しようとするのがほとんどで、結果としてさらなる不安定を生み出す。

７）　１つには民族性の権利を法的・理論的に承認するために、中心と周縁のエスニシティーの差異が今日まで持続する（あるいは複数民族へと分離する）。

多民族国家はこうした歴史的複合状況の結果であり、19世紀末以来の歴史的帝国における中心・周縁の差異化あるいは不均衡な発展の結果である。支配的民族は、それぞれ、こうした問題をどのように処理しただろうか。

なるほど政治共同体を正当化する民族性原理は第2次世界大戦後に確立されたが、それは多民族国家の出現を妨げるものではなく、とりわけユーゴスラヴィア・ロシア・中国（1912年）では多民族国家が民族の権利を前提として建設されたのは言うまでもない。その結果、周知のように、特に第2次世界大戦後には、多民族主義が多くの民族国家を特徴付けるものとなった。資源配分の問題（非物質的な尊厳や感情を含め）の解決には決まって民族性の集合的権利という言語を経由することが求められたと言い換えても良い。別に述べたことだが、満州国に始まり今日のイラク問題で頂点に達する新帝国主義は、民族の権利という言語を用いて支配する帝国主義なのだ。けれども、それはもう1つの問題である。今、私が問題にしたいのは、1912年に五族（漢・満・蒙・回・蔵の諸民族を代表とする）の共和国を宣言した際、中国はどうやって、またどういう訳で、このような現代の多民族国家の1つになったのかということであり、ソヴィエトでその後に多民族国家が反復されたことから、どんな影響を受けたかということである。

　ヨーロッパでは、第2インターナショナルが、民族の政治的組織の中で、民族防衛のために働くことの優位を宣言してから（これ以後も社会主義のための闘争は継続されるのだが）、社会主義者や共産主義者には民族の問題に関する選択肢がほとんどなくなってしまった。それとは対照的に、ボリシェヴィキや1920年代に民族自治を制限する上で名高い働きをするスターリンでさえ、理論的には分離権に基礎を置いた民族の自決権に与していた。スターリンの1913年の作品である『マルクス主義と民族問題』に、それは特に顕著である。このエッセイでスターリンは、民族性の権利を認めながらも、それを分離権抜きでオーストリア連邦国家の枠内にとどめようとしたオーストロ・マルクス主義者オットー・バウアーを批判した。バウアーによる「オーストラリア人の血と肉からなる文化的民族自治」に対して、スターリンはボルシェヴィキによる真の地方自治を提示したが、それは後に有名となるスターリンのイデオロギー的・歴史的な構想と国家主義の定言命令とがないまぜになったものだった[2]。

　要約すれば、ボリシェヴィキの民族自決権に対する立場は、政党自治なき地

方自治を意味するものだった(3)。非ロシア地域の共産党は必ずしも民族主義的ではなく、ソヴィエトの目標は民族への忠誠を「プロレタリアートの」利益に従属させるものだった。1912年の五族共和国のレトリックの上に建設されながら、ソヴィエト・モデルからヒントを得ていた満州国傀儡国家において、ある興味深い日本人の記録がある。『満洲國の民族問題』の著者である富永理は、連邦主義という目標を実現し、少数者の権利を擁護する政策が、同時に、ソヴィエト国家の権力、ツァーリ帝国において分離主義に関わる軍隊、そして当該地域におけるイギリスの影響力を強化したことを指摘している。民族主義はこのように国家目標のために抑圧されるのではなく積極的に利用されてきたのだと、富永は感嘆して記すのである(4)。

2 五族共和国

　清朝崩壊後、1912年に建設された中国の五族共和国に戻ろう。この最初の多民族国家には2つの特徴が顕著である。(1)それは多数派と同じぐらい少数派の側からも考案された解決策である。(2)それは帝国の最大領土を守ろうとする努力でありながら、民族主義の原則に基づいて建設された。

　清朝末期（1900〜11年）は近代主義的な改革の時代であったが、それは余りにも遅きに過ぎ、皮肉にも革命的変化の潮流を増大させる結果となった。その時までに、鍵を握る政治立役者たち共和革命派と、漢族と満州族からなる穏健的な立憲改革派は、数年のあいだに、帝国あるいは理想的な天下よりも、むしろ中国民族という枠組から政治的言説を行使し始めていた。民族と民族性に関する言語は、社会ダーウィニズムやスイス・ドイツ語による国際法学者ヨアン・ブルンチュリーの影響を（日本の翻訳を経由して）受けていた(5)。共和革命派は、漢族と満州族をそれぞれ多数の被支配人種民族と少数の支配人種民族の観点から捉えた。漢族が民族主義を発展させ、生存競争において人種の保存が必要なことを自覚した以上、満州族は同化されるか消滅するだろうと多くが主張した。章太炎や陳天華といった最も自覚的な革命派は、満州族は独立民族として満州

を維持するしかないと宣言した。もっとも、これは革命派によって処方箋として真剣に検討されることはなかったが[6]。

改革派は、政治的統合を人種や民族性ではなく文明的価値の共有によって定義する中国の伝統からより多くを得ていた。立憲君主主義者である康有為のような改革者や満州族の改革者たちは、文明的価値の共有という歴史的理想を、人種と民族性に関する新たな言語で語ろうとした。彼らが多民族国家の理想を発展させたのは、ハイブリッドな政治理論を創造するこうした過程においてであった。日本に在住する満州族の改革者たちが1907年に創刊した雑誌、『大同報』は、満・漢・蒙・回・蔵の5つの集団を包容するそうした同盟についての語りを発明した[7]。

清朝は、漢族地域（関内）だけではなく、漢族とは境界で隔てられたモンゴル族、チベット族、ムスリムと、満州族の故地からなる連邦同盟を包含した帝国構成体であった。これらの領土は清帝国の3分の2以上を含み、中国本土とは異なる扱いをされた。1900年代初頭、満州族の改革者で、楊度のような漢族の立憲主義者と共闘していた恒鈞や烏沢声は、新たな立憲主義的民族国家における満州族の特権を放棄して、満州族や漢族のみならず他の周縁人民も共通の市民社会に参加できると提案した。満州族の改革者たちは、周縁人民や種族が相対的に文明化されていないことについては革命派と同意見だったが、彼らが市民社会に統合されなければ、その領土はロシアやイギリスといった帝国主義列強に征服され、中国そのものが帝国主義者によって瓜分されるだろうと警告した。この点において、満州族の改革者たちは、梁啓超のような初期改革者の見解に共鳴していた。しかし中華民国ができる直前まで、全陣営の連合を強く求める議論には帝国主義の脅威の影がつきまとった[8]。

3　20世紀中国における多民族国家の影響

もちろん、それがどの程度まで民族自治にもとづく同盟だったのか、同化戦略のたんなる隠れ蓑だったかについては議論の余地がある。革命派にとって、

後者であることは余りにも明らかだった。唯一の支持声明を別として、孫中山は民族自治の考えをしばしば公然と非難した[9]。実際、1912年から49年までの中華民国の歴史は、漢族が支配する政府が理論において提案していたものを現実には取り下げてゆく歴史だった。蔣介石は『中国の命運』で、五族は「その起源が1つの人種と血統である」[10]と宣言した。国民政府が言語・習慣、さらには衣服や髪形まで中国風に変えて、「辺境民族」の同質化(「同化」)に努めたのは事実である[11]。

満州族の改革者たちにとって、この問題はさらに微妙であった。まず、複数の民族性からなる国家というこうした事項についての概念がなかったし、われわれが国家内の異なる民族性について持っているような語彙もなかった。しかしながら、彼らが民族性(「民族」)からも人種(「種族」)からさえも区別された中国国家の市民権(「国民」)という概念を有していたことは明らかであるように思われる。

烏沢声が、満・漢・蒙・回・蔵を1つの大きな市民社会(「国民」)に合流させることを主張し、恒鈞が「われわれに確固とした民族の境界があれば、人種の境界に分割されることはない」と宣言したのは、その故であった[12]。

五族共和国の概念がイデオロギー的な熱狂のさなかで発展し、楊度の1907年の著作にまでその起源が辿れることは確かだが、その理想が中華民国の1912年体制のなかに活路を見出すには、中心・周縁に関する新たな焦眉の問題や、それに付随した複雑な政治を避けて通るわけにはいかなかった。思い切ってかいつまんで言えば、1911年の革命派は、清朝退位を協議せねばならないときに、政治システムにおけるさまざまな利害間の妥協を強いられたのである。同時に、彼らは帝国主義者の侵略を恐れるあまり満州族に圧力をかけすぎることができなかった。さらに、モンゴル王公は新生共和国からの独立を宣言して、中国ではなく満州となら合併しても良いと述べたばかりだった。こうした状況下で、革命派は4つの民族を漢族と同等に扱うことを認めざるを得なかった。ここで言う周縁の民族性が、原則として、貴族制、部族共同体、ならびに近年設置された資政院における満州族支配を通じて守られてきた諸特権(もっとも信仰の自

由の権利は、全共同体に認可されていた）を指すことは言うまでもない[13]。たとえそうだとしても、中華民国は、民族性のレトリック、偉大なる歴史的重要性を持ったレトリカルな発展によって登録されたのだった。

　中国共産党において、清帝国の遺産を意味する多民族国家の観念は、反帝国主義者の民族主義からなるボリシェヴィキの考えから影響を受けるようになった。もっとも、中国共産党が革命闘争や日本帝国主義との戦争において少数民族の援助を必要とするに当たっては、多民族国家の観念が再び持ち出された。ところが、1936年までに、各民族は民族国家からの分離権を否定し、1949年に中華人民共和国は、少数民族が自治を行う地域・領土の連邦システムではなく、それらを統合したシステムを発展させた。ソ連におけるように、各民族は特殊な権利を有したが、その政治コントロールは共産党が中央集権的であることによって維持された。現在、少数民族は中国人口の約9～10%（およそ1億人）であるが、清代にはその歴史的故地は中国全領土の3分の2を占めていたのである。

　戦略的な観点から言えば、広大な後背地は中国国家にとって重要であり続けるし、われわれは確かに、近代国家のこうした論理から民族の権利が承認されたことを知っている。だが、周縁と周辺民族は、進化論的なイデオロギーと経済開発の対象でもある。1949年から79年のあいだには、マルクス主義的進化論者による先進人民と後進人民の考え方が支配的であったとはいえ、同化主義者の衝動と、民族の統一を祝福する必要性との間のバランスは保たれていた。1979年以後の中国の発展の時代には、より深刻な経済格差が、民族の中心と周縁の間に生まれた。南方・南西沿海地域や中国都市部が繁栄する一方、広大な後背地、特に西部は国家資源のための開発の対象となり、経済的に大きく立ち遅れた。その結果、西部（内蒙古、新疆、チベット）や東北部の（朝鮮族のなかで）、未回収地併合主義者や民族主義者の運動が生まれた。過去10年間において、「西部大開発」の努力はなされたが、それが地域の発展に帰結するのか、資源のさらなる搾取に帰結するかは全く明らかではない。いずれにせよ、経済的でエスニックな意味における民族の不均衡発展は、グローバリゼーションへと向

かう潮流によって激化の一途を辿る問題を露呈させ、国家による再分配の放棄を迫りつつある。このように、20世紀初頭に民族の設計者たちがぶつかった中心・周縁問題は、多くの点でいまだに中国の問題であり続けているのだ。それと同時に、中華人民共和国政府は、多民族国家の支配原理を、少数民族だけではなく、香港やマカオのような異なる社会にも巧みに適用してきた。おそらく中国は、自国の異質な共同体だけでなく、グローバリゼーションによって現れた新しいかたちの境界横断的な共同体やその副産物を統合するために、このハイブリッドな概念を拡大してゆくだろう。

結　論

　私の目的はグローバルなコンテキストに中国の多民族主義を位置付けることだった。第2に、中華民国がこの概念を開拓した世界で最初の国家であって、多民族国家の考えの生みの親とこれまで見なされてきたソヴィエト革命より数年先行していることを示すことにあった。それが可能であったのは、多民族主義のグローバルな観念（特にブルンチュリの考え）と、オーウェン・ラティモアが「連邦帝国」[14]と名付けた旧い清朝の観念とを創造性豊かに結合したからである。

　19世紀末までは、カナダやオーストラリアを大英帝国の「自治領」に位置付ける試みがなされはしたが、連邦国家はほとんど存在しなかった。アメリカ合衆国は、13州連合から、統一された民族国家へと大きく変容していた。ブルンチュリの故郷であるスイスは最も重要ではあるが最小の連邦制の事例ではあった。19世紀の最も連邦的な国家が、19世紀末までにその人民を効果的に同一化し、その周縁領域を効果的に民族化したことからすれば、ある意味において、こうした多民族国家の考えはすぐれて現代20世紀的な観念であろう。

　しかし20世紀初めまでには、特にソヴィエト革命やウッドロー・ウィルソンの民族自決の原理以後は、民族の権利意識が世界中のエリートの隅々まで広がるにつれて、異文化領域を同一化する際に、多民族国家の考えが政治的にきわ

めて大きな代償を支払わねばならないものとなったのである。

　五族共和という中華民国の観念は、こうした新しいコンテキストにおける最初の政治的革新であった。だが、その政治的装置は、新しい民族の権利意識のためばかりではなく、中国国境において帝国主義列強が勢力を伸長していたがために生じたのだ。共和派が当該地域のエスニック共同体に対して譲歩したのは、そうした状況下においてであった。

　とはいえ、中国と少数民族との文化関係を発展させようとした戴季陶を除き、多くの国民党指導者は一貫して、清朝の文化的同盟主義を、チベット、新疆、モンゴルや他の少数エスニック集団の人民が共通の祖先を戴く子孫であるという同化主義的な人種原理へと転換しようとした。中華人民共和国における中国共産党の勝利によって、こうした傾向は逆転し、これらの地域が文化を異にし、かつ自立しているという理解が強化された。中華人民共和国政府は、きわめて大きな自治区であるチベット、新疆やその他を含む55の自治民族を生みだしたのである。

　20世紀初頭以来、多民族主義に対する政治的な対応は、中国の未来をめぐる経路依存性の高いオプションをこのようにして創造したのである。多民族主義が周縁において支配的である世界の他の多くでも、同様のことが繰り返された。政治的には協調的なものではあったが、このパターンは民族の不均衡な発展の潮流を再生産することが多かった。国家が率先してより多くの政治的・経済的資源を周縁へと投資することが周期的に求められた。

　しばしば出される疑問に、19世紀末の陸上帝国のうち、なぜ中華帝国のみが、それまでとほぼ同じ領土国境を保ちながら20世紀に多民族国家へと移行できたのかというものがある。

　ジョセフ・エシェリックは、オスマン帝国、ハプスブルク帝国、イギリス・インド帝国と違って、中国の政治システムは、まさに辺境地域における帝国主義列強間の競争の故にそうした移行ができたのだと述べた。イギリス人やロシア人は、モンゴル、新疆、チベットにおいて（そして日本人は1932年まで東北において）、非公式に自らの利益を守れる限り、強い帝国主義の競争者がその地

域にいるよりも中国の主権がきわめて脆弱である方を好んだ[15]。

しかし、それらは重要な条件ではあったが、十分な理由とはならない。第1に、汪東や何人かの学者が指摘するように、国民党政権は、清朝領土を外交手続きにおいて少しでも放棄することを一貫して拒否するのに成功した[16]。東北や満州の喪失でさえ、国際的には国際連盟によって承認されることはなかった。

第2に、それはたんなる外交的な努力ではない。清朝の主要な辺境地域において、国家建設の過程は19世紀末までには発展の道を歩み始めていた。満州は1860年代のロシア人入植以前は、柳条辺以北の東北の大部分を閉鎖していた。次いで、漢族の入植が、東北3省への行政再編成と共に起こった。新疆、内蒙古、台湾にもこれに似た行政区が生まれ、趙爾巽のもとでカム（西康）のような場所に省を作ろうという努力がなされた。西南では土司システムが改土帰流の改革に取って代わった。他にも広範な経済的・文化的な国家建設が企図された[17]。

こういうわけで、帝国末期や、中華民国が相対的に弱体で十分な行政権を行使できないときにあっても、物理的に自己主張できるほど国家が強大となるまで、中国は政治的な要求や主権の要求を続けることができたのである。

そうした条件は、旧い帝国から出現した他の新生民族国家の多くには当てはまらない。イギリス・インドには、インド人が帝国主義列強同士を対抗させられるような帝国主義者の競争相手はいなかった。さらに、来るべきパキスタンのムスリム指導者や、（ヒンドゥー支配の）インド国民会議派が独立を要求するに足るインド「民族」国家なるものが（弱体なものすら）なかった。それどころか、植民地国家は、インド分割とそれに続く内戦で虐殺に訴える以外になかった側とそれに反対する側を対抗させて漁夫の利を得た。植民地国家は、北ヒマラヤ国境における統治権の要求に応えたが、同時に中国・インド間の諸問題を生みだしたのである。

ソ連の構想に含まれる原則については、ある程度考察してきた。ソ連崩壊には2つの要因があると思われる。ソヴィエト共和国では、ソ連共産党がウズベ

キスタンのようなそれまで民族意識を持たなかった地域にさえ積極的に民族性の紐帯を作り上げた。ゴルバチョフ時代の改革がソヴィエト国家の屋台骨をさらけ出したとき、立ち上がって先頭を切ったのは民族運動に他ならなかった。こうして、多民族国家内部で力強い民族運動が起こるにつれて、ソ連では組織的な崩壊が起こったのだが、まさにこのことが中国との相違を物語っているのである。

注
（ 1 ） Walker Connor, "Nation-Building or Nation-Destroying?" *World Politics* 24（1972）, pp.319-355. 多民族国家とは、人民が 2 つあるいはそれ以上の無視し得ない大きさを持った、民族識別ができる民族（人民）から成る国家（地方）である。これは単一の民族が人口の大部分を占める国民国家とは対照的である。私見によれば、多民族国家は市民共同体の間の文化的・政治的・社会的かつ経済的差異すらも法の下に保護するものである。
（ 2 ） J. V. Stalin, *Marxism and the National Question*, First published in *Prosveshche-niye*, Nos. 3-5, March-May, 1913. Transcribed by Carl Kavanagh. http://www.marxists.org/reference/archive/stalin/index.htm.（スターリン『マルクス主義と民族問題』［佐藤栄訳］、彰考書院、1946年）
（ 3 ） Ronald Grigor Suny, "'Don't paint nationalism red': national revolution and socialist anti-imperialism." in Prasenjit Duara ed., *Decolonization: Perspectives from Now and Then*, London and NY : Routledge, 2004, pp.176-198.
（ 4 ） 富永理『滿洲國の民族問題』新京、1943年、43-45頁。
（ 5 ） Johann Kaspar Bluntschli, *The Theory of the State*（Authorized English Translation from the Sixth German Edition）, Kitchener, Ontario : Batoche Books, 2000.
（ 6 ） 汪精衛「民族的国民」1905年、張枬主編『辛亥革命前十年間時論選集』第 2 巻、香港：三聯書店、1962年、82-114頁。
（ 7 ） 『大同報』東京、1907-08年、張玉法編『清末民初期刊彙編』経世書局、1985年（リプリント版）、烏沢声の序文を参照、18-20頁。
（ 8 ） 前掲、烏沢声序文を参照。また恒鈞「中国之前途」『大同報』1907-08年、27-29頁を参照。
（ 9 ） 片岡一忠「辛亥革命時期の五族共和論をめぐって」、田中正美先生退官記念論集刊行会編『中国近代史の諸問題』東京：国書刊行会、1984年、294頁。

（10） Kai-chek Chiang, *China's Destiny*, Translated by Wang Chung-hui, New York: Macmillan, 1947. p.4, p.12, p.239 n. 1.（蒋介石著、波多野乾一訳『中国の命運』日本評論社、1946年）民族領土における諸人民の共通祖先の理論を、北京原人という共通始祖の分家と関連付けた、熊十力による疑似科学的な古生物学の議論によって、このことは可能になった。

（11） 方秋葦『非常時期之辺務』香港：中華書局、1937年、63-74頁。Siu-woo Cheung, "Subject and Representation: Identity Politics in Southeast Guizhou." Ph.D. diss. University of Washington, Seattle, 1996.

（12） 前掲、烏沢声序文、『大同報』20頁を参照。また恒鈞「中国之前途」『大同報』29頁を参照。

（13） 立憲主義の政治に関する優れた議論は Edward J M Rhoads, *Manchus and Han Ethnic Relations and Political Power in Late Qing and Early Republican China*, 1861-1928, University of Washington Press, Seattle and London, 2000. ならびに村田雄二郎「孫中山与辛亥革命の"五族共和"論」『広東社会科学』2004年5月号を参照。

（14） Owen Lattimore, *Manchuria: Cradle of Conflict*, New York: The Macmillan Company, 1935.

（15） Joseph W Esherick, "How the Qing became China." in Joseph W Esherick, Hasan Kayali, and Eric Van Young eds., *Empire to Nation: Historical Perspectives on the Making of the Modern World*, Lanham, MD : Rowman and Littlefield Publishers, 2006.

（16） Dong Wang, *China's Unequal Treaties: Narrating National History*, Lanham, MD : Lexington Books, 2005.

（17） Scott Relyea, "Gazing at the Tibetan Plateau: Sovereignty and Chinese State Expansion in the Early Twentieth Century." Ph.D. diss. University of Chicago, 2010.

第1部　複数の辛亥革命

　辛亥革命はさまざまな政治集団の間で複雑な利害関係を内包しながら推進された事件であった。それら多様な集団にとって辛亥革命とは何であったのか。革命の影の原動力である秘密結社、軍事ヘゲモニーを掌握した新軍、社会へ進出し始めた女性、反革命に立つ満州旧朝廷、革命の利害関係とは無縁かに見える少数民族など、複数の辛亥革命について探求する。

秘密結社と辛亥革命

孫　江

1　問題の所在

　秘密結社と革命との関係は、辛亥革命をめぐる歴史叙述においてしばしば論じられる問題である。これまでの通説として、秘密結社は辛亥革命と切っても切れない関係にあり、革命に貢献した、とされている。
　果たして本当にそうだったのか。
　1919年1月14日、孫文は『国史前編』の編集に携わる蔡元培、張相臣宛の手紙のなかで、「（秘密結社は）専制的な組織であり、階級が厳しく、共和の原理や民権主義というものを全く知らない。秘密結社と共和革命との関係については別冊で『秘密会党史』を編纂したほうがいい。それらを民国の歴史に混じり込ませてはならない」と述べている[1]。つまり、孫文は、秘密結社の組織が民主、共和、民権を旗印とする革命の理念と相容れず、このような組織は中華民国の歴史に然るべき場所を持つことはできない、と考えたのである。その一年前の1918年、孫文は「建国方略」において、辛亥革命以前の秘密結社について次のように述べている[2]。

> 国内ニ傳布スルコトノ困難ナルハ推シテ知ルベキデアル。当時革命排満ノ言ヲ聞イテ怪ト為サザリシハ只ダ会党ノミデアッテ、而モ彼等ハ皆知識程度低ク団結力薄弱ニテ何等頼ムニ足ラズ、共鳴ハ望ミ得ルモ用イテ革命ノ原動力タラシムルコトハ出来ナカッタ。

　ここで、孫文は、秘密結社がその会衆に対する教育が不十分であるため、内部の求心力が甚だ不足し、革命の原動力になることは期待できない、と考えている。

しかし、秘密結社に関する孫文のこれらの言説は、必ずしも孫文と秘密結社との関係を如実に反映していない。1895年、孫文は広州蜂起の失敗後に海外に亡命し、海外華人の秘密結社「致公堂」(通常「洪門」と称される)に加入した。孫文は中国国内の秘密結社とも密接な関係を持ち、後者を通じて数回にわたって反清武装蜂起を起こした。1905年、孫文は海外の致公堂を含む中国の秘密結社を「愛国保種、興漢復讐」を標榜する民族主義団体として位置づけている[3]。同年、孫文はベルギーの中国人留学生との談話のなかで、次のように述べている。「会党の主な目的は反清復明にあるが、近ごろ、このような目標はもはや存在しない。我らはその趣旨を明らかにし、その本質を回復させるべきである。あなたたち学生諸君はこれに参加し、その会規や組織を改善すべきである」[4]。

秘密結社をめぐる孫文の言説に内在する矛盾は、秘密結社と辛亥革命との関係を論ずる際、歴史事実と歴史叙述との関係という歴史学の基本問題を改めてわれわれに投げかけている。歴史事実の面において、秘密結社は実際に辛亥革命に加わったかどうか、もしそうだとすればどの程度加わったか、などの問題を解明しなければならない。この問題は、当時および後世の人々が秘密結社と辛亥革命との関係をどのように表象したか、という問題につながる。以下、本稿では、具体的な事例を通じて辛亥革命における秘密結社の役割について考察したうえで、筆者のこれまでの研究に基づいて、秘密結社研究の方法論に関するいくつかの問題について私見を述べたい[5]。

2　表象としての結社革命

1911年10月10日に武昌で武装蜂起が起きた後、わずか2ヶ月足らずで、14の省が相次いで清朝からの独立を宣言した。そのうち、秘密結社が実際に辛亥革命に関わった地域は、わずか湖南、陝西、貴州と四川の4つの省であった。では、この4つの省において、秘密結社はそれぞれの地域で武装蜂起を推し進める役割を果たしたのだろうか。

24　第1部　複数の辛亥革命

（1）湖南省の場合

　湖南省では、隣の湖北省の省都武昌で武装蜂起が起きたことが伝わってくると、たちまち新軍のなかで不穏な空気が漂った。10月22日、焦達峰、陳作新は一部の新軍兵士を率いて省都長沙を攻撃した。これを受けて、巡撫余誠格が逃走し、焦達峰らは武力で湖南省を制圧し、湖南省の清朝からの独立を宣言した。焦、陳はそれぞれ湖南省都督と副都督に就任し、旧諮議局局長の譚延闓は省民政部長に就任した。その10日後、焦、陳の部下梅馨がクーデターを起こし、二人を殺害した。わずか10日間しか存続しなかった焦の政権をめぐってさまざまな見方が表された。ある人が言うには、焦は実はすでに死亡した秘密結社洪江会の首領姜守旦（1906年萍瀏醴武装蜂起のリーダー）であり、彼が所持した「四正」の印章はすなわち梁山泊の「天罡」印であった[6]、という。別の人が言うには、焦達峰が湖南都督に就任した後、多くの哥老会の人物が身の振り方をお願いするために彼のところを訪ねた。結局、長沙近辺の哥老会会衆の多くが新たに編成された新軍の兵士となった[7]、という。さらに、衡陽以南の地域で活動していた哥老会の会衆は、「焦兄貴が都督となったから、今はわれわれ洪江の天下だ」と述べた[8]、という。確かに、焦達峰は以前にとある哥老会組織の「龍頭大哥」であったが、哥老会は湖南省の独立とは何の関係もなかったし、焦が率いる湖南省政権も哥老会と無関係であった。「洪江の天下」という言説は、むしろ焦の政治的ライバルが彼を罪に落とすために意図的に流布したデマであった可能性が高い。

（2）陝西省の場合

　陝西省において、湖南省と同じ日に武昌蜂起が起き、清朝からの独立が宣言された。この間、陝西省の新軍のなかの哥老会首領が一定の役割を果たした。1910年に編成された陝西新軍混成協（三千人の兵士）のうち、下級将校の多くは軍事学校の卒業生だった[9]。そのうち同盟会の会員朱叙五、銭鼎、張鈁[10]、秘密結社の会員張鳳翔（日本の陸軍士官学校卒業）など十数名の将校はみな革命党員であった。陝西省の新軍部隊はまるで哥老会の山堂のようだった。兵士のなかに、旧軍人出身者の多くは秘密結社の会衆であり、そのうち張雲山、萬炳

南の二人は最も有力な地位にあった。陝西省が清朝から独立した後、山堂の哥老会首領たちが各々兵力を有し、兵士たちはそれぞれ所属する哥老会の首領に従って行動した(11)。当時のことについて、張鈁は後に次のように振り返っている。「洪門の何人かの首領は見識が浅くて狭かった。彼らは革命に参加していたものの、革命の真の意義を理解することができず、往々にして革命の名を使って金銭財物を強奪し、男女を誘拐し、名声と地位を争い合っていた」(12)。陝西省軍政府の書記長をつとめた同盟会会員郭希仁は、陝西は独立した後「秘密結社の世界になった」と嘆いた(13)。また、辛亥革命以前から哥老会の動員に尽力した同盟会会員井勿幕も、「革命は失敗した」と振り返っている(14)。1912年の春から夏にかけて、張鳳翔は哥老会首領に対して厳しい弾圧を行った。その結果、いわゆる「会党世界」はもはや姿を消したという(15)。

（3）貴州省の場合

武昌起義後、貴陽の陸軍小学校と新軍部隊が先に武装蜂起し、貴州省諮議局の2つの会派であった自治学社と憲政予備会が行動をともにして、巡撫沈瑜慶に権力を放棄することを迫った(16)。その結果、11月4日、貴州省が清朝から独立した。

1902年前後、孫文が率いる興中会に派遣されたと称する黄士誠は、秘密結社の文書「海底」を携えて貴州に至り、「同済公」という結社を結成し、「反清復明」の政治活動を開始した。同済公は、一時期雲南省の河口蜂起に呼応して反清武装蜂起を企むが成功することはなく、その後に張白麟が創立した立憲団体である自治学社に加わった(17)。貴州省の立憲団体について、当時、「憲政に関わった人の多くは金持ちの紳士であり、自治に関係した人の多くは貧しい人だった」(18)、といううわさがあった。自治学社のメンバーは主として社会下層の人々によって構成され、各支社には「きわめて多くの哥老会会衆」が含まれていた。そのうち、少なくとも19の支社に哥老会の会衆が参加しており、なかには、游民のほかに挙人、生員、留学生、諮議局議員もいた(19)。ここで留意すべきは、哥老会の会衆が自治学社に入ったことは、哥老会が一般に言われるような反体制的な社会組織ではなかったことを意味する、という点である。

貴州の新軍の状況もこれに似ている。「（貴州）新軍の頭目（分隊長）と兵士の9割以上は"袍哥"であった」という[20]。陸軍小学校の学生閻崇階、劉革園、席正銘らは学校内で密かに義兄弟の儀式を挙げた。彼らは歴史研究会を結成し、排満の歴史と理論について議論し、排満に関する情報を広めた。この時、貴州の陸軍小学校と新軍との間に不和が生じ、双方が激しく対立していた。閻、劉、席の三人は両者の関係を和解させ、排満思想を宣伝するために1908年に「皇漢公」という義兄弟の秘密結社を結成した。翌年、皇漢公は「滙英公」と名を改められ、軍事学校、新軍、および社会一般において一定の勢力を持つようになった[21]。

（4）四川省の場合

周知のように、武昌蜂起の直接的なきっかけとなったのは、四川の保路運動である。1911年5月、清朝政府は鉄道の国有化を決め、これが南方諸省の保路運動の発火点となった。6月中旬、四川省諮議局の正・副議長蒲殿俊、羅倫が「保路同志会」を設立した。同志会のなかに多くの哥老会会衆が含まれていた[22]。四川の地方志にも、「同志会はすなわち哥老会であった。哥老会が同志会と称されたのは、（哥老会が）保路同志会に呼応して行動したからである」、と記されている[23]。

ここで指摘しておきたいのは、同志軍の武装蜂起は四川省の清朝からの独立を促したが、同志軍には必ずしも排満革命の政治的意識があったというわけではないことである。同志軍の目的は鉄道を守ることと四川総督趙爾豊を追い払うことにあり、排満や清朝の官吏を駆逐・殺害することにおいては内部の意見は一致していなかったのである[24]。

以上の辛亥革命期における秘密結社の活動をまとめると、湖南省の場合、秘密結社は湖南省の独立においてほとんど何の役割も果たさなかった。陝西省の場合、哥老会首領の協力により陝西新軍の武装蜂起が加速したとはいえ、哥老会の影響は陝西省独立前よりも独立後の方が大きかった。貴州省の場合、立憲政治を目指す自治学社は哥老会のネットワークを通じて勢力を伸ばしたが、哥

老会のネットワークが軍隊のなかにも広く存在したことから、哥老会そのものが貴州の独立と直接的な関係があったわけではなかった。最後に、四川省の場合、四川省保路同志軍は哥老会組織の人的関係を利用したことから、四川の独立において、哥老会は大きな役割を果たしたといえる。

3　象徴としての結社革命

以上、四省の情況から、辛亥革命において秘密結社は組織としては加わっていないことが分かる。しかしながら、秘密結社そのものが辛亥革命にとって意義ある存在であったことは否定できない。なぜなら、清末期の革命者たちは排満革命を進める手段として、秘密結社の「反清復明」の伝説と義兄弟の儀式を広く利用したからである。反満革命の方針をめぐって孫文と対立していた浙江省出身の革命派陶成章は、有名な「教会源流考」において、「(明の滅亡後) 大志を抱く人々は国が塗炭の苦しみをなめるのに忍びなく、秘密の団体を結び、祖国の復興を求め、よって洪門を設けた」と述べ、秘密結社を積極的に評価している[25]。陶の話には、秘密結社の「反清復明」の言説を「排満革命」の政治的資源に転じさせようとする清末期の革命者たちの政治的戦略が端的に示されている。

1902年、広東省出身の革命家欧榘甲 (1870~1911) は、その革命構想を記した書物「新広東」のなかで、広東の各秘密結社組織を統合し、広東省の清朝からの独立を第一歩とし、省と省が「連邦」もしくは「独立国」を結成し、中国全土で清朝政府に取って代わって、漢民族による新しい政権を樹立するという目標を掲げている[26]。その翌年、湖南省出身の留学生楊守仁は「新湖南」を発表し、湖南を清朝から独立させるなど、『新広東』ときわめて近い主張を提出している。楊は「侠」の原理に基づいて会党を再建し、それを湖南省の「自立」の基礎と見なし、「党人をもってそれぞれ会党の一部分を占めれば会党が立つ。会党をもってそれぞれ湖南の一部分を占めれば湖南が立つ」と展望している[27]。

また、「一貫して中央革命を志す」[28]とする陶成章は、満漢対立の構図の下で、漢族による政権の樹立を旗印に、浙江省と他の省の革命者との連合を目指した。デュアラは、秘密結社と辛亥革命との関係を扱った論文のなかで、陶成章の「龍華会章程」と「教会源流考」とを比較して、両者がそれぞれ伝統的な儒家思想の要素と西洋の進化論的要素を内包していると指摘している[29]。陶成章は1908年頃に「革命協会」を設立し、革命組織としての秘密結社「一統龍華山」(別名「漢族同登普渡堂」)を立ち上げた[30]。一統龍華山の章程である「龍華会章程」の第一条には、「満州韃子皇家」である清朝の皇帝を駆逐し、大明の国土を奪い返すという内容が書かれている。第二条は富豪による土地の独占を禁止し、すべての土地を公有とし、4億の同胞の間に貧富の差が二度と生まれない安定した社会の建設を目指すとしている[31]。ここで、陶成章は排満革命と民衆の実際の利益とを結びつけているのである。

　秘密結社と革命との関係を象徴するのは、秘密結社の「反清復明」の言説というよりも、革命者たちによる秘密結社の義兄弟原理の使用であった。秘密結社の入会儀式、組織構造、および会衆同士の連絡方法は、興中会をはじめとする革命団体に大きな影響を与えた。これらは、本稿の冒頭で引用した孫文の秘密結社言説のなかで言及されていない内容である。周知のように、孫文は1894年11月にハワイのホノルルで「興中会」を設立した。興中会は洪門組織としての要素を備えた政治団体であった。新会員の入会に際して、必ず「先進」(興中会の会員)の紹介を必要とし、会員たちの前で宣誓し、会衆同士は洪門のジェスチャーや暗号を使って連絡すること、「天運」という洪門の年号を使用すること[32]、などが定められている。秘密結社の組織を真似したことが「遅れている」というイメージが強いためか、辛亥革命後に出版された文献のほとんどはこれに言及しない。しかし、資料の制約があるにもかかわらず、当事者の回想録などに影を落としている。1899年、孫文は秘密結社三合会や哥老会の首領を集めて、香港で血を歃って盟約を結ぶ儀式を経て興漢会を設立した。宮崎滔天は当時の光景を振り返って、「空前の痛快事だった。その詳細について言うことができないのが残念だ」[33]、と感情を込めて述べている。

もう一つの事例は1904年秋、馮自由、秋瑾、劉道一、龔宝銓、王時沢ら11名の革命者が横浜にある広東商人の店で行った儀式である。当時の情景について、当事者の一人王時沢は後年次のように語っている[34]。まず、馮自由は宣誓の問答語を説明し、宣誓の時にそのように答えるよう言った。説明が終わった後、梁慕光が宣誓の儀式を取り仕切った。彼は手に持っていた鋼の刀を宣誓人の頸にかけて、一人一人が順番に宣誓した。最初に宣誓したのは劉道一であった。王時沢に順番が回った時、梁は王に聞いた。「あなたは何をしに来たのか」。王は馮自由が教えたとおりに、「私は食うために兵士になった」と答えた。「あなたには忠誠心があるのか」と梁が聞いた。王は、「ある」と答えた。梁は、「もし忠誠心がなかったらどうなるか」と聞いて、王は「山に登ったら虎に咬まれ、他所へ行ったら強盗に遭う」と答えた。全員が宣誓した後、梁と馮は長さ6～7尺の白い布を横に広げた。布には「翻清復明」の4つの大きな文字が書かれていた。一人一人が身をかがめて布の下をくぐって、（革命）主義に忠誠を示した。一人一人は部屋の中で焚かれた火の上を飛び越えた。これは水火も辞さないという決心を表すためであった。その後、それぞれ指を刺して血を出し、一羽の大きな雄鶏を殺して、一緒に雄鶏の血の入った酒を飲んだ。その場で馮、梁の二人はこの団体が「三合会」（天、地、人の合一を意味する）であると宣し、入会者たちにいくつかの規則を説明してくれた。例えば、顔を合わせた時の合図、問答の仕方、屋敷に入る時は右足で前へ踏み出すこと、握手の時は相手の薬指をしっかり握ることなど。その後、一冊の本を劉道一に渡し、全員に互いに転写をするように言った。なかに会規が書かれていたほかに、旗幟の様式も描かれていた。最後に、各人が入会費日本円10円を払い、儀式は終了した。

　この革命組織の入会儀式は、明らかに天地会の儀式と同じものであった。唯一異なるところは、天地会では男性だけが契りを結ぶのに対して、この儀式の出席者に秋瑾という女性の革命者が含まれており、彼女は「白扇」（軍師、参謀）という称号を与えられた、という点である。女性の入会を認めることは天地会の伝統に対する「革新」といえよう。このような「伝統の革新」は革命派が秘密会党と連携して新しい革命組織を結成する際にしばしば用いられる手法であっ

た。

　革命者たちは革命団体を結成した後も、しばしば秘密結社の義兄弟の契りを結ぶ方法を利用した。秋瑾が所属する光復会は、浙江省の秘密結社と協力して、前出の革命組織「龍華会」（一統龍華山）を設立した。龍華会の入会儀式について留意すべきは、秘密結社の伝統的な儀式とともに、岳飛という歴史的人物をも利用した、という点である。龍華会の儀式においては、岳飛は天地会伝説のなかの「反清復明」の英雄やさまざまな神明を超えた、反満英雄の系譜のなかで最も高い位置におかれている。儀式に参加した人々は岳飛の牌位置の前で腕を刺して血をコップに垂らして、血の入った酒を飲み、岳飛の牌位の前で祭文を読み上げ、岳飛の「抗金（金は女真族が立てた王朝）＝排満」の事跡を謳歌し、誠心誠意に入会し、会の秘密を守り、「兄弟の如く心を一つにする」ことを誓った[35]。

　オランダの研究者ハーレは中国とヨーロッパに共通して見られる血を歃って盟約を結ぶ儀式を比較し、前者は盟約を結ぶ際の言語と文字の力を重んじる「空洞の儀式」（empty ritual forms）であり、後者は儀式を通じて兄弟のような血縁関係を作り出すことを目的とする[36]、と指摘している。確かに、中国の場合、義兄弟の盟約を結び儀式において、血は実質的な役割を果たしていないが、儀式を通じて「結骨」、すなわち異姓の兄弟を生み出している。

　清末期に、以上のように秘密結社に倣って組織された団体は数多く存在した。1907年に東京で結成された「共進会」という革命団体もその一例である。共進会の初代会長張伯祥と二代目の会長鄧文翬はいずれも哥老会の首領であった。共進会が結成される際に、血を歃って盟約を結ぶという儀式を行い、洪門のルールに従って「中華山」、「光復堂」、「興漢水」、「報国香」と称する山堂を開いた[37]。こうした点からみれば、共進会は排満の趣旨を掲げる革命団体とはいえ、その組織はもっぱら秘密会党組織の複製と言っても過言ではない。

　以上のように、秘密結社の「反清復明」の言説や盟約を結ぶ方法、および秘密結社のネットワークは排満革命を目標とする清末期の革命者たちの間で広く利用されていた。これは辛亥革命が「会党革命」と呼ばれた理由でもあった。

4 差異としての結社——結びに代えて

　以上本稿で見てきたように、秘密結社が辛亥革命において実質的な役割を果たしたとは言えないことは明らかである。これを背景に考えると、本稿冒頭で言及したように、孫文が別冊で『秘密会党史』を編纂し、秘密結社の歴史を中華民国の歴史に混じり込ませてはならないと述べたのは、事実の裏付けがあった。しかし、その一方で、最初に秘密結社に排満革命の意義を賦与し、それを政治的資源として利用したのはまさに孫文であった。孫文は清末期の排満革命において秘密結社の義兄弟結合の原理がもつ象徴的作用としての意義を意図的に低く評価した、ということも指摘しておかなければならない。

　今日でも、辛亥革命をめぐる多くの議論において、秘密結社と排満革命との間に密接な関係があったと論じられ、秘密結社は反体制、反社会的組織と位置づけられている。私見によれば、いわゆる秘密結社とは歴史上実在する結社に対する「表象」(representation) の産物であり、必ずしも結社の「真の姿」を反映したものではない[38]。中国で古くから使われてきた会党／結社という言葉は英語の association という語に近い。仏政治学者トクヴィルはその著『アメリカのデモクラシー』(*De la démocratie en Amérique*) のなかで、association を政治的、経済的なものと知性的、道徳的なものの二つに分類している。彼はアメリカの民主主義の基礎を築いたのはさまざまな結社であったということを発見した[39]。以来、トクヴィルの観察は欧米の結社に対する人々の主流的な認識となっている。これに対して、ホフマンは、このような通説の問題点を指摘している。それによれば、長年、人々はイギリスやアメリカの結社を理想のモデルとしており、中産階級／中間層と自由主義、市民結社との関係において「結社」をとらえ、そうすることによって、市民結社の理念と実践を中産階級という特定の階級の利害関係に関わる存在として位置づけてきた。しかし、実際には、啓蒙時代から1914年の第一次世界大戦勃発までの間、イギリスとアメリカ以外の世界では、フランス、ドイツ、および中央ヨーロッパから東ヨーロッ

パにかけての広大な地域に、自発的に結成された結社が数多く存在し、これらの結社と、トクヴィルが言及した二種類の結社との間に大きな違いはなかったという(40)。

　秘密結社に関する筆者の考えは、ホフマンの議論と部分的に共通している。筆者は拙著『近代中国の革命と秘密結社』のなかで、中国の民間結社に対するこれまでのような「秘密化」、「政治化」を施す傾向を批判し、結社自身の特徴や存在形態に応じて、秘密結社という概念を中立化し、秘密結社を「中国社会に普遍的に存在する人間関係のネットワークの結節点」と定義し、個々の具体的な事例を通じて結社が政治化されたプロセス——革命的結社もしくは反革命的な結社になっていく過程——を考察した。単純化を恐れずに中国の秘密結社と欧米の市民結社とを比較するならば、義兄弟の結合を紐帯とし、相互扶助を目的とする中国の幇会結社（青幇、紅幇など）はフリーメーソンの性質を帯びていた。これに対して、慈善と修行を特徴とする中国の宗教結社（在理教など）は、もしその宗教的な要素を除くと、道徳の向上を目的とする欧米の倶楽部や協会などの結社に似ている。残念ながら、中国に市民社会があったかどうかを議論する研究の多くは、19世紀末20世紀初期に現れた商団のような中産階級の商業団体や中産階級の利益を代弁する政治団体だけに注目しており、それ以外の民間結社に十分な関心を払ってきたとは言い難い。民間結社を論ずる研究においても「秘密結社」という差異装置のなかで議論を展開している。確かに、どの時代にも反体制的な結社は存在する。しかし、見逃してはならないのは、これらの結社の反体制的な性格は生まれつきのものでもなく、終始一貫して反体制的な結社も存在しない、ということである。多くの場合、結社の反体制的な特徴は、一定の政治的、社会的環境のなかで人為的に賦与されたものであるからである。

注
（ 1 ）「復蔡元培、張相文函」（1919年 1 月14日）、『孫中山全集』第 5 巻、中華書局、1985年、 8 頁。

（ 2 ）　「建国方略」、『孫中山全集』第 6 巻、233頁。訳文は外務省調査部編『孫文全集』（上）、原書房、1967年、622頁。
（ 3 ）　「致公堂重訂新章要義」（1905年 2 月 4 日）、『孫中山全集』第 1 巻、中華書局、1981年、259頁。
（ 4 ）　「興旅比中国留学生的談話」（1905年 2 月）、『孫中山全集』第 1 巻、271頁。
（ 5 ）　拙著『近代中国の革命と秘密結社――中国革命の社会史的研究（一八九五～一九五五年）』（汲古書院、2007年）第三章を参照。
（ 6 ）　閻幼甫「関於焦達峰二三事」、『辛亥革命回憶録』（二）、中華書局、1961年、211～212頁。
（ 7 ）　同上、213頁。
（ 8 ）　子虚子「湘事記」、『辛亥革命』（六）、上海人民出版社、1957年、155頁。陳浴新「湖南会党與辛亥革命」、『文史資料選輯』第34輯（合訂本11冊）、文史資料出版社、1985年、134頁。
（ 9 ）　張鈁「憶陝西辛亥革命」、張鈁『風雨漫漫四十年』中国文史出版社、1986年、 1 ～ 3 頁。朱叙五、党自新「陝西辛亥革命回憶」、『辛亥革命回憶録』（五）、中華書局、1963年、 1 ～ 2 頁。
(10)　朱叙五、党自新前掲文。
(11)　「陝西辛亥革命中的哥老会」、『陝西辛亥革命回憶録』陝西人民出版社、1982年、263-264頁。『辛亥革命回憶録』（五）、108～109頁。
(12)　張鈁「銭鼎、万炳南両副大統領之死」、『風雨漫漫四十年』、57頁。
(13)　郭希仁「从戎叙略」、『辛亥革命』（六）、78頁。
(14)　張奚若「回憶辛亥革命」、『辛亥革命回憶録』（一）、中華書局、1961年、155頁。
(15)　張鈁「張鳳翔事略」、『風雨漫漫四十年』、103頁。
(16)　劉毅翔「略論貴州自治学社與憲政予備会」、『辛亥革命與近代中国――記念辛亥革命80周年国際学術討論会論文集』（上）、中華書局、1994年、661～675頁。
(17)　胡寿山「自治学社與哥老会」、『辛亥革命回憶録』（三）、中華書局、1962年、473頁。
(18)　「趙徳全致黎元洪電」（1912年 1 月24日）、『貴州辛亥革命資料選編』貴州人民出版社、1981年、74頁。
(19)　胡寿山前掲文、472～473頁。
(20)　閻崇階「貴州陸軍小学辛亥革命活動回憶」、『貴州辛亥革命資料選編』、420頁。
(21)　閻崇階前掲文、420～423頁。胡寿山前掲文、483～486頁。
(22)　陳旭麓、顧廷龍、汪熙主編『辛亥革命前后――盛宣懐档案資料選輯之一』上海人

民出版社、1979年、123頁。
(23)　『彭山県志』巻2、附論2（隗瀛涛『四川保路運動史』四川人民出版社、1981年、272頁）。
(24)　「四川辛亥革命紀事」、『四川辛亥革命史料』上冊、四川人民出版社、1981年、451頁。
(25)　陶成章『教会源流考』国立中山大学語言歴史学研究所、1928年、3頁。湯志鈞編『陶成章集』中華書局、1986年、415頁。
(26)　張枏・王忍之編『辛亥革命前十年時論選集』第1巻、三聯書店、1960年。
(27)　同上。
(28)　湯志鈞編『陶成章集』、33頁。
(29)　Prasenjit Duara, *Rescuing History From The Nation: Questioning Narratives of Modern China,* The University of Chicago Press, 1995, pp.125-133.
(30)　湯志鈞編『陶成章集』、339頁。
(31)　前掲『陶成章集』、135頁。
(32)　荘正『国父革命与洪門会党』正中書局、1981年、85～93頁。
(33)　宮崎滔天『三十三年之夢』、『宮崎滔天全集』第1巻、平凡社、1971年、154～155頁。
(34)　王時澤「回憶秋瑾」、『辛亥革命回憶録』（四）、中華書局、1962年、225頁。
(35)　「龍華会章程」、前掲『陶成章集』、141頁。
(36)　Barend ter Haar, "Ritual and Mythology of the Chinese Triads: Creating an Identity", *Sinica Leidencia,* 43, Leiden: Brill, 1998, p.151, p.158.
(37)　鄧文翬「共進会的原起及其若干制度」、『近代史資料』1956年第3期、科学出版社、17頁。
(38)　前掲拙著、63～64頁。
(39)　トクヴィル著、松本礼二訳『アメリカのデモクラシー』、岩波文庫、2008年。
(40)　シュテファン＝ルートヴィヒ・ホフマン著、山本秀行訳『市民結社と民主主義』、岩波書店、2009年。

辛亥革命とジェンダー：
革命に耐える／進化を見せる装置 (試論)

坂元ひろ子

　従来の辛亥革命研究では、どうしても武昌等、各地の武装起義を辛亥革命という歴史事象の中心におき、いわば武力革命のポリティクスを焦点化しがちであった。そのことによって排満民族革命と王朝打倒の共和革命の二重性という複雑な性格をもつ革命研究に対する視角が限定的となり、たとえばジェンダーという視角は多くの場合に看過されてきた。

　だが周知のように、民族革命は女性の生活を大きく規定した纏足の問題、また男性の場合の辮髪の問題ともかかわりがあり、「民族の強化」をはかるためにも、教養があり健康で優良な子を産む「国民の母」が作られなければならなかった。それに、王朝打倒の共和革命は共和国において政治に参加する国民としての女性の認知が期待されていたという点からも、ジェンダー問題としての扱いはあってしかるべきであった。この点は、中華民国成立時、国民党による男女平等理念が後退し、憲政たちあげにあたっての女性参政権獲得は失敗したとはいえ、看過してよいものではない。

　こうした問題意識をもちつつ、思想文化史研究においては、これまで女性史という立場を筆者はあえてとってこなかった。清末から辛亥革命期にかけてのジェンダーの問題をあぶりだす試みにあっても、「心」と「身体」という近代を考えるうえで欠かせない場にあくまで即することに重きをおいてきた。

　「心」に表れた問題として注目したのは、「神経病」の問題である。これについては、政治・革命の季節の男性を中心とした留学生・活動家において知られた例が際立つ。かつて、ことに仏教との関係で章炳麟、そして李叔同（弘一法師）らを扱った拙著[1]でも若干、言及した問題である。

　次に「身体」の問題としては、これまでは社会進化論の受容を背景とした

「強種」のための身体強化・種の改良論等に注目してきた。もちろん男性の辮髪、剪辮の問題もこの時代ならではのものとしてあるが[2]、より深刻な問題として、やはり纏足、とりわけ纏足を解く問題として女性の場合に焦点をあわせることになった[3]。

纏足批判は短期的には女性の立場を無視した無理な「解放」によって、女性にさらなる苦痛を付加することにもなったとはいえ、長期的にみれば女性の心身の自由への道を開いたという意義はあった。だが纏足という問題から中国近代を見る試みとして、文字資料だけでなく、近代になってできたメディア、画報のような視覚資料を調査してみると、それ以外の役割をも果たしたことに気づかされる。「革命」とならぶこの時代のキー・ワードは「進化」であり、画像メディアでは女性の足で「進化」が示されていたということである。

さらに、女性存在の将来に想像力を働かせるということで「女子世界」への長期的なビジョンが示されうることにつながる。そしてこの点は「女子教育は女性解放運動の一部分であり、纏足をしないこととはもと同体連枝であった」[4]といわれるように、知的「進化」、また「自由」度からみる「結婚」の「進化」とも結びつけられてもいた。

こうした「進化」を見せる場を提供していたのは上述のように、当時さかんになりつつあった画報あるいは新聞の漫画などの画像というメディアであった。それは識字能力が低い「読者」にも、強いインパクトを与える可能性があった。そうした画像メディアをも用いることは、文字資料では影の薄い女性の、しかも身体にかかわる研究では必要なことといえよう。最近は画報類の影印本刊行も格段に増えてきていることでもあり、画像資料の使用によって、女性の纏足批判が画像に視覚化されたことの意味を考察しておきたい。

1 政治・革命の季節と神経病[5]

（1）章炳麟・宋教仁・李叔同

まず革命という政治の季節における「神経病」の問題をごく簡単にふり返っ

ておくことにする。この時期の「神経病」といってまず想起されるのは、「章瘋子」、章炳麟である。『蘇報』事件での刑期を終えて1906年に出獄し、中国同盟会の手引きで東京へやって来た章炳麟は同年、東京留学生歓迎会で有名な演説をおこなった。日清戦争後、「逐満独立の話」をすると人から「瘋癲」(狂っている)といわれたが、「神経病」もちだといわれれば光栄、「昔から、大学問や大事業は神経病であってこそやり遂げられる」[6] と、章炳麟はここで熱弁をふるった。ソクラテスやルソー、ムハンマドの例をもあげて、「神経病」こそが革命の大事業を実現する際の困難に立ち向かい、プレッシャーに持ちこたえる力になるのだと説き、「願わくはみなさん一人一人がいくらか神経病であってほしい」[7] と語った。

　章炳麟の『菌説』(1899年) が示すように、章炳麟にとって、もともと人間の身体は菌として妄なる出自をもっているとみなされ、病と切り離されるものではなく、それは肉体に限定されない。人間の根元に妄をみることから、章炳麟は出獄の頃には仏教に傾き、ことに章炳麟が1906年から『民報』の編集ならびに執筆に当たった時期に革命思想をラディカルにした際には、「仏声」とさえよばれた。晩年には病から医学への関心を強めた。こうしたことと章炳麟のいう「神経病」とは深くつながっていた。

　次に、同時期に中国同盟会員として章炳麟とも交友のあった宋教仁の場合、彼の「神経衰弱」はより深刻だった。宋教仁は革命運動で家産を使い果たしたあげくに湖南に家族を残し、指名手配され、政治亡命者として日本にやって来た。名を偽ったりする亡命者生活そのものもストレスをもたらしたであろう。そればかりか、宋自身の日記 (『我之歷史』[8]) から読み取れるように、当時の留学生間の革命運動がらみの政治的対立、家族を故郷に残して来ている宋と日本人女性、西村千代子との恋愛、それに対しても介入して尋常ではないほどにまとわりついたらしい同郷の友人で神経病でもあった李世燮 (和生・和卿) との悩ましい関係などもあり、神経を患う。当時の東京、帝国 (青山) 脳病院や田端の東京脳病院に入院や通院をして治療を受けるほどとなる[9]。自ら王陽明の良知説を深めようとしたり、迷信批判を展開した仏教哲学者、井上円了の

妖怪学講義でも言及されていた心理療法の同著者書『心理療法』（南江堂、1904）を読んだりして治療に努めた形跡がうかがえる。

その宋教仁らと同様にして1905年に日本に亡命してきていた陳天華に至っては、日頃から悲観しては涙していたといい、同年末には大森海岸で入水自殺してしまっている。神経病を自覚したかどうかは分からないが、宋教仁よりおそらく深刻なケースであったのであろう。

神経病を自覚したり、あるいはそれで苦しんだりしたものの、政治の道を志した章炳麟や宋教仁の場合と異なる例として、李叔同の例があげられる。彼は知られているように日本留学後、帰国して出家し、弘一法師となった。

李叔同は1905年に家族をおいて日本に単身留学し、欧陽予倩らとの春柳社の話劇活動などにも参加しながら東京美術学校（現在の東京芸術大学）を卒業、辛亥革命の年に日本人の愛人を伴い、「美術救国」の念をいだく多才なアーティストとして帰国した。天津で教員となり、ついで中国同盟会系の文学結社南社の柳亜子らとの交流から、上海で雑誌の広告アートを手がけ、民国元年には新式の学校、杭州の浙江両級師範学堂の美術教員として赴任する。

だがこの李叔同は新文化運動期に学校との対立もあり、日本時代から発症があった神経衰弱の療養のためにも、1916年に断食を試みようとする。親しい同僚の夏丐尊が日本の雑誌で見つけた断食の専門文献、「村井氏の説」によったという。村井氏とは、おそらく1915年と16年に病気療法として断食を敢行し、体験記を著した村井弦斎[10]であろう。その年の冬を待って杭州の虎跑寺で、村井式の断食をおこなう。正味七日間、前後の調整時期を含めて二〇日におよぶこの断食体験について、自ら詳細に「断食日志」[11]を記録した。この断食が出家の「近因」だという。

断食にあたって李叔同は村井弦斎式をかなり忠実に実践し、つらいものであったはずの完全断食も終わり近くになると、神経過敏の鎮まりを感じとり、「心身の霊化」の愉悦を得たという。

この断食以降、菜食を好んで肉食を絶つようになり、『法華経』や『楞厳経』『大乗起信論』等の仏書を学び、出家を志向する。さらに1918年には虎跑寺へ

の入山を果たし、落髪して正式に法名演音、号は弘一となった。
　1905年、辮髪を切って変貌した東京時代のモダンボーイ芸術家、李叔同が帰国後、出家にいたるある種の断絶をどうとらえるのか。若い時分、遅くとも日本留学の初期には「耐えがたい」ほどの神経衰弱症状があったといい、その治療のための断食が出家の近因だとするからには、神経衰弱こそ断絶を理解する鍵となろう。

（2）神経病と仏教
　すでにみたようにこの時期の「神経病」なり「神経衰弱」は単に個人的な問題とはいえない側面があった。これより少し前の19世紀末の変法期をみると、『仁学』（1896-97）を著した譚嗣同に典型的なように、変革のパトスなりエネルギーは「科学化された気」としての「以太」＝エーテルによって表現されていた。変革を志す主体において、宇宙と人間の心身を結びつける媒体とみなされたエーテルが内面化され、それが神経病なり神経衰弱となって現れたものと考えられる。そこからいくらか客観から主観へという変化を読みとることは可能だろうから、個のありかたの問題にかかわるように思われる。
　こうしてみると、神経病なり神経衰弱は近代的な個が自覚されつつ、革命の時代、政治の季節のプレッシャーに持ちこたえ、耐えるための精神装置となっていたとみなしてもよいかもしれない。
　そこでこの時期の居士仏教の流行について興味深い点に気づかされる。この流行は譚嗣同たちの「以太」＝エーテルの時期に始まり、譚嗣同が師とした楊文会の影響からも、華厳系の如来蔵と法相唯識との兼取を特色としていた。そこにはさらに、精神分析の一種ともいうべき唯識仏教への関心がエーテル時期よりあとに高まるという時間のズレをみてとれる。唯識への関心は、そうした神経の「病」に対する療法という動機とも結びついていたと考えることもできる。自己の心理分析的な唯識を用いて「個」の立場を考え抜いた章炳麟の場合にも、そうした面があったとみなしうる。
　宋教仁の場合には仏教との関係が明白ではないが、仏教を十分に吸収してい

た王陽明の良知説や仏教哲学者の井上円了への関心はそれに準じるものとみなしうる。井上の『心理療法』以外にも井上の哲学関係の著書を読んでいることからしてもそういえるだろう。

またここにあげた三人のみならず、たとえば故郷の湖北でやはり辛亥革命に参加した熊十力は「熊瘋子」と自称し、結局、中華民国成立後も革命運動に敗北する過程で仏教に近づいた。のちには唯識仏教を治め、さらにはそれを批判した。同様に、梁啓超・章炳麟・章士釗らを尊敬し、「救国」の政治少年への道を歩み、辛亥革命の年、学堂卒業後すぐに革命に突っ走った梁漱溟にしても、神経衰弱を患った。北京や天津で同盟会系の活動に従事し、政界と接触するなかで現実に幻滅し、自殺を二度謀るほど重い病で職も捨て、人生の苦楽は主観にかかると思うようになって仏教に開眼する。章炳麟の仏教を用いた説に影響をうけつつ、数年間は仏典研鑽に専念したという。神経病を介した仏教への関心は、ある種の革命・政治の時代精神の軋みでもあり、現れでもあるとみてよいと思われる。

2　身体、「進化」をみせる装置——革命前夜の画報

（1）放足と女性の「進化」、結婚の「進化」

次に「身体」の問題としての纏足への批判は、すでに変法期の男性知識人たちからさかんに行われるようになっており、1902年には西太后の禁諭も出て、言説界においては一応の盛り上がりはあった。先駆的な女性雑誌のなかでも本格的な上海の『女子世界』(1904-06) においても、すでに夏暁虹が指摘しているように、「男性論者にくらべて『女子世界』中の女性は周縁化されているが、身体に対する格別な関心はやはり強い印象を与える。纏足を解くことはその典型的な一例である」[12]。たとえば今日を女子の世界とみなす女性投稿者の議論からもそれはうかがえる。「今日の世界は女子の世界であり、今日の中華は女子の中華である」、「だからある国の女子はその国の国民の母である。ナポレオンはその国を強くしたいなら、まず一国の母を強くしなければならない、と考

えた。だがわが中華では女子が強くなるのを望まないばかりでなく、その足は纏足をし、首をたれて、永遠に沈み込み、復活できない」[13]。確かに女性は周縁化され、社会という舞台で主役ではないどころか、固定席すらもたない。それでもはなから拒絶されるのではなく、国民を大義として身体のレベルから声を発する場所をもちはじめたといえる。

　社会変革を目指した雑誌ことに白話雑誌という清末からのメディアが反纏足に果たした役割は大きい。しかしまだ女性の識字率は極端に低い時期にあった。『女子世界』には「唱歌」も含まれていて、これは宣伝力をもった。それでも、こうしたまだ部数のごく少ない文章主体の雑誌の影響力が及ぶ範囲にはやはり限界があった。

　20世紀に入ってからの纏足批判のもりあがり、なにより女性自身の声が直接あがりだす際、白話雑誌を補強するものとして寄与したのは画報であった。清朝の改革がどうにか始まって立憲を志向し始めた新聞雑誌同様に、制作者はほとんど男性であるにせよ、読者の識字力が低くとも内容を理解できる長所がある。

　なかでも都会では流行遅れになりつつあった纏足への批判的動向にくみする方針は、1909-10年、上海で環球社から刊行された『図画日報』（全404号）で明白となっている。『図画日報』は1907年上海で創刊の『時事報』と1908年創刊の『輿論日報』の付録の絵がその起源で、1909年に両新聞が合併して『輿論時事報』となり、その付録の絵を「図画新聞」と称したものに由来するという。画は孫継ら、文は孫家振らが担当している。上海ではそれより前、新聞業として成功した『申報』社が清仏戦争期から『申報』付録として創刊した『点石斎画報』（1884-98）が知られていた。この『点石斎画報』のスタイル──志怪小説の範疇で清代の怪奇現象その他、雑多な話を集める「新聞」ものを踏襲する──をある程度、継ぎながらも、『図画日報』のほうは改革開始の時代背景からしても、より社会啓蒙・諷刺そして新しい社会現象をとりあげる割合が当然ながら増えている。

　『図画日報』2号には、「纏足と不纏足」の比較がされ、歩行も困難な纏足の

女性を、纏足はせずに（あるいは解いて）出歩く女性が振り向いている図が載る【F1】[14]。振り向く対象は「過去」ということになろう。

　実際、ついで10号には、「女性界の過去現在将来」【F2】[15] という図が載る。「過去」は家に閉じこもる女性、「現在」は男性車夫の引く人力車に乗って外出する女性、そして「将来」は女性が外で男性と同様の恰好で並び、自分の足で歩き回る絵である。

　「過去」において家に閉じこもる女性は、纏足をしているからでもあろうことを容易に想像させ、私的領域を出ない存在のメタファーである。「現在」は完全な「天足」への過渡期にあり、男性の労働の助けを得て外の社会に踏み出す、つまりそれが「現在」の女性だと位置づけられている。

　そこから進んで、完全な天足で男性と肩を並べて公的領域で活動をするというのが「将来」に想定されている。そもそも外での労働に従事した層の女性を除いて、外を歩き回る女性が少なかったことは、その例外であった外交官、銭恂の妻、単士釐の旅行記『癸卯旅行記』(1904年、日本、同文印刷舎) からも容易に察せられることである[16]。この時代の新語として異性間を含む「交際」があり、その実現もが含意されているといってよいだろう。その「将来」の服装は、パンツ・ジャケット・帽子という基本的に女性も男性とほとんど違いがないスタイルで描かれる。画家である男性の想像力にかかるということではあるが、対等というよりは女性の男性への「同化」としての将来が想像されている。また清末に英国人によって上海に創業された高徳洋行から販売が始まったらしい、つまりは新しい製品としての眼鏡を女性にかけさせている。「見られる」存在から「見る」存在への転換の暗喩ともいえよう。

　興味深いことに、「女性界の好みの変遷」として昔は纏足女性、今は天足で読書する女性、そして将来は女性兵士という図がほどなく載る【F3】[17]。すでにこの頃には各省で革命、自立の武装蜂起も試みられていたから、女性の革命戦士というイメージがあるのか、あるいは単に男性と同様の恰好からさらに男性化が極まるという意図が込められているのであろう。

　これらは一面では、まさに「進化」を見せる装置となっている。現在から過

去をふりかえって「進化」を確認するだけでなく、将来が展望されている。進化の議論は、ことに1898年には厳復の『天演論』が公刊されたこともあり、20世紀初頭は「進化」がさかんに喧伝された。だが科挙の廃止がようやく決まって、教育普及のための学校はやっと緒につく時期のこと、広範な層にまで「進化」の観念を植え付けようとするには、こうした見せる装置というものが必要とされた。ことに「男性以前」の段階にあるとみなされた女性を喩えとし、しかも図によって視覚的に「見せる」ということにインパクトがあったことであろう。

だが確かに、「中国十年後の大拉翅、小脚児の進歩──二尺長く、二寸小さく」[18] という諷刺画もある。要するに女性の十年後の「進歩」を、満洲族女性の帽子風の髪飾りの翼はさらに長く伸び、纏足の足はさらに小さくなる、と諷刺するのである。そして「進歩」「進化」は女性によって見せられていることを、こうした諷刺がかえって物語っていたのである。

さて女性の変遷図から読み取れるもう一つの面が指摘できる。今や生意気にも女が本を読むようになったが、この分では将来には男なみに武器をもって闘おうとでもいうのか、という男性画家の側からの揶揄をくみとることも可能な図である。こうした揶揄は、「女性界の好みの変遷」で将来像に女性兵士を描く点からも覗えるだけでなく、より明白な諷刺画として、「大同世界の男女」【F4】[19] も現れる。歴史的には昔から異性装嗜好はあったとしたうえで、「まして文明世界では大同を口実とするのであり、男女が混淆されえないでどうして大同だろうか」、と。

「大同」ユートピアのイメージにこそ男女対等というよりは女性の男性への「同化」の響きがあり、未来において女性が男性に近づくことへの予感、ならびに男性読者も共感するものと見込んだ男性画家のそれに対する嫌悪をそこにみてとれる。異性装が「大同」イメージに持ち込まれている点を考えても、この時代のジェンダー規範の逸脱への予感の反映なのであろう。

さらに民族革命としての辛亥革命を間近にしたこの時期には纏足女性に対して、日本の「天足」女性がその比較の対象とされる。すでに日本に留学した周

作人ら中国の男性たちは畳の上で裸足の「天足」で働く女性たちに感心していたのであり[20]、それが中国で図示されるようになる【F5】[21]。知られているように、このころ、日本の女性の教育程度が上がっていて、1903年に日本留学当時の宋恕らは、日本語が不自由な彼らと「女中ですら天下を筆談する」[22]のに舌を巻いていたほどであった。ところが、こと日本の女性の「女権」に関しては、英米独仏はおろか中国よりも低いとみなされ、図示されてもいたのである[23]。ここからは、日本の女性より劣るのは、より「進化した文明国」、英米等との比較以上に屈辱的であると、民族性に訴える様子がうかがえる。

　では男性を喩えにとって「進化」を見せることはできないのか。もちろん、男性の辮髪も纏足と似た働きをもちうる性質はあった。列強世界では、中国の遅れの喩えに辮髪は用いられ、諷刺画にたびたび登場していた。先行研究で示されているように（注2吉澤論文）、日清戦争以降の変法論のころからは、譚嗣同らによって西洋風髪型が合理的だと論じられたし、軍隊や留学生をはじめ、学堂の学生たちのあいだでこの時期、断髪者が増えつつあった。とりわけ1910年に立憲制度にむけて開設されたばかりの資政院で「剪髪易服」が議決されるところまでいき、最終的に不許可の上諭で頓挫しはしたものの、その流れは変わらなかった。決定的には1911年の革命勃発で革命軍から剪辮命令が出ると、その流れは加速したという。

　画報にも剪辮をめぐる図はあって、たとえば奉天中等学堂の学生への剪辮令が出たとして、剪りとった辮髪が「本物か偽物か」を品定めする様子が画かれる[24]。骨を変形させる纏足は女性が外に出て歩くとなると、多かれ少なかれ歩行困難という身体機能の低下を隠せない。一方、辮髪は帽子で隠したり、逆にある種の鬘、付け毛でいくらか粉飾したりすることが可能であった。このことからも、この時期での進化との関係でいうと、切迫性において、それは放足の場合には及ばなかったのかもしれない。

　纏足をめぐるそうした「進化」の図式は、同じく『図画日報』ではことに女性の生涯を大きく左右したであろう結婚、婚礼の形態によっても示される。婚礼の変遷を当事者の「自由」度ではかり、「過去の不自由」から「現在の半自

由」、それから「将来の真自由」と配当する【F6】(25)。これは双方の家ではなく本人同士の合意の重視という意味あいをもつだろうが、かく「自由結婚」を将来型としておいて、しばらくすると「婚姻不自由の結末」の図を載せる【F7】(26)。「聡明で見目麗しい」娘が、老いた親に無理強いされた結婚相手は学問志趣ともにふさわしい相手でないとわかるや、その晩には首つり自殺した、という説明がつく。「婚姻は万福のもと」（遺書に書かれた語）のはずが、知的に「進化」した娘にとって、「学問志趣」から判断してふさわしくない相手との婚姻は逆に不幸のもと、娘を愛するあまり父親も自尽したという、と。

『図画日報』ではないが、ほぼ同時期の画報には、「自由結婚」といいつつ、出くわした娘を誘惑して親にも内緒で連れ出してしまい、罪に問われることになる例も示される(27)。婚姻をめぐって「自由」の意味をつかむ練習が企図されているかのようである。厳復の難解な翻訳などで「自由」を理解する人はごくわずかであろうから、こうした小さな練習が社会を変えていくためには必要とされたであろう。

「自由結婚」と関連しながら結婚式そのものを簡略にする「文明結婚」もまた進化した婚姻だとみなされた。よく知られる「文明結婚」モデル図「文明結婚之簡便」（『図画日報』47号、7頁、1909）とほとんど同じ構成で、「野鴛鴦、名を文明結婚に借りる可笑しさ」(28)の絵【F8】がほどなく掲載される。キャプションでは、色恋に浮き身をやつす男女の野合を「淫風の流行」、「ニセ文明結婚」となじる。これもまた「文明」の解釈に関しての警告であり、小さな練習といえる。

こうした練習は画報でのみおこなわれたのではなく、当時、日本の小学校教育から導入された唱歌なども同様の働きをしたはずである。目からのみでなく、口と耳も使うのである。たとえば秋瑾の『中国女報』が秋瑾の死後に『女子世界』と合併した『神州女報』（1巻2号、1909。表紙は明らかに馬に乗って疾走する亡き秋瑾の姿である）にも「文明結婚を祝う」歌が掲載された。「我が祖国は結婚を改良し、社会は文明に進み、願わくは男尊女卑をいうなかれ、ともに新国民だ」（吾祖国、改良結婚、社会進文明、庶莫説男尊女卑、同是新国民）(29)と、脱男

尊女卑が文明社会に進化する鍵であり、それでこそ「新国民」だと謳われる。学校唱歌にも採用された「文明結婚」の歌ではこのように謳う。「欧米男女は権利平等、日本は血縁をつなぎふるう大和魂。東亜の祖国はわが中華の婚礼を尊び、どの夫婦も文明に進み、我々は額に手をかざして祝う」(30)と。唱歌そのものが日本経由ということもあり、日本、ことにこの時期は「大和魂」が意識されているが、男女平等が婚礼に結びつけられ、それが祖国の文明の進化に寄与すると鼓舞している。

このように「国の文明の進化」というテーマが直接、婚礼に結びつけられる。これは『大学』八条目とりわけ「一斉家・治国・平天下」の発想と無縁ではないだろう。またその構図を利用することで保守側の抵抗をおさえようとする戦略的な意図が込められているともいえる。だが、新しい時代の胎動を示していたのは何よりも、それが男女平等と結びつけられたところであった。纏足、婚姻に関する変化の見取り図は、革命のインフラとしてまさしく「進化」をみせる装置となっていたのである。

（2）図に描かれる女性――妓女・女学生・女工

「進化」を見せるべく描かれるのには、ではいかなる女性が選ばれたであろうか。もちろんそれ以前からの画報の流れをも汲む性格からして、スターはまずなんといっても上海を中心とした都市の妓女ということになる。なによりも絵になり、男性画家や男性の画報読者の欲望を反映するということからもそうなる。妓女虐待の図などは以前からの連続でやはりあるにせよ、ことに「交際」とならぶ新しい語、「社交」界での妓女の活躍があるからには、申し分ない対象である。教養ある「高級な妓女」(31)――1920年代ともなると、娯楽の商業化が極まって姿を消していくことになる――がパフォーマンスで活躍する書場（寄席）は賑わい(32)、語りものを聞く「聴書」の観客としても妓女のほかさまざまな階層の女性が「女席」を与えられて楽しむ「自由」が描かれる【F9】(33)。公共空間での女性の擬似解放空間が幻のように一時耀いたということになる。この時期に増える絵はがきを飾ったのも最新ファッション姿の彼女た

ちで、ただ、新しさにあわないのは纏足妓女が多かったということであろう。芸能の世界から始まったと考えられる纏足は同様の世界で最後の脚光を浴びていた。

とはいえ、「高級な妓女」はもともと幼児から学芸を仕込まれ、心身の修行後に試験を受けてようやく認められる存在であって、男子顔負けに「学ぶ」姿がこの時期には好まれる[34]。なかには「毎日何種類もの新聞を購読し」、よく内容に通じる妓女もおり、「惜しいかな、一女子のこと身を妓楼に墜としているが、それでも進化を知っている」【F10】[35]と紹介している。対照的に「野鶏」とよばれた私娼の客引きの横行ぶりを描く絵なども掲載はされ、社会の一面を映す役割を果たしたのであるが、「社交」や知的「進化」を担う存在として描かれる意味はやはり大きかった。

「女界進化」【F11】として北京で刊行の『浅説（日日新聞）画報』[36]（総理：姚月僑、発行：何華臣、編輯：柳贇臣・徐善清）に描かれたのは、暇さえあれば「各種科学新書や白話新聞を読む」女性たちで、彼女たちのいる部屋には柱時計というこれも近代性を示す小物が配置されている。知的進化を表す階層としては、纏足を解き、新しく現れた女学生が好んで描かれることになる。そもそも通学できないというのも清末からは纏足批判の根拠のひとつとされていた。それゆえ、学習や試験[37]——普通の女ではない、というエリート性を付加する——はもとより、遠足のような旅行【F12】[38]や運動[39]というような活動的な場面が多く選ばれる。運動は「国民の母」の身体作り、訓練という観点から導入されていた。

辛亥革命をはさむ時期を通して刊行された婦人雑誌という点では珍しい『婦女時報』（1911（宣統3年8月）-1917）で、革命前に女子の体操を論じた文章が掲載されている。その中には、「人類は等しく活動を好むことでは男女を分かたない。もし女子を放任して意のままに運動させると、きっと男子と同じく極めて粗暴な運動をすることになろう。大きな害はなくとも、女子本来の柔和な感情を損ないやすくもある」[40]と、女性が運動を好むことで女性性を失うのではないかと案じているものもある。そうした「大同世界の男女」の画に託さ

れたものに通じる不安が社会にもあったことであろう。実際、この時期には人道より武力の世界だとして、「一人一人が軍事の知識をもたなければならない」[41]、女性兵士となるべきだという主張も現れてはいた。

　肉体を動かすほか、社会的な領域へ足を踏み入れ、海軍への寄付金活動（「女学界之熱心海軍捐」、『図画日報』179号、10頁）、民族的な交流（「女学生恭送蒙古郡主」、『図画新聞』巻下21、時事報館『戊申全年画報』36冊）などが描かれる。

　これらを見て気づくのは、妓女の場合は複数でもせいぜい数人という単位であるが、女子学生は多くの場合、集団で描かれるという点である。もちろん、学校の学生である限り、集団の行動が多い。この段階では社会化の訓練という意味あいが濃厚である。

　女学生は五四新文化運動のなかで現れた文明服装の「新女性」につながっていくと考えられる。だがその時には五四運動などでのデモ行進の女学生が現れるにせよ、このように集団行動が強調されることはなくなるであろう。

　もう一種類、多く描かれる点でやはり突出していた女性は女工である。これも新しい層の女性である。虐げる買辦に反発する女工（『図画日報』149号、11頁）、女工を軽視した「名医」への団体抗議（『図画新聞』巻4、36頁、戊申2月（1908）、『戊申全年画報』24冊）、労働争議で立ち上がる女工【F13】[42]、紡糸工場を訴える女工（『図画日報』120号、12頁）。これらはやはり集団として描かれるが、女学生のような社会化の訓練の対象としてではなく、明らかに主体性をもって集団行動をとる女たちである。

　だがそれだけではなく、騙されて誘拐されそうになる女工（『図画新聞』巻3、29頁、戊申1月（1908）、『戊申全年画報』23冊）、警官ややくざ・工場長にからまれる女工（『図画新聞』巻14、38頁、戊申12月（1908）、『戊申全年画報』34冊・『図画新聞』巻14、23頁、戊申12月（1908）、『戊申全年画報』34冊・『図画日報』35号、7頁）等、場面は多岐にわたる。

　こうみてくると、女工において集団としても個人としても最も広い社会的な関わりが見いだされていたことがわかる。女性が外に出て労働に従事する新しい形態を示した女工たちと社会との接触、それはそれ以前に描かれる女の先頭

にあった妓女や新しい階層、女学生たちの経験をこえる多様性、広範さをもっていたことを物語るのであろう。ファッション・リーダーとしての妓女の位置はやがて1920年代後半から30年代にかけて摩登女郎、モダンガールにとって変わられるが、ささやかにそのモダンガールをまね、その一部ともなっていく女工[43]の初期の姿がこのように描かれた意味は大きい。

3 小　結

　以上にみたように、武力革命のポリティクスから離れて辛亥革命をその準備過程まで射程にいれてみてみると、当時、心身ともに革命の練習が多岐にわたる面でなされていたことが明らかとなる。
　清末変法期には、宇宙と心身を通しての「科学化された気」としての「以太」＝エーテルによって変革のパトスなりエネルギーが表現されていた。それを経て革命という政治の季節にあって、革命家たろうとした人たちには、多くが日本留学をしていたこともあり、ある種の時代と環境に規定された「神経病」をかかえた人が少なくなかった。「神経病」なり「神経衰弱」は近代的な個が自覚されつつ、革命の時代、政治の季節のプレッシャーに持ちこたえ、耐えるための精神装置となっていたとみなしうる。それは思想史的にみると近代仏教の流行、とりわけ精神分析的な唯識がそのころから関心を集めることとなにがしかの関係をもったであろう。
　一方、纏足という肉体上の問題と向き合うほかなかった当時の女性たちについては、立憲政治の教化過程にあり、また技術上の問題からも当時になってやっと盛んとなった画報というメディアがその表象に大きく寄与していたことがわかった。女性は結婚という制度ともども「進化」の展望の図の主体として託された面がある。そして「進化」のいきつく文明の「大同」時代には、女性が男性に同一化する、兵士にさえなることが予感され、男女それぞれの側からの恐怖が喚起されていたことも見て取れた。
　もちろんそれ以前からの風俗画の主役の妓女は画報でも多く描かれたが、社

交や知的進化のシンボルの役目をも帯びるようになったことが異なる。その妓女を除いては新しい女学生、そして社会化という面では突出した女工であった。この場合、無名の女性たちが多くは集団で描かれるようになった。こうした状況をおさえることによって、五四新文化運動以降の新女性の登場、さらには女工がその下支えをしたともいえる両世界大戦間期のモダンガールの登場の展望が可能となる。

　もちろん、武力革命ポリティクスを逃れるためとはいえ、心身と男女の単純な二項対立にとどまっていては、研究の深化を期待できない。そういう意味で、知的な「進化を見せる」こともできながら日本留学以降には時には男装で「革命に耐える病」というべき激情に走り、陳天華と交友があっただけにその自殺に衝撃を受ける秋瑾の存在はやはり興味深い[44]。

　秋瑾は日本留学から1905年に帰国ののち、革命行動未遂のまま処刑された。そればかりか、呉芝瑛（呉汝綸の姪）ら女性の友人たちの尽力で設けられた墓が壊され、その後もいくどとなく墓が移されるという憂き目にあった。メディアもからむ立憲準備期・革命前の中央と地方の官の抗争・駆け引きがその背景にあり、処刑に関わった官の自害や左遷にまで及ぶ騒動がひきおこされた。しかもその間、まずは行動未遂にして冤罪処刑された「弱い女子」としての被害者像が立憲準備過程にあったメディアや文学作品等を中心に形成され、武昌起義以降、ようやく「最初の革命女子」認定がされることになった。

　ともあれ、「君子が没後に重んじられるのはただ名によってのみである。女士はそれを知り、恨んではいない」【F14】[45] ともされたように、女侠秋瑾の名は死後により知られることになった。集団として描かれた「進化を見せる」無名の女性たちとは別格になった。秋瑾の女傑像には「巾幗英雄」「木蘭」「娘子軍」といった前近代の文化が読み替えて重ねられ、またフランス革命の女傑ロランと重ね合わせられ、中西にまたがる文化資源の動員によって創造された。さらには、日本に留学し、下田歌子が秋瑾の教師となったことも女傑イメージを多彩なものとした。下田の著書『新編家政学』（作新社訳、作新社、1901）[46]は呉汝綸の序を付し、女子教育のための書として発行されていた。こうして創

辛亥革命とジェンダー：革命に耐える／進化を見せる装置（試論）　51

造されつつあった女傑像は、文章だけでなく、図による追悼の視覚化、そして唱歌となることによる聴覚化もなされた。実際の戦闘ではほとんど活躍のなかった革命女子軍よりは、死した秋瑾の女傑の想像の喚起がむしろ広範な社会変容を表現しうる点で大きな働きをしたのかもしれない。

【F1】

【F2】

【F3】

【F4】

52　第1部　複数の辛亥革命

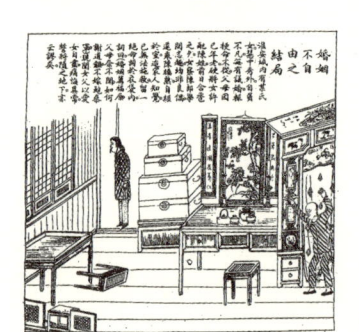

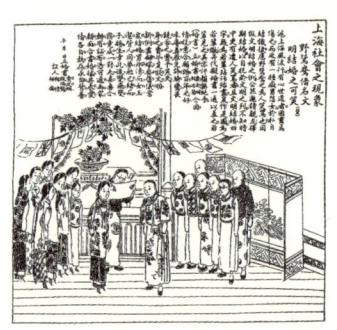

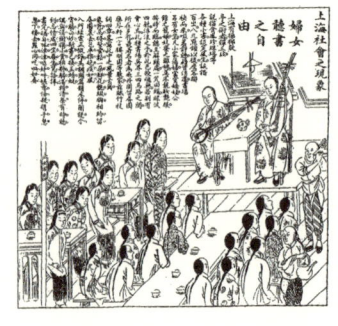

辛亥革命とジェンダー：革命に耐える／進化を見せる装置（試論） 53

【F11】　【F12】

【F13】　【F14】

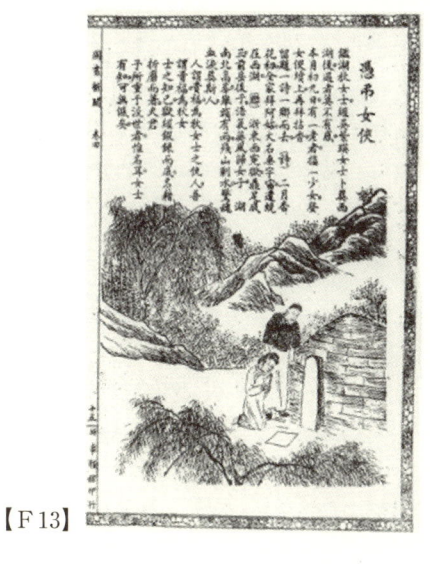

＊画報の図は断らないかぎり、国家図書館古籍文献叢刊『清末民初報刊図画集成』（『戊申全年画報』）・『清末民初報刊図画集成続編』（『浅説画報』・『図画日報』・『開通画報』）全国文献縮微複製中心、2003年所収を用いた。

注

(1) 拙著『連鎖する中国近代の"知"』(研文出版、2009) 所収。
(2) 参考になる先行研究として吉澤誠一郎「清末剪辮論の一考察」(『東洋史研究』56 (2)、1997)、のち同『愛国主義の創成』岩波書店、2003 (第三章) に収録したものがある。
(3) 拙著『中国民族主義の神話——人種・身体・ジェンダー』岩波書店、2004 (第三章)。
(4) 夏暁虹『晩清文人婦女観』作家出版社、1995、23頁。
(5) 前掲拙著『連鎖する中国近代の"知"』の一部をもとにした論考である。
(6) 章炳麟「演説録」、『民報』6号、1907、2頁 (「東京留学生歓迎会演説辞」)。
(7) 章炳麟同上、3頁。
(8) 郭漢民編『宋教仁集』2 (湖湘文庫) (湖南人民出版社、2008) 所収などがある (原刊は1920年)。日本語訳、宋教仁著・松本英紀訳注『宋教仁の日記』同朋社出版、1989。
(9) 宋教仁の神経衰弱に注目した研究は、日記の日本語訳者で、宋における近代人としての自覚に注目する松本英紀のものをはじめ少なくない。たとえば遅雲飛『宋教仁与中国民主憲政』(湖南師範大学出版社、1997) では、病気の原因は多面にわたるものの、1,勉強・仕事における過労、2,日本亡命中の革命家としての心理的抑圧、3,妻帯者ながらの西村千代子との恋愛を主要なものとしてあげる。だが松本も指摘しているように、同郷の友人、李世甥との関係も大きいのは確かであろう (前掲日記翻訳ほか、松本英紀『宋教仁の研究』晃陽書房、2001等)。
(10) 村井弦斎 (1863-1927) は幕末の儒者の家の生まれ、東京外国語学校ロシア語科中退。鬱病の療養後、外遊、帰国後に新聞小説家となり、食生活に提言した報知新聞連載の『食道楽』等で知られる。晩年、村井は病気療法として、1915年と16年に半断食から始める断食を敢行して体験記を著し、1917年には単行本『弦斎式断食療法』実業之日本社として出版している。
(11) 李叔同「断食日志」、弘一大師全集編集委員会編『弘一大師全集』八 (雑著巻)、福建人民出版社、1992所収。
(12) 夏暁虹選編『『女子世界』文選』貴州教育出版社、2003、37頁。
(13) 松江女子莫虎飛「女中華」、『女子世界』第5期、1904、前掲『『女子世界』文選』145頁。
(14) 「纏足不纏足之比較」、『図画日報』2号、9頁、1909。
(15) 「女界之過去現在将来」、『図画日報』10号、9頁、1909。

(16) たとえば、「中国の婦女はかつて歩行が困難であった。私は幸いそうではなかった。一九〇一年に鎌倉に住んでいた時、建長寺に散歩すると〔中略〕いつも二、三十里になった。けれども中国でそんなことはとてもできるものではない。ここ硤石鎮は幼年時代に育った土地で、今はすでに歳が歳なので、田舎の人たちも私を咎めだてはしないが、ただ歩いたからといって同じ里の婦女をあざける」（単士釐『癸卯旅行記・帰潜記』楊堅校点、湖南人民出版社、1981、36頁）と記す。前掲拙著『中国民族主義の神話―人種・身体・ジェンダー』序章「近代の旅路」を参照されたし。

(17) 「女界風尚之変遷」（昔・今・将来）、『図画日報』12号、9頁、1909。

(18) 「中国十年後之大拉翅小脚児之進歩」、『北京白話画図日報』267号、1909（未見につき張文標『老漫画収蔵』浙江大学出版社、2006、12頁所収を使用）。

(19) 「大同世界之男女」（諷刺画）、『図画日報』66号、9頁、1909。なお康有為の『大同書』における「戊部　形界〔男女の境界〕を去り独立を保つ」の部分が刊行されるのは康有為死後の1927年であった。

(20) 周作人「最初的印象」、『知堂回憶録』66、1966年後序、香港三育図書文具公司本、176-177頁。

(21) 徐善清「請看東洋女界天足之自由」、『開通画報』35号、宣統2（1910）年10月4日。『開通画報』は北京で徐善清によって1910年10月2日創刊された。国会請願運動が展開されていた当時、同年11月4日に清朝はもともと1916年に開設予定の国会を、繰り上げて1913年に開くと宣布するや、11月6日36号では「恭賀　宣統五年〔1913〕開国会」と半頁（1頁の裏全面）を用いて祝意を表明していることからしても、そうした運動の側に立った画報であったといえる。

(22) 宋恕「致孫季穆書（1903年7月10日）」、胡珠生編『宋恕集』下冊「巻八家書」、中華書局、1993、720頁。

(23) たとえば清末民国期の有名な諷刺画家、銭病鶴は各国の女権を火山に見立て、その大きさを比較する。大きい順に英米独仏中日とされている。銭病鶴「女権之盛衰」、女報臨時増刊『女報』己酉（1908）中秋。日本が最悪だとするこういう見方はのちにも、たとえば「中国の婦女は世界の婦女のうち二番目に憐れな地位にある（第一位は日本の婦女）」と、謝冰瑩にも見られる。謝冰瑩「婦女与団結」、『婦声』半月刊、7期、1947。

(24) 「真耶仮耶」、『図画日報』104号、11頁、1909。「十月初十日奉天公電、奉天中等学堂学生、決定於七日内尽行剪髪」とある。

(25) 「婚礼之変遷」、『図画日報』14号、9頁、1909。

(26)　「婚姻不自由之結局」、『図画日報』49号、10頁、1909。
(27)　「自由結婚之供詞」上下、『図画新聞』巻4、31頁、戊申2月（1908）、『戊申全年画報』24冊。
(28)　「野鴛鴦借名文明結婚之可笑」、『図画日報』67号、7頁、1909。
(29)　「祝文明結婚」、『神州女報』1巻2号、1909、唱歌65頁。
(30)　「文明婚」、葉中冷編『小学唱歌二集』1906、陳一萍編『先行者之歌——辛亥革命時期歌曲200首』武漢大学出版社、2009、97頁所収。古筝曲「宮苑春思」調の歌曲だという。
(31)　王韜『淞浜鎖話』などを参考にした安克強（Christian Henriot）著・袁燮銘・夏俊霞訳『上海妓女——19-20世紀中国的売淫与性』上海古籍出版社、2004（原書1997年）などを参照。
(32)　「女書場之熱鬧」、『図画日報』22号、7頁、1909。
(33)　「婦女聴書之自由」『図画日報』63号、7頁、1909
(34)　「再誌前報〔妓女好学〕」、『開通画報』48号、1910年11月18日、3頁。
(35)　「老鶴窩内出雲雁」、『開通画報』38号、1910年11月7日、2頁。ほかに、新聞売りにあれこれ注文をつける新聞マニアの妓女も描かれる。『開通画報』47号、1910年11月17日、2頁。
(36)　「女界進化」、『浅説（日日新聞）画報』282号、宣統1（1909）年8月5日、4頁。
(37)　たとえば「河南女学堂第一学期考試」、『図画新聞』巻下20頁、時事報館『戊申(1908)全年画報』36冊。
(38)　「半園女学生旅行」、『図画日報』96号、1909。
(39)　「中国女子体操学校開運動会」、『図画日報』105号、10頁。
(40)　湯剣我（夫は中国近代体育の創始者、徐卓呆で、ともに日本留学）「説女子之体操」、『婦女時報』3期、8-9頁、1911。
(41)　徐一氷（1881-1922、浙江、体育教育家、日本留学、同盟会員）「組織女子軍事研究会縁起」、『婦女時報』2期、3頁、1911。
(42)　「女党之勢力」、『図画日報』30号、11頁、1909。
(43)　拙論「漫画表象に見る上海モダンガール」、伊藤るり、坂元ひろ子、タニ・バーロウ編『モダンガールと植民地的近代　東アジアにおける帝国・資本・ジェンダー』岩波書店、2010参照。
(44)　先行研究においては夏暁虹『晩清女性与近代中国』北京大学出版社、2004（第十章　紛紜身後事——晩清人眼中的秋瑾之死）や瞿駿『辛亥前後上海城市公共空間研究』上海辞書出版社、2009（第二章　追悼会与革命）で注目されている。

(45)　「憑弔女俠」、『図画新聞』巻4、15頁、戊申2月(1908)、『戊申全年画報』24冊。
(46)　『新編家政学』は日本下田歌子著・作新社（下田歌子が設立に関係する印刷・出版社）訳とされる。下田は当時、中国で最も知られる日本人のひとりで、上海において中国人による最初の女子学校、務本女塾を1902年に創設した呉馨（懐玖）に請われて、唯一の女性教員として河原操子を紹介していた。原本は明記されていないが、内容・書名からしても下田歌子『新撰家政学』（金港堂、1900）と思われる。訳書の凡例に、女子教育もいずれ始まるだろうからその教科書にしたいと記され、おそらく務本女塾で教科書として使われたものと推察される（卒業生にはのちに章炳麟夫人となる湯国梨もいる）。だが下田本と同スタイルをとる凡例には、「本書はヨーロッパの家政論を参考にし、かつ中国および日本の現況を考慮し、折衷して作られたものである」とあり、下田の『新撰家政学』の編成を変えて抜粋し、改変付加したものというべきであろう。呉汝綸の序を付するが、そこには下田を日本の女子教育の功労者として紹介、「その種を強くする」根本を説くものとし、「下田君の書が出て、浅見の士、その口を緘じるべし」（序2頁）と称える。なお、『新編家政学』の原本を大阪市立大学の松浦恆雄教授より贈られた。記して感謝したい。

福建の辛亥革命
―― 『台湾日日新報』を例に

許　毓　良（岩本真利絵訳）

1　はじめに

　辛亥革命は中国近代史上の最も重要な事件である。なぜなら中国の専制王朝を主としてきた歴史を書きかえたからである。後に袁世凱の称帝や清朝の復辟が起こるとはいえ、大勢の赴くところ、「帝制」はすでに過去のものとなった。1949年から1971年に至るまでの台湾は中国の合法政権を自任していたため、当時の辛亥革命に対する宣揚では、同時代の台湾もその中に含まれるべきであると見なしていた。しかし1990年代から、台湾は本土化・民主化運動を進め、台湾史が徐々に中国史の領域から分けられ、単独の研究分野になっていくと、辛亥革命と台湾の関係について、異なる観点が出現し始めた。その中で最も重要な見方は、1911年に勃発した辛亥革命や1912年に成立した中華民国について、当時の台湾はすでに日本の植民地であって関係していないというものである。このため台湾と中華民国史の関係は、最も早くとも1945年に第二次世界大戦が終わり、国民政府が台湾を接収してから計算するしかないとされる[1]。

　確かに歴史は多くの異なる視角からの検討が可能な学問である。したがって上述の台湾学界の辛亥革命に対する評価の変化は、歴史が独断的な学問ではないことをより明らかにしている。しかし辛亥革命の歴史は本当に台湾と全く関係ないのであろうか。実際に同時代の台湾は、日本の統治を受けていたとはいえ、中国のニュースを知ることは閉ざされていなかった。特に当時の新聞は、福建社会の鼓動に相当に注目していた。ゆえに福建の辛亥革命は、自ずと台湾の新聞が大々的に報道する焦点となった。それは辛亥革命の研究においてとても重要である。なぜなら従来の研究成果の蓄積から見るに、「福建の辛亥革命」

の検討はあまり重視されなかったからである。

1949年以後の大陸と台湾の学界において、辛亥革命時の福建に関する専門書は依然として見られない。数少ない代表的な成果は、たとえば張朋園『立憲派与辛亥革命』、章開沅・林増平『辛亥革命運動史稿』、金冲及・胡縄武『辛亥革命史稿』があるが、いずれもが辛亥革命における王朝交代の意義を述べた後、福建革命の顛末を検討している[2]。また福建を研究対象とし、辛亥革命における役割を検討したものとして、二つの重要な研究がある。一つは、1980年代初に厦門大学の陳孔立・蔡如金・楊国楨が著した「辛亥革命在福建」である。そこで使用された主な史料としては、地方志（『厦門志』『長汀県志』『詔安県志』『上杭県志』）や厦門の老人林万山・陳金芳の回顧録、鄭祖蔭『福建辛亥光復史料』などがあげられる[3]。もう一つは、1990年代初に香港浸会大学（Hongkong Baptist University）歴史系教授の李金強が、論文集の形式を通じて清末福州・厦門の革命団体や1911年の福建革命党人の活動を検討したものである[4]。ところが、興味深いことに当該論文集以後、中国大陸・香港・台湾の学界では、「福建の辛亥革命」を主題とする研究が続けられなかった。清末東南沿海三省——江蘇（上海）・浙江・広東——の辛亥革命に関する研究成果が大量に蓄積されていることと比較すると意外なことといってよい。そこで本稿では、「福建の辛亥革命」を正面から取り上げ、同時代の『台湾日日新報』の報道を分析しつつ検討していくことにしたい。

2　福建革命から福州辛亥革命へ

日本統治時代、台湾における発行部数最大の新聞は『台湾日日新報』であり、最高で五万部に達した。現在の学界では『台湾日日新報』を使用した中国革命の研究が進められているが、そこでは孫中山（逸仙、1866〜1925）のみに焦点があてられている[5]。残念ながら、1894年11月の興中会成立と1895年10月の第一次広州蜂起については、当時まだ『台湾日日新報』が創刊されていなかったため、掲載されていない。この新聞における中国革命の報道は1898年12月に始

まった。情報源としては香港や蜂起現場からの外電もあれば、日本国内の報道の転載もある。そしてこの新聞が報じたニュースの量からみると、おおよそ1907年を分水嶺としている。1898年から1906年までの中国革命についての報道は、決して毎年なされているわけではなく、あるいは一回きりの記事で処理された場合もあった。しかし1907年以後、ニュースの量は激増し、連載や続報まで見られるようになる。注目すべきことに、清朝を転覆させるまでに、革命党は全部で14回の蜂起を行った。『台湾日日新報』では、第一次広州蜂起、1907年6月の広東七女湖蜂起、1908年2月の広東欽州・廉州蜂起に関する報道がないのを除けば、その他はすべて記事がある。ゆえにこの新聞を用いて中国革命を研究すれば、極めて有意義な成果を得られる可能性があろう。

『台湾日日新報』が初めて福建革命党の蜂起について報道し始めたのは、1898年12月である。もともと福建省の省城である福州の一部区域は満州人の集住地区であり、革命党はこの蜂起で満州人と官吏を攻撃することを計画していた。その主力は軍営に紛れ込んでいた古参の革命党員であったが、人数不足を考慮し、福州付近の流民を募った結果、総数300人前後に達した。彼らは満州人の集住地区に潜伏し、まず八旗兵を襲撃する準備を行っていた。しかし図らずもその中に清朝に密告する者がおり、官憲が先んじて革命分子を大々的に逮捕したため、計30人が逮捕され、その他は噂を聞いて逃げ去った[6]。注目すべきことに、この事件は革命党がその後に言及した蜂起失敗の中には見られない。また1907年9月、『台湾日日新報』は福建の革命に関する第二のニュースを掲載している。閩浙総督松寿（？～1911）の統治下で、福建と浙江も革命の温床となっていたからである。特に福建は革命党がひそかに武器を輸入する重要なルートとなっていた[7]。

じつは1906年夏に同盟会は福州で支部をつくり、鄭祖蔭（1872～1944）が支部長、林斯琛（1870～1925）が総幹事となった。革命党員は地方の公益を名目として、福州城の南に「橋南公益社」を設立し、ひそかに革命勢力を組織して連絡をとりあった。1911年春の第二次広州蜂起では、福建の党員の参加者が非常に多く、ダメージも大きかった。事件後、林斯琛らは福建の革命勢力の拡大

のため、福州に駐屯する軍隊と警察の内部に人を潜り込ませて扇動させている。福州の蜂起の前に、すでに革命党陣営に加入していた重要人物としては、新軍第10鎮統制孫道仁（1865～1935）、第20協協統許崇智（1886～1965）、福州緝私局局長彭寿松（1866～1918）が含まれていた(8)。当時は満州旗営を除けば、福州城内外のすべてが革命党の勢力であったといえよう。

　1911年10月10日、新軍が武昌で蜂起すると、各省は次々と共鳴して独立した。これが国内外を驚愕させた辛亥革命である(9)。『台湾日日新報』が最も早くこのニュースを報じたのは10月13日であった(10)。その後の展開について、新聞では二つの観点から情勢の行く末を取り上げている。一つは、「革命党暴動彙報」と題し、あらゆる中国革命のニュースを載せたもので、期間は10月16日から11月9日におよぶ(11)。もう一つは、「清国革命彙報」と題し、革命軍がすでに優勢であり、清朝に取ってかわりうることを述べたもので、期間は11月10日から翌年4月29日までおよんでいる(12)。かかる情勢の中、台湾の対岸に位置する福建は中国革命報道の重点となった。その展開は以下の四段階に分けて整理できる。

　第一段階の1911年10月23日から11月7日には、武昌蜂起後、各地で風雲が湧きおこったことが記される。10月23日に初めて掲載された福州からのニュースによれば、当地の銭荘で取り付け騒ぎが起こったが、清朝が大清銀行から十五万円を引き出して対応した結果、ようやく市場は安定に向かった(13)。福州代理副領事の土谷久米蔵も直後にこのニュースを認め、清朝の財政部門から十五万円を引き出すことで回復できたという(14)。福州蜂起の前夜を見ると、経済による政治の動揺は相当深刻であった。清朝は努めて局面を安定させようとしたが、効果が上がる可能性は決して高くなかった。なぜなら10月31日付けの福州からのニュースによれば、当地の商店では市場に突如あらわれた変動に対する不安感が広がっていた(15)。その結果、当地の不穏な状況とも相俟って、いつ革命が勃発するかわからぬ状態に至った(16)。特に福州の高官は麾下の新軍を全く信用せず、禁軍（満営）に州城内外の守備を担わせていた(17)。

　11月1日と2日、福州城は混乱に陥っていたに違いない。新聞によれば、城

内の住民は続々と他所へと移り、当時発行されていた「支那紙幣」の価値が暴落[18]、恐慌のような取り付けが起こった。しかし商店は依然として店舗を開き、通常通り営業していた[19]。おかしなことに上海はすでに革命軍の手に落ちていた（11月4日）が、福州では、外は雪解け、内は火の車の様相を呈していた。当面の情勢は予断を許さなかったが、まだいかなる確実な革命行動も起きていなかった[20]。しかしアメリカとドイツが自国民を保護するために、11月7日にそれぞれ一隻の軍艦を派遣して福州に赴かせ対応させた[21]。じつは『台湾日日新報』は忠実に福州革命前夜の緊張状態を報道しており、これらはすべてその後の辛亥革命回顧録では言及されることがなかった重要なものであった。しかし戦争の描写、特に革命軍の計画や部署については、参戦した古参の革命党員の回顧録が提供する情報によらねばならない。同時に本稿では新聞報道を相互に比較し、当時の実際の状況を復元する。

　第二段階の1911年11月8日から10日までの間、当時の福州の新軍は推計5000人余りであったが、満営の人数については諸説が入り乱れ、2500人、4000人、5000人とも称される[22]。新軍の蜂起以前、福州の立憲派の諮議局副議長劉崇佑（1877～1942）は、自守を提議するとともに、四つの条件——満州人が新政府に服従すること、満営が武器を供出すること、今後は満漢に分けぬこと、満州人の俸禄を払うこと——を提案した。閩浙総督松寿はもともと受容する姿勢を示していたが、福州将軍樸寿（1856～1911）がどうしても従わず、話し合いは物別れに終わった[23]。『台湾日日新報』は双方の具体的な会談内容を報道しなかったが、11月7日に諮議局が「中立」の主張を持って交渉中であると言及した[24]。注目すべきは、話し合い決裂後、福州城内外の住民が如何なる反応を見せたかであろう。なぜならさらに一波乱が起こったからである。これ以前には商店の営業を見ることができたが、その後すべて休業した。城内外の各街坊は、盗賊が横行するのを恐れ、警戒体制を敷いた。また戦火も予想されたため、各商品の物価が高騰し、銭荘は取り付け騒ぎに対処せねばならぬなど、さらに金融界に大きな震動を惹起した[25]。『福建辛亥光復史料』には、さらに生き生きとした記録があり、2000人余りの住民が南門・水部門から逃れ出て、倉

前山に避難した[26]。

　福州文明社の創立者である鄭権の回顧によれば、もともと福州将軍樸寿が軍隊を集め、11月9日に「橋南公益社」に対する攻撃を計画、さらに満州人の文楷が「殺漢隊」を組織して大量殺戮を準備していた。したがって革命党は先に仕掛けるほかなく、11月8日の夜に蜂起を計画した。革命党は炸弾隊・洋槍隊を組織、前者は彭寿松に率いられて福州城内に潜入し、後者は大清銀行と各官署を占領し、倉前山一帯の教堂を保護した。革命党はひそかに城内の花巷の旧警察公所に司令部を設立し、また山に射撃用の大砲を設置した[27]。

　11月8日の福州からの報道によれば、清軍と革命軍が戦闘を準備していたほか、賊徒も各地で難民から略奪を行っていた。このとき一隻のイギリスの駆逐艦が福州に入港し、自国民を保護している[28]。興味深いことに『台湾日日新報』は革軍（革命軍）と新軍を分けて、彼らが連合して一緒に満州軍に対抗していると記し、そのうえ新軍は革命軍の新鋭部隊であると述べた[29]。9日夜から翌朝にかけて、双方の戦闘がとても激烈であったため、アメリカは20人の水兵を選んで上陸させ自国民を保護した[30]。11月9日の福州からのニュースでは、満州軍の一部がすでに投降し、残りは城内の一隅にたてこもり、将軍樸寿の指揮下で頑なに抵抗を続けた。双方の死者は推計で満州兵100人、新軍50人であった[31]。9日早朝三時半、革命軍は最後の攻撃を行った。東門から直接満城に攻め入り、力をあまり使うことなく福州城を占領した[32]。

　回顧録はこの戦闘を如何に伝えているか。11月9日に戦闘が勃発すると、山に配置されていた砲兵隊はただちに福州将軍署にねらいをつけ、大砲をひとたび轟かせるや、衙門は燃え始めた。革命軍は山の重要な高地を占領していたため、満州兵は不利な情勢に追いやられていき、多数の兵力で山を攻めたものの、いずれも革命軍の陣地を攻め落とすことができなかった。11月9日正午、満州兵は一度目の白旗をあげたが、前線の総指揮許崇智は偽りの投降ではないかと恐れ、さらに砲撃を続けるよう命じた。午後二時、満州兵が二度目の白旗をあげると、許崇智はようやく攻撃の停止を命じた。しばらくして一名の満州軍の軍官が降伏にきて、「献械乞降」の四字の白旗一枚を献上した。最後に双方は

10日午前八時に八旗督統勝恩が満州兵1300人以上を率いて（一説によれば、勝恩自身が花巷司令部に赴いて罪を請うた）南校場に行き、武器を差し出して投降することを約束した。そして武器を差し出した後、各人に洋銀一元が支給され解散した[33]。

　これらの記事から見れば、福州城内の戦闘で、カギとなる戦役は革命軍が東門から突入したことであろう。しかし回顧録を繙くと、主戦場はむしろ山であった。しかし鄭権の回顧によれば、10日の夜明けに満州兵はさらに三度目の白旗をあげたが、偽りの投降であった。なぜなら数百人の満州兵が、九曲亭から直接山に迫り、大砲を強奪しようとしたが、革命軍に撃退されたからである。興味深いことに、鄭権の回顧では南校場で武器を差し出して投降した儀式に言及せず、投降した満州兵に解散手当が支給されたことにのみ触れている[34]。『台湾日日新報』には11月10日の戦闘についてさらに注目すべき報道が見られる。この日の朝四時半から始まった戦闘は朝八時まで続いた（偽りの投降に伴う戦闘に違いない）。革命軍は満州軍を撃退しただけでなく、さらに満城の拠点を占領し、残りの満州兵を掃討した。閩浙総督松寿は毒を呑んで自殺し、福州将軍樸寿は行方不明となった。敗走した満州兵と賊徒は外国人の居留地に姿を見せ、人心を不安にさせた。同日午後、一隻の日本の軍艦が福州に到着、自国民を保護する準備を行った[35]。

　11月10日の東京からのニュースは、福州代理副領事土谷久米蔵の電報によりつつ、11月9日朝二時に福州で革命が発生、革命軍と青年会義勇団が協力して、一挙に満城に攻め入り、将軍衙門を焼き払い火薬庫を奪取した、おおよそ三時間後に戦闘は終わり、双方の負傷者は1000人以上であった、と伝えている[36]。土谷の電報は極めて簡潔であったが、福州が革命軍の手で掌握されたことを確認できる。しかし松寿と樸寿の命運については異同が多い。松寿は自刃した後、革命軍司令部が遺体を手に入れ、礼を尽くして総督署会議庁に留め置いた。11月10日に樸寿は炸弾隊隊員李善進らによって旗人明玉の家で捕縛された。革命軍はもとより礼遇したが、図らずもこの日の夜に満州人数百名が奪還しようと襲撃したため、樸寿は機に乗じて脱走した。その後再び捕まると、遂に翌日早

朝三時に死刑判決が下された[37]。

3　福州光復と軍政府の成立

　第三段階の1911年11月11日から12月3日までの間、福建は11月初に独立を宣言したとはいえ、光復の挙を求めるのが他省と比べて少し遅く、十二番目に共鳴した省となった[38]。福州の大局が定まった後、11月11日に福建同盟会が政権の接収を開始し、このとき孫道仁を推挙して軍政府都督とし、彭寿松ら十人が参事員となり、過渡的な統治を始めた[39]。新しい政府は初期にはなお民心を得ることができていた。たとえば、非難されて久しい釐金の廃止、不足分の銭糧の免除、紙幣の発行を伴わぬ金融の安定、戦闘中に焼かれた建物の補償、試験による官吏の任用などを実施したからである[40]。しかしこの蜜月期間は短く、『台湾日日新報』の報道によれば、福州の安定も11月11日から24日までにすぎなかった。

　11月11日の福州からのニュースによれば、福州城の住民は新政府に対して好感をもっており、翌日から商店は続々と営業を開始しようとしていたが、外国の軍艦の水兵と上陸した陸戦兵は、いまだ厳戒の中に在った[41]。現地の人は革命を歓迎し、特に革命軍の奮戦は国内外の人士から賞賛された。福州城内外の商店はほとんどが営業し、清朝が発行した紙幣は流通せず、逆に金属貨幣（銀両・銀元・銅銭）の価値が高まり、当然ながら物価もそれに従って上昇した。新政府は八つの機構──民政、財務、司法、交通、参謀、司令、外務、軍務──を組織した。参事院も設立され、10人の革命派の重要人物が参事員となった。釐金の廃止も決まった。これらは新政が実施した主な仕事である[42]。14日に福州から発せられた記事は興味深く、孫道仁都督がすでに辮髪を切り落とし、同時に福州城で辮髪を切り落とした人も多く、鳥打帽をかぶるのが流行したという[43]。実際のところ、軍政府は統治の初め、金融秩序の維持に注意を払っている。まず十五万元を引き出し（17日の記事では十五万元、18日の記事では十五万両）、商務総会に交付して保管させ緊急用とした。15日からは銭荘も営業

を開始した。福州の安定した状況については、日本の駆逐艦「如月」の艦長が発した電報中にも示されている[44]。

　第四段階の1911年12月4日から1912年1月1日までには、まず12月4日に革命党の各省代表が漢口で会議し、南京を中央臨時政府の所在地とすることを決議、同時にその次の会議を南京で挙行することを決定した[45]。この段階において福州の軍政府が直面していた統治の窮状は相変わらずであったが、臨時の「中央政府」が成立したため、福建の施政は軍政府のみから出されるものではなくなった。12月6日、都督孫道仁は各省の都督に電報を発して、清朝海軍はすべて軍政府の指揮下に帰し、ただちに新たな機関を設立して、号令を統一するべきであると述べた。さらに上海ないしは福建に海軍省を設立し、すべての海軍の事務を処理させようと計画した[46]。

　当然ながら、福建が賊徒に悩む状況はあまり改善されていなかった。福州軍政府の手元にあるのは、歩兵3000人を除けば、工兵と砲兵の二部隊のみであった。当面は募兵に頼らざるを得ず、訓練を強化してようやく問題を解決するしかなかった[47]。12月7日の福州からのニュースによれば、財政が逼迫した状態にあるため、軍政府は福州港から陸上げした商品に対して、国内外を問わずすべて停滞税（子口税・抵代税）を課し、釐金の収入に代替させることを決定した。さらにこの計画を各国領事館に照会し、近日中に実施しようとした。その他、清朝の海軍大臣薩鎮冰（1859〜1952）は福州出身であるが、革命党と関係を持っていなかった。当時の軍政府は福州城内の邸宅を捜査したが家族を発見できず、シンガポールに行ったのかもしれないと憶測を呼んだ[48]。

　12月8日、福建の賊徒の騒乱はさらにひどくなった。泉州府の恵安・安渓両県は福州に電報を送り、賊徒に県城を囲まれ激しく攻撃されていることを知らせた。城中はすでに食料が欠乏し、住民の驚愕は尋常でなく、軍政府に援軍を派遣するよう要請した[49]。翌日、福州では五大隊から成る混成部隊を派遣して、賊徒が猖獗する地方を掃討させる計画を立てた。福州の状況はそれなりに安定していたとはいえ、商業は停滞し、民衆の怨嗟の声は絶えなかった。汀州・延平・興化ではあたかも無政府状態のようで、官吏の命令が実行されなかっ

た[50]。上述の海軍の運営については、薩鎮冰とともにイギリスに留学した林顕啓を抜擢しようとし、孫道仁も彼に海軍統領の職を引き受けるよう強く勧めたようであるが、引き受けなかったといわれる[51]。

　12月16日の『台湾日日新報』は孫道仁と彭寿松の不協和を初めて新聞の見出しとして取り上げ大々的に報道した。もともと軍政府が蜂起した時、内部に変事があったが、孫道仁のとりなしにより大事に至らずに済んだという。しかし革命成功後、参事会と軍人はそれぞれ派閥に分かれて見解を異にし、さらに財政が悪化し、両者の争いを惹起した[52]。かような展開は、中華民国政府がまもなく成立すると、新しい官吏を派遣したり任命したりすることで変化した。鄭権の回顧によれば、1912年1月1日、福建省城は南京参議院の電報を受け取り、太陽暦紀年に改めた。1月9日に福建政務院が成立し、彭寿松が総長、林斯琛・鄭祖蔭が副長に公選された。しかしこの記録と『台湾日日新報』の報道には時間の出入りがある。なぜなら1911年12月30日の報道によれば、福州都督府制度が大きく変わり、政務院制に改められ、初代政務院長は彭寿松、政務院副院長は鄭蘭（蓀）・林温如であったとされるからである[53]。しかし、いずれにせよ孫道仁はすでに福建の政治権力の外へ排除されていたとはいえ、彭寿松も喜ぶのが早すぎた。1912年2月15日、南京参議院が袁世凱を総統に選出したため、同日に政務院の正・副院長は通電を送って辞職することになったからである[54]。さらに袁世凱は就任後、福建を鎮撫するという名目で岑春煊（1861～1933）を派遣し、彭寿松の勢力を掃討した。後任として張元奇（1858～1922）が福建民政長に命じられ、革命政権は最終的に軍閥の手に落ちた[55]。

4　1911年廈門革命軍の報道

　廈門は福州以外では福建の最も重要な海港といえる。ゆえに福建の辛亥革命における廈門の役割はとても注目されているといって過言ではない。しかし現在の学界において廈門光復の日付に関する説はそれぞれ異なっており、たとえば1947年編纂『廈門市志』の「廈門辛亥革命紀事」には、1911年11月12日に革

命軍が廈門城に入ったとある[56]。陳孔立・蔡如金・楊国楨は、手抄本の『廈門志』を利用して検討し、1911年11月13日に革命軍が入城し、四つのルートに分かれて道署・警署・砲台・各機関に進攻したと見なしている[57]。しかし金冲及・胡縄武は丘厓竟（1886〜1977）の回顧録を利用し、11月15日に廈門同盟会の責任者の張海珊が、群衆の集会で道署に進攻するよう手を振り上げて絶叫し、如何なる抵抗にも遭わぬまま、ただちにすべての衙門を占拠したと指摘する（同事件について李金強は11月14日であると述べている）[58]。

　実際には、武昌蜂起後の廈門の最高位の文官――興泉永道の慶藩――は、各地の風聞が不利なのを理由に隠れて人と会わなかった。廈門の各界は廈防同知の王子鳳に何度も会い、廈門の革命の時機がすでに熟し、もし官吏が譲歩を示したら、地方の人士は決して困らせるようなことをしないであろうと告げた。11月5日に慶藩と王子鳳はそれぞれ職を去り、自ら廈門を離れた。福州省城は改めて章拱北を興泉永道に任じたが、敢えて就任しようとはしなかった。廈門の事務の正常な運営を維持するため、11月6日、各界は廈門自治会によって組織された保安会の力を借りることとした[59]。

　これらの事実からはっきりしているのは、革命軍がいつ廈門を光復したかにかかわらず、清朝の官吏は早くも皆すでに廈門を離れていたことである。現在の問題はいずれの日付が正確なのであろうかという点である。これについて『台湾日日新報』の報道は多少の消息を提供する。その情報源はほとんどが廈門から、一部分が東京からなので、これらの記録によりつつ廈門の革命の状況を理解することができる。

　1911年11月3日、『台湾日日新報』は初めて廈門の革命のニュースを掲載した。内容は10月27日に革命党員が鼓浪嶼公共租界で演説を行い、参加した人士に『復興中国之先声』という宣伝刊行物を配布し、同じようなことが廈門と周辺の島々でも行われ始めたというものであった[60]。11月8・9日の廈門からのニュースは、廈門がすでに革命軍に攻め落とされたというのは間違いであることを示している[61]。当時の廈門の街中はなお平穏であったが、革命が間近に迫っており一触即発の状態にあった[62]。11月9日にはまた「重量級」の革

命党人士が廈門に至り、廈門の光復はすでに日を指して待つべき状態になったという[63]。11月10日には三つのニュースがあり、そのうちの一つが東京からのもので、日本の駐廈門領事菊池義郎が出した官報によれば、福州が革命軍に占領された後、廈門も後に続くであろうと考えられたが、この時点では蜂起はまだ発生していなかったという[64]。他の二つは廈門からのもので、廈門は現在予断を許さぬ状況にあり、以前に「重量級」の革命人士が廈門に来たというのは事実であることが確認されたという[65]。さらに重要なのは、廈門の各界の重要人士と道台とが話し合い、道台は市民の各界が発布しようとしていた「独立宣言」を認めたが、廈門市内の秩序はやはり平穏であった点である[66]。

　1911年11月11日に東京から伝えられたニュースによれば、前日に廈門に停泊していた日本の駆逐艦「霞」の艦長が官報を出し、11月10日午後に叛軍（革命軍）の主要メンバー——新道台・官吏・学者・大商人——が会議を挙行し、11日に独立宣言を発表することを決定したと述べた。この話が出ても叛軍（革命軍）陣営は大騒動を起こすことなく、革命は成功したと見られた[67]。しかしこのニュースはただちに訂正され、駆逐艦「霞」の艦長はまたもや官報を発して、廈門の革命派はいまだ準備が整っておらず、革命宣言の発布時期を先送りするしかなくなったと指摘した。さらに地方の秩序を安定させるために革命党と官民が妥協した結果、「自治制度」の採用が決議された[68]。図らずも11月15日の廈門から伝えられた最新のニュースによれば、当日の午後に千人余りの革命党人士がそれぞれ砲台と各機関を襲撃し、かつ血を見ることなく占領した。これが保安会と関係しているか否かは確認がいまだ取れていないとのことであった。しかし当日の夜、廈門は依然として平静を保ち、日本・イギリス・アメリカの駆逐艦は埠頭に停泊していた[69]。このニュースはその後、東京が伝えたニュースで確認された。菊池領事が発した電報によれば、叛軍（革命軍）は11月15日に確実に廈門砲台と道台などの各機関を占領したという[70]。しかしこうした展開は廈門の情勢に新たな変化をもたらした。上述した保安会は廈門光復後に権力を失い、かわって革命党の機関である商務総会が積極的な活動を進めていった。廈門の秩序はしばし安定したが、治安に対する警戒は依然として必要であっ

た(71)。

　以上、「廈門辛亥革命紀事」、丘厪莄の回顧録、『台湾日日新報』の報道などを検討してきた結果、本章ではこれまで廈門における辛亥革命についてあまり知られてこなかった経緯を整理することができたように思う。1911年10月10日に武昌革命が成功すると、10月27日に鼓浪嶼で初めて革命演説が行われた。11月5日には興泉永道慶藩と廈防同知王子鳳が廈門を離れた。しかし廈門の秩序を維持するために、現地の人士は自治会が組織した保安会によりつつ治安をたもとうとした。11月10日に福州が光復すると、廈門の同盟会の責任者であった王振邦と張海珊は積極的に革命を支持した。『台湾日日新報』の報道に見える「重量級」の革命分子とはこの二人をさしているに相違ない。王振邦が自治会に赴いて会長の陳子挺と会談した際、陳は廈門では蜂起を必要とせず、ただ福州から人を派遣して接収すればよいとの見解を伝えたが、王はこのような見方に同意しなかった。このため11月10日から14日までの廈門のニュースは混乱し、ようやく11日に独立宣言の発表が決まったが、不思議なことにすぐに延期された。さらに新聞が「自治制度」を強調していることから、当時の廈門の運営は自治会によって主導されていたことがわかる。ただ最もカギとなるのは11月15日の蜂起であり、それは秘密の計画であったため、保安会とは全く関係なかった。ゆえに当日の午後、民衆が寮仔後の天仙茶園（あるいは劇場といわれる）に集合すると、張海珊は熱弁をふるい、左腕に「革命軍」の三つの文字を書いた白布を巻きつけ道台衙門に攻め込み、成功したら白布を大洋銀貨五枚と交換すると公言した。そして千人余りが張海珊に率いられ、抵抗にも遭わず道署を攻め落とした(72)。その他の人々は一部が邱汝明に率いられて警察を、一部が陳丕顕に率いられて砲台を占領した(73)。15日の廈門光復後、革命党は商務総会を成立させて主導権を握った。

　廈門が光復したとはいえ、その後の展開は平静ではなかった。福建軍政府都督孫道仁は宋淵源を派遣して閩南安撫にあたらせた。11月16日に宋は福州から船に乗って出発し、翌日に廈門に至り、そこで初めて廈門の軍政府がすでに成立していたことを知った。当時の廈門革命党は張海珊を統制に擁していたとは

いえ、同陣営の王振邦が張を擁したのは誠意ではなかったため、情勢は混乱に陥り、張海珊は鼓浪嶼に避難した。宋淵源はただちに軍政府に入り、廈門の各界を丁重に迎え、暫定的に道尹制を敷いて地方の安定を維持した。その後、原鴻達を廈門道、曹春発を司令として派遣するよう省城に要請した結果、廈門の情勢はようやく安定した[74]。

5 おわりに

辛亥革命九十周年の時、台湾中央研究院院士の張玉法は感嘆して言った。「(台湾の)一般社会の大衆にとって、辛亥革命はすでに遙かに遠いこととなってしまった」と。そして2000年、台湾では中国国民党が下野し、民主進歩党が政権を握ったため、張氏はさらに悲観して言った。「辛亥革命の道は台湾ではすでに突き当たりに来てしまった」と[75]。しかし2011年の台湾における「民国百年」の慶賀活動を見れば、辛亥革命が台湾で受ける扱いは張氏が言うほど深刻ではないようである。しかしこれら二つの言葉は、多少なりともこの十年来の台湾社会の辛亥革命についての認識をあらわしており、それは国家の政治宣伝(先賢先烈の追憶)から普通の国定休日(双十節国慶)への変化にも看取することができよう。かかる社会現象の移り変わりは、現代の台湾史研究からすれば、重要な課題であるに違いない。ただしこの課題を深く検討するならば、その淵源——1911年の辛亥革命と台湾の関係——について注意を払う必要がある。もしこれが成り立つのであれば、『台湾日日新報』は十分に重要性を有する史料であるといえよう。

確かに、史料的な性格からすれば、記事の信憑性は検証されねばならず、檔案ほどの重要性は持ちえない。研究者によっては回顧録よりも価値がないとする人もいるかもしれない。しかし檔案であれ回顧録であれ、いずれも革命の当事者が残した記録である。それらを用いて研究すれば、「参与者」の視点で歴史を見ることになる。しかし本稿では『台湾日日新報』によって福建の辛亥革命を検討した——すなわち福建について相当詳しい外国の新聞を用いて研究し

た——ため、「傍観者」の視点から歴史を見たといえよう。「傍観者」である新聞の最大の史料的特色は、檔案や回顧録に見られぬ視点を提供できることである。それは二つの側面——清末革命における福建の役割と福建における辛亥革命の経過——に分けて検討することができる。

　前者についていえば、1898年12月に『台湾日日新報』が言及した福州蜂起は、歴代の革命の宣伝の中で、全く言及されなかった事件である。また1907年から福建が革命党の武器密輸ルートとなったことも、他の史料ではあまり言及されていない。後者についていえば、1911年10月16日から『台湾日日新報』は前後して「革命党暴動彙報」と「清国革命彙報」という異なる二つのタイトルを記事の見出しとしたことがあげられる。革命党の蜂起に対する新聞社の態度と、清朝を転覆する可能性があることについての観察は、かなり詳細に記されている。

　そして新聞社の福州に関する報道には戦況以外に主に以下の三つの内容が見られた。第一に、各国が自国民を保護するため、軍艦や部隊を派遣して福州に駐在させたことに関する報道である。1911年11月7日にアメリカとドイツの軍艦、11月8日にイギリスの駆逐艦がそれぞれ福州に至り、11月9日に20人のアメリカ軍が上陸して自国民を保護し、10日には日本の軍艦も福州に到着して自国民を保護し、さらに15日にはイギリス・アメリカ・日本の三国の軍艦が厦門港に停泊して、革命の変化を静観していた。これらも先行研究はあまり言及していない。

　第二に、経済・商務に関する報道である。たとえば1911年10月23日に福州の銭荘で取り付け騒ぎが起こり、金融秩序は大いに乱れた。清朝は十五万円を送金して対処したが、福州の市場はかろうじて安定したにすぎなかった。11月1日から2日にかけては、福州城は混乱し始めたが、商店は依然として開店して通常通り営業していた。11月7日に至ると、福州の店舗はすべて休業し、銭荘ではまた取り付け騒ぎが起こり、緊張感が加わった。11月11日には、革命軍に攻め落とされたものの、城内の商店はほとんどが営業していた。しかし紙幣があまり流通せず、金属貨幣が歓迎された。

第三に、廈門革命に関する報道である。廈門と福州はいずれも福建の重要な海港であるが、これまで廈門における辛亥革命についてはあまり検討されてこなかった。『台湾日日新報』によれば、1911年10月27日に早くも革命党人士が鼓浪嶼で『復興中国之先声』という宣伝刊行物を配布していた。11月15日に廈門が革命軍に攻め落とされると、現地の治安維持は福州に比べてさらに不安定となった。

　台湾史から見れば、明清以来の福建と台湾の関係は重視されねばならない研究対象である。中国近現代史から見れば、1895年、台湾は下関条約によって日本に割譲され植民地となったとはいえ、1945年以後の歴史はまた中国の強烈な影響を受けている。二十世紀初の中国革命が当時の台湾人にどのように認識されたかについては、同時代に発行された『台湾日日新報』の中に答えが見つかるかもしれない。

注
（1）　李筱峰・林呈蓉『台湾史』華立図書（台北）、2006年、312～313頁。
（2）　張朋園『立憲派与辛亥革命』中央研究院近代史研究所（台北）、1983年、章開沅・林増平『辛亥革命運動史稿』中国人民大学出版社（北京）、1988年、金冲及・胡縄武『辛亥革命史稿・第三巻1911年的大起義』上海人民出版社（上海）、1991年参照。
（3）　陳孔立・蔡如金・楊国楨「辛亥革命在福建」辛亥革命史研究会『辛亥革命史論文選1949-1979（下）』中華書局（北京）、1981年、758～780頁。
（4）　李金強『区域研究―清代福建史論』香港教育図書、1996年。
（5）　劉碧蓉「孫中山在「台湾日日新報」的形象初探（1896-1930）」『孫学研究』第8号、2000年、95～126頁。
（6）　「福州に於ける革命党の失敗」、『台湾日日新報』178、明治31年12月6日。
（7）　「中清革命女丈夫」、『台湾日日新報』2802、明治40年9月3日。
（8）　章開沅・林増平『辛亥革命運動史稿』、334～335頁。
（9）　徐中約著・計秋楓・朱慶葆訳『中国近代史（上冊）』香港中文大学出版社、2001年、473頁。
（10）　「武昌の騒乱」、『台湾日日新報』4090、明治44年10月13日）。
（11）　「革命党暴動彙報」、『台湾日日新報』4093、明治44年10月16日。「革命党暴動彙報」、『台湾日日新報』4114、明治44年11月9日。

74　第1部　複数の辛亥革命

(12)　「清国革命彙報」、『台湾日日新報』4115、明治44年11月10日。「清国革命彙報」、『台湾日日新報』4279、明治45年4月29日。
(13)　「銭荘の取付」、『台湾日日新報』4101、明治44年10月25日。
(14)　「福州市況」、『台湾日日新報』4105、明治44年10月30日。
(15)　「民心不安」、『台湾日日新報』4108、明治44年11月2日。
(16)　「福州も不穏」、『台湾日日新報』4108、明治44年11月2日。
(17)　「新軍不信」、『台湾日日新報』4108、明治44年11月2日。
(18)　支那紙幣とは憑票（銀票）をさすと考えられ、官局と私立銀行が発行したものに分けられる。ただし英商匯豊銀行（HSBC）が福州で発行した銀兌換紙幣をさす可能性も残されている。福建省の福建銀行から発行された紙幣は、民国元年以降を待たねばならない。劉敬揚・王増祥『福建歴代貨幣匯編』福建美術出版社（福州）、1998年、4、104～105頁参照。
(19)　「革命党暴動彙報―福州混乱」、『台湾日日新報』4109、明治44年11月3日。「革命党暴動彙報―移転者続出」、『台湾日日新報』4109、明治44年11月3日。「革命党暴動彙報―福州財界恐慌」、『台湾日日新報』4109、明治44年11月3日。
(20)　「革命党暴動彙報―福州の動静」、『台湾日日新報』4111、明治44年11月6日。
(21)　「革命党暴動彙報―米独軍艦入港」、『台湾日日新報』4114、明治44年11月9日。
(22)　金冲武・胡縄武『辛亥革命史稿・第三巻1911年的大起義』、316・318頁。呉自修「辛亥革命殉難記」周駿富『清代伝記叢刊名人類24』明文書局（台北）、135頁。章開沅・林増平『辛亥革命運動史稿』、335頁。
(23)　楊鐸『辛亥建国史稿』陽海清・孫式礼・張徳英『辛亥革命稀見史料匯編』中華全国図書館文献微縮複製中心（北京）、1997年、120頁、張朋園『立憲派与辛亥革命』、165頁。
(24)　「革命党暴動彙報―福州中立交渉」、『台湾日日新報』4114、明治44年11月9日。
(25)　「革命党暴動彙報―福州の混乱」、『台湾日日新報』4114、明治44年11月9日。「革命党暴動彙報―福州混乱」、『台湾日日新報』4114、明治44年11月9日。
(26)　福州私立光復中学「福建辛亥光復史料」張研・孫燕京『民国史料叢刊889―福建辛亥光復史料』大象出版社（鄭州）、2009年、60頁。
(27)　鄭権「福建光復史略」邱権政・杜春和『辛亥革命史料選輯（下冊）』湖南人民出版社（長沙）、1981年、121～123頁。金冲及・胡縄武『辛亥革命史稿・巻三巻1911年的大起義』、318頁。
(28)　「清国革命彙報―匪徒横行」、『台湾日日新報』4115、明治44年11月10日。
(29)　「清国革命彙報―新軍革命加担」、『台湾日日新報』4115、明治44年11月10日。「清

　　　　国革命彙報―福州情報」、『台湾日日新報』4116、明治44年11月11日。
(30)　「清国革命彙報―米水兵上陸」、『台湾日日新報』4116、明治44年11月11日。
(31)　「清国革命彙報―福州危し」、『台湾日日新報』4116、明治44年11月11日。
(32)　「清国革命彙報―福州陥落」、『台湾日日新報』4116、明治44年11月11日。「清国革命彙報―福州占領」、『台湾日日新報』4116、明治44年11月11日。
(33)　金冲及・胡縄武『辛亥革命史稿・第三巻1911年的大起義』、318～319頁、劉通「福建光復的回憶」中国人民政治協商会議全国委員会・文史資料委員会『親歴・親見・親聞―辛亥革命親歴記』中国文史出版社（北京）、2001年、559～560頁。
(34)　鄭権「福建光復史略」『辛亥革命史料選輯（下冊）』、123頁。
(35)　「清国革命彙報―福州の戦乱」、『台湾日日新報』4117、明治44年11月12日。
(36)　「清国革命彙報―福州の変」、4117、明治44年11月12日。
(37)　福州私立光復中学『福建辛亥光復史料』、54～55頁。「清国革命彙報―虐殺と奪掠」、『台湾日日新報』4119、明治44年11月14日。
(38)　武昌蜂起後、湖南、陝西、江西、山西、雲南、江蘇、浙江、貴州、安徽、広西、広東、福建、奉天、山東、四川の順で共鳴した。左舜生『辛亥革命史』中華書局（上海）、1934年、53頁参照。
(39)　鄭権「福建光復史略」『辛亥革命史料選輯（下冊）』、124～125頁。
(40)　金冲及・胡縄武『辛亥革命史稿・第三巻1911年的大起義』、319頁。
(41)　「清国革命彙報―福州の平穏」、『台湾日日新報』4118、明治44年11月13日。
(42)　「清国革命彙報―福州の近況」、『台湾日日新報』4120、明治44年11月15日。
(43)　「清国革命彙報―都督も斬髪」、『台湾日日新報』4121、明治44年11月16日。
(44)　「清国革命彙報―福州稍平穏」、『台湾日日新報』4122、明治44年11月17日。「清国革命彙報―福州鎮定」、『台湾日日新報』4123、明治44年11月18日。「清国革命彙報―福州の近況」、『台湾日日新報』4123、明治44年11月18日。
(45)　劉望齢『辛亥革命大事録』知識出版社（上海）、1981年、60～61頁。
(46)　「清国革命彙報―海軍建設意見」、『台湾日日新報』4144、明治44年12月10日。
(47)　「清国革命彙報―援兵派遣難」、『台湾日日新報』4142、明治44年12月8日。
(48)　「清国革命彙報―福州情報」、『台湾日日新報』4143、明治44年12月9日。
(49)　「清国革命彙報―福州方面匪害」、『台湾日日新報』4144、明治44年12月10日。
(50)　「清国革命彙報―福州情報」、『台湾日日新報』4145、明治44年12月11日。
(51)　「清国革命彙報―海軍提督候補」、『台湾日日新報』4145、明治44年12月11日。
(52)　「福州内訌」、『台湾日日新報』4150、明治44年12月16日。
(53)　「福州の近況」、『台湾日日新報』4164、明治44年12月30日。

76　第1部　複数の辛亥革命

(54)　鄭権「福建光復史略」『辛亥革命史料選輯（下冊）』、126頁。
(55)　劉通「福建光復的回憶」『親歴・親見・親聞―辛亥革命親歴記』、564頁。
(56)　廈門市修志局「廈門辛亥革命紀事」『中国地方志集成8―福建府県志輯3』上海書店、2000年、60頁。
(57)　陳孔立・蔡如金・楊国楨「辛亥革命在福建」『辛亥革命史論文選1949-1979（下）』、773頁。
(58)　金冲及・胡縄武『辛亥革命史稿・第三巻1911年的大起義』、320～321頁。李金強『区域研究―清代福建史論』、237頁。
(59)　福州私立光復中学「福建辛亥革命史料」『民国史叢刊889―福建辛亥光復史料』、95頁。
(60)　「演説と檄文」、『台湾日日新報』4109、明治44年11月3日。
(61)　「清国革命彙報―廈門陥落は誤報」、『台湾日日新報』4115、明治44年11月10日。
(62)　「清国革命彙報―廈門形勢切迫」、『台湾日日新報』4116、明治44年11月10日。
(63)　「清国革命彙報―廈門の形勢」、『台湾日日新報』4116、明治44年11月11日。
(64)　「清国革命彙報―廈門の形勢」、『台湾日日新報』4117、明治44年11月12日。
(65)　「清国革命彙報―廈門の危機」、『台湾日日新報』4117、明治44年11月12日。
(66)　「清国革命彙報―廈門独立近し」、『台湾日日新報』4117、明治44年11月12日。
(67)　「清国革命彙報―廈門独立宣言」、『台湾日日新報』4118、明治44年11月13日。
(68)　「清国革命彙報―廈門独立延期」、『台湾日日新報』4119、明治44年11月14日。
(69)　「清国革命彙報―廈門占領せらる」、『台湾日日新報』4121、明治44年11月16日。
(70)　「清国革命彙報―廈門占領確実」、『台湾日日新報』4122、明治44年11月17日。
(71)　「清国革命彙報―廈門近状」、『台湾日日新報』4122、明治44年11月17日）。
(72)　金冲及・胡縄武『辛亥革命史稿・第三巻1911年的大起義』、320～321頁。
(73)　福州私立光復中学「福建辛亥光復史料」『民国史料叢刊889―福建辛亥光復史料』、95頁。
(74)　宋淵源「閩省参加革命経歴紀要」邱権政・杜春和『辛亥革命史料選輯（下冊）』湖南人民出版社（長沙）、1981年、129頁。
(75)　張玉法「辛亥革命九十周年的歴史回顧」『伝記文学』、第79巻第4期、2001年、32～35頁。

モンゴル人留日学生と辛亥革命

田 中 剛

はじめに

　清末の内モンゴルではジョソト盟ハラチン右翼旗の王公グンサンノルブがモンゴル社会改革の必要から学校教育にも傾注し、1902年以降、旗内に崇正学堂、守正武学堂、毓正女学堂を相次いで創設し、人材の育成に努めた。これら学堂で学んだ男女8名のモンゴル青年が1906年、日本に留学した。モンゴル最初の留日学生である。つとに知られているよう、初期モンゴル留日学生のなかには、その後の内モンゴル近現代史に足跡を残す者も少なくない。たとえば、東京慈恵医科大学に学んだ汪睿昌は帰国後、内モンゴルでは初めてとなるモンゴル文字活字を作成し、出版活動を通じて民族意識の覚醒を促した。東京農科大学に留学した金永昌や伊徳欽は、1920年代に内モンゴル人民革命党に加わって民族運動を展開した。このときの留日体験が、その後の彼らの活動に大きな影響を与えたと考えられる。彼らモンゴル人留日学生、とりわけ男子学生は辛亥革命が勃発すると、残らず大陸へ帰って行った。つまり、辛亥革命は初期モンゴル人日本留学の到達点であり、また日本が彼ら留日学生を通じて内モンゴルへより積極的に進出していく起点でもあった。

　本稿は清末の内モンゴルにおける新式学堂の創設から辛亥革命前夜に至るまで、モンゴル人留日学生が派遣される過程をトレースすることにより、日本との関係を築きつつ地域の改革を進めようとするモンゴル人のありようを明らかにしたい。毓正女学堂での河原操子の活動とモンゴル女学生の留学については先行研究も豊富であるので、ここでは男子留学生に焦点を当てて考察する。

1 ハラチン右翼旗における新式学校の設置

1906年にハラチン右翼旗から日本に留学したモンゴル人学生については、伊徳欽、金永昌（モンゴル名は諾們畢勒格）、呉恩和（モンゴル名は恩和布林）、汪睿昌（モンゴル名は特木格図）、于恒山の5名が知られている。ここではまず、彼らが来日する以前のハラチン右翼旗の教育状況について軍事教育を中心に確認しておこう。

清朝時代、モンゴル各旗においては元来、約5000～6000戸の一般旗民があり、そのうち実際兵に当たる者は3分の1ぐらいと言われていた。しかし清朝の安定的統治のあいだにモンゴル各旗では兵の訓練も疎かになり、出兵しても不足分の兵力が充当されないような状況にあった。1875年、御前大臣伯王の奏請によって内モンゴル東部のジリム盟、ジョーオダ盟、ジョソト盟にそれぞれ1500名を練兵するよう命が下った。だが、その後も各旗はまともに訓練できず、ハラチン右翼旗は有事に兵176名を派出するのがやっとだった。1891年、ジョソト盟で発生した宗教結社「金丹道」の蜂起は、ハラチン右翼旗にも波及して大きな被害を残した。ここに至ってようやく内モンゴル東部の各旗は練兵を開始し、ハラチン右翼旗も盛京将軍のもとで前装式洋銃200丁を受け取り、兵の教練を受けることになった[1]。

1898年に父の死にともなってグンサンノルブがハラチン右翼旗のジャサク（旗長）を継承した直後、華北では義和団事件が勃発する。1900年、ハラチン右翼旗にも侵入した義和団は大いにかき乱した。このとき義和団の用いた洋銃はみな新型の後装式で火力も強く、ハラチン右翼旗の兵が用いた前装式洋銃では応戦するに難があった。すでに前装式洋銃の発給を受けていた団練は、自衛のために後装式洋銃10丁を自ら購入して兵に交付したものの、兵はわずかに発砲できただけで訓練を十分に受けた者は居なかった。そこで1901年、グンサンノルブは北洋大臣袁世凱にはかって北洋武備学堂の卒業生1名、ラッパ手1名を教官としてハラチン右翼旗に招聘し、兵卒に対してドイツ式歩兵教練を開始

した[2]。こうしてハラチン右翼旗は近代的な軍の建設に着手した。

1903年、グンサンノルブは大阪で開催された第5回内国勧業博覧会を参観のため日本に渡った。グンサンノルブの来日については、モンゴル王公の海外渡航は前例がないとして清朝外務部では反対の声も多かった[3]。結局、清朝政府の許可を得ないまま、3月、天津から日本郵船で来日することになった。日本滞在中のグンサンノルブは博覧会参観のほか、陸軍参謀次長福島安正など朝野の有力者と積極的に面会した。日本の教育や経済、軍事力を目の当たりにしたグンサンノルブは、モンゴル盟旗の改革の必要性を痛感し、とりわけ教育と軍事の近代化が重要であると認識したという[4]。

帰国したグンサンノルブは、日本から陸軍歩兵大尉の伊藤柳太郎を招聘して軍学校の設立に乗り出した。1903年7月19日、ハラチン右翼旗に到着した伊藤は、同行した陸軍曹長吉原四郎とともに「学堂章」「陸軍教育規則」「陸軍編成表」「学生準則」「武学堂教導隊規則」「兵卒心得」「陸軍敬礼式」など一連の細則をわずか2週間で取りまとめ、開校に臨んだ[5]。

1903年8月6日、ハラチン右翼旗の大西溝に守正武学堂が設立された。ハラチン右翼旗協理の希里薩喇が堂長、王府長吏の趙壽彭が庶務提調、江蘇省試用布理問の姚煜が学務提調に就任した。日本から招聘された伊藤柳太郎は教習、吉原四郎曹長は副教習となった。このとき武学堂に集められた学生は30名、その多くが王府の護衛や哨兵で、その他は民間のモンゴル人であった。軍制はそれまで採用していたドイツ式から日本式に改められた。日本の陸軍幼年学校にならい、武学堂の学科には日本文、歩兵操典、野外要務令、射撃教範、陸軍敬礼式、戦術学、算術、列国大勢などが課され、術科には器械・柔軟各体操、小隊・中隊教練などがあった。また十日に一度、射撃訓練、野外演習を実施した[6]。

グンサンノルブの招請を受けて1903年夏にハラチン右翼旗へ入った日本人は、伊藤と吉原をふくむ6名であったが、彼らは武学堂が開校すると、伊藤と吉原を残して相次いで帰途についた。12月21日、同じくグンサンノルブに招聘された河原操子が毓正女学堂創設のためハラチン右翼旗に到着したが、折しも日露

戦争前夜の緊張が高まるなか伊藤と吉原も陸軍から招集され、1904年1月7日にはハラチン右翼旗を離れた[7]。こうして守正武学堂は開校わずか5か月ほどで日本人不在で運営されることになった。

　日本人教習が去った後の守正武学堂については、これまでの研究であまり知られていない。『沿革規則』に記された守正武学堂の沿革は、この頃の様子を知ることができる貴重な史料である。この後の留学生派遣の展開にも係ることなので、ここで紹介しておこう。

　守正式学堂は開校まもなく1903年9月に前期試験を実施した。その結果、優等8名と合格者12名の計20名を士官生とし、残りは不合格として退学を命じた。12月の冬休みまで指導したところ、学生の成績もすこぶる良く、自分たちで指揮教練するまでに成長した。1904年1月には日露戦争を見越した日本陸軍によって日本人教習は招集され、守正武学堂を去ってしまう。その後は提調の姚煜を学科教習に当て、漢文と外国歴史地理を学科に加えた。6月、卒業試験が実施され、その結果は優等が5名、二等が7名、三等が7名であった（1名は公務派遣で未受験のため、卒業できず）。第一期卒業生のうち優等の5名は武学堂の学務監、軍器監、学生監、支応監兼学科帮教、支応監兼術科帮教に任じ、二等と三等のうち6名は分隊長、教練新兵に任じられ、その他は外部に派遣された。これによって武学堂の運営は堂長と提調を除き、すべて第一期卒業生があたることとなった。同月には第二期生を募集した。漢字をおよそ知っている22歳以下の15名で一班を設け、修業年限を二年とした。さらに教練庶務の便宜をはかるため、「士官規則」「学生規則」「管理教導隊兵卒規則」が改定された。1905年春、学務提調の姚煜が韓国への赴任を希望し、庶務提調の趙壽彭も辞職したため、ハラチン右翼旗管兵梅倫の拉嘛札布を新たに総監督に任じ、これを不在となった提調の代わりとした。また、公務派遣のために卒業できなかった第一期生の哈斯巴塔爾を支応監に任じた。堂務や教練は優等の第一期卒業生がしばらく分担することになった[8]。日本人教習に続いて漢人の提調も去ってしまった武学堂は、1905年にはハラチン右翼旗のモンゴル人士だけで運営されることになっていた。

なお、守正武学堂には教導隊が付設されていた。守正武学堂はモンゴル士官を養成するだけでなく、ハラチン右翼旗の兵卒の強化も目的であった。1903年に守正武学堂が創立された際、教導隊が設置された。まず兵員180名が集められ、これを60名ずつ3班に編成し、6か月ごとに1班ずつ教練を行った。兵員には1年分の衣食が支給された。訓練を終えた兵員を改めて1隊30名の6分隊に編成した。さらに3年間の訓練を行い1中隊に編成し直した。このほか騎馬兵20名も集められたが、兵員は騎馬での近代的な兵法戦術を知らなかったので歩兵訓練を行うしかなかった。また、ハラチン右翼旗の団練はモンゴル人と漢人の混成で、訓練の方法も得ず、教育も十分でなかったために土匪を防ぐには十分でも、より大きな脅威を防ぐことは難しいだろうとみられていた。この頃、グンサンノルブ自身は日本人記者の質問に答えて、ハラチン右翼旗の漢人の多くは「遊民」で小作を業とするものなので兵士とするには不適当であること、将来的には4000名の常備軍を置きたいことを語っていた[9]。

　つぎにグンサンノルブが同じく創設した崇正学堂について見てゆくことにしたい。崇正学堂は守正武学堂よりも早い1902年10月、ハラチン右翼旗に創設された。グンサンノルブ自身が校長を務め、王府梅倫の朝魯を提調、長安を漢文教習、福成を蒙文教習、北洋武備学堂卒の儲蘭芳を体操・算学教習に任じて教育を始めた。王府に仕える者や近隣の民間子弟28名が入学して2班を設けた。学生の年齢は年長が20歳近く、年少は10歳と年齢差も大きく、多くは強制的に連れてこられた子弟だった。当初は教授や管理も行き届かず、学生も学業が苦しいために暇を請うてそのまま返ってこないこともあり、加えてモンゴル人が漢語書籍を読むことも許されず、規模は初歩的と言わざるを得ない状況であった。そこで1903年初夏、日本留学の経験もあった汪以鍾を総教習に招聘し、堂務の処理を任せることとした。まもなく教習の儲蘭芳も辞職したため、学堂規則を改定することになった。授業時間を短縮し、修身、歴史、地理、算学、理科を新たに設け、四書五経も教授することにした。休憩時には遊戯も教え、暗唱の苦痛を除くなど改めたところ、学生は初めて喜んで学ぶようになり、教師と学生のあいだの隔たりも解消されたという。3か月経過してさらに新入生1

班を設けると、まもなく旧班の6名が退学したので、学生の年齢に応じて速成12名、初等小学20名に改めた。1904年春、敷地内に講堂を新設し、寄宿舎も設けた。蒙文教習の福成が辞職したので新たに富齊賓を任じて蒙文を教授させ、図画、唱歌（モンゴル歌）も教科に加えた。同年3月、新入生1班15名を受け入れた。その多くは王府から20～30里離れた蒙漢雑居地に暮らすモンゴル人子弟で、漢字を大まかに知っていた。試しに2か月教育し、5月に新旧学生を合わせて試験を実施した。その結果、5名を退学処分にして30名のうち優等者を初等第2年級、次優者を第1年級に分け、修業年限を4年（もとは3年）に改めた。速成班には漢字をいくらか読めるラマ4名も加えた。このとき漢文教習の長安は経験も深く、教育熱心だったので舎監に任じると寄宿舎を希望する学生は10名を超え、近くで自習討論した。守正学堂卒業者を算学、兵式、体操の副教習に任じて学堂の規模もようやく整うまでになり、物理化学が唯一不足していた。1904年11月、学年末試験の成績は頗る良好で速成班卒業生のうち3名を守正武学堂に進学させ、2名を附属蒙学堂教習に、2名を王府印務処などに任じ、残る5名は補習者として引き続き学堂で学ばせた。速成班に在籍していたラマ4名は寺廟の読み書きに人手が要るということで自ら退学することになった。1905年、提調の朝魯を総弁、長安を学務提調に兼任、富齊賓を庶務提調に兼務、補習生を庶務委員や副教習に任じて管理・教授方法を学ばせた[10]。

2　新式学校のモンゴル青年

　守正武学堂も崇正学堂も順調に規模を拡大しつつあった1905年夏、日本人技師がハラチン右翼旗を訪問している。グンサンノルブはハラチン右翼旗の産業振興のため、駐清国公使の内田康哉を通じて日本に農業・砿業調査の人員派遣を要請した。これを受けて日本は1905年6月、農商務省技師の町田咲吉を農事調査ためにハラチン右翼旗へ派遣したのであった。11月に帰国した町田は、ハラチン右翼旗での調査報告の一部として「喀喇沁王府見聞録」を残している。この見聞録はグンサンノルブとその王妃、王府の吏員、教育事業の実態などを

精緻に記録している。このなかから関係ある部分を抽出して留学生派遣に至る背景を検討してみよう。

1905年7月5日、ハラチン右翼旗に到着した町田は、翌6日にグンサンノルブと会見し、その後もしばしば面会して産業開発について意見を交換している。その一つ、ハラチン右翼旗の農業振興策についてグンサンノルブは次のように述べていた。

> 我自から農民に教えんと欲するも無学にして能わず。願わくば之より教えよ。而して新なる利益あることあらば示せよ。我地方の農民は唯古よりの方法によるのみ。暗黒の感あり。貴下等によりて夜の明くるが如き感を得ば幸ならん。専門の学は困難なり。我地方には更に之を知るもの無し。将来或一か所に農学校を起し数名の人を日本に留学せしめ又日本よりも知名の人を請う。農学を研究せしめ而して或る一部に改良を施して模範を示し惹いて全般の改良利益を謀らんと欲すと[11]。

ハラチン右翼旗のあるジョソト盟は内モンゴルでも北京に近く、早くから漢人農民の入植が進んでいたが、清朝末期に入植が公式に解禁されたことで漢人農民の入植はより大規模なものになり、モンゴル人の生活も大きく変った。ハラチン右翼旗でも清末にはほとんどが農地化され、農耕を営むモンゴル人も少なくなかった。こうした現実を受け止めた上で、グンサンノルブは農業振興のテコとするため、日本への留学生派遣も視野に入れていたのであった。

また町田咲吉はこの時、守正武学堂と崇正文学堂を参観した。ハラチン右翼旗に滞在中、「桃」と「徳」と名乗る二人の守正武学堂の武官が町田を訪問している。この両名はいったい誰か。1905年春から夏に作成されたとみられる『沿革規則』には「守正武学堂職員学生姓氏表」が記載されている。これによれば「徳」で始まる職員は学務監の徳欽ただ一人である。とすれば、この徳欽がこの後1906年から日本に留学することになる伊徳欽とみて間違いなかろう。『沿革規則』に記載されている「守正武学堂第一期卒業学生等級姓氏表」も合

わせてみると、伊徳欽は一等卒業生5名のなかでも筆頭にあげられている。おそらく成績優秀を考慮されてのことだろう、卒業後は守正武学堂の職員では堂長、総監に次ぐ学務監に任用された。一方、「桃」なる武官については、「守正武学堂職員学生姓氏表」には支応監の桃拓胡と庶務委員の桃格桃布の2名が確認できる。桃拓胡は第一期速成班を一等で卒業、桃格桃布は陶建華の漢名を持つハラチン右翼旗のモンゴル貴族であった[12]。町田のもとを訪問した「桃」が、そのどちらであるか判別することはできないが、いずれも1906年に日本へ留学することはなかった。さらに第一期卒業学生等級姓氏表には諾們畢勒格の名も確認できる。諾們畢勒格は金永昌の漢名を持つ1906年派遣の日本留学生の一人である。諾們畢勒格もまた守正武学堂の第一期速成班を1等で卒業し、その後は守正武学堂の学生監に任じられていた。ともあれ、伊徳欽らとの会談を記した町田の報告は、モンゴル青年士官の考えの一端をうかがい知れる貴重なものであるので、次に紹介しておこう。

　　士官二名来訪。其の発行せる「星期公報」なる新聞紙謄写版摺のものを携さえ来る。蒙文に漢字を交えやや体裁を得たり。其の発行の旨意に曰く此新聞紙を以て王へは下情を通じ下へは王の意を伝えんと欲す。故に事は王の居常と雖も避けず憚らず。如此■は他に於て為し得ざる所なれば吾等奮りて之に当る今や王の意を下民の意に通いざるは此国の患なればなりと其意気や称すべし。
　　喇嘛の事を問う。曰く此の国の男子喇嘛となるが故に人口退す。而して婦女の余剰多きは一男にして数婦を■ふの風習を成せり。喇嘛の■甚多し。之を廃せんと欲するも威力を以てすべからず。唯一法あり。其は女子を教育するにあり。女子教育さして後母となれば其子を喇嘛となすこと無し。喇嘛と為すは畢竟其は父母の意にして而して今の老人等に至っては到底其迷を解くに■■無ければなりと言う肯肇を得たり。
　　彼等はさすが武人なり率直にして気概あり伊藤大尉の薫陶を見る。曰く我等学校に於て蒙古の現状を語り熱涙滂沱たることあり。然し此周囲の人は

却って一日の安を偸む。故に家庭に於ても意見衝突して不快なるが故に唯学校に出て生徒と会するを娯しむと。実に然らん蒙古を起すには此小藩分立を破壊し共同連合するに至り。然れども此事行い易からず。如■■先に小児を教育し他日彼等を要位に充て以て改革せしむるにあり。他に奇策無しと着眼正鵠に中れり。是等の士を有す喀喇沁亦希望なきに非ず。

彼等は南支那を罵倒し其兵制を冷笑し其言動総て日本の風化を現わす。以て其思想を見るべし(13)。

さらに伊徳欽らは日本留学について次のように語っていたとも町田は記録している。

吾れ等天津に至るや喀喇沁の留学生2名に会す。其劈頭言う所「日本に留学生を出さざれば不可なり」と。二人大に感動せりと。喀喇沁の天津留学生既に然り。前途順なる光明ありと云うべし。又桃及び徳の二人も明年は日本に留学することとなれり(14)。

町田が守正武学堂を訪問したのは1905年9月27日のこと。伊徳欽らが町田を訪問したのが守正武学堂を参観した同日なのか、あるいは別の日なのか判然としないが、遅くとも町田がハラチン右翼旗から離れる10月18日までには、伊徳欽らを1906年から日本へ留学させることがすでに予定されていたことになる。折しも、毓正女学堂では講師の河原操子の努力もあって女子学生の日本留学が検討されていた。ハラチン右翼旗から日本への留学生派遣は男子、女子ともに検討されていたようだ。

伊徳欽らの談話にあるハラチン右翼旗からの天津派遣留学生については、どうだろうか。留日学生の一人であった呉恩和の回憶録によれば、恩和布林、特木格図、巴達而胡、太平の4名は北洋大学堂実習工廠に派遣され、織布、染色、石けん製造、ロウソク、チョーク、電気メッキ、写真撮影の技術を学んだという(15)。このうち恩和布林、特木格図の名は、『沿革規則』掲載の名簿に確認す

ることが出来る。それによれば、恩和布林と特木格図はともに崇正学堂速成第一期卒業生であった。両名は崇正学堂を卒業後、そのまま崇正学堂の職員に任用されている。恩和布林は算学副教習、特木格図は庶務委員とある。副教習は教科教授を専門とし、庶務委員は学堂事務の一切を取り仕切る提調の補佐にあたる（「崇正学堂初等高等商学部条規」）。町田の記録によれば、1905年5月に崇正学堂の第一期生が卒業し、そのうち4、5名が天津に留学させられ、残りは守正武学堂に入学したという。確かに、守正武学堂の学生名簿には崇正学堂速成班第一期卒業生3名が確認できる。ハラチン右翼旗における近代教育整備の初期段間においては、何よりも軍事力の強化に重点があったことがうかがえる。恩和布林と特木格図について言えば、崇正学堂を卒業してしばらく同学堂に勤務した後、天津に派遣されたということだろう。グンサンノルブノには将来、崇正学堂に高等科も設け、その卒業生から日本に留学させる計画もあった[16]。これは結果として、恩和布林と特木格図が天津留学後、1906年に日本へ派遣されることで早くも実現される。1906年にハラチン右翼旗から日本に留学した男子学生5名のうち、于恒山については来日前の動向を残念ながら確認できない。

3　モンゴル青年の日本留学

　1906年冬、日本陸軍参謀次長との繋がりで派遣されることになった伊徳欽、金永昌、恩和布林、特木格図、于恒山の5名は、日高なる日本人に引率されて日本郵船「太信丸」に乗船して神戸に上陸、列車で東京に入った[17]。1906年12月9日、伊徳欽ら5名は10期生として振武学校に入学した。このとき振武学校には330名の清国学生がいた[18]。伊徳欽ら5名のモンゴル人学生は入学後、他の同期学生とともにカタカナの書き取りや会話など日本語能力の習得を中心に学習を始めた。それから約1年後の1907年11月25日、于恒山は振武学校を依願退校している[19]。その退校理由は不明だが、于恒山が帰国したことでハラチン右翼旗からの留学生は4名となる。その後も後続の留学生が派遣されることもなかったので、ハラチン右翼旗からの男子留学生は4名のままで辛亥革命

の勃発をむかえることになる。ハラチン右翼旗からの留日学生の動静については、史料的制約からあまりうかがい知ることができないが、史料上で再び散見できるようになるのは1909年以降のことである。

ところで、ハラチン右翼旗から留学生が来日した1906年、モンゴル人がもう１名日本に留学していた。新疆ホブド地区のトルグート郡王パルタである。彼はハラチン右翼旗からの留日学生とは異なり、日本滞在中もその動向は注目を浴び、新聞紙上にもたびたび登場していた。1882年東路トルグートに生まれたパルタは、1898年にトルグート郡王位を継承する。その彼にとって1906年の日本留学は初めての海外遊学の試みではなかった。パルタは1904年、12か条のモンゴル政治改革案を添えて１年間の欧米遊学を認めるよう清朝外務部に奏請した[20]。前年グンサンノルブが大阪の博覧会参観を願い出たが、ついに認められず、無断で渡航したことをふまえての決意であった。モンゴル王公が日露に接近することを恐れた清朝は、アメリカに限って出国を認めると伝えてきたが、国庫から渡航費の支給も得ることができず、ついに海外遊学を断念せざるを得なかった[21]。そのパルタは本来、日本留学を希望していたともいう。日本留学が実現すれば、数名の留学生も伴って来日を予定していたようだ[22]。

1906年３月30日、日本留学のため北京を発ったパルタは、４月７日天津で山東丸に乗船した。今回の来日には福島安正ら陸軍参謀本部が、日本での上陸地や通関手続きなどで協力した[23]。天津を出航した山東丸は12日門司に寄港した後、14日午前神戸港に到着した[24]。この日パルタは神戸華僑の麦少彭宅に投宿する予定であったが、予定を変更して同日午後、京都まで列車で移動して１泊、翌15日列車で京都を出発し、16日東京に到着した[25]。

日本でパルタは振武学校を留学先として軍事学を学んだ。来日後しばらくは振武学校校内の寄宿舎に生活していたが、1906年12月から許されて豊多摩郡大久保村の家屋を得て通学することになった[26]。これだけでなく、清国皇族に列すると見なされたパルタに対して日本は、①警察権行使の免除、②郵便税や不動産税、売買契約税などの免税、③刑事・民事裁判の免除の特別待遇も与えた[27]。校外での視察参観も積極的に行っていたようだ。1906年８月、振武学

校の夏期休暇を利用してパルタは横須賀港に軍港・軍艦を参観できるよう清国公使を通じて海軍大臣に申請して認められていた[28]。1907年12月24日には同伴していた王妃とのあいだに女児も誕生している[29]。3年間の留学を終えることになったパルタは1909年3月4日、明治天皇に謁見した[30]。5月4日、清国公使代理や外国語学校蒙古語教師、在留清国人など50余名に見送られて新橋駅から帰国の途についたのであった[31]。

さて、グンサンノルブが派遣したハラチン右翼旗の男子留日学生は、陸軍参謀本部第一部長の宇都宮太郎(1909年12月1日から第二部長)と連絡を取り合っていたようだ。11月22日付の宇都宮の日記には、「カラチン学生四名中二名は呉参賛学資を給し、二名は以前給費の事に相談決す[32]」とある。さらに12月11日付には「木村大佐、蒙古学生(四人の内、恩和、霄昌の両人医学志願一時帰省を願出て承諾、金二百五十円旅費として振武学校より与ふることに決す)[33]」との記述が見える。1906年の来日以来、4名のモンゴル学生は振武学校で軍事を学んでいたわけであるが、3年を経て恩和布林と「霄昌」、すなわち特木格図(漢名は汪睿昌)の2名は医学方面への進学を希望し、恩和布林は千葉医学専門学校、特木格図は東京慈恵医学専門学校に入学することになった。

さらに1910年1月22日付、「蒙古カラチンの留学生徳欽来宅、軍人志願なりしも清国政府の同意無く、振武学校を昨年卒業后駒場農学校に通学々資は学校より支給しあり[34]」。2月21日付「蒙古学生の状況を見る為め農科大学に行く[35]」。5月7日付「歩兵大佐木村宣明(蒙古学生徳欽、永昌を農科大学の寄宿舎に入れることに付き。両人は喀喇沁王の留学生にて、軍人希望にて振武学校に学ばしが、卒業に至り清国政府軍人たらしむるを承知せず。尤も以前より学資も来らず学校にて補助し来りしが、此度清政府より毎月二十円宛送り十五円宛補助することとなりたり。両人は振武学校を昨年卒業後は農科大学に通学せしめありたるなり)[36]」との記述が散見される。

すでに確認したとおり、来日前のハラチン右翼旗で恩和布林と特木格図は崇正学堂に学び、伊徳欽と金永昌は守正武学堂で軍事を学んでいた。軍事教育の経験も少ないであろう恩和布林と特木格図が医科大学に進学し、一貫して軍事

教育を受けていた伊徳欽と金永昌が「軍人希望」(おそらく陸軍士官学校への進学)であったことは、ハラチン右翼旗における教育との連続性を見て取ることができる。ところが、清国政府はモンゴル人の士官養成を警戒していたことを宇都宮の日記は伝えている。とはいえ、1905年に日本人技師の町田咲吉がハラチン右翼旗を訪れた際、グンサンノルブは農業振興について熱く語り、日本への農学留学生派遣を力説していたことを想起すれば、士官学校進学の道を絶たれた二人が東京農科大学に進路変更したことも、また当然の成り行きだと言えるであろう。このように見てくると、モンゴル留日学生の専攻・進学についてはグンサンノルブの意図が働いていたと見なすことができよう。

結びにかえて

最後に結びにかえてモンゴル留日学生の辛亥革命への対応を概観しておく。

1911年10月10日、武昌起義の勃発に始まる辛亥革命の動きが各地に拡大してくると、モンゴル人留学生達も対応に動き始める。10月30日、ハラチン右翼旗の留日学生は宇都宮を訪ねている。宇都宮日記には「蒙古学生睿昌、徳欽、永昌（何れもカラチンの学生なり）来宅、時局の談を為し、殊に蒙古連邦を奨励す(37)」とある。モンゴル人の自立・独立について話があったのだろうと推測させる興味深い記述である。その後、ほどなくモンゴル人学生は帰国したのであろう、12月18日付記述には「蒙古カラチンの徳欣へ返電す」とある。帰国した後も宇都宮との連絡は継続していた。

10月30日に宇都宮邸を訪れなかった恩和布林は、どうしたのだろうか。彼の在籍していた千葉医学専門学校の清国留学生は10月下旬、官軍革命軍を問わず、戦闘による負傷者疾病者を救護するため「紅十字隊」を組織して帰国することを決定する。千葉医専の留学生が発した檄文「千葉同学全体組織赤十字会回国敬求留日諸同胞賛成助捐啓」には、清国学生37名が連名しており、その一人に「恩和」の名を確認することができる(38)。千葉県知事の報告によれば千葉医専に在籍する清国学生のうちモンゴル人はただ一人、すなわち恩和布林のみで、

他はすべて漢人学生であった[39]。その後、千葉医専留学生たちは応急医療の技術講習を受け、11月19日に横浜を出航した。26日に上海に到着すると長沙方面に向かって救護活動を展開したのであった。恩和布林は救護活動に参加したのだろうか。恩和布林の回憶によれば、「蒙古民族独立活動の思いを持っていたのでこの組織〔紅十字隊〕に参加することなく、急いで東京に向かい、東京農科大学に留学していた伊徳欽や金永昌とともに上海へ帰国し」、そこから北京にいたグンサンノルブと合流して独立運動を進めたという[40]。史料とのあいだに違いがある。少なくとも恩和布林が檄文に連名したのは事実であるが、そもそもそれが彼の真意だったのか、あるいは学内でモンゴル人が唯一人という状況によるやむを得ないものであったのかどうか、現在のところ確認できない。

　他方、留日経験のあるトルグート郡王のパルタは帰国後、清国政府からホブド弁事大臣に任じられて新疆に戻ったところで辛亥革命に遭遇した。革命当初、パルタは共和不承認の態度をみせ、駐清国特命全権公使の伊集院彦吉などを通じて日本側とも頻繁に連絡していたようだが、1912年2月1日、自身の認識に「誤解」があったとして中華民国承認の立場に転じ、袁世凱のもとでパルタはアルタイ弁事長官に任じられた。だがその頃、アルタイ駐兵をめぐってパルタはイリ旅団長とのあいだに摩擦を生じ、北京政府に対して独立を画策していると、パルタが同伴していた日本人医師は伝えている[41]。

注
（1）　『蒙古守正武学堂崇正文学堂沿革規則』年代不明、114-115頁。以下、『沿革規則』と省略する。作成年代については、その記述内容から1905年夏頃、清朝によって作成された調査報告書と思われる。
（2）　同前『沿革規則』、114-115頁。『東京朝日新聞』朝刊、1903年1月、3頁。
（3）　『東京朝日新聞』朝刊、1903年1月5日、1頁。
（4）　呉恩和、邢復礼「貢桑諾爾布」『赤峰市文史資料（漢文版）』第4輯、1986年12月、18-9頁。
（5）　横田素子「崇正学堂と伊藤柳太郎」『中日文化研究所所報』第9号、2010年12月

41頁。
(6) 前掲『沿革規則』、13-16頁。
(7) 横田素子「崇正学堂と伊藤柳太郎」『中日文化研究所所報』第 9 号、2010年12月、42頁。
(8) 前掲『沿革規則』、13-16頁。
(9) 『東京朝日新聞』1903年 1 月28日、 3 頁。
(10) 前掲『沿革規則』、43-46頁。
(11) 「喀喇沁王見聞録」、外務省記録1-7-7-1『蒙古喀喇沁王ノ依頼ニ依リ本邦技師農業鉱山調査一見』。
(12) 前掲「貢桑諾爾布」、20頁。
(13) 前掲「喀喇沁王見聞録」。
(14) 同前。
(15) 前掲「貢桑諾爾布」、20頁。
(16) 前掲「喀喇沁王見聞録」。
(17) 前掲「貢桑諾爾布」、21頁。このときのモンゴル留日学生は于恒山を除く 4 名が後年よく知られているが、河原操子の後任で毓正女学堂に招聘された鳥居龍蔵の夫人きみ子が記した『土俗学上より観たる蒙古』には「日本留学の喀喇沁蒙古人」として女子学生3名、男子学生 5 名の写真が掲載されている（鳥居きみ子『土俗学上より観たる蒙古』大鐙閣、1927年 2 月、23頁)。1906年に来日した男子留学生は 5 名と見てよいだろう。
(18) 振武学校所収「十二月中定例報告」1907年 1 月11日、東洋文庫所蔵『清国陸軍学生監理委員宛報告書』。
(19) 振武学校「十一月中定例報告」1907年11月 5 日、同前書。
(20) 「蒙古土爾扈特郡王呈外務部代奏因時変法請假出洋遊歴摺」『東方雑誌』第 1 巻第 4 号、1904年、内務40-42頁。
(21) 『東京朝日新聞』朝刊、1904年 5 月22日、 3 頁。
(22) 『東京朝日新聞』朝刊、1904年 6 月 5 日、 1 頁。
(23) 珍田次官→服部兵庫県知事「蒙古土爾扈特王来航の件」1906年 4 月 6 日、外務省記録6-4-4-32『土爾扈特王帕塔勒本邦へ遊歴に関する件』。
(24) 『東京朝日新聞』朝刊、1906年 4 月10日、 4 頁。
(25) 兵庫県知事→外務大臣「1100号」1906年 4 月14日、兵庫県知事→西園寺大臣「1109号」1906年 4 月14日、岩村→外務次官「1116号」1906年 4 月15日、外務省記録6-4-4-32『土爾扈特王帕塔勒本邦へ遊歴に関する件』。

(26)　取調課「土爾扈特郡王に対する家屋税免除に関し在本邦支那公使より申出の件」1908年1月25日、外務省記録3-14-2-71『土爾扈特郡王巴爾塔氏に家屋税免除の特典附与一件』。
(27)　武田諸規制「土爾扈特郡王帕勒塔の特権に関する件」1907年12月、外務省記録3-14-2-71『土爾扈特郡王巴爾塔氏に家屋税免除の特典附与一件』。
(28)　林外務大臣→在本邦清国公使「第54号」1906年8月18日、外務省記録6-4-4-32『土爾扈特郡王帕塔勒本邦へ遊歴に関する件』。
(29)　『東京朝日新聞』朝刊、1907年12月30日、6頁。
(30)　式部長官伯爵戸田氏共→外務大臣伯爵小村寿太郎「第3.7号」1909年3月1日、外務省記録6-4-4-32『土爾扈特王帕塔勒本邦へ遊歴に関する件』。
(31)　『東京朝日新聞』朝刊、1909年5月6日、5頁。
(32)　『日本陸軍とアジア政策　陸軍大将宇都宮太郎日記』1、岩波書店、2007年4月、288頁。
(33)　同前書、293頁。
(34)　同前書、309頁。
(35)　同前書、316頁。
(36)　同前書、334-335頁。
(37)　同前書、490頁。
(38)　「千葉同学全体組織赤十字会回国敬求留日諸同胞賛成助捐啓」、外務省記録3-10-5-19『清国革命動乱ノ際在本邦同国留学生ノ動静取調一件（陸海外ノ部）』
(39)　千葉県知事告森良→外務大臣男爵内田康哉「清国留学生の動静に関する件報告」1911年10月25日、外務省記録3-10-5-19『清国革命動乱ノ際在本邦同国留学生ノ動静取調一件（陸海外ノ部）』
(40)　呉恩和「辛亥革命時期的回憶」『赤峰市文史資料（漢文版）』第4輯、1986年12月、119頁。
(41)　在清国特命全権公使伊集院彦吉→外務大臣子爵内田康哉「在阿爾泰千秋実ノ通信報告ノ件」1912年8月12日、外務省記録1-6-1-4-2-4『各国内政関係雑纂　支那ノ部　蒙古』第一巻。

第1部：まとめとコメント

「まとめ」

　第1部は「複数の辛亥革命」という野心的なテーマを掲げている。これまで政治史を中心に語られてきた辛亥革命に関する言説を脱構築し、マイノリティーである結社、女性、基層社会、少数民族などが、辛亥革命にどう参加したか、あるいはどう辛亥革命を表象したのかを議論することを、ここでは目的としている。

　孫江論文は、結社が相互扶助組織と宗教団体に大きく二分されると考え、結社を普遍的なネットワークと再定義する。トクヴィルのassociationの考えを手掛かりに、西欧のフリーメイソンや市民社会、さらにはクラブのような形態と、中国の「秘密結社」は無縁の存在ではないとまで言い切る。孫氏のこうした確信を支えているのは、辛亥革命を公式文献ではなく回想録を素材に考察してきた経験である。回想録の叙述間の矛盾や揺らぎの中にこそ、党利党略にがんじがらめにされた公式見解を突破するヒントがあるのだ、と孫氏は述べる。むしろ、辛亥革命に関するこれまでの言説は、反結社・反宗教を標榜するフランス革命史観に倣った一面的な近代性の表出に過ぎなかったのである。

　坂元論文は、中国における近代性の導入がジェンダー編成や言説にどのような影響を与えたかを論じた。ジェンダー編成において、近代性は、男性の「神経病」を惹起する一方で、女性の表象を、国民の母と、戦士としての男性化へと分裂させる。国民の母という言説には、生殖能力の維持と子女教育の担保という2つの側面がある。こうしたジェンダー言説がナショナリズムと交錯する場面では、種族平等が唱えられる一方で、男女平等の方は全く進展しないという現実があった。しかし、そうした条件は、かえってジェンダー編成とナショナリズムの双方の局面で被抑圧者であった、少数民族の女性同士の交流を促進するという作用を果たしたことも歴史事実として忘れるべきではないのである。

　許毓良論文は、台湾という日本植民地から、対岸の福建省における辛亥革命がどのように観察されたかというテーマを追求している。これまで台湾における辛亥革命研究の主要な関心は、孫文が何度台湾を訪れたのか、陳少白は台湾に革命根拠地をどのように建設したかといった側面に向けられるだけだった。しかし、許氏によれば、台湾総督府は、統治の対象である台湾人のほとんどが福建移民であることから、台湾に連動する経済利益の確保もあって、福建情報の収集に力を入れたのである。許氏は、こうした総督府の政策を反映した『台湾日日新報』の記者たちの視線を「傍観者」と定義するが、

「傍観者」であったが故に、彼らは総督府の公文書が書き留めることのなかった福建辛亥革命の諸相を捉えることができたのである。

　田中論文は、ジョソト盟ハラチン右翼旗の王公グンサンノルブの動向を中心に、辛亥革命前に彼が設立した近代的な学校の卒業生が、日本留学を経て、どのような民族解放運動に従事してゆくかに迫ったものである。彼らは、辛亥革命と共に中国から自立した外モンゴルの人々とは違って、国家独立を第一義的に考えて行動したわけではなかった。モンゴル社会内部の軍事的自衛力がかつてないほど衰弱し、漢族の絶え間ない入植によって遊牧社会から牧畜農耕社会への転化を迫られている現実を前にして、グンサンノルブたちは、近代的な軍事科学や農学の習得を通じて「旗」の存続を模索したのである。少数民族のナショナリズムのあり方に一石を投ずる好論文である。

　以上見たように、辛亥革命の「複数」性から始まった省察は、「複数」相互の対抗関係や従属関係を明らかにする議論へと展開していった。　　　　　　　　　　　（江田憲治）

「コメント」

　第1部の論文の基になったのは、神戸会議の第1分科会に提出された諸報告である。コメンテーターの立場から、会議当日の討論を再現したい。

　これまで辛亥革命研究は、政治史の文脈において主に革命派の動向に焦点をおき考察がなされてきた。これに対して、本分科会の4つのテーマ、すなわち、会党（結社）、ジェンダー、両岸問題（台湾）、民族問題（内モンゴル）に関わった人々は、必ずしも直接革命に参加したとはいえない。むしろ、革命の周辺に置かれた人々、すなわち辛亥革命をめぐる歴史過程においては、いわば「周縁」的存在であったといえよう。しかしながら、これら4つのテーマに関わる人々こそ、辛亥革命およびそれ以降の現代にもつながる中国の国家統合過程において、最も大きな変化と影響を受けた存在であった。加えて、これら4つの報告テーマは、現代中国で発生する諸問題の主な構成要素をなしており、今後の中国の統合と分裂の問題にとっても重要な課題を含んでいる。ここにこそ、本分科会を通して辛亥革命前後の中国および東アジアの歴史を振り返る意義を見いだせよう。

　これらの4つのテーマは一見すると共通性がないようにみえる。しかしながら、辛亥革命の社会への影響という視角から4つのテーマを眺めると、そこには国家形成に向けて過渡期にある中国社会の均質化と各地域秩序との相克が表れている。例えば、孫報告では、各地域の会党や結社の行動様式が党へ吸収・利用され、全国的に用いられる政治文化となる反面、そうした地域的特徴を持つ会党と革命の関係性はみられなかったことを指摘する。坂本報告では、近代的な中国女性像の創造がなされる一方で、その多様化

や神経衰弱への処方箋として仏教がクローズアップされる。許報告においても、日本の植民地秩序の下に組み込まれた台湾と、そこからみた福建の辛亥革命の新たな諸相及び両岸の地域的関係性を重視する。田中報告では、内モンゴルでの日本語教育を通じた東アジアにおける知の連鎖がある一方で、それが内モンゴル独立運動と密接な関係を持つことも提起する。このように、各報告では、辛亥革命によって近代的社会の構築が試みられつつも、旧来の地域秩序や社会秩序の継承もしくは変容過程が論じられている。

　こうした辛亥革命前後の東アジアもしくは中国社会における影響については、社会から見た辛亥革命という問題関心から、今後も検討されるべき課題であろう。4つの報告テーマにおいても、中国の多様な地域秩序を踏まえ、テーマごとに各地域社会における辛亥革命の影響とその浸透度を比較した場合、同じ結論が導かれるかどうかは疑問である。中国社会における辛亥革命の影響を検討するためには、辛亥革命が従来の政治構造だけでなく、それまでの中国の多様な地域秩序や社会秩序の変容をどの程度促したのかを様々な時間軸を設定した上で考察し、それらを比較検討することが必要となる。その意味において、本分科会の4報告は先駆的取組みであり、さらには現代中国社会における「伝統」と「近代性」の関係を再考する多くの論点を我々に提示した。　　（島田美和）

第 2 部　辛亥革命はいかに表象されたか

　王朝から共和国へ、新しい時代の到来を人びとはどうとらえたのだろうか。ここでは、政治的事件である辛亥革命を、表象という視点からよみとき、その意義を考え直してみたい。具体的には国旗、政治儀礼、暦、髪型、服装、公衆道徳など多岐にわたる表象をとりあげ、そこにどのような変化が生じ、そしてその変化がどのように解釈され意義づけられたのかを明らかにしたい。

革命が憲政を凌駕したのは何故か
―― 辛亥革命前後における制度変容の分岐点

許 紀 霖（望月直人訳）

　20世紀の大部分において、中国は革命動乱の渦中にあった。100年前の辛亥革命によって、中国革命の序幕が上がり、以後国民革命、中共革命、毛沢東の「継続革命（文化大革命）」と次々に革命の波が到来した。そして辛亥革命の100年後の今も、中国はいまだ制度的に定まらない大転換の歴史過程のただ中にいる。

　辛亥革命前の10年間は、清末において最も変化が速かった時代である。なぜ清朝の新政は、革命に代わるオルタナティブな存在とならず、かえって革命を促進することになったのであろうか。辛亥革命が2000年も続いた中華帝国秩序を打破した後、議会民主制と袁世凱の権威政治という政治的試みを経て、安定した権威秩序を打ち立てることができなかったのは何故だろうか。民国初期に権力を争った三大政治勢力の国民党・進歩党・袁世凱の間には、結局彼ら同時代の人間を歯がゆく思わせた時代的錯誤に追いやることになった、いかなる共通点があったのだろうか。100年後の今日、辛亥革命前後における制度転換の盲点を見直し、100年にわたる繰り返しの歴史悲劇から抜け出す必要があろう。

1　権力か権威か―清末、革命派と立憲派の分岐

　革命後の現実的結果は、革命以前の歴史に起因している。ゆえに民国初期に安定した有効なる権威秩序を打ち立てることができなかった理由も、清末に遡って原因を求める必要がある。

　20世紀初めの中国において、清朝は政治秩序の上で権力と権威という二重の危機に見舞われていた。ハンナ・アレントの古典的理論によれば、権力と権威

は異なった範疇に属すとされる。権力は授与や認可に由来するという性質があるが、権威は宗教や歴史的な伝統に根ざし、証明するまでもなく自明な存在なのだ。キケロが「権力は人民に属し、権威は元老院に属す」という名言を残しているように、ローマ共和政は権力と権威の二元制のモデルである。元老院によって代表される権威とは、人民が授与したものではなく、ローマ建国の英雄的祖先たちが定めた宗教や歴史的伝統を継承したものである。アーレントの見方によれば、アメリカの革命と建国は古代ローマの共和精神を受け継いでおり、その権威は超越的創造主によるものでも、人民の意志に由来するものでもなく、アメリカ植民地の自治の伝統や「独立宣言」、これに基づくアメリカ憲法そして憲法に関連する司法制度から生じている。権力は人民に属し権威は憲政に属すという、現代政治の基本モデルがこうして出来上がった[1]。

　権力とは、統治者が被統治者を支配・統制する権能のことであり、それは暴力的でも、よりソフトなものでもありうる。また、権威とは、被統治者が認知し自ら願って服従する支配のことであり、その表現形式は権力・制度・宗教・道徳的な価値記号でも、人格化された象徴でもありうる。秦始皇帝以来、中華帝国体制では、天命は人間の代表に属すとされた。君主はその身に権力と権威を兼ね備え、王朝権力の中核でありながら、また帝国と天下秩序の正当性を象徴していた。君主は天命を拝受することで、もはや単に暴力的手段に頼って統治するだけではなく、超越性の神秘的色彩を備えて、帝国秩序の人格的象徴となった。数え切れぬ王朝交代で最高権力はたびたび転覆されても、中華帝国の権威構造・超越性の根源・人格的象徴が揺らぐことはかつてなかった。

　清末の変動は、李鴻章をして「三千年未だ有らざるの変局」と驚嘆せしめたものである。それまでの3000年間、天も道も不変の状況が続いてきたが、清末の変動は宇宙観の大革命・時勢の大転換であり、統治者の権力のみならず、一国家の権威そのものが変化を求められた。天経地義の秩序法則は、清末に壊滅的な衝撃を被る。超越的な天命・天道・天理はすでにその魅力を失い、科学に基づいた宇宙観によって定まる公理に取って代わられた。政治秩序は、神秘的超越性の根源とつながりを断たれ、現実の人間社会の中だけで正当性を獲得し

なくてはならなくなった。西洋思想の中国への大量流入に際して、権力と権威が一体化した君主専制は根底から揺さぶられることとなる。権力の面では、フランス・アメリカの革命がもたらした民権至上観念が直接的に君主専制権力を覆し、数多の急進的な士大夫や青年知識人も近代国家の主権は君主にあるのではなく人民にあると信じるようになった。こうして20世紀初頭から、人民主権思想が沸き起こる。権威の面では西洋および日本から伝わった立憲理念が、君主の権威はもとより至高の存在ではなく、君主の上により高い権威を持つ法規──憲法──が存在し、いかなる権力も憲政の枠組みの中で制限されうることを、中国人は意識させられたのだ。これはすなわち、国家の最高権威が、人治型の君主から法理型の憲政へと移行したことを意味している。こうして、辛亥革命に先立つ10年間に清朝が直面した危機は、伝統的な統治危機ではなく、歴代統治者が未だ経験したことのなかった権力と権威双方の危機であり、政治権力の来源や国家権威の象徴、そして最高秩序法則のすべてにおいて翻天覆地の変化が生じたのである。

　20世紀に入り、伝統的な君主専制はすでに人々の内面において正当性を失い、様々な勢力が大変革を求めて必死に前進しようとしていた。革命前夜に起きた『民報』と『新民叢報』の激論において、革命派と立憲派の争点は、変革の方法ではなく、体制外の革命か体制内での改革かという点にあった。彼らの争論は、異なる二つの新秩序構想であった。簡単に言えば、革命派の関心は権力の革命にあり、立憲派は権威の変化に意を致したのである。権力は国家体制に関係することから、国家の最高権力を誰が掌握するのか、君主か人民か、という問題となる。革命派は、国家体制が変わりさえすれば、人民は君主を覆して国家の権力を掌握し、君主制が共和制に変わり、それによって民主共和の新秩序がもたらされると信じていた。

　権威は政体と関係する。ゆえに権力が何者の手にあるかではなく、権力が制約を受けるか否か、憲法制定が国家の新権威を打ち立てるか否かに関心が集まる。立憲派は国家がどのように統治されるか、憲政の原則に照らして統治されるかをより重視し、共和民主か立憲君主制かは、その次の問題であった。彼ら

は憲法と国会だけあれば、君主の権力を残しておいても、国家の権威は君主から憲法に移り、専制君主制ではなく立憲君主制の国家を建設できると考えた。

共和と立憲の論争は、民主と憲政の争いであった。民主と憲政は理論的に衝突するものではないが、一方が権力に関係し、他方が権威に関係する。民主は具体的な統治（朝廷や政府）権力の当否のみを提供する。つまり統治権力が人民の与えたものか否か、その統治の実績が被統治者の利益や願望に適っているかが問題となる。憲政は政治共同体の根本的・長期的正当性問題を提供する。つまり、どのような共同体の構成原理や制度形式が人々に進んで受け入れられ、統治者と被統治者の共通意志に合致するかが問題になる。公共権力の権威は、共同体構成員が公認する「法」に合致するか否かを考慮しなくてはならない。過去において公認の「法」とは神法や天理であったが、近代になって政治共同体の根本法典─憲法へと転換した。

中国古代の政治的権威は、二重の来源を有していた。天道と民意である。天道は、権威の究極的・超越的根源である。しかし、現実世界においては民意を通して体現される以外になく、ゆえに天道は内在的に民意に通じていた。近代にいたって、この両者が一体化した政治権威に変化が生じ、両者は分離した。天道の権威は公理と公意に変わり、これによって憲法の権威が形作られる。民意の権威は権力の根源へと変化し、現代の政治権力は人民による公認と権限の授与が不可欠となり、これによって民主制が形作られる。古代中国では天道と民意は分離できなかったが、近代になって憲政と民主制に転換した後、両者は分離した。アーレントの見解に照らすなら、この分離こそ現代政治の内在的要素たる権威と権力の二元化であった。政治権威は国家の根本法典たる憲法に由来し、政治権力は民主、すなわち人民の権限授与によるのである。

清末になって権威と権力が一体化した君主専制が危機に陥ったことで　権威と権力は分離された。こうして、政治秩序の変革が必要な折、革命派と立憲派が掌握しようとしたのが、それぞれ権力と権威であった。革命と改良の大論戦は、表面的には民主共和制と立憲君主制の争いであったが、その背後にある実質的な争点は、畢竟政治秩序の正当性は何が基礎となるのか、権力の来源か、

はたまた立憲制の権威か、という問題であった。

革命派は、民主制による専制を打破すれば完全無欠な共和国が出現する、と信じていた。『江蘇』雑誌に掲載されたある文章は、強い憧れを持って以下のように論じている。「我が国は専制から民主制に変わる希望を持っている。…新国家が立ち上がれば、人々はみな平等になり、国家大権を独占しようとする人間はいなくなる。20世紀中には、完全無欠なる民族の共和国が出現する(2)」と。清末、革命派は共和制に惚れ込み民主制を崇拝した。彼らは立憲に反対していたわけではないが、共和制となりさえすれば、権力は人民の手に握られるから、憲政はしばらく保留してもよい、と固く信じていた。孫文の設計した軍政・訓政・憲政の三段階革命論は、むしろこの考え方が生みだしたものであり、革命成功後、革命党が軍事力と政権を手中に収め、人民を代表して軍法・約法の政治を実行することから、憲政は第三段階に至って実行するものとされた(3)。陳天華も同様の見方をしている。彼は、「中国を救おうとするなら、民権を興して民主に改めるしかない。その手始めとして、開明専制を行い、民権を興して民主に改める予備段階とする」と考えていた(4)。陳天華がここで述べている「開明専制」とは、孫文の軍政や訓政と同義であり、革命党が大権を一手に握ることであった。人民の代表たる革命党が政権を握れば、民主制のユートピア社会に向かって進むことができる、というわけである。ここから見てとれるように、辛亥革命後に国民党が立憲以上に内閣権力を重視したのも、宋教仁暗殺後に孫文が事件を法治に訴えず、すぐさま第二革命を発動したのも、清末から彼らが依ってきた路線にあるのだ。つまり、体制内の議会民主制か、体制外の革命方式か、いずれの手段をとるにせよ、立憲と憲政を信用せず、国家の最高権力の掌握に固執したのである。

革命派に比べ、立憲派には革命によって成立する共和制への懸念が溢れていた。共和政に反対していたのではなく、憲政なき共和政が人民の名において新たな専制を行うことになりかねないということを心配していたのである。梁啓超はドイツ政治学者ボルンハックの説を引用して「習慣によって生まれた共和政は安定するが、革命によって生じた共和政は危うい」と述べている。古代ロー

マと近代フランスの歴史が証明しているように、革命後は社会が混乱し、強大な主権がなければ秩序を回復できない。ここに民主専制政体が時代の要請に応じて誕生することになる。非凡な英傑が、軍隊の力によって、一国の実権を掌握することから始まる。乱世では、国民は自由に何の価値も認めず、権力を掴んだ人間が国内を統一することを渇望するため、その英傑に万人の視線が集まることになる。民主専制のもとでは、憲法はあっても名ばかりになり、議会も追随の道具に過ぎなくなる。しかし、復活した専制は時間の経過とともに人心を失う。そのため、再び革命を行う以外に、他に道がなくなるのである。ここに、国家の命運は混乱と安定の輪を絶えず巡り、永遠に抜け出せなくなる(5)。梁啓超のこの警告は、1903年に最初に発表され、2年後の革命派との論戦で今一度強く主張されている。しかしながら、他の血気にはやる若き論戦相手たちは、汪精衛から胡漢民にいたるまで、革命に対する盲目的崇拝の念に溢れ、共和国の未来に対してもユートピア的想像で頭がいっぱいで、中外の歴史をよく学んだ智者の言葉に耳を傾けることができなかった。果たして、民国になって以後の政治的混乱は、10年前の梁啓超の警告が不幸にして的中したものとなった。

　清末の思想界や知識人において、すでに革命は一時代を風靡する時代の旋風となっていた。無名の一兵卒 鄒容が『革命軍』を世に問うや、一躍ベストセラーになった。「革命は進化の法則であり、世界の公理なのだ。革命は生存を争う過渡期の要義だ。革命は天に順い、人に応じることなのだ(6)。」このように荒ぶる革命の波を前に、立憲派の領袖であった梁啓超も、真っ向から対決姿勢をとることをためらった。彼は巧妙に革命の旗も振りつつ、立憲は政治革命であると称して、革命派の種族革命論に対抗する。彼は言う。「政治革命は、専制を革めて立憲を成立させることを言うのだ」と。立憲君主制にせよ、立憲共和制にせよ、専制と対立する側にあり、いずれも政治革命なのである(7)。梁啓超の考え方は、明瞭だ。専制と非専制の区別は、君主の有無、民主制であるか否かにあるのではなく、憲法があるか否か、憲政が行われているかどうか、にある(8)。革命派の観点からすれば、専制の敵対者は共和であり、革命を通

して民主が実現しさえすれば、専制はもはや復活しない。しかし、梁啓超はフランス革命の歴史から、民主もエリート専制を生み出しうるのであって、民主より重要なものは憲政であり、権力が君主・人民いずれの掌中にあるにせよ、権力より上位に憲法があれば、憲政に照らして権力を牽制し、専制が復活することを回避することができる。より重要なことは、政治秩序のための新たな権威——憲政を打ち立てることであった。

　革命派が権力の奪取に視線を注ぎ、国家の最高権力を君主の手の内から奪い取って、人民自ら掌握しようとしていた当時にあって、梁啓超は、権力ではなく、いかにして新たな政治的権威を打ち立てるかに目標を置いていた。1898年、梁啓超は「新史学」で正統について論じた際、早くもこう考えていた。「統（正当性）なるものは国にあるのであって、君主にあるのではない。人々にあって個人にあるのではない。」彼は西洋の立憲制国家では統が憲法にあることに意を致している[9]。国家共同体の正当性は法的根拠（憲法）によって与えられるものなのであると。民主に対して、梁啓超は特に憲政を中核とした法治を重視していた。中国古典思想の中で、「所謂法とは、単に『自然法則』の意味に属すものであり[10]」、自然と天道の客観法則に由来して、各王朝成文法の超越的根源となった。近代以降、この自然法則が消滅するに当たり、人々は自ら法を作り始め、その後憲法が自然法則に取って代わり、政治共同体の最高法則となった。梁啓超は次のように指摘している。中国法は世界四大法体系のひとつであるが、もっとも残念なことは「国家組織の憲法は成立しなかったことだ。…いやしくも憲法というものがなければ、結局法治国家に辿り着くのに十分ではない。何故か。憲法は根本法であって、これがなければ一切の法はよりどころや保障を失うことになるからだ[11]。」彼は非常に早くから、西洋の近代政治が単に民主政治というだけでなく、法治政治であることにも注意していた。同時に、中国の法家、とりわけ先秦の管子の思想の中に、法治主義に関する豊富な歴史的材料があることにも、彼は注意を向けている。早期の法家管子は、後の申不害や韓非の術治主義や勢治主義と異なり、法を人間秩序に超越する自然法則とし、民衆であれ君王であれ、皆これをはみ出してはならないとしていた。

管子の法治主義は近代の法治思想と非常に近かった[12]。しかし、管子の法治主義は先古三代から時間的に離れておらず、あくまで三代の「天下の法」の理想を具現化したものである。管子以後、法治（rule of law）主義は君主の意志を中核とした法制（rule by law）主義に変貌し、儒家の礼治との融合を経ている。中国は成熟した法律体系を有していたが、近代の法治と同義に取ることはできない。梁啓超はとりわけ、明末清初の黄宗羲の原法思想に注意している[13]。黄宗羲は歴代統治者が「非法の法」によって国や世の中を乱したと激しく批判し、法治主義の「天下の法」に、法制主義の「一家の法」との明確な区別を与えた。黄宗羲は以下のように指摘している。三代より前には法があり、三代より下ると法がない、三代の法によって天下は天下全体で所有することなるが、後世の法は天下を私物箱の中に入れてしまうものである。三代は天下を公共のものとしたので法は簡略であったが、後世の法は天下を私していることから詳細になった。「法が詳細になるにつれ天下の混乱が法の内に生じる。いわゆる非法の法である。」黄宗羲は、三代以降の法で国を統治する法制主義に辛辣な批判を加えた後で、儒家の人治主義の立場に回帰することなく、あらためて管子が始めた法治主義の理想を提起し、ふたたび三代の法によって天下秩序の道筋を確立することを望んでいる。「人を治めてから法をおさめるのだと言う者もいるが、私は法を治めてから人を治めるものだと考えている[14]」。管子から黄宗羲に至るまで、梁啓超は中国古代思想の中から法治主義の歴史的伝統を洗い出し、これらを西洋の法治精神と内的に結合させ、憲政を中核とする法治国家思想を形作った。彼は指摘している——「今日の立憲国家は法治国家である。法治は国家統治の主軸である。法をおいて統治を行うことはできない[15]」と。清末・民国初年のいずれにおいても、梁啓超をはじめとする立憲派には、民主共和派とは重要な違いがあった。権力の来源よりも権力が憲政の制限を受けるか否かを重視し、国家体制問題よりも政体問題を重視していた。梁啓超はその生涯において姿勢や考えを様々に変えてきたが、その変化の中で変わらなかったのが、あくまで憲政を支持する姿勢であった。理念の面から言えば、梁啓超と孫文はいずれも不変の政治的理念を持っていた。一方は立憲で

あり、他方は民主である。しかし、彼らもまた政治家であり、現実的感覚を備えており、当座的変化に対応するすべを了解していた。現実の中で理想が直接的に実現することができない時には、期せずしてともに開明専制の段階を借用しようと考えたのである。ただ、梁啓超は清朝をその依るべき対象にし、孫文は革命党による軍政と訓政を実行しようとしたのである。開明専制の夢想は清末から民国初年にかけて、霧消せずに残り、このため後に梁啓超は袁世凱やソ連に倣った国民党の党治に希望を寄せたのである。

2　新政が誘発した革命

　清末の状況は、とどのつまり共和制か、あるいは立憲君主制を目指した発展かに尽きるが、これは革命党や立憲派が動かしたものではなく、最終的に統治者の意志で決まった。1901年以後清朝は新政を選択した。辛亥革命に先立つ10年間、新政は大規模に実行され、社会の様々な面で大きな変化が起こった。新政は改革であったが、改革は諸刃の剣である。改革は革命に代わるものではなく、革命の促進剤である。もし改革が迅速徹底して行われれば、革命の代わりになるが、もし中途半端な形で終われば、革命を誘発することになる。なぜなら新政は近代化の大変化であり、これまでなかった資源の再分配の過程だからである。社会資源だけでなく政治資源もまた、新政の中で再配置・再分配に直面した。各種の勢力が、新政の中で急速に台頭し、袁世凱の北洋実力派から各省の地方紳士、はたまた民間の急進勢力が1907年に清朝が立憲準備を宣言した後、爆発的政局に参入するという局面が形成された。火薬庫に飛び込むことは、たやすく革命を引き起こしかねない。この時期にはすみやかに政治的主張の氾濫をとりこむ池をつくり、各種の勢力を議会内に引き込んで平和裏に競争させる必要があった。憲政は本来その池のような、革命の危険を抹消する安全弁のようなものであった。日本の明治維新後も、各地で動乱が相次ぎ民権運動や武士の反乱、地方の民衆動乱が沸き起こった。明治政府の指導層は憲法の発布を通して、議会を召集し、各種の政治勢力を議会に導き入れ、直ちに情勢は安定

化した。明治憲法は非常に保守的な憲政を実現したものであったが、かえって効果的に革命を回避した。

これに比べて、清末新政は政治改革ではなく、マックス・ウェーバーの言う意味での非政治的「合理化」改革に過ぎず、新政が社会構造をまるごと近代化発展に適応した形に変化させ、国家管理を合理化し、制度的合理性による効率法則に従わせた。新政は3つの新たな政治勢力を創りだした。第一は、体制外に潜伏した民間の革命勢力である。第二は体制の周りに位置する各省の士大夫やエリートである。第三は体制内部の北洋実力派である。この三者は新政中に成長して強大化し、権力の周縁から中心に向かい、国事に容喙しようと野心を燃やした。しかし、新政はこれら鬼子・妖怪を旧体制の瓶の中から解放したものの、新体制を造って、膨張する三つの新勢力を憲政の池にとりこむ力に欠けていた。このため新政は革命に代わる存在にならず、かえって革命の促進剤となってしまった。

辛亥革命についてのジョセフ・エシェリックの古典的研究で示されているように、清末新政は上流社会の変革に過ぎず、エリート階層は新政の中で十分な地位を得、彼らの利益は大きく拡張されたが、新政は増税やインフレをもたらし、かえって社会底辺の人々に負担を強い、多くの民衆が改革の犠牲になった。新政に対する不満が民衆に広まり、輿論は激高し、民変が相次いだ[16]。民衆の新政に対する反発は、もはや小手先で紛わすことのできないものとなり、民間の革命エネルギーが積もり積もって大きくなった。

新政により、社会上層のエリートは資源と財産の再分配の中で十分に良い目をみたが、それはまた財産を維持・拡大しようという彼らの欲望をさらに刺激することになり、経済的欲望は最終的に政治参与の要求へと転化していった。新政は格好の政治参与と政治動員となった。世論の圧力のもとで、清朝は1906年から立憲の準備をはじめ、1909年には選挙を通じて各省に諮議局を創設した。諮議局ができると、地方の紳士たちは組織的に政治参与が可能となり、彼らは体制周縁に位置する正式で合法的な政治勢力となった。士大夫たちの飽くなき望みは、また増大する。彼らは清朝が9年先に立憲を約束したことに不満を感

じ、国会の即時召集を求める請願運動を三度にわたって起こした。トクヴィルはフランス革命発生の原因を分析した際、こう指摘している。革命が起こったのは、人々の境遇がますます悪化していたからだけではない。人々が不可避のこととして我慢強く苦難に耐えるのは、大概は革命によって打倒された政府がその前の政権よりましだからだ。一旦変革が始まると、苦難は耐えられないものに変わり始める。一般的に、無能な政府にとって最も危険な時期は、彼らが改革を始めた時期なのだ。辛亥革命までの10年の歴史もフランス革命同様トクヴィルの鋭い観察を裏付けることとなった[17]。

　革命を推し進めた第三の力は袁世凱を筆頭とする体制内の北洋勢力である。北洋勢力は新政の推進者であり、新政の中で最も厚遇を得た利益集団であった。清朝最後の10年間になると、権力中枢における彼らの地位はますます強大になり、国家の軍事・経済の命綱を握ってどうにも動かし難く、清朝にとっては恐るべき外部勢力となっていた。西太后が崩じ、幼い皇帝溥儀が即位すると、清朝はまず袁世凱を失脚させ、故郷での療養生活に追い込んだ。歴来中国の政治的伝統では、皇帝は万世一系ではなかった。軍事力を握った草莽の英雄はみな帝位を窺う野心を持ち、機が熟すれば、取って代わる。青年袁世凱は、忠君愛国思想の薫陶を深く受けた理学の大儒学者曾国藩とは違い、地方に身を置いていたが、時機を窺い変貌を遂げ、朝廷で出世して勢いに乗じ帝位を簒奪する計画を練っていた。

　清末の状況により、朝廷は新政を行うことを迫られたが、当初予期せぬ結果を生んだ。民間や地方、体制の辺縁、権力の中心に散らばって潜んでいた3つの勢力が新政によって解放され、政治に参与する強大な勢力になり、政権にともに与ろうとはやりたった。「爆発に加わる」という歴史的ターニングポイントにおいて、もし統治者が聡明で、かつ精神力を持っていたなら、時勢に順応し、立憲を通じて新政が解放したエネルギーを憲政の池に引き入れ、彼らを国会の中で争わせ、制度転換の方法で秩序の安定を保持したことだろう。しかし、すでに命脈の尽きた清朝最末期の統治者は新政を敢行しながら、政権を開放する勇気がなかった。このため日々高まる政治参与の圧力に直面して、最後には

逆行し、皇族内閣を担ぎ出して権力を壟断した。この行いが、すでに動員された政治勢力を激怒させた。民間の反満勢力は言うに及ばず、温和な紳士階級や権力中枢の北洋勢力もこの行いに反発を覚え、急激な変化を求めるようになった。まさしくハンチントンが「革命は必ず、多くの集団が現存の秩序に対して不満感情を抱いていることを意味する。革命は社会の「多面的機能不全」の産物だ」と述べるものである。政治の蚊帳の外に排斥された社会勢力が政治参与を渇望し、現存の制度が権力中枢へ進む道を彼らに提供できない時、革命は不可避となる[18]。

　清末の統治者が権力と権威の二重の危機に陥っていた時、もとより彼らは自己の権威や部分的な権力を保持するチャンスがあった。立憲派が熱心に追求した立憲君主制は、一面では憲法を中核に国家権威を再建し、君主を国家の人間的象徴とし、おなじく国家を代表する尊厳を付与することが可能であった。しかしながら、清朝はこの歴史的選択肢を拒絶した。清朝が権力を手放すことを渋ったことは、その瞬間に彼らが自己の政治的正当性、すなわち国家の人格的表象たる権威を失ったことを意味している。武昌起義が発生した時、各省は次々に独立を宣言し、清朝はようやく夢から覚めたように、切羽詰まって国会の即時召集と「虚君共和」に応じたが、「時すでに遅し」であった。各方面の勢力は国土の半分を手中にした革命党から、革命に同調して勢いに乗じて台頭した地方紳士、再び上洛して清朝に取って代わろうとする袁世凱まで、みなもはや「虚君共和」に満足しなかった。力を失った清朝は死んだ犬も同然で、同時にその権威性も失っていた。三つの勢力の中で、革命党と袁世凱の姿勢は非常に明確であり、ともに「取って代わる」野望を持っていたが、最も注意すべきは中間に位置する紳士階層である。張謇を代表とする儒家士大夫たちは、義和団事件以来、中国を安定させる中心を探し続けてきた。この中心について最も重要な要素は、法理上の権威の有無ではなく、全国を安定化させる実力を持つことであった。革命勃発後、清朝は切羽詰まって「十九条信約」を公布し、責任内閣制と憲法発布の即時施行を宣言した。本来ならこれは「虚君共和」から民主憲政に移行する賢明な選択であり、海外にあった梁啓超もそのことをはっき

りと見て取っている。彼は世界の様々な政体の長所短所を比較し、こう指摘している。「虚君共和」は「最善の政体というわけではないが、現行の諸政体と比較して、円満なことはこの上ない[19]」。「虚君共和」は清朝皇帝を君主として留め置くが、彼は国家の象徴という権威を有するだけで、その権威性はもはや天命によらず、憲法による。国家権力は議会と議会選出の内閣に移る。この英国型「虚君共和」は、共和の名はないがむしろ共和の実を備えており、事を起して帝位を狙い国家の最高主権を争奪しようとする大小野心家の野心を防ぎ、各種政治勢力を憲政の枠組みの中に誘導し、議会で平和裏に競争させることができる。

　しかしながら、張謇ら儒家士大夫たちが重視していたのは、制度的権威が平和裏に進展することではなかった。彼らはなお、全国を安定化させることのできる中心の存在を求めていた。以前、彼らは清朝にその視線を向けていたが、目下旧主の勢力が失われたのを見、実力派の人物袁世凱に転向し、共和の名のもとで「袁に非ざれば可ならず」と神輿を担いだ。複雑な交渉駆け引きの中では、革命党・立憲派・袁世凱とも、革命後の権力の分配や処置、斟酌に没頭し、立憲の実行による権威再建の関心は遙かに低かった。彼らからしてみれば権力は権威よりずっと重要であり、権力があれば権威も生まれるのであり、この中国政治の古き法則が悪夢のように彼らにまとわりついていた。こうして、権威と権力を分離する歴史的機会は失われた。人々がこのような機会に留意することすらないままに、最も悠久の伝統を持つ中国の大地で、アジア最初の民主共和国が打ち立てられたのである。

3　革命の背後に潜んだ封建的側面

　エシェリックは著書『改良と革命』の中で、次のように指摘している。「辛亥革命は2つの側面を持っている、ひとつは民主共和制という進歩の側面である。そして一定程度において、封建主義の顔も隠し持っている。両者とも中央集権の独裁専制を攻撃対象とした[20]。」これまでの辛亥革命研究は前者の側面

革命が憲政を凌駕したのは何故か　111

に集中しており、民主の裏に隠れたもう一つの側面には注意が足りなかった。事実上、辛亥革命は民主革命であると同時に、封建革命でもあるのだ。

　封建という言葉は、標準的な意味では、中世の欧州と日本における貴族領主の分封制を指す。類似の分封制は中国の西周時代にも現れた(21)。西周の分封制は春秋戦国時代になって崩壊し、秦始皇帝以後は、中国史の大半において中央集権的官僚制で管理される郡県制が行われた。このため前近代の中国では、封建と郡県は相対立する概念となり、皇帝権力による専制が過酷な時代には、封建の再興が専制に対抗する主たる方策となった。しかし、封建は諸刃の剣である。中央専制の不倶戴天の敵であるばかりでなく、統一を基盤とした政治を解体させ、天下をバラバラに崩壊させ、群雄割拠の状況にしてしまうことにもなりうるのだ。歴代中国の政治は専制と封建の間を繰り返し揺れ動いてきたのである。専制と封建は、互いに相手の存在を前提としながら相対立してせめぎ合うという、奇妙な双子なのである。封建的分裂が長く続くと、中央集権化への反動が起き、皇帝権力による専制が行き過ぎると、封建への復帰を引き起こす。専制と封建の競存は宋・明に入って以後最も顕著になる。明洪武帝以後、これまでになく皇帝専制が強くなり、紳士階層は君主の信任を受けて政治的主張をなすすべがなく、上向きの志向を下向きに改め、地方で民衆の啓発を行った。この紳士階級を中心とした郷村自治は、皇帝権力と平衡をとるための封建的努力であった。

　辛亥革命は、宋明以来のこの種の郷村自治を目標とする再封建化と隠れた歴史的継承関係にある。溝口雄三の研究によれば、郷村自治は宋明の郷里空間に始まり、清末における県ごとの自治、そして辛亥革命での各省の独立といったように、郷から県そして省へと規模が大きくなり、辛亥革命をして典型的封建形態を採らしめることになった。辛亥革命には以下のような特徴があるという。「(1) 2000年間も続いた王朝体制崩壊へと導いた革命であった。(2) 各省の独立という形態をとった。(3) 結果として旧体制を解体し、革命後国内は四分五裂の状況を呈した。(4) 革命を実現したのは、反乱勢力や異民族といった伝統的な勢力ではなく、下記のような民間に蓄積された「各省の力」だ(22)。」

1911年に歴史の舞台から降りたのは専制王朝だけでなく、2000年の長きにわたった中華帝国であった。帝国の存在は、第一に中央政権の実力と、第二に帝国が依拠してきた文明に裏付けられたものであった。しかし、清末になって中華帝国が各省を統制する実力は大きく衰退し、地方の地位は強大化し、国庫に税が集まらず、清朝はもはや各省の離反傾向を抑えることができなかった。帝国の根本的価値を保証していた儒家文明も、日増しに衰えた。こうして、革命が発生した時、清朝が瓦解したのみならず、帝国も内部分裂したのだ。ローマ帝国からオスマン帝国、神聖ローマ帝国、オーストリア・ハンガリー帝国、ソ連帝国に至るまでほとんどすべての帝国瓦解は、帝国内部の四分五裂化と各地の独立・再封建化をともなっている。中華帝国を覆した辛亥革命は、典型的封建形態すなわち各省の独立という形をとったのである。この種の独立はアメリカの独立戦争にも似ている。アメリカ革命中の13植民地は、もはやイギリスの宗主国統治を承認しなかった。これが独立である。辛亥革命中の各省は相次いで独立を宣言したが、これももはや清朝政府の正朔を奉じないということである。辛亥革命は専制に対する共和の革命であったが、また中央に対する地方の革命でもあり、皇帝権力に対する封建の革命でもあった。この各省独立という革命方式は、民国初年以後も幾度となく行われる。第二革命の江西独立、袁世凱の皇帝即位に対する西南各省の独立は、中央政府の正当性についての判断の基準が辛亥革命以後すでに地方に移っており、各省が中央の最高主権と権威を承認しているか否かにかかっていたことを意味する。

　ジェローム・チェンの分析によれば、各省の独立は3大勢力によって促された。第一に革命を主張し、それに同情する地方紳士、第二に革命を擁護・同情する新軍、第三に反満主義の秘密結社に率いられた群衆である[23]。革命を推進したこの3つの勢力は、民国初年の地方勢力を形成した。辛亥革命後、名前の上では統一された中華民国があったが、実際の状況は各省がそれぞれ軍隊、地方色が強い紳士エリート、地方に割拠した督軍・省長を持ち、再度興隆した封建勢力が革命に乗じて勢力を持ち、どうにも動かし難く、袁世凱の強人（ストロングマン）政府や蒋介石専制の時期にあっても、地方の軍閥と割拠勢力は、

一貫して克服できない国内的障害であり続けた。袁世凱の皇帝即位は各省が承認しなかったことで失敗し、蔣介石の下野も軍閥が強く迫ったことによる。

辛亥革命の複雑性は、民主と封建が互いに絡み合い、封建の再興が民権の名義で推し進められ、民権の拡張も地方の封建を後ろ盾とした点にある。同盟会はもともとまばらな非公開の革命団体であったが、民国初年になって国民党に改組されると、一夜にして国会の第一党になった。この急激な勢力拡張は、主に革命後に各種の地方勢力が参加・同調して国民党の勢力を強化したためである。彼らは袁世凱による中央の強権を恐れ、革命で得た地方の利益や各省の自主性を維持しようとした。民国初年、民権と国権の争いや内閣制と総統制の対抗が権力を取り巻いて展開されたが、民権・内閣制・国会主権の中から地方封建の足跡を見て取ることができる。民主を求める声の背後で実際には封建の地方利益が反映される時、政党はたやすく政治信念を欠いた徒党となり、自身あるいはその仲間内の利益のみを守るようになる。第二革命以後、一時は強大無比を誇った国民党は急速に没落し、多くの政治理念も求心力も持たない小集団に分裂した。革命党内部の急速な分裂は外部封建勢力の浸透が招いたのであり、民権という理想の追求が、自らの私的利益の保護を目的とした打算に変貌してしまったのである。

明末の顧炎武は、封建制度を古代の聖人による「公天下」の大原則と見做し、地方自治に新たな内容を付与した。ただ彼も、完全に分封時代に回帰することは、もはや現実的でなく、郡県制の中に封建を取り入れ、地方自治と官僚統治を結合し、中央集権の不足を補完して、「二千年来の弊害を挽回する[24]」ことを望んだ。清末地方自治が復興したものこそ、明末の「郡県制の中に封建を取り入れる」という理想であった。地方自治は郷村自治を起点に徐々に県クラスに拡大し、「紳士を中心とした管理型公共圏[25]」を形成した。1909年の各省諮議局の成立によって、地方紳士は「郡県制の中に封建を取り入れる」ことの実現という目標において実質的な一歩を踏み出した。辛亥革命はアメリカ革命に似て、各省の独立という形式を採った。革命後、中華帝国は瓦解し、チェンの指摘するように、「中国の瓦解は中央が地方を統制できなくなり、法律が派閥

を統制できなくなったことを表している。これが辛亥革命後における中国の二重の瓦解であり、両者は互いにつながっていた[26]」のだ。独立戦争後のアメリカも同じような苦境に直面した。大小の各州が四分五裂の状況で、国の態をなしていなかった。このためフィラデルフィアで会議が招集され、各州は困難な談判を経て、意見の相違を残しつつ大同につき、最終的に憲法の制定を通して連邦制の合衆国を建国した。革命後の中国も、本来ならばアメリカ式の憲法制定を中核とした「合衆建国」の道を歩むべきはずであった。

　しかしながら辛亥革命後、各種政治勢力の重心は憲法制定にはなく、国家の最高権力の奪取にあった。内閣制も、総統制も、みな国家主権をめぐる闘争であった。帝位を窺う力をもたない軍閥勢力は、地方自治の名に借りて、一地方に割拠し、縄張りを作ってミニチュア独裁を行った。まさしく、顧炎武が「封建の欠点は下で専断が行われることで、郡県の欠点は上で専断が行われることだ[27]」と述べるとおりである。アメリカの建国前、各植民地は100年にわたる地方自治の歴史を持っており、共和憲政制度を建設するために堅実な歴史的経験を提供した。しかし、中国では、地方自治は数年行われたに過ぎず、封建の伝統も悠久の歴史がありながら、「下で専断が行われる」というように、地方大権を掌握するのは自治する人民ではなく、無数のミニチュア専制君主であった。辛亥革命後、各省で打ち立てられたのは概ね軍紳政権で、地方兵力を握る軍閥と当地の紳士が共同・連合して行った。科挙制度と官員回避制度が廃止されたことから、家族主義と地方主義が辛亥革命後に急激に台頭した。地方軍紳政権は革命後の封建的成果を保持するため中央権力と対抗し、湖南などの省が連省自治による統一方策を提示した。各省が省の憲法を制定し、連邦制の方式で全国を統一するというものである。しかしながら、表向きアメリカの建国過程に倣ったこの方策は、かえって地方自治の実体を欠いており、陳独秀が鋭く批判している。「武人の割拠が中国の政治的混乱の源なのだ。武人割拠の欲望の上に打ち立てられた連省論は、連省自治の看板にかこつけて、「分省割拠」「聯督割拠」を実行してしまうに過ぎない[28]。」

　革命後、最初に直面した問題は秩序の再建である。いかにして秩序を再建す

るかという問題をめぐって、民国初年に国権と民権の論争が起きた。新興の共和国は、畢竟民権至上と国権至上のいずれのかたちを取るのかということである。この論争の背後にも、同じく封建と集権の衝突が潜んでいる。革命後急速に強大化した国民党は、人民主権の旗を高らかに掲げ、議会権力を中心とした内閣民主制を設立し、徐々に兆候を見せ始めた袁世凱の総統集権に対抗しようと試みた。国民党の周囲に集まった者たちは、各省の地方民主派と封建勢力であった。ある意味で、国民党は地方の利益代表であり、構成員の多くも庶民出身で革命のさなか急激に頭角を現した地方エリートであった。国民党の主張する地方分権と対抗したのが、中央集権を求める進歩党であった。この党は、清末の立憲派から発展して出来たもので、その主要人員たる梁啓超や張謇、湯化龍などは、みな伝統的な名声を有する全国的エリートであった。彼らは、一地方ではなく、国家全体の命運に思いを致していた。彼らは地方の勢力が大きくなると有力な中央政権を作ることが難しくなると心配し、そのため積極的に袁世凱を仰ぎ、強人政治を足がかりに全国を統一することを望んだ。進歩党員は国権至上の旗印を掲げ、革命後に興隆した封建勢力を抑えようと試みた。民主と封建が絡み合い一緒になっていたことから、国民党員は民主を追求すると同時に封建を助けることになった。中央集権も強人の専制と分かちがたく、進歩党員が中央集権を追求することは、強人専制を助けることにほかならなかった。民国初年、民権派・国権派のいずれもが、簡単に抜け出すことのできない政治的窮境に陥っていた。辛亥革命は、アメリカ革命式の地方独立に始まったが、革命後は立憲建国の道から外れ、ともすると各派が国家の最高権力を追いかけまわし、なかなか政治秩序の再建が進まない民国初年の混乱局面を仕立て上げたのである。

4 どうして民初の立憲は失敗したのか

　辛亥革命の勝利は、決して一党の功績によるものではなく、三つの勢力が力を合わせて成し遂げたものであった。第一が体制外の革命党、第二が体制周辺

の紳士エリート、第三が体制中心にいる北洋旧勢力である。多くの勢力が力を合わせて成し遂げた革命は、旧体制を覆すのを容易にし、多くの力が一挙に腐敗した政権を打ち倒すことになった。しかしながら、革命後に各派が認識を共有して新秩序を建設することは非常に困難であった。清朝は末期に権力と権威の二重の危機に陥ったが、辛亥革命後にこの危機は解決できなかったどころか、より深刻な形で現れてきた。国家は四分五裂し、中央権力は衰退、政治秩序においては、憲法の権威か人格化された権威かに拘わらず、公認された権威を欠いていた。

　秩序崩壊を解決する道は二つあった。一つは、迅速に強力な中央政府を打ち立て、各種封建勢力を平定し、行政権力によって秩序を回復し、安定を保持することであった。いま一つは時間のかかる方法で、各種政治勢力が協議・妥協して、憲法を中核とした憲政秩序を建設し、革命が解き放った各種の政治パワーを議会という溜池に吸収し、一触即発の再度の革命の動きを回避することである。前者は中央権力を中心とし、速効性があるが不安定なものである。後者は権威の再建を目標としており、困難であるが持久性のあるものである。

　辛亥革命後の中国は、まさしく権力追求の道を選択した。民国初年の三つの勢力は袁世凱・進歩党・国民党を問わず、権力の争奪に視線を注ぎ、権威の再建を軽視した。中国伝統政治の潜在認識においては、権力と権威は二つで一つの存在であり、権力を握ったものが権威を持つ。ゆえに権力を自らの手に収めることが最も重要なことであった。辛亥革命が新たに権力の正当性を作りだし、天はすでに崩壊し、天命ももはや存在しない中で、天に代わる存在は人民であり、新たな天命は人民の同意であった。辛亥革命は全面的に成功ではなかったにしても、権力の正当性に限ってみれば、近代的政治革新を実現したのである。人民の同意が権力の正当性の唯一の来源となり、たとえ即位を考えた袁世凱にしても、天壇や泰山に祭祀に赴いて天に訴えるのではなしに、新たな天命たる民意を口実とし、御用機関の参政院に「人民を代表し」て投票せしめ、それを通じて自身に皇帝即位を認可させたのである。辛亥革命は、権力の新たな正当性を確立したが、正当性の基礎となる人民の意志はかえって抽象的な集合的意

志で、公平な選挙や権力を超越する憲政制度を欠いた場合、人民の意志も幻影の天命なるものと変わらず、各種の政治勢力によって操られ、政治家の掌の上で弄ばれ、最高権力を争う道具となってしまう。

　新国家の始まりは多事多端だが、本来政治的には憲法を制定する時期であり、とりわけ重要なのは国家の根本法規を定め、憲政の権威を立て直さねばならず、憲法が成立するまでは、南京臨時政府が決議した約法に照らしてこれを実施しなければならない。しかしながら、2000年間ついに法治の伝統が根付くことのなかった中国では、政治家や紳士エリートから一般庶民に至るまで、約法など児戯と見做した。梁啓超は述べている。「政府の眼中に約法が全くなかっただけではないのだ。思うに全国人民の目にも約法が存在したことはないのだろう[29]。」中国の政治伝統では、法とは統治の道具に過ぎず、法制（by law）はあっても法治（of law）はなかった。最高統治者の意志は法の意志よりも崇高で、権力は法意から超越し、かつ法意を創りだすことができる。つまり、権力の尊厳がつねに法の尊厳を超えることになる。革命は伝統的王朝統治を覆したが、古い政治伝統を改めることはできなかった。権力の妄信と約法の軽視は、革命後の各派政治勢力に共通した傾向となった。民国初年最大の政治紛糾は民権と国権、内閣制と総統制の争いであったが、これらの角逐は権力をいかに分配するかをめぐって行われた。国民党は内閣制を実行して議会を中心とする国家権力を掌握しようとし、進歩党は総統制を設立して袁世凱の勢力を盾に強力な中央政府を打ち立てたいと考えた。しかし、議会権力にせよ、総統権力にせよ、いかに制限し分権するか、憲政の枠組みのもとでいかに行使するのか、これらを深刻な程軽視し、副次的問題に位置づけていた。

　民国初年の国会では白熱した議論が交わされたが、国民党も進歩党も民国のために新憲法と新制度を制定するための協議・妥結には関心の重点がなく、相手勢力を攻撃し自己の権力を拡大する政党間の争いにかまけていた。李剣農が指摘している。「唐紹儀内閣から趙秉鈞内閣まで、同盟会系の人間は自らの党が内閣を完全に操縦できないことを不満に思い、党の勢力がまだ弱すぎると考えた。党勢の拡張に尽力していた非同盟会系の党員は、内閣が完全に同盟会の

手中に落ちることを恐れ、一方では全力で政党内閣制を求める声に反対し、一方では党をつくって対抗することにつとめた[30]。政党間の争いを超越して君臨していた袁世凱は、漁夫の利を得、勢いに乗じて総統の権力を拡充し、約法の規定を無視して、総理大臣の連署のないまま官員の任免を行っていた。このような明らかな憲法違反の行いも、袁世凱を後ろ盾とする進歩党だけが見て見ぬふりをしたのでなく、国民党議員すらも反応しなかった。彼らは党派間の権力闘争に忙しく、他を顧みる余裕がなかったのである。

　宋教仁暗殺事件は重要な転換点となった。この事件以後、様々な証拠が袁世凱一派に突きつけられ、合法的な体制内の競争と法律を通じて解決すれば、国民党は自ら勝利を収めることも不可能ではなかった。畢竟、民国建国後は共和観念が人々の心に浸透しており、袁世凱が主体的に手段を講じて、国民党を抑圧しようとしても、合法性に欠いていた。しかし、革命党はあまりに革命を妄信し武力に執着し、率先して法治を破壊し、第二革命を発動した。結果、力の差によって一敗地に塗れ、また輿論においても道義的支持を失った。憲政については李大釗の深い研究が、次のように論評している。「革命達成当初、国民党の力は絶頂にあり、一時代を謳歌したが、その力をうまく用いて当局と穏当な政治的競争の枠の中で向き合うことができず、むやみに感情的になり血気にはやった[31]。」国民党の活力は大きく殺がれ、政敵進歩党もほくそ笑んで組閣の権利を手に入れることができた。袁世凱は勢いに乗じて憲法制定前に総統選挙を行い、国会内の両党は結局約法の手続きを放棄して顧みず、袁世凱と妥協し、くり上げて総統選挙法を通過させ、袁世凱を正式に大総統の位につけた。各派政治勢力は約法を弊履のように見做し、議会民主制が拠り所とする法治の基礎を完全に破壊した。これは政治的自殺に異ならない。法治の廃墟で袁世凱は最後の切り札を出し、まず「乱党」国民党の解散を宣告し、そののち一気に国会を解散し、天壇憲法を廃止して、剝き出しの強人権威統治を打ち立てた。

　民国初年においては、権力の危機に比べ、権威の危機がより深刻であった。革命が皇帝の権威を洗い流した後、新しい共和制は人治から法治へ向かうはずであった。すなわち、ウェーバーの観点に照らせば、カリスマ的統治権威から

法理的統治権威への移行である。アメリカ革命後、人々は権力に重心を置かず、参政権の拡大を急いだわけでもなかった。彼らは制度の変更を目指し、憲法制定を通じて統一的共和制度を建設した。立憲共和制と民主共和制は異なる二つの政治的道筋であり、民主共和が重視するのは、権力の配分と政治参与の権利拡大である。これは早期に政権中枢に加わるという各種政治勢力の欲望を満たすが、極めて大きな危険性を伴う。すなわち、制度的に不安定で、各種政治勢力の衝突によって「秩序崩壊」を生じやすく、ひいては政治共同体の崩壊に発展しかねないのである。立憲共和制は、民主の観点から言えばやや保守的であるが、それが制度の再建をもたらし、ウェーバーの言う法理的統治、つまり憲法を最高法規とする憲政秩序を作りだす。アメリカは革命後に建国に成功し、フランスは革命後に混乱が続いたのだが、これはアメリカが立憲共和制の道、フランスが民主共和の道という、二つの異なった道を歩んだからであった[32]。

　民主と立憲のどちらを優先するかで、結果は大きく異なる。この選択は清末において人々の眼前にも立ち現れ、結果的に中国は民主共和を選んだ。民国建国以後も、この問題は付いて回った。来るべき袁世凱の総統専権に対抗するため、革命党は革命による成功という考え方を続けており、国会の権力を拡張して総統を権力のない職位だけの存在に変えるのに懸命になり、民主を拡大するやり方で議会を中心とした権力秩序を築こうと試みた。進歩党は渦巻く民主の荒波と地方封建の反動の再興に直面して、中国の分裂崩壊を恐れ、袁世凱に傾倒し、「袁世凱でなくてはならない」と信じて、強力な中央権力の建設によって革命後の秩序の修復を願った。一方は民権に尽力し、他方は中央集権を主張し、権力問題で激しい鍔迫り合いを演じ、最も重要な憲法制定はかえって次の問題にされた。国民党も進歩党も権力を妄信し、国家の最高権力を処置すれば、天下太平がもたらされると思い込んでいた。このようなやり方は権力の危機を緩和するのが関の山で、権威の危機には何の救いの手も差し伸べられないとは、思いもよらなかった。楊度は革命後の権威の危機を次のように形容している。「君主が去るや、中央の威信は以前に遠く及ばなくなり、国中が一面に散らばる砂のようになって、取りまとめることができなくなった[33]。」民国初期にお

ける権威の危機は、実際には楊度が述べるよりも深刻であった。伝統中国においては二重の権威が存在していた。君主が政治的権威を、儒家士大夫は道徳的権威を代表していた。これらの権威は、究極的は天命を源泉としていた。辛亥革命後、この二重の権威は全面的に問題が発生した。普遍的王権が覆された時、憲法は制定されておらず、憲政も出来上がっていなかった。これは、政治的権威が空洞化したことを意味し、カリスマ統治から法理型統治へ移行する際の歴史的な産みの苦しみとなった。政治権威が実らなかったのみならず、伝統的道徳権威も崩壊しつつあった。帝国の意識形態を形作っていた儒家理論は、普遍的王権の崩壊で実在性を失い、彷徨う亡霊と化した。もともと道徳権威を担っていた儒家士大夫も堕落を始めていた。1906年、『東方雑誌』はこのように述べている。「近十年来、士大夫の知識はいくらか進歩してきたが、道徳性の衰退は日増しにひどくなっている。……中には、公衆の義務の名にかりて自らの利益をのばそうと図る、集団博愛の行為にかこつけて独占打破を企てるような狡猾な輩もいる[34]。」社会エリートは、まず洋務運動と清末新政の中で金銭的に堕落し、その後民国初年の選挙の中で政治的腐敗へと手を染めていった。旧来型の士大夫の道徳的変質のみならず、新しい形の知識人も勝るとも劣らなかった。社会エリートに対する社会輿論の失望は、言い尽くせない程であった[35]。

権威が失われた時代は、革命が最も起こりやすい。政治的存念のある浪人・浪士は、天命の継承者あるいは民意の代表者を自任して、国家の最高権力を争った。群雄が同時に旗揚げする乱世には、公認の主権者（世襲の皇帝もしくは公選の総統）が存在しないというよりは、むしろ個人や党派、各種権力を超える憲政が存在しないと言うべきだろう。楊度は、民国成立後皇帝がいなくなったことで各種勢力が国家の最高権力を窺うようになり、とめどなく内乱が続くようになったと見做して、君主立憲を提案するにいたった。「立憲でなければ国家を救うことはできない。君主でなければ立憲を成立させることはできない。立憲すれば決まった法制ができ、君主がいれば決まった元首がいることになり、いずれもいわゆる「一に定む」である。亡びゆくのを救う方策も、富強の根本もここにあるのだ[36]。」楊度の最初の「立憲でなければ国家を救うことはでき

ない」というくだりは正解だが、次の「君主でなければ立憲を成立させることはできない」のくだりは誤っている。旧時代を担ってきた士大夫は、なお権威と権力を切り離せず君主と立憲を一組に扱い、世襲の最高主権者があってようやく安定した憲政が樹立されるとした。しかしながら、君主立憲であろうと、共和立憲であろうと、真の憲政において、根本的問題は権力を通じた権威確立ではなく、権力を超越した憲政規則、カリスマに依存しない法理型の権威を打ち立て、それが一方で権力の正当性を付与しつつ、一方で権力の専断的傾向を制限し、政治秩序の長期的安定を確保することにある。

民国初年の中国の各派勢力と社会輿論は、法治を重視せず、憲政を意に介しなかった。チェンが鋭く指摘しているように、民国初年の政治の原則は、「合法」「違法」の判断ではなく、なお伝統的な「有道」「無道」という評価にあった[37]。事もあろうに辛亥革命後、天下の道は崩れ去り、無道の世界となった。各方面の勢力はそれぞれの道を持ち、天道・民意にかこつけて、「有道」によって「無道」を討伐した。逆賊討伐が宣言されるたび、人々は興奮していきり立ち、抽象的な倫理・道義や不確かな人民の公益に訴えた。しかし、民国初年の「道」は具体的な制度実体を持たず、明確な法理規範に移行しようがなかった。各種の「道」が互いにぶつかり合う中で、ただ意識の形態や派閥利益を超越した制度的法理や公認の政治価値だけが欠けていた。民国初年の政治に法がなかったわけではなく、法的根拠がなかったわけでもない。しかし、約法も法律も法的根拠も、みな権力争奪の道具になった。法の概念に対して、儒家は道徳を「体（主）」とし、法律を「用（道具）」とした。法家は権力を「体」とし、法律を「用」とした。中国の政治は歴史的に「外儒内法」であり、表面上は「有道」を争いつつ、実際には権力を奪取した。道徳の前でも権力の前でも、法は道具的な二次的価値に堕していたのである。「このため、政治に関心のある中国の人間は20世紀初頭の法治に向かおうとする姿勢から、法治を懐疑あるいは軽視する姿勢に変化していった[38]」のだ。

民国初年は、普通の時代ではなかった。アッカーマンが言う憲法制定政治時代であり、普通の政治の時代ではなかった[39]。憲法制定政治が解決しなけれ

ばならないのは国家の根本となる法典であり、このため、憲法制定に参与する各党派はそれぞれの価値・信念・利益を持つとはいえ、彼らに憲法制定への参加を求めた時には、暫時党派の個別の見解や利益を据え置き、国家の長期的・全体的利益から出発して、超党派の永久憲法を制定する。しかし、民国建国後、約法の制定に始まる政治制度の設立は、たとえ党派の利益から出たものでも、各自で主張が分かれた。もともと、南京臨時政府の「政府組織大綱」が総統制を規定した。臨時総統が孫文から袁世凱に譲られた後、「臨時約法」は内閣制に改められ、袁世凱の権力を名ばかりにして、議会の多数派を占める国民党が自らの権力掌握を保証した。当時、輿論はいわゆる約法が個人に対して立法されていると批判した[40]。国家の大法典は、各党各派にあまねく受容させる必要がある。そして、制定された規則が具体的な党派や個人に対抗するものではなく、権力の具体的配分でもなく、党派や権力を超越し、権力を制御できる制度的権威たるべき点が、最も肝要であった。しかし、民国初年の憲法制定は、臨時約法から天壇憲法にいたるまで、権力の中心をとりまいて展開され、国を建てるために党派的に中立の制度的権威を樹立するのではなく、政治権力争いであった。国民党は民国初年の議会で、圧倒的優勢を占めており、その政治的勢いは絶頂にあったが、社会輿論には「革命元勲」と蔑まれた。これら底辺より成り上がった政治新貴族は、ひとたび権力を手に入れると、強情に専断して、他党の意見を受け入れることができなかった[41]。政治的非常時に、国民党も進歩党も袁世凱も一様に、憲法制定よりも権力拡張や一党派の利益の最大化に関心を寄せた。立憲は、権力拡張の手段でしかなかった。楊度は次のように批判している。「民国立憲の権利は国民党が握っているが、国民党の言う立憲は真実の立憲ではなく、立憲という手法を使って、革命の目的を達成しようとしているに過ぎない[42]。」この批判は政治的偏見を含み事実を誇大に言っているところがあるが、民国初年の国会の憲法起草委員会は国民党の人間が多数を占め、党派意識も濃厚で、確かに人々にそのような負の印象を与えた。自由主義の政治学者張仏泉は後に民国初年の政治設計を見返した折、天壇憲法が総統に与えた行政権があまりに少なかったことが、袁世凱が憲法を受け入れず、手を

下すに至らしめたと指摘している。彼は言う。「民治政治と専制が異なるのは、一方に金縛りの呪文があり、他方にはないことだ。金縛りの呪文があれば、責任ある専権を持ち得る。しかし、封印の呪文は決していつも唱え続けてはならない。そうすると、天竺までお経を取りに行けなくなる。民国初年の国民党の錯誤は、この点を間違えたことにある。(実際には偽物の)金縛りの呪文を弄び、老婆が幽霊を払うようにいつも口に出して唱え続けた。結果党員は南方に放逐され、権力を牽制し歯止めをかける勢力は全く失われてしまった(43)。」

天壇憲法起草委員会が臨時約法の時のごとく特定の党派性を持つことを懸念して、章士釗や梁啓超ら一部の国民言論界の古参者は相次いで建議を出し、憲法は国会議員によって制定するべきではなく、別に超党派の憲法制定委員会を組織し、特に政治的に中立な専門家が憲法制定のイニシアチブを取るべきだと主張した。梁啓超は憲法起草委員会の組織をこのように評している。「国会は政党が激しく争う場であり、いきおい委員を選挙するにも特定の政党色を払拭しきれないところがある。委員会成立後も、政党の区別は結局なくすことは困難だ。」最善の方法は、「専門の機関を設け、特定の党派に入っていない人間を参加させれば円滑にいくだろう。たとえ党派に関係がある人間であっても、その党派色を抑えられればまだ円滑にいくだろう。特定の党派に入っていない人間と議会内外の党の優秀な人間を一堂に集め、この大事業を共同で行わせ、日々意見を摺り合わせながら討論していけば、日ごとに感情も打ち解け合い、間接的に将来の政界を造り上げることになろう(44)。」民国初年、国会内部における政党間の争いは激しく、輿論は広く政党に対する抵抗感を持った。黄遠生は激しく批判している。国会に国民党・共和党・民主党の三党が出現してから「一方について他方を排斥し、同志で徒党を組んで異分子を攻撃する。中国には是非も真の批判や称賛もなくなったに等しい。……この三党ができてから、政策より金銭を重んじ、権力で自らの党派を育てた。こうして我が国民は羞恥心や気骨がなくなってしまった(45)。」彼は「もし党派に与さない超然とした人間が清議を持し、周囲に忠告者たちを配し、その言葉が偏らないようにする必要がある。そうすれば万が一の大動乱にも効果があるかもしれない(46)」と呼びか

けている。アメリカでも建国当初は個人利益の氾濫が出現し、汚職や派閥、政党間の抗争など一連の問題が広く現れた。畢竟、古代ギリシャの道徳的倫理あるいは現代の制度的立憲方式ならば派閥の問題を解決できるであろうか。キリスト教の伝統に深く薫陶を受けた連邦党は、政治は個人的利益の基礎の上に成り立っているとし、人間の性質がもともと堕落性を持っており、人の理性も誤りを犯しやすいことから、個々人の利益の衝突は回避し得ないと考えた。「異議や論争、異なった判断の衝突、利益争い、相互敵対、競合する派閥の不断の形成はみな免れられないものなのだ。これらの現象の原因はすでに人間の性質の中に深く根付いているからだ[47]。」人間の性質の内に潜む暗部に面して、連邦党員は政治的知恵を大いに備えていた。彼らはフランス革命のように公共善の名義で私利という悪を抑圧するのではなく、分権的憲政制度を樹立して、悪を以て悪を制し、互いに均衡させ、悪を善に、私人の利益を公共利益に転化した。フィラデルフィア憲法制定会議の過程で、各州・派閥の間で利益が衝突することはあったが、共有する国家の未来と長期的政治秩序を実現するために、みなが一方では相手の利益追求の衝動を承認しつつ、他方では利益の調整と政治的妥協の可能性を追求した。アメリカ人は、適当な制度的配分がありさえすれば、様々に分散している私人利益は「共和〔共に和する〕」によって民族全体の利益になると強く信じた。権力は私利の追求に走りうるが、制度の設立でむしろその害悪を防ぎ、私から公へ転化することができるのだ。アメリカ人はこう考えるだけではなく、それを実行し、近代国家建設の奇跡を達成した。

　辛亥革命はアメリカ革命を模倣し、地方の独立から始まった。しかし、民国建国以後は、引き続いてアメリカ式の憲政立国の道を歩むことはなく、かえってフランス革命モデルに転じた。理念上は極端に私人利益を排斥し、ルソー的な国民全体の利益を調整する公共意識を追求した。ルソーの思想と儒家の政治文化の伝統は暗合するような部分がある。公と私あるいは全体利益と個別利益を截然と対置し、道徳上の善悪の区分と見做すところである。ひとたび天下が安定を失うと、私人の利益が溢れ、制度によってどのように私利を統合して公益にするかよりも、道徳的評価に訴えて純善たる公共心で万悪の私利を抑えつ

けようと試みることが多い。これにより、民国初年の政界は、一方で各党派がみな自己の私利に従って権力や利益を争奪するのに必死になり、一方では政党間の争いの渦中で道徳の旗印を高らかと掲げ、揃って相手を「私」であると難詰して自らのみが「天下の公」を代表していると自負するという、かように奇妙な状況となってしまった。政党、政治家、軍閥、反乱者、みなが「公」の名義にかりて政治上の異分子を討伐し、自己は「公」の化身で正義を代表していると独りよがりに思い込んでいた。国民党が袁世凱の権力を制限したのも然り、進歩党が袁世凱の手で国民党を弱体化させたのも然り、そして袁世凱が法治を僭越して独裁を振ったのもまた然りであった。アメリカ革命は憲政の道を通じて「公天下」を実現したが、民国初年の中国は道を変えてフランス革命に向かい、制度的配分ではなく、権力の奪取を通じて、統一的な秩序を再建しようと試みた。憲政の下では、政治は自他共存の妥協の技術である。しかし、権力掌握を中心とした乱局では、政治は一方が死ぬか生きるかの戦いになる。

　清末立憲派の領袖梁啓超は、民国初年において、回り道をしたことがある。辛亥革命後、一度彼は立憲の重要視を止め、袁世凱の擁護や強力な政府の樹立に回った。立憲派は虎を育てながら、虎を檻に入れることを忘れてしまい、間接的に袁世凱の即位を促してしまった。このころになって、ようやく梁啓超は目が覚め、ふたたび立憲の立場に回帰した。彼は明確に宣言している。「吾輩は過去つねづねこのように論じていたものである。政体が問題なのであり、国家体制は問題ではない。ゆえに政体が実際に立憲することができれば、国家体制が君主制であろうと共和政であろうと、どちらでもよい。政体が立憲しないのであれば、国家体制が君主制であろうと共和政であろうと、どちらも駄目である[48]。」これ以後、彼の関心は、権力の均整と政府の管理、規律ある秩序に向けられた[49]。彼は、憲法秩序があってはじめて秩序ある政治競争の空間をもたらすことができると信じた。梁啓超の盟友である張東蓀は、雑誌『庸言』で「法治国論」を発表し、中国の国家体制が君主制から民主制に改まったのだから、政体も専制から立憲に改まるべきであると強く主張した。憲法を持つ国は法治国家たるはずである。今日の中国は各種の法律が備わっていないだけで

なく、最も基本となる憲法もまだ頒布されていない。政府も人民もともに法律の筋道に従っていない。法治国との距離は一体何千里あるのだろうか。彼は、憲政と法治が行われなければ、内乱を引き起こし、国を滅ぼすことにもなるだろうと指摘している。「速やかに憲法を制定することだけが、中国を法治国たらしめる。そうしてはじめて国家体制変更の災難を回避できる[50]。」しかしながら、立憲の声は民国初年において全く弱く、民権と国権、内閣制と総統制、南北政権の法的正当性、連省自治と武力統一といった各種の論争の中に埋もれてしまった。

　1911年の辛亥革命は、新たな政治共同体を創立したが、かえって共和政体が拠り所とする正当性の基礎―憲政を同時に生むことはなく、権力の帰属問題が常に権威再建の問題を凌駕した。これが、権力の争いだけがあって政治的権威は一貫して欠落しているという、近代中国政治の問題点を生んだ。軍閥と政治家は民意にかりていわゆる「法的正当性」を打ち立て、輿論も権力を有する存在が結局有道か無道か（道徳的に正しいか否か）ということにばかり関心を向けており、「法的正当性」の向こうにある正当性の危機に注意することはほとんどなかった。憲政はなかなか打ち立てられず、憲法が体現する政治権威は全く登場しなかった。辛亥革命後、戦乱が連綿と続き、革命が次々と繰り返された。統一が果たされるごとに、樹立されたのは独裁権力の中央の威圧的権威であり、国家の長期的平安を保証する憲政は常に欠落していた。この意味において、辛亥革命はまさに20世紀中国の始まりであり、100年後の今になってもなお、中国は歴史が残した複雑な遺産を引き継いでいるのである。

注
（1）　漢娜・阿倫特〔Hannah Arendt〕、陳周旺訳『論革命』訳林出版社、2007年、参照。
（2）　競庵「政体進化論」張枬・王忍之編『辛亥革命前十年間時論選集』第1巻下冊、三聯書店（北京）、1960年、545頁。
（3）　孫中山「軍政府宣言」『孫中山選集』人民出版社、1981年、79頁。
（4）　陳天華「論中国宜改創民主政体」『辛亥革命前十年間時論選集』第2巻上冊、125

（5） 梁啓超「政治学大家伯倫知理之学説」『梁啓超全集』第2冊、北京出版社、1999年、1073-1074頁参照、梁啓超「開明専制論」『梁啓超全集』第3冊、1473-1474頁も参照。
（6） 鄒容「革命軍」『辛亥革命前十年間時論選集』第1巻下冊、651頁。
（7） 梁啓超「申論種族革命与政治革命之得失」『梁啓超全集』第3冊、1644-1645頁。
（8） 梁啓超「開明専制論」『梁啓超全集』第3冊、1453頁。
（9） 梁啓超「新史学」『梁啓超全集』第2冊、749頁。
（10） 梁啓超『先秦政治思想史』東大図書公司（台北）、1980年、155頁。
（11） 梁啓超「論中国成文法編制之沿革得失」『梁啓超全集』第3冊、1312頁。
（12） 梁啓超『先秦政治思想史』154-159頁、「管子伝」『梁啓超全集』第3冊、1858-1875頁、参照。
（13） 梁啓超は彼の文章の中で黄宗羲の思想を多く引用し、黄宗羲の『明夷待訪録』についてこう述べている。「我々の学生時代、実に青年を刺激する最も効力のある幸福薬であった。私自身の政治運動は、最も早くかつ深くこの本の影響を受けたものと言うことができる。」梁啓超「中国近三百年学術史」『梁啓超全集』第8冊、4452頁、参照。
（14） 黄宗羲『明夷待訪録』「原法」。
（15） 梁啓超「管子伝」『梁啓超全集』第3冊、1865頁。
（16） 周錫瑞〔Joseph W. Esherick〕、楊慎之訳『改良与革命』中華書局、1982年、139-144頁参照。
（17） 托克維爾〔Alexis-Charles-Henri Clérel de Tocqueville〕、馮棠訳『旧制度与大革命』商務印書館、1992年、210頁。
（18） 塞繆爾・亨廷頓〔Samuel P. Huntington〕、李盛平等訳『変革社会中的政治秩序』華夏出版社、1988年、268-270頁、参照。
（19） 梁啓超「新中国建設問題」『梁啓超全集』第4冊、2441頁。
（20） 周錫瑞、楊慎之訳『改良与革命』中華書局、1982年、10頁。
（21） 近代中国になって、封建という言葉は、多くの歴史発展進化論モデルの中で、否定的意味合いを持つようになりはじめた。封建は伝統的宗法制度や地主土地所有制と結びついて、前近代社会の代名詞となった。清末厳復が翻訳した『社会通詮』が、社会の進化を、トーテム社会から宗法社会になり、国家社会へと到るという歴史過程として描き、封建は宗法社会と関連して、否定的装いを帯び始めた。マルクス主義の社会発展五段階論が中国に入ってくると、封建社会は奴隷社会と資本主義社会

のあいだにある、生産関係を中核とした普遍的社会モデルとなり、近代中国は「半植民地・半封建」社会の段階として位置付けられ、封建はさらに否定的意味合いのみを持つようになった。封建概念に関する歴史的変容は、溝口雄三、趙士林訳『中国的思想』中国社会科学出版社、1995年、118-119頁を参照。
(22) 溝口雄三「辛亥革命新論」『台湾社会研究季刊』第67期、2007年9月。
(23) 陳志譲〔Jerome Chen〕『軍紳政権』三聯書店、1980年、18頁。
(24) 顧炎武「郡県論一」『顧亭林詩文集』中華書局、1959年、『亭林文集』巻之一、12頁。
(25) 「紳士を中心とした管理型公共圏」に関する詳細な論述は、拙著『啓蒙如何起死回生—現代中国知識分子的思想困境』第4章、北京大学出版社、2001年、108-110頁を参照。
(26) 陳志譲『軍紳政権』24頁。
(27) 顧炎武「郡県論一」『顧亭林詩文集』12頁。
(28) 陳独秀「連省自治与中国政象」『陳独秀著作選』第2巻、上海人民出版社、1993年、381頁。
(29) 梁啓超「主張国民動議制憲之理由」『梁啓超全集』第5冊、3057頁。
(30) 李剣農『中国近百年政治史（1840-1926）』武漢大学出版社、2006年、284-285頁。
(31) 李大釗「政治対抗力之養成」『李大釗全集』第1巻、河北教育出版社、1999年、681頁。
(32) アメリカ独立革命とフランス革命の比較に関しては、蘇珊・鄧恩〔Susan Dunn〕、楊小剛訳『姉妹革命—美国革命与法国革命啓示録』上海文芸出版社、2003年が参考になる。
(33) 楊度「君憲救国論」『楊度集』湖南人民出版社、1986年、568頁。
(34) 佚名「論今日人心宜重古道」『辛亥革命前十年時論選集』第2巻上冊、366頁。
(35) 張朋園の関連研究が明らかにしているように、清末民初総計3回の代議制議員の選挙があったが、選挙の清潔度について言えば、回を重ねるごとに悪化している。1909年的各省諮議局選挙には多くの上層紳士が選挙に参加し、風気はまだ良かった。民国に入ってから、人々は政界に進出して自分の力量を披露しようとし、目的のために手段を選ばなくなった。1913年の第一期国会選挙は、いたるところで賄賂や不正が横行した。さらに1918年の第二期国会選挙は安福系の統制下にあり、公然と票の売り買いがなされ、スキャンダルが頻出した（張朋園『中国民主政治的困境(1909-1949)』吉林出版集団公司、2008年、第1-3章参照）。
(36) 楊度「君憲救国論」『楊度集』湖南人民出版社、1986年版、573頁。

(37) 陳志譲『軍紳政権』108-109頁参照。
(38) 陳志譲『軍紳政権』112頁。
(39) 布魯斯・阿克曼〔Bruce Arnold Ackerman〕、孫文愷訳『我們人民：憲法変革的原動力』法律出版社、2003年、参照。
(40) 荊知仁『中国立憲史』台北聯経出版公司、2001年、185-186頁参照。
(41) 李剣農『中国近百年政治史（1840-1926）』332-333頁。
(42) 楊度「君憲救国論」『楊度集』580頁。
(43) 張仏泉「民元以来我国在政制上的伝統錯誤」『自由与権利—憲政的中国言説』清華大学出版社、2010年、28頁。
(44) 梁啓超「専設憲法案起草機関議」『梁啓超全集』第4冊、2481頁。
(45) 『遠生遺著』巻一葉四—五、商務印書館、1984年。
(46) 『遠生遺著』巻一葉一九。
(47) 戴維・赫爾徳〔David Held〕、燕継栄等訳『民主的模式』中央編訳出版社、1998年、113-114頁。
(48) 梁啓超「異哉所謂国体問題者」『梁啓超全集』第5冊、2902頁。
(49) 沙培徳〔Peter Zarrow〕「辛亥革命後梁啓超之共和思想：国家与社会的制衡」『学術研究』（広州）1996年第6期、参照。
(50) 張東蓀「法治国論」『庸言』第1巻24号、1913年。

革命、共和国と文化
―― 『東方雑誌』を中心に

車　泰　根（森川裕貫訳）

1　1911年の中国革命に対するひとつの視角

　1911年、中国では後に辛亥革命と称される巨大な変化が生じた。しかし辛亥革命の内容と外延は依然として曖昧である。1911年の武昌蜂起から1912年春の時期を指す場合もあれば、20世紀の初めから1912年の中華民国成立までの比較的長い時間を指す場合もある。その具体的内容と性質については、ただ排満の共和政治革命を指す場合もあれば、啓蒙的なあらゆる変革を指す場合もある。このように異なる評価が発生するのは、政治と思想の観点が異なっているからではなく、評価の角度が異なるからである。梁啓超の言葉を借りれば、これは広義の革命と狭義の革命の差にすぎない[1]。もちろん辛亥革命は突然生じたものではなく、十数年来の不断の革命運動の産物である。革命の分析と研究については、一般的には革命の経過と結果、特にその原因と後世への影響が重視されてきた。つまり大部分が、なぜそしてどのように革命が生じたのかを問い、さらに革命の起源から革命の歴史意義を探るわけである。だが、シャルティエ（Roger Chartier）が述べるように、起源決定論は歴史の過程を直線運動とみなし、いくつかの原因に還元できない固有性や断絶性を否定もしくは無視してしまう[2]。しかし疑いなく、辛亥革命は多種の原因と、広範な知識及び思想の起源に関係している。さらに重要なのは、その革命が、かりにその後の過程で幾多の曲折と反動を生んだにせよ、新たな局面を切り開き、新たな課題を提起したということである。1912年の清朝皇帝の退位と中華民国の成立は、革命の完成や終結ではなく、ただ新時代の開始と革命の政治的基盤にすぎなかった。「共和」は1910年代の主要な課題であり、社会や文化などの各方面が直面する

革命、共和国と文化　131

問題だった。この意味において、1910年代の革命と反革命の発生は、なお進行する辛亥革命の一部分であり、五四新文化運動もその中に含まれる[3]。辛亥革命の主要な内容と意義については、問題はさらに複雑で、概括的に述べるのは難しい。この問題は当時の同盟会や運動主体の主要な政治綱領に及ぶだけではなく、歴史の実際の脈絡と状況にも関係する。辛亥革命はひとつの変革運動として、それ自身が目標と客観的歴史条件が結合して形成された展開方向を有している。同時に辛亥革命は、新たな歴史的条件と論題を創造した。これは革命の結果がしばしばその当初の目的を超越して新たな歴史的状況に定位され、以前には予期できなかったような意義を付与されるということを意味している。このことと関連して注意に値するのが『東方雑誌』である。この雑誌は、辛亥革命当時の中国内外の複雑な状況を提示し、それに基づいて新たな思想課題を提示した。我々はそこから、辛亥革命の歴史的意義を理解するための新たな世界的視角を得られよう。

　1904年創刊の『東方雑誌』は、中国近現代の歴史の中で影響の大きい代表的雑誌のひとつであり、半世紀に及ぶその歴史の中で数度の改組を経ている。最初の改組は、1911年の第8巻から杜亜泉が編集を担当したことに伴うものである。初期の『東方雑誌』は、主としてほかの新聞雑誌の文章と政府の布告を編輯掲載するばかりで、影響は大きくなかった。1910年、商務印書館は改組の実施を決定し、『東方雑誌』第7巻最後の号に改組の通告を掲載している。「国家が憲政を実施する日が迫っており、社会の一切の事物は全て改進の傾向を有している。……国民の読書の欲望は、世の中の変転にしたがって進んでいるので、弊社の同人も力を尽くして改良を行いたい。この春から紙幅を拡充し、図版を増やし、広く著名人に執筆をあおぎ、東西の論述を広く収集し、世界の政治文芸の精華を集め、国民の研究討論の資料とする。それにより、東亜大陸の文明を鼓吹して読者諸君の希望を満足させたい」[4]。ここでまず注意を引くのは、この改組の理由と背景である。「国家が憲政を実施する日が迫っており」とは、1910年10月、清朝が資政院など地方の紳士の圧力により、元々は1915年に国会を開くとしていた日程を、2年前倒しした1913年に改めると宣言したことを指

す。政治体制の改革はすでに回避できない事実であり、それによって人々の主要な関心も政治改革の主張から、いかにして憲政を準備し強固なものとするかに転換した。その中で比較的重要な二つの側面として、第一に社会・文化・制度を改革し、新しい憲法に適合させようとしたこと、第二に憲政時期の権利主体としての国民の資質を養成しようとしたことが挙げられる。このうち、『東方雑誌』は主に後者に重きをおき、国民の知識を増進させることと国民の心理面、文化面の資質を打ち立てることに力をいれた。

　改組後の『東方雑誌』の主要な特徴は次の通りである。1、元々清朝の官庁の機構名に対応して設けられていた欄が全て廃止され、代わって近代の学科の分類に変更された。政治・法律・宗教・哲学・倫理・心理・文学・美術・歴史・地志・理化・博物・農工・商業の諸欄である。2、専門的人材を招集した。銭智修、胡愈之、章錫琛、許家慶、甘作霖、杜山佳、高君実ら有力な編集者・著述者たちは、各種の思潮を広く反映して、国際情勢・国内政治・社会問題・学術思想などについて詳細で迅速な編集を行った。また評論を加えて、専論専著を大々的に強化した。3、政治変動、社会潮流、国際関係を含む国内外の情勢と潮流を収集し、その原因と意味を迅速詳細に分析して読者に提供した[5]。以上により、『東方雑誌』は総合的学術雑誌へと転換した。

　1911年の改組後の『東方雑誌』は、1902年に梁啓超が主導した『新民叢報』の後に出現した中国近代で二つ目の「国報」であって[6]、「党派の色彩に染まらず、学理と国情のみを根拠とする政治論文、さらに世界の大勢を詳述し、東西の名著を翻訳して国民の知識の飢えを救済する」ものだった[7]。かくして、『東方雑誌』は世界的変動における中国の現状と時代潮流の方向を示すようになり、読者が全ての具体的事件を世界の変化と関連させてその時代的意義を理解することを可能にした。さらに我々が辛亥革命の歴史的意義を理解し解釈する上でも、参照に値する視角を提供してくれるのである。本論文は『東方雑誌』第8巻（1911年3月-1912年6月）を中心にして、この雑誌が辛亥革命をどのような環境に置き、新たな社会的歴史的議題を提示したのかを検討する。

2　革命と社会主義

　ホブズボーム（Eric Hobsbawm）は、1875年から1914年の時期を「帝国の時代」（The Age of Empire）と称している。彼の時代観念と時代区分は疑いなく、西洋世界を中心とする規定である。彼によれば、「発達」した資本主義国にとって、この時期は比較的安定し繁栄した「よき時代」であるが、「世界の多くの地域」では革命が生じた時代である[8]。西洋の主要な国々は、1848年から1875年までにすでに革命の時代を経ていたが、その後の半世紀には、革命は世界のその他の地域に拡散し、その「固有の政権と政治制度の生存能力」を破壊した。それらの崩壊と分裂は、1910年から1914年の革命に環境を提供し、世界大戦とロシア革命の土壌ともなった[9]。ホブズボームに依拠すれば、辛亥革命の発生した時期は、大半の国々が君主専制に終わりを告げようとしていた時期であった。辛亥革命は、それら世界革命の一部分だったのである。

　ホブズボームの主張が事実であることについては、1911年の『東方雑誌』から部分的に証拠を得られる。『東方雑誌』の紹介と説明によれば、1910年前後、革命は全世界にあふれていた。『東方雑誌』は毎号で世界各地の政変に着目しているだけではなく、個別で分散した事件を互いに連関した時代潮流として分析している。武昌蜂起の4か月前には、1909年以来の「四大革命」を総合的に整理している文章がある。四大革命とは、1908年のトルコ革命、1909年のペルシャ革命、1910年のポルトガル革命、1911年のメキシコ革命である[10]。そのうち、トルコとペルシャの革命は国民の憲政への要求によって生じ、当時の君主はともに廃位された。ポルトガル革命は軍部を中心とした反乱から始まり、革命を経て君主国から共和国へと変化した。メキシコ革命は「大統領選挙の理不尽」から激発した。しばらくして武昌蜂起が起こると、杜亜泉は「世界多事之年」を発表、1911年に生じた世界各国の変動、すなわちメキシコ革命、モロッコ内乱、トルコとアルバニアの騒乱、ペルシャの内乱、ハイチの革命、チリとペルーの変動、イギリスのゼネスト、フランスとアメリカの暴動などに言及

し(11)、続けて次のように述べている。

> 中国では広州の革命党の蜂起以来、その血も乾かぬうちに、四川で暴動が発生し、議員たちは牢獄につながれ、平民は殺戮され、事変が急速に生じ、武漢では革命軍が突如蜂起した。……これら大小の事変は、その性質を見るならば、政治の関係と経済の関係に分けることができるが、こと中国についていうならば、それらは政治と経済の両側面を兼有している。政治の方面についていえば、政府の腐敗によって立憲は虚偽となっている。経済方面についていえば、中国の各省は水災が広範囲に及んで民力が凋落し、また最近では財政が乱れ紙幣が乱発されている。……つまり、政治関係はもとより革命の主因ではあるが、経済関係も革命の副因なのである。今後は、経済関係によって生じる事変が、政治関係によって生じるそれより激しいものになっていくかもしれない(12)。

ここでは、杜亜泉は世界変動と中国革命の関係性を明晰には指摘していない。しかし、彼が描き出している世界像の中からは、中国革命と世界革命の関係性とその世界史上の意義を看取できる。彼の見るところでは、専制政体から憲政へ向かうのは避けがたい時代潮流であり、その方法が平和的であるか暴力的であるかは、各国家の具体的状況と客観的な趨勢によって決まるのであった。もしある国の病状が慢性患者と同様に重大で、「根本的にそれを取り除く大手術」を行わなければならないのならば、一時的には痛苦と混乱を伴うにせよ、革命という方法が必要とされる。中国革命についていえば、その原因は「世の中の変遷によって、専制政体が時世に適さない」ようになったことにあった(13)。このほかに、満漢民族（種族）の懸隔と経済的原因については、当然言うまでもない。但し、これらは政治的要素と比べて、第二義的な要因に属する。それゆえに彼は、満洲族清朝の満漢差別と政治権力の独占が、中国革命の重要な原因だと認めはするものの、中国革命は種族革命ではなくて政治革命であり、革命政府は「人道を主張し、人民の生命財産を保護し、民国を建設し、共和政体

を創立する」ことに全力を注ぐべきであると主張するのであった[14]。つまりは、専制国家が立憲、あるいは共和の国に転換するのは、学理的な要求だけでなく、世界的に見ても不可逆の趨勢なのだった。中国革命はその中の一部分であり、東洋の最初の共和革命でもあって、特別な意義を有する[15]のである。

　ここで注意しておくべきは、『東方雑誌』の見る20世紀初めの世界状況と、ホブズボームの言及するそれが同じではないことである。〔『東方雑誌』の見るところ、〕世界全体が大きく変動しており、西洋の列強は政治と経済の危機、及び国家の間の大規模な軍事衝突と社会革命に直面していた。清末以来、外国と中国の変革論者は、中国の混乱と落後の原因を中国の専制的政治体制に帰していた。しかし20世紀初頭以降、西洋の立憲民主国家は、テロリズムやストライキなどの社会的混乱や民主政治の危機にあまねく直面するようになった。『東方雑誌』の編集者は、その原因が経済問題と政治的圧迫にあると解釈した上で、「今日、ヨーロッパが昔のような自由を取り戻せないことはわかりきったことである。ヨーロッパがそのようであるのだから、東アジアもまた何を気に病むことがあろう」と述べていた。

　武昌蜂起が起こったばかりの頃、杜亜泉はイギリスのゼネストを詳しく紹介している。このゼネストはイギリス一国に限られたものではあるが、象徴的な意義を有していた。すなわち工業が最も発達し、その国民性が最も社会主義に適合しないイギリスにおいてすら、かなりの程度、社会主義勢力に悩まされその影響を受けるということである[16]。『東方雑誌』の同人は社会主義には賛成しなかったが、辛亥の年以降、社会主義に関心を持ち紹介している。当時の中国の知識界では、一般に「立憲」や「軍国民教育」などの政治問題を中心として思索と討論が行われており、労働問題（生活問題）と社会主義については、注意するものはほとんどいなかった。中国の急務は対外的政治競争であって、現段階で社会政策について議論するのは「とんでもない早合点」で、時期尚早だとすら考えられていた。銭智修はこうした見解に反駁し、「政治競争は生活競争から離れて独立できない」、「無秩序な生活競争は秩序ある生活競争に対抗できない」と述べ、社会革命の発生を予防するためには、各種の社会政策を準

備し施行する必要があると主張した(17)。このようにして、『東方雑誌』は社会主義の活動と社会主義の理論の両方面から、人々の関心を啓発するための努力を行ったのである。『東方雑誌』第8巻最終号でも欧米の社会党勢力の拡大とその活動が紹介され、また第8巻第11号以降、杜亜泉は日本の代表的社会主義者、幸徳秋水の著作『社会主義神髄』の翻訳の連載を開始している(18)。「訳者記」の中で、杜亜泉は次のように述べている。

> 社会主義は欧米で発達し、次第に東アジアに及んだ。それを崇拝する者は人類の幸福の源泉だとたたえ、非難する者は世界の危険の種子であると述べている。幸福か、危険か。私はあえて述べないし、そもそも述べることができない。……今この本を訳すのは、それによって我々に幸福をもたらそうというのではなく、またそれによって社会に危険を及ほそうとするのでもない。ただこれを世の人々の研究に呈することによって、その幸福がどのようなものであるのかを理解させ、その危険がどこにあるのかを明らかにせんのみである。……社会政策とは、社会主義に本源するもので、幸福に向かい危険を避けんとする政策である。我々がもし社会主義の真髄を理解するならば、社会政策をおろそかにしてはいけないということも理解できよう(19)。

『東方雑誌』が社会主義に対して注目する理由は、進んだ国であれ、遅れた国であれ、ともに経済問題と社会問題が生まれていることにあった。それだけではなく、中国のように社会主義が少しも勢力を得ていない国家でさえ、「民の生活が非常に疲弊し、現在の制度を仇敵視しているとき、また急病で薬をえり好みしてはいられないとき」には、社会主義が機に乗じて生じるのである。それゆえ、あらかじめ各種の社会問題と適当な政策を準備し、研究しなければならないのであった。このようにして、社会領域と社会問題は辛亥革命時期の重要な議題として組み入れられたのである。

3 心理建設と東西文明

上述のように、『東方雑誌』の改組は、「国家が憲政を実施する期日が迫り、社会の一切の事物が全て急速な改進の気運を有している状況」という時代認識に基づいていた。これは『東方雑誌』の改組が、やがて来る憲政時代のために準備されたことを意味する。しかしその外見と内容は、中国政治の時事問題に対して一定の距離を置いていた。それは『東方雑誌』が、国民の知識や倫理、感性といった資質の問題を重視していたからである。立憲にせよ共和にせよ、それが成功するかどうかは、国民が権利の主体として知識と道徳の素養を積んでいるかにかかっていた。これは国民の政治思想と基本資質を重視するという点で、『新民叢報』時期の梁啓超の思考回路と近似のものである[20]。『東方雑誌』は智育と徳育を重視し、わざわざ「科学雑俎」欄を設け、科学の面での新発明と思想を紹介し、数学と科学理論について文章を執筆し紹介を行っている。同時に、中国人の心理と道徳的品性をも重視した。『東方雑誌』第8巻第3号には、聖心という筆名で「論現今国民道徳堕落之原因及其救治法」という応募論文が発表されている。この文章の作者は、「人心はすでに死に、挽回できない」状況であり、人々の精神的病いは、以前よりも深刻であると考えていた。そしてその原因を「1、人種の軋轢、2、政治の不良、3、経済の困難、4、教育の荒廃、5、宗教の乱れ、6、アヘンの毒」にあるとした上で、彼は、「政治の変革によって滅亡を救うというのは不十分で、まず人心を改めなければならない」という見方に賛同せず、「人心を改革するには政治・経済・教育から始めなければならず、この三者の中では政治を優先しなければならない」と主張している[21]。政治優先論は当時の革命派の立場と近いが、全体から見れば『東方雑誌』の観点は、政治革命を中心とする国家建設と資質涵養を中心とする国民心理建設を、同時並行で行うものだった。これに関連して目を引くのは、『東方雑誌』第8巻第2号である。同号の目次には明らかな特色があり、「述処世哲学」、「惰為病之一種」、「基督教与科学」、「仏教与科学」、「西洋立身

篇」など、道徳と心理方面の文章が突出している。

これらの文章のうち、「述処世哲学」と「西洋立身篇」は、それぞれ19世紀の西洋の思想家であるショーペンハウエルの *Parerga und Paralipomena*（1851）とサミュエル・スマイルズの *Self Help*（1859）の概略的説明と翻訳であり、いずれも人生哲学を検討している[22]。杜亜泉の解説によれば、「述処世哲学」は、「人格の修養が幸福の基礎である」ことと「名と利の真相及び幸福の関係」を説明していた[23]。一方、「西洋立身篇」は、人々の勤勉・堅固・独立・決断などの精神と態度を強調している[24]。『東方雑誌』は当時、中国国民の心理と価値観に注目していたが、それは中国国民、特に青年が、うち続く中国の対外的敗北によって意気消沈し、社会の大きな変化とそれへの不適応による喪失感を抱いているためだった。このような状況は、国家の富強を図り、憲政時代の国民を育成するのには、まったく好ましくなかった。そこで杜亜泉は、アメリカの頼淀氏〔原名不明〕の"The Art of Comforting Dissatisfactions"を翻訳し、「不平安慰法」という題目で第8巻第6号と第7号に連載した。この文章について杜亜泉は、「人生における実力の涵養および士気の鼓舞の方法について、発明の議論が多い」と評価している。さらに青年は「不平安慰法」〔不平を和らげる法〕、とりわけ「積極的不平安慰法」を知るべきだとし、その方法は「常に鉄の心、つまり強固な意志を抱くことであって、鉄の心こそが人を奮闘させることができる」としていた[25]。同じく第8巻第6号の「尊欲説」も、新会の林鵅なる者の投稿ではあるが、これも中国国民の挫折と欲望の不均衡に関連して、「向上的欲望の発展」と協調的発展の欲望の維持を促すために書かれたものだった[26]。

『東方雑誌』が国民心理と倫理意識に関心を抱いたのには、もう一つ原因がある。当時の学術界には科学主義に傾くきらいがあり、とりわけ『東方雑誌』の同人は新カント主義フライブルク学派の科学二分法を受容していた。『東方雑誌』改組後、最初に出版された第8巻第1号には「本社懸賞徴文略例」が掲載されているが、「有形無形諸科学之論著」が懸賞論文の一つのテーマとされていた。ここでいわれている無形科学と有形科学は、精神科学（文化科学）と

自然科学にそれぞれ相当している。募集に応じた文章の審査結果は、第 8 巻第 3 号に発表された。その中の一つが趙修五の「宗教科学並行不悖論」である。趙修五は科学を「心的科学」と「物的科学」の二つに分け、心的科学は精神界を研究する学、たとえば心理・論理・倫理などであり、物的科学は物質界を研究する学、たとえば物理・化学・生物などであるとした。趙修五は、「我が国はこの十年あまり、西欧に学び、かの国の科学を次第に輸入し、青年たちはこぞってそれになびいている」と述べつつも、「科学の用途は広いけれども、使い方がよくなければ、人品は卑劣になり、拝金主義がはびこり、道徳は破壊される。……国民の道徳がこのように日に日に堕落すれば、国家は何に依拠して存在していけるのか」と指摘していた[27]。つまり、科学を承認し重視することは、倫理や宗教を排斥することではないのに、中国の国民は二種類の科学の関係を誤解しているため、聖賢の思想や宗教の役割を不当にさげすんでいると言うのであった。かくて『東方雑誌』は、宗教と科学は同時に行われて矛盾しないとし、また二種類の科学の調和を主張したのであった[28]。

　国民の心理と価値観を再創造しようとする努力は、別のもう一つの言説と密接に関係していた。現代人として、そして憲政の主体として、国民が持つべき倫理意識と価値観念は普遍的ではあるものの、それを涵養する方法と効果については、文化的要素を考慮しなければならない。というのは、価値観の内在化は、感情や美意識と緊密に関連しており、たとえ社会や文化の激変時期においても、伝統的文化や価値観念をただちに度外視するわけにはいかないからである。さもなければ、価値の空白や感情と意志の不均衡が出現してしまうであろう。それゆえに、『東方雑誌』は東方文化や伝統文化の価値の再発見を提唱したのである。

　いわゆる東西文明の比較は、1910年代の『東方雑誌』の主要なトピックの一つであり、第 8 巻から集中的に注目がなされた。そのさい、注意すべきは、第 8 巻の東西文明論の大部分が西洋と日本から伝来したことである。その代表的な例は、山木憲（杜亜泉訳）「中国文字之将来」（第 8 巻第 1 号）、中国無名氏「聳動欧人之名論」（第 1 号）、傖父訳「加査氏之東西両洋論」（第 2 号）、潘樹声（葉

誠訳)「美人吉包爾奈之中国観」(第3号)、傖父訳「東西洋社会根本之差異」(第3号)などである。

　日本の山木憲〔恐らくは山本憲——訳者注〕の「中国文字之将来」は、一方では漢字廃止論を批判し、他方では欧米の文字は中国文字の便利さには及ばないとして、欧米各国は将来中国文字を採用すべしと主張するものである。中国無名氏の「聳動欧人之名論」は、中国人が書いたものではない。その文章の原題は *Letters from John Chinaman*（1901）であり[29]、ケンブリッジ大学教授のディキンソン（G. Lowes Dickinson, 1862-1932）が書いたものである。この本の中でディキンソンは、引用元を挙げぬまま辜鴻銘の言論を大量に引用し[30]、西洋帝国主義の中国文明に対する傲慢な態度を批判し、中国の伝統文化と文明を積極的に擁護している。また「東西洋社会根本之差異」は、日本の戸田海市が1911年2月に『太陽』第17巻第2号に発表したものである[31]。戸田は西洋と東洋（主として日本）の差異につき比較を行い、西洋人は「主我的」、東洋人は「没我的」であるとみなしていた。主我的文化は個人の独立した奮闘と個性を重視するので、各自がその特長を発揮するには有利だが、社会勢力の統一には向かない。没我的文化は自己表現に一定の制限があり、全体の利益のために自己を犠牲にする傾向があるとする。戸田は東洋と西洋の間を「相互に融合する」という態度を保持しつつ、東洋社会では「個人主義によって個人特有の本質を発展させ、団体の中の有利有益な一分子とする」ことが求められると述べた[32]。このように、『東方雑誌』は中国や中国文明に対する国外の輿論に注目し、その中から中国とその文明に対する友好的で肯定的な主張を集中的に選択して紹介したのであった。

　20世紀このかた、世界政治と知識界には、相反しながらも同一性を持つ二つの潮流が存在した。一つは帝国主義の継続的膨張と競争及び西洋と白人を中心とする文明論である。もう一つはこれと相反するもので、国家・民族・人種の間に和平と共存を求める潮流である。このことと対応して、『東方雑誌』は欧州における戦争の危機、ロシアの極東政策、日本の東南アジア政策、アメリカの新国民主義などの膨張政策を報道する一方[33]、同時にまた「世界和平主義

革命、共和国と文化　141

進行史」や「万国人種大会」などの文章を積極的に掲載した[34]。万国人種大会は1911年7月26日にロンドンで挙行されたもので、22か国の国家代表と50名あまりの人種代表が参加し、9か条の決議案を採択した。その主要な内容は、各人種の文明は全て学ぶべき点と歴史的基礎を有しており、文明の程度の差異によって人種の優劣は決定できず、文明の主要な差異は社会の状態と組織の特性に起因するというものである。当時、『東方雑誌』が中国とその文明に対する国外の輿論に注目したことは、このような世界の趨勢と密接な関連があり、多くの文章は中国人と文明の和平的性質を強調し賞賛していた[35]。それだけではなく、中国人は国外でも中国文明のための積極的弁護を試みた[36]。ここで提起しておくべきは、この時期の『東方雑誌』が中国のための弁護を主体的に行ったり、あるいはそうした国内の主張を積極的に紹介したりするのではなく、国外の輿論の動向を紹介するというやり方をつうじて、中国国民の自己の文化に対する覚醒と再認識を促したことである。『東方雑誌』は当時のオリエンタリズムの影響を受け、西洋の言説の支配から抜け出せずにいたのである。さりながら重要なことは、『東方雑誌』が世界文明の言説の転換を敏感に感じとっていたことであろう。

4　辛亥革命の新しい議題——共和、文明、社会

　表面的には、辛亥革命は中国国内の反満共和革命である。しかし『東方雑誌』が示すのは、辛亥革命が世界革命の一部分であり、同時にまた20世紀の革命であって19世紀の革命ではないということである。もちろん、これは辛亥革命が中国の伝統文化や歴史と関係がないとか、あるいは革命に対する中国の歴史や中国社会の様々な影響を無視してよいということを意味するものではない。また、中国革命が西洋あるいは国外の政治と思想の影響から発生したものだ、ということを意味するものでもない。世界革命、あるいは20世紀革命としての中国革命とは、その意味するところは、革命の対象と目標、および革命の直面した条件が、当時の世界が共有し共同で直面したものにほかならないということ

である。すなわち、当時の中国革命が提起し解決せんとした課題は、世界的な問題でもあったのである。

　まず第一に、政治の面では、共和政体自身が不安定だった。共和政体が名称のみで実体が伴っていないことについてはさておき、問題は当時の政党政治と議会政治の危機だった。イギリス、フランスなどの西洋社会の政治的混乱は、みな政党間や上下院間の利己的な争いのせいだった[37]。その他の国や地域に絶えず革命と反革命が生じたのも、隣国の列強の介入や干渉に関係があるとはいえ、その原因は共和政体や立憲政体の運営方式により密接に関連していた。これらのことは、当時の政治革命が世界の普遍的な趨勢ではあるが、制度とその運営方式を常に改善し更新する必要に迫られていたことを物語っている。たとえば参政権の問題、政党体制の問題、政府機関の権限の問題などである。

　第二に、文明の面から見た場合、革命の状況は大変に複雑であった。まず当時の非西洋世界の政治革命は、ある程度の民族自立運動を含んでいたため、帝国主義国の妨害と干渉を招いていた。トルコとペルシャの革命は明確な民族独立という動機を持っていた。また、民族の覚醒は国家主権に限られるものではなく、文化や種族のアイデンティティにも及んでいた。さらには、西洋の学術界や思想界においても、西洋の近代文明と思想潮流に疑義が提起されており、それに伴って東洋文明の価値を再評価する傾向があらわれていた。西洋近代文明にたいする反省は、1914年の第一次世界大戦勃発以後、西洋の思想界に流行したが、中国でも多くの知識人が注目し、いわゆる東西文明論戦が引き起こされた。

　第三に、政治や文化の方面のほかに、革命は社会領域の発見と認識も必要とした。許家慶は「二十世紀之政治問題」において、20世紀の主要な問題として、人類の解放、個性の自覚、女性の解放と参政、アジア・アフリカの自立へ向けた運動、そして社会党の政治運動を列挙している[38]。これら20世紀の問題は、社会各階層の覚醒に基づいており、自己の人格の尊厳と権利を求めていた。中でも、労働社会と女性社会の問題、つまり女性解放と社会主義の問題が、『東方雑誌』で集中的に議論された[39]。

このように1911年の改組以後、『東方雑誌』は中国の問題を世界全体の変化や趨勢の中に置いて観察と分析を行い、中国にとって急務の問題、さらには対応するのに今から準備が必要な問題を提示した。『東方雑誌』にとって、辛亥革命はまず政治革命であり、1912年の中華民国の成立によって、政治や種族の問題のような基本的課題は解決できたものと考えられた。しかしながら、20世紀世界革命としての辛亥革命は、依然として多くの変革すべき課題に直面していた。言い換えれば、20世紀の世界の新動向が辛亥革命に新しい課題を与えたのであり、それこそが『東方雑誌』の提示した論題だったのである。但しここで提起するに値するのは、これらの論題は当時の世界の潮流と緊密に関係していたのみならず、基本的には『東方雑誌』が言説の方式によって政治と社会の問題に介入し構成したものだったということである。つまり『東方雑誌』は、言説上の優勢な地位に位置して、革命と社会変化の方向の転換を進めていったのである。

辛亥革命の後、中国社会には全面的な変化が生じた。そこには議会と政党を中心とした政治改革、自治や自由などの思想観念の拡散、暦法・称号・衛生・風俗・法律などの方面が含まれる。これらの改革の実施に対して、康有為は富強政策や民生の安定化などの緊要な急務を度外視し、緊要ではない風俗の改良に集中して国民の権利と財産を侵害していると批判した[40]。我々はこの主張に完全には同意できないが、しかし当時の改革の実施が確かに形式主義に傾斜し、当時の世界の変化を反映せず改革の実施を深化しなかったことは否定できない。とりわけ、繰り返される復辟や種々の反革命運動によって、社会の主要な輿論が政治の問題と基本秩序の問題に集中した。したがって『東方雑誌』の提出した論点も、中国社会では深くは討論されなかった。しかしこれは『東方雑誌』の言説政治が失敗を告げたことを意味しない。1910年代の発行量が1万5千部に達していた『東方雑誌』の影響力は常に巨大であり、中国の大部分の国民はその中から国内外の世界の変化を感じ取り、中国革命の世界的視角における意義を了解できた。そして『東方雑誌』の示した問題と論点は1910年代後期の主要な言説を構成しており、具体的かつ細かな見方においては意見が明確

に分岐していたにせよ、新文化運動は基本的に『東方雑誌』の問題意識を継承していたのである。胡志徳はかつて明晰に「『青年雑誌』の大胆な論述方式は、直接的に当時の『東方雑誌』を踏襲したものであろう」と論証している[41]。さらに言を進めるならば、その観点と論証のベクトルは異なるとはいえ、『新青年』の主要な議題は、かなりの部分が『東方雑誌』を踏襲している。極端な言い方をすれば、五四新文化運動は辛亥革命の延長にしてその一部だとすらいえるのである[42]。

注

（1）「革命の意義には広狭がある。最広義には、社会一切の無形有形の事物に生じる大変動を指す。広義には、政治の変動による新しい時代の成立を指し、平和によって得られたものであろうと、鉄血によって得られたものであろうと全てそうである。狭義には、兵力を中央政府に向けることである。我が中国は数千年来、ただ狭義の革命があった。今極端な革命論を唱える者は、ただ狭義の革命に心酔しているだけである」。中国之新民〔梁啓超〕「中国歴史上革命之研究」『新民叢報』第46-48合号（1904年2月）。

（2）Roger Chartier, *The Cultural Origins of the French Revolution*, translated by Lydia G. Cochrane, Durham: Duke University Press, 1991. p.4.

（3）このことと関連して汪暉は、五四新文化運動は出現したばかりの「共和」が危機に直面して生じたものだと指摘している。汪暉「文化与政治的変奏——戦争、革命与1910年代的「思想戦」」『中国社会科学』2009年第4期、117-141頁。

（4）「辛亥年東方雑誌之大改良」『東方雑誌』第7巻第12期（1911年1月）、「本雑誌大改良」『東方雑誌』第8巻第1期（1911年3月）。

（5）このほかに、さらに「科学雑俎」などの欄を増設し、科学知識の普及に努めた。また「談屑」などの欄を設けて時弊を議論した。

（6）ここでの「国報」概念は、1901年の梁啓超の言い方を借用したものである。梁啓超はかつて新聞雑誌を、「個人報」・「党報」・「国報」・「世界報」に分類した（梁啓超「清議報一百冊祝辞並論報館之責任及本館之経歴」『清議報』第100冊、1901年12月）。しかし五四時期新文化運動陣営の同時期『東方雑誌』に対する評価は極めて厳しい。たとえば羅家倫は『東方雑誌』に対し、「主張はなく、選択もなく、ただ原稿さえあれば掲載する。ひとつの号の中に、天文から地理、さらに古今中外、諸氏百家に至るあらゆる話題が掲載されている。……工業を論じたかと思えば政論を

論じ、農商を論じたかと思えば霊魂を論じる。実に雑多で、奇妙でないものはない。あなたがたは『東方雑誌』が古いとおっしゃるかもしれないが、この雑誌は新しくも見える。あなた方はこの雑誌が新しいとおっしゃるかもしれないが、この雑誌は実は新しくはないのだ」。羅家倫「今日中国之雑誌界」『新潮』第1巻第4期（1919年4月1日）。また、胡適は清末民初の中国の主要な雑誌に対して評価を行い、「25年来、三つの雑誌のみが三つの時代を代表しており、三つの新時代を創造したといってよい。一つは『時務報』、一つは『新民叢報』、一つは『新青年』である。『民報』と『甲寅』はそれらには及ばない」と述べているが、『東方雑誌』については一字も触れていない（「胡適之的来信」『努力週報』第75期（1923年10月））。『東方雑誌』が一つの新しい時代を代表できるかどうかについては、まだ多くの検討が必要なものの、「当時の中国の雑誌界はまだ非常に幼稚であり、普通の刊行物は全て政治や法令を論述し、さらに文芸や詩を載せるのがせいぜいだった」という時期にあって、『東方雑誌』が1910年代の辛亥革命運動のために、新しい世論の世界を切り開いたことは疑いない。胡愈之「追悼杜亜泉先生」『東方雑誌』第31巻第1号（1934年1月1日）。引用は、許紀霖・田建業編『一渓集——杜亜泉的生平与思想』（三聯書店、1999年）10頁による。

(7) 張梓生「悼杜亜泉先生」『新社会』第6巻第2号（1934年1月）。引用は、許紀霖・田建業編『一渓集』18頁による。

(8) E. J. Hobsbawm, *Age of Empire 1875-1914*, London: Weidenfeld and Nicolson, 1987, pp.276-277.

(9) *Ibid.*, pp. 277-278.

(10) 蓬仙「三年間之四大革命」『東方雑誌』第8巻第4号（1911年6月）。

(11) 高労〔杜亜泉〕「世界多事之年」『東方雑誌』第8巻第8号（1911年10月）。

(12) 同上。

(13) 傖父〔杜亜泉〕「中華民国之前途」『東方雑誌』第8巻第10号（1912年4月）。

(14) 傖父「革命与戦争」『東方雑誌』第8巻第9号（1911年11月）。

(15) 高労訳「東洋最初之共和国」『東方雑誌』第8巻第10号（1912年4月）。これは「東洋最初の共和国」『太陽』第18巻第2号（1912年2月1日）の翻訳である。

(16) 傖父「大同盟罷業」『東方雑誌』第8巻第8号（1911年10月）。

(17) 銭智修「社会主義与社会政策」『東方雑誌』第8巻第6号（1911年8月）。

(18) 幸徳秋水『社会主義神髄』（朝報社、1903年）。

(19) 高労訳「社会主義神髄」『東方雑誌』第8巻第11号（1912年5月）。

(20) 『新民叢報』は、創刊号「本報告白」で創刊の主旨を宣言しており、その中では

「中国の不振は、国民の公徳の欠乏、智恵の未開によるので、本報はこの病に対して薬で対処し、中西の道徳を合わせて徳育の方針とし、広く政治の学を集めて智育の源とする」「本報は教育を主眼とし、政論を附属とする……それゆえ、現今の政府のあれこれの得失については、いちいち言及しない」と述べている（『新民叢報』第1号（1902年2月））。
(21) 聖心「論現今国民道徳堕落之原因及其救治法」『東方雑誌』第8巻第3号（1911年5月23日）〔なお聖心は、後に哲学研究や政治評論で名を馳せる張東蓀の筆名である——訳者注〕。
(22) いずれも日本語訳本に基づいた重訳である。「述処世哲学」の底本は杉谷泰山の翻訳した『処世哲学』（博文館、1906年）である（杜亜泉は訳者を文学士杉安としているが、杉谷の誤りである）。「西洋立身篇」の底本は、松村介石が編纂した『西洋立身篇』（警醒社書店、1896年）である。
(23) 杜亜泉訳「述処世哲学」『東方雑誌』第8巻第2号（1911年4月23日）；第8巻第3号（1911年5月23日）。
(24) 前劉訳「西洋立身篇」『東方雑誌』第8巻第2号（1911年4月23日）；第8巻第4号（1911年6月21日）；第8巻第5号（1911年7月20日）。
(25) 高労訳「不平安慰法」『東方雑誌』第8巻第6号（1911年8月19日）。
(26) 林鷂「尊欲説」『東方雑誌』第8巻第6号（1911年8月19日）。
(27) 趙修五「宗教科学並行不悖論」『東方雑誌』第8巻第7号（1911年9月17日）。
(28) 精神と科学の関係、宗教と科学の関係、及び精神（宗教）の現代文明に対する重要な意義と効能については、趙修五の文章のほかに、甘永龍が『美国時文報』から翻訳した「基督教与科学」と、蓬仙が『日本科学世界』から翻訳した「仏教与科学」などの文章がある。以上は『東方雑誌』第8巻第2号（1911年4月23日）に掲載された。
(29) この本は1903年、アメリカの作家が *Letters from a Chinese Official: Being an Eastern View of Western Civilization* という題名で再度出版した。
(30) Lydia H. Liu, *The Clash of Empires: The Invention of China in Modern World Making*, Cambridge, Mass.: Harvard University Press, 2004, p.286.
(31) 戸田海市「彼我社会の根本的差異」『太陽』第17巻第2号（1911年2月）。
(32) 傖父訳「東西洋社会文化根本之差異」『東方雑誌』第8巻第3号（1911年5月23日）。
(33) これらの内容は『東方雑誌』第8巻第4号（1911年6月21日）で集中的に報道されている。

(34) 甘永龍訳「世界和平主義進行史」『東方雑誌』第 8 巻第 4 号（1911 年 6 月21日）。陳学郢「万国人種大会」『東方雑誌』第 8 巻第 9 号（1911年11月15日）。
(35) 上記で挙げたもののほかに、さらに「俄国大文豪托爾斯泰伯爵与中国某君書」『東方雑誌』第 8 巻第 1 号（1911 年 3 月25日）がある。
(36) その代表的な事例は、遠東通信社による「黄報縁起」『東方雑誌』第 8 巻第 5 号（1911 年 7 月20日）である。
(37) 杜亜泉はかつて「政党論」において、西洋の政府と議会の間の衝突を批判した。とりわけイギリスの議会政治が、「内閣専制」・「政党専制」・「多数専制」的だと論難している（『東方雑誌』第 8 巻第 1 号（1911 年 3 月25日））。
(38) 許家慶「二十世紀之政治問題」『東方雑誌』第 8 巻第10号（1912 年 4 月 1 日）。
(39) 女性問題については、銭智修「女子職業問題」第 8 巻第 9 号（1911年11月15日）、銭智修訳「美国婦女要求選挙権之進歩」『東方雑誌』第 8 巻第10号（1912 年 4 月 1 日）が参考になる。
(40) 「議院政府無干預民俗説」『不忍』第 2 冊（1913 年 3 月）、「中国顚危誤在全法欧美而尽棄国粋説」『不忍』第 6 冊（1913 年 7 月）；第 7 冊（1913 年 8 月）。
(41) 胡志徳「余波：1910年間的中国文化論戦」郝斌・欧陽哲生『五四運動与二十世紀的中国』（北京：社会科学文献出版社、2001年）482頁。
(42) この意味では、博山「全国初等小学均宜改用通俗文以統一国語議」『東方雑誌』第 8 巻第 3 号（1911 年 5 月23日）が注目に値する。この文章の中で博山は、国民国家建設における「国語」の重要性を強調し、「言文一致」と「白話による国語の統一」を提起した。『東方雑誌』の編集者も彼の主張に賛同し、さらにローマ字を用いた漢語ピンイン表記の方法に言及している。

形象化された辛亥革命
―― マッチラベルから見る近代中国の社会変遷

蔣　海波

はじめに

　辛亥革命期の中国には、さまざまな新しいメディアが登場した。これらのメディアは社会に対する認識や国民意識の形成などの面で重要な役割を果たし、辛亥革命そのものに対しても大きな影響を及ぼした。新聞雑誌の刊行が人々の国家、種族、民族意識を啓発し、政治参加へのはたらきかけに果たした役割は、すでに多くの研究によって明らかになっている。20世紀から発展を遂げた交通電信ネットワークは、清朝の帝国システムの再編や、国家統合に重要な役割を果たした[1]。国旗や国歌、記念日などのシンボルの普及により、ナショナリズムの形成と中国近代史に与えた影響についても、最近の研究によって明らかになっている[2]。しかし、新聞、雑誌、電報といった、文字と文章を伝達手段とするメディアは、それを解しない限り、その情報を受け入れることが不可能なため、識字率の低かった中国においては、その民衆への影響力には限界があった。国旗や国歌も、画像、音声の移動ができない時代には、その影響力を十分に発揮することができなかった。湖南省の事例に関する研究[3]によって明らかになったように、謠言（うわさ）も民衆に重要な影響力をもつメディアとして機能していた。そのほか、演劇、絵画なども一定の影響力をもつが、演劇はその発・受信が時間や空間、言語の制限を受け、絵画も携帯に不向きなものである。この時期の最新のメディアであった写真や映画に至っては、ごく一部の人々や新聞社にしか使われない貴重品であった。
　ところで、この時期に登場した、もう一つのメディアとして「商標」があった。商標はさまざまな日常生活用品に印されて、その商品価値・販売者・製造

元等を宣伝するだけでなく、その他の情報伝達の機能も担うメディアであった。中でも、マッチラベル（商標）は、マッチという携帯に適した小型の日用品の急激な普及によって、人々の目に広く触れ、特異なメディアとしての機能を発揮したのである。

　1880年代から発展を遂げた日本のマッチ産業は1910年代にそのピークを迎えた。神戸・大阪を中心に、質・量ともに頂点に達した日本のマッチ製品は中国に大量に輸出された。その重要な仲介役を担ったのは在神、在阪の華商であった。彼らは日本のマッチ製造業者と協働して、清末の新政改革と辛亥革命等の大きな政治変動に呼応して、中国の民衆に受け入れやすいように、時局の変化を反映したマッチラベルを数多く作った。これらのマッチラベルは社会の諸側面をユニークな形で映し出す「鏡」であったとも言える。

　本稿は、これらのマッチラベルに注目し、その分析を通じて、清末・辛亥革命期に人々の意識にどのような変化が起こったか、革命の理想はいかに民衆へ浸透していったか、民衆はこれらの政治変動にいかなる期待を持っていたか、などの社会変遷の諸相について、マッチラベルの画像を示しながら[4]、検討しようとするものである。

1　神戸大阪華僑と日本のマッチ産業

1、日本のマッチ産業と中国

　1876（明治9）年9月、金沢藩士清水誠が東京本所柳原町でマッチ会社「新燧社」を創設したのが、日本のマッチ産業の起源である。1878年1月、上海の大馬路（現在の南京東路）にあった「祥和豊洋貨号」において、新燧社の「桜印」マッチが販売された[5]。日本のマッチ産業にとって、その誕生とともに中国の市場が必要不可欠な存在であった。

　神戸では、本田義知が1879年4月に「明治社」を創設した。1880年6月には、瀧川辨三が井上清七郎とともに「清燧社」を創設し、以後多くのマッチ工場が設立され、1881年には14社に達した[6]。一方、大阪では1875年、「昌燧社」が

西区に設立された。1880年に至って、大阪のマッチ工場は30社以上に達した[7]。そのうち、1880年、井上貞次郎が西区本田三番町に創設した公益社の発展が最も著しかった。1904年に至って、公益社は4ヶ所の工場を持つようになった[8]。

1880年代から、日本のマッチ産業は中国、東南アジア、インド向けの輸出を著しく拡大した。その背景には華僑・印僑の存在と活躍があった。マッチ製造への直接参入が認められなかった華商は、日本の製造業者に対して融資を行い、自らが登録した、あるいは日本の業者が登録した中国向けのマッチラベルを使用し、その製品を買い上げ、中国の開港都市を通じて各地へと販売網を広げた。金融と販売、商標の側面からの華商の参入は、日本のマッチ産業の発展を刺激した。一方、神戸の広東華商同孚泰、裕貞祥、利興成の人々[9]、上海華商陳源来（合昌号）、寧波華商呉錦堂（怡生号）、大阪の安徽華商張友深（同益号）、山東華商叢良弼（興業公司）[10] らはマッチ貿易で培った資金や技術などを故郷に移転し、広州、上海、青島をそれぞれ中国マッチ産業の三大基地として発展させるのに、重要な役割を果たした。

華商の多い神戸大阪では、マッチ産業における「日本人＝製造、華商＝販売」の協働の枠組みが1910年代末まで続いていた。日本マッチ産業は市場拡大と技術革新の追い風によって、1907年からはその黄金期を迎えた。この年のマッチ出荷数は日本マッチ産業史上最高の1,142,505マッチトン（1マッチトン＝7,200個）に達した。その後、若干増減はあったものの、第一次世界大戦の「天佑」に乗じて、1919年の1,044,158マッチトンに達するまでは、高水準をキープした[11]。この好調の一因として挙げられるのは、中国向けのマッチに中国人の習慣や信仰、嗜好、さらに世情、政治情勢などを反映した図柄がラベルとして多く用いられ、民衆に受け入れやすかったという点である[12]。

2、商標としてのマッチラベル

マッチ箱に貼られたラベルは同時に商標でもあった。そのため、商標に関する法律の拘束力を当然受けるのであるが、中国向けのマッチの場合、状況はや

や複雑であった。

　義和団運動で破壊された対外関係修復のための試練として、英、日、米、ポルトガルとの個別交渉によりそれぞれの『通商行船条約』が締結された。最初に調印されたのは「裁釐加税」を主要な内容とした中英の『続議通商行船条約』（通称「マッケイ（馬凱）条約」、調印は1902年9月5日）であった。次いで中美『通商行船続訂条約』、中日『通商行船条約』も調印された（ともに1903年10月8日）[13]。中日『通商行船条約』では、締約国双方の臣民の相手国での商標登録について、その第五条に、清国が日本人の商標登録権を保護することが約されるとともに、日本は清国で登録した商標の日本における権益を法律によって保護することと約された[14]。

　諸外国と違って、日本では中国商人が現に商業活動を行っていることから、中日間の通商に関する条約は、双務的にならざるをえなかった。しかし、当時清国の商標登録に関する法律は存在しなかったため、日本商人はもちろん、華商も中国において商標登録のすべがなかった。これより前に、華商がすでに日本国内において営業所の実体を有すれば、日本から仕入れて中国国内で販売する製品についても、日本が加盟している『万国工業所有権保護同盟条約』（1883年、パリ）第三条「同盟ニ加入セザル国ノ臣民又ハ人民ニシテ同盟国中ノ一国ノ版図内ニ住所ヲ有シ又ハ現実且真誠ナル工業的若ハ商業的営業所ヲ有スル者ハ締約国ノ臣民又ハ人民ニ準ズベキモノトス」[15]の規定に従い、それらを自社の商標として日本で登録できるようになっていた。日本のマッチ商標の登録者リスト[16]に多くの華商の名が見られることには、このような法律上の背景があったのである。

　一方、清朝政府は『商標注冊試弁章程』（1904年8月4日）を制定した。その第八条第二項に「国家専用ノ印信字形（例ヘバ国璽、各官庁ノ印章等ノ類）及ビ国旗、軍旗、勲章ヲ模写セルモノ」の登録を認めないことが規定された[17]。実際には「黄竜旗」が「国旗」として船舶や、官庁、対外施設で使われてはいたのであるが[18]、その法的地位は「北洋海軍章程」によって定められているのであった[19]。しかも黄竜旗の製作は、黄色い三角形（のち長方形）の生地に

赤い太陽と青い竜の模様を刺繍で施すもので、太陽に向かって口を開ける青竜の図柄は頗る複雑な、かつ任意的なものであったが[20]、これら変形した竜の図柄を商標として日本で登録されたマッチラベルは今でも数多く残っている。

辛亥革命後、清朝の崩壊により、上記『商標注冊試弁章程』のいう「国旗」の範囲には当然、革命軍や中華民国政府で使われていた青天白日旗や十八星旗、五色旗、井田旗などが含まれていない。商標登録に関する法律法規は、中国ではその時期に機能していなかった。中華民国の商標法制定は、1923年5月3日まで待たなければならない。この間、商標登録における「国旗条項」(自国と他国の国旗、軍旗、赤十字などの商標登録禁止) の原則は事実上野放し状態であった。このため清末民初には、国旗や軍旗、さらに人物の肖像までも、マッチ商標の図柄として数多く登場したが、国旗などを商標として登録できたこの奇観とも言うべき現象の出現には、そのような背景もあったのである。

2　マッチラベルに見る新政改革

1、新政への期待

義和団運動の敗北と「辛丑条約」の調印により、清朝政府は政治改革とその実施のための準備を余儀なくされた。「光緒新政」である。その一環として、大臣を列強各国に派遣し、憲政についての視察を行った。

清朝政府はまず光緒帝の弟載沢ら五大臣の憲政考察(視察)団を派遣した[21]。最初の視察地は神戸であった。考察団一行は1906年1月16日夜、和田岬沖に到着し、翌朝7時、検疫を終えて上陸した。在神清商約50人、兵庫県・神戸市の官民約80人、同文学校生徒42名(うち女子生徒12名)が考察団を出迎えた。11時30分、考察団一行は中華会館に赴き、神戸華僑主催の午餐会に出席した。席上、華商代表として広東商人麦少彭が歓迎の辞を述べ、この視察の成果に対する期待を表明した。これに対して、載沢は日中各方面に対して謝意を表するとともに、華僑の要望も取り入れて新政に活用しようと応酬した[22]。視察団一行に対する歓迎行事は、新政への神戸華僑の期待の表れであった。以下の利興公司

形象化された辛亥革命　153

図2-1-1

図2-1-2

図2-1-3

図2-1-4

（利興成）の「海軍亦宜速成」マッチラベルのように、人々に好まれる魚（「餘」と同音）の上方に、軍艦、大砲、漁船、汽車、電車、兵士、学生など新しい器物と人物が同様の図柄で描かれている（ここでは1点を示す。図2-1-1、1点）。

　また、新政のスローガンを掲げたマッチラベルには、清朝の官服を身にまとった子供たちが「地方自治」「法律改良」「海陸軍部」「憲政大全」と大書した冊子を持っている図柄があり、新政の重要な改革項目がストレートに表現されている。「歓迎立憲」ラベルには、二本の交差する黄竜旗とともに「歓迎立憲」の四文字が書かれており、その期待するところは一目瞭然である。1908年8月、清朝政府は「欽定憲法大綱」を制定し、憲法の制定と議会の召集を約束した。1910年10月3日、北京に資政院が開設された。資政院は諮問機関であり、議会ではない[23]。しかし、このことは憲政の成果として受け止められ、「祝開議会」ラベルには、竜袍を身にまとう人物が印され、改革に熱心だった光緒帝の面影

154　第2部　辛亥革命はいかに表象されたか

図2-2-1　　　　　　　　　　　図2-2-2

が偲ばれる（図2-1-2〜4、3点）。

2、大清帝国から中華民国へ
①「愛国」
辛亥革命の勃発によって、清朝の立憲運動は終焉を迎えた。しかし、ナショナリズムの体現である「愛国」の思潮は、これらの出来事によって中断されることなく、形を少し変えてさらに強化されていった。このことを反映したマッチラベルには、好対照の次のような例がある（図2-2-1〜2、2点）。
②剪辮不易服
男子の辮髪は漢民族に対する満洲族の統治の象徴である。辮髪を剪る行為（剪辮）は反満反清の政治的意志を表す一方、近代文明の影響や、富国強兵の必要性などからも要請されることでもあった[24]。およそ1910年から始められ、武昌蜂起後に一気に広がった剪辮の動きは、人々の面目を一新させ、国民「創出」の有効な手段の一つであった。
一方、服装の変革（易服）は、別の側面を見せた。当時の中国人、特に社会的身分のある成人男性にとって、衣服は社会における階級身分、職業を区分する一種の標識でもあった。清朝の官服と軍服から変形した長袍（ツアンパウ）と馬掛（マークア）は、清末のみならず、民国以降も若干様式を変えながら、洋服、中山服とともに、都市住民の普段着として愛用されていた[25]。同じ「愛国」という理由から「剪辮」と「不易服」とが両立するものという主張も

形象化された辛亥革命　155

図2-2-3

図2-2-4

図2-2-5

図2-2-6

実践に移されている（図2-2-3〜6、4点）。

　③警世鐘

　清末留日学生の革命宣伝物として、陳天華の『警世鐘』は著名である。湖南省出身の法政大学留学生陳天華が1904年に著したこのパンフレットは、清朝の腐敗無能に対してはもちろんのこと、列強の中国侵略に対しても強い抵抗の意思を訴えた[26]。また、同じ時期の雑誌『開智録』『蘇報』『江蘇』などにおいても、「自由鐘」をフランス革命、「独立旗」をアメリカ独立と結びつけて、革命の必要性と正当性を訴えた文言がみられた[27]。この鐘と旗の具現化されたマッチラベルは次の3点である。興味深いことに、鐘の名は「警世」から「自由」に変化するとともに、旗も黄竜旗から青天白日旗、五色旗へと変化した（図2-2-7〜9、3点）。

156　第2部　辛亥革命はいかに表象されたか

図2-2-7 　　　　　　　　図2-2-8 　　　　　　　　図2-2-9

3　マッチラベルに見る辛亥革命

1、革命軍とその旗

①十八星旗の登場

　辛亥革命期、革命軍に使用された旗のうち、十八星旗の登場は劇的であった。1911年5月、共進会リーダーの劉公は、武昌中等工業学校の学生であった趙師梅らに十八星旗の製図を依頼した。趙らが製図した図面をもとに、ある裁縫店に縫製を依頼した。深夜の作業は捗らず、蜂起の半月前に予定していた20枚のうち、2枚は旗竿を通すためのポケット部分が未完のため、納品されたのは18枚だけであった。武昌蜂起勃発後、18枚の旗はすでに清軍に没収されていたため、蜂起軍は急遽裁縫店の主人を捜し出し、残りの2枚を革命軍の旗として使用した(28)。旗はその図柄の複雑さにより、手縫いの作業では、20枚を製作するには約五ヶ月かかり、1枚あたり平均一週間かかることが分かる。このような製作上の手間の問題は、十八星旗が青天白日旗と同様、普及のスピードにおいて、五枚の同サイズの違う色の布を縫い合わせるだけの五色旗に、大きく水をあけられた一因とも考えられる。さらに、日本の旭日旗に似ていると批判された青天白日旗と同様に、実は十八星旗も日章旗と頗る相似している。次のマッ

形象化された辛亥革命　157

チラベルはこのことを示
している（図3-1-1～2、
2点）。

②「還我山河」

　南宋の将軍岳飛は清朝
政府からもその中ごろま
で「忠臣」として評価さ
れてきた人物であるが、
江南の民間では金に抵抗
した「英雄」として祭り
上げられる風潮が、強く
なってきた。それは当時
の雑劇や小説に登場する
際の形象から窺うことが
できる(29)。清末になる
と、岳飛は「民族の英雄」
として『湖北学生界』
『競業旬報』『国粋学報』
『新民叢報』などの雑誌に登場し、民族の英雄系譜における筆頭の人物となった(30)。青竜の前足から差し出した、清国の地図を描いた地球儀を受け取る軍人が、岳飛の名言「還我山河」を叫んでいる。清朝の末路を暗示しているかのような迫力のあるこの「軍人竜」と命名されている図柄から、その言わんとするところは明白であった（図3-1-3、1点）。

③南北和議

　武昌蜂起勃発後、全国の情勢は流動的であった。10月下旬から11月下旬にかけて、南方をはじめ、各省の有力者は革命を支持し、清朝からの「光復」や「独立」を宣言した。清政府は袁世凱を総理大臣に任命し、事態の収拾を図ろうとした。袁世凱の軍隊は革命軍に攻略されていた漢口を制圧したと同時に、

図3-1-1

図3-1-2

図3-1-3

図3-1-4

図3-1-5

図3-1-6

図3-1-7

　水面下ではイギリスの駐漢口領事を通じて、革命軍と和議についての交渉を行った。12月2日、革命軍は南京を攻略し、独立した各省の代表が南京で新政府の創建について協議しはじめた。形勢は拮抗していた。18日、袁世凱の全権代表唐紹儀と南方各省の代表伍廷芳が上海で停戦について協議した。
　このような情勢の中で、孫文が12月25日上海に帰着した。29日に南京で開かれた、独立した17省の代表による選挙で、孫文は中華民国臨時大総統に選ばれた。その直後に開かれた南北会談では、新政府のあり方について協議され、一応の合意に至った。1912年元旦、孫文は南京に赴き、中華民国臨時大総統に就任した。一方、唐紹儀はその「越権」行為を理由に袁世凱に解任された。しかし、これらの一連の和議交渉は戦闘によるさらなる犠牲と混乱を未然に避けるとともに、中華民国の誕生に一定の正当性を与える役割を果たした。多大な犠牲を伴うのが常であった中国史上歴代の王朝更迭と異なり、和議による政権移

譲は人々に歓迎され、歴史的な場面として記録されたのである（図3-1-4〜7、4点）。

2、偉人たちの辛亥革命
①孫文の帰国と帰郷

武昌蜂起後に帰国した孫文は革命の指導者として、民衆からも期待が寄せられた。しかし、帰国直後の彼は記者の質問に対して「革命は金銭ではなく、情熱こそすべてである。私の今回の帰国は、金銭を持ってきていない、持ってきたのが精神のみである」[31] と答えた。この一件に示されているように、財政問題は南京臨時政府にとって、喫緊の課題であった。孫文が列強からの支援を取り付けられなかったことは周囲を失望させたに違いない。それでも、孫文の帰来と新政府の成立が、富をもたらすに違いないとの期待を込めて、銅銭の穴から飛び出した孫文の姿が描かれたのである。孫文をマッチラベルに登場させたものは、ほかにもあった。孫文の肖像写真から製版されたラベルである。その精美さは、内外のラベル印刷を引き受ける日本の印刷技術の高さを示している[32]（図3-2-1〜2、2点）。

1912年4月1日、臨時大総統を辞任後、孫文は上海、武漢、福州、広州、香港、マカオなどの地を訪れ、その後、5月27日に故郷香山県翠亨村に帰るまでの約二ヶ月の間に、計64回以上の歓迎会などに出席し、少なくとも29回以上の演説や答辞、談話などを発表した。新聞社の取材や記者会見に臨んだのも5回に及んでいる。特に4月25日から5月17日にかけての広州滞在中、計28回の歓迎会や視察などの場で、大勢の前に姿を現し、直に人々にその肉声を聴かせた[33]。これは同郷人に大きな影響を与えたに違いないが、残された写真は多くない。これらの場面は、マッチラベルに記録されている（図3-2-3〜4、2点）。

②共和偉人

辛亥革命期はまた、中国に「英雄」を生み出した時代でもあった。武昌蜂起後、清朝の新軍協統であった黎元洪が蜂起軍にリーダーとして担ぎ出されたのは、その象徴的な出来事である。本来革命とは無縁の黎が武昌蜂起後、奇跡的

160　第2部　辛亥革命はいかに表象されたか

図3-2-1

図3-2-2

図3-2-3

図3-2-4

に民国の要人として祭り上げられ、孫文、黄興と並べられ、さらに袁世凱も加わり、合わせて「共和偉人」と称されるようになった。「共和偉人」に袁世凱、黎元洪が登場したことは、一面では革命勢力の未熟さと無力さを表すものであったが、また一面では、民衆の平和とリーダーの出現への渇望の風潮を反映するものでもあった（図3-2-5～8、4点）。

　③袁世凱の登場

　中華民国臨時政府と清朝政府との和議が成立した後の1912年2月、清帝が退位を宣言し、袁世凱は双方の政府から権力を譲り受ける形で、北京で中華民国臨時大総統に就任し、翌13年10月には正式に大総統となった。その事を反映して、袁世凱がただ一人の偉人として、画面の中心に描かれているマッチラベルが登場した。強力なリーダーとして、列強からも、立憲を唱える士紳階層からも期待された結果であろう（図3-2-9～12、4点）。

図3-2-5

図3-2-6

図3-2-7

図3-2-8

4　マッチラベルに見る中華民国

1、理想の国づくり

①地方自治と五族共和

　武昌蜂起直後、各省は清朝からの「光復」または「独立」を宣言した。この動きは清朝の正統性を否定するとともに、地方の中央からの自立と自治を意味する。清末新政の一つの柱であった地方自治の諸施策の成果は中華民国成立後も生かされ、これらの施策を推進してきた勢力は中央の政治に対抗する原動力として活躍した。

　中華民国は、清朝の統治を打倒するとともに清朝の版図を継承するという、一見相矛盾する課題に直面した。新しい国家を漢民族の国家とするのか、それともかつて清朝の統治下にあったモンゴル、新疆、チベットをも含めた多民族

162　第2部　辛亥革命はいかに表象されたか

図3-2-9

図3-2-10

図3-2-11

図3-2-12

国家とするのかという課題に対して、「五族共和」という答えが出された。五色旗に象徴されているように漢、満、蒙、回、蔵の「五族が共に中華民国の中で平和に暮らす」という国家構想である。この構想を反映しているのは次の「中華民国万歳天下太平」のマッチラベルである（図4-1-1～4、4点）。そこに描かれた理想郷は、中華民国に寄せられた真の期待であっただろう（図4-1-5、1点）。

　②動物に願いを託す

　動物には人々の願いとイメージが付随している。ライオンと虎は強力と威厳を、鷹と鷲は高遠と飛躍を、兎は平和を、蝙蝠は幸福を、雄鶏は黎明を、蛙は昇進を、馬は躍進を、それぞれ象徴している。中国の民衆に受け入れられやすいこれらの図柄には、中華民国のシンボルである青天白日旗や十八星旗、五色旗が巧妙に描き込まれている。動物の持つイメージとともに、中華民国の政権

形象化された辛亥革命　163

図4-1-1

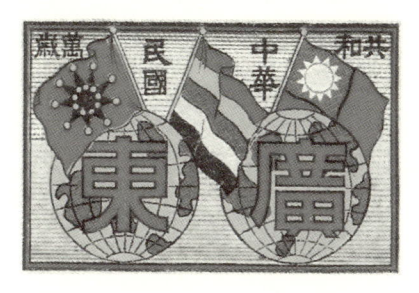

図4-1-2

図4-1-3

図4-1-4

図4-1-5

164　第2部　辛亥革命はいかに表象されたか

図4-1-6

図4-1-7

図4-1-8

図4-1-9

としてのイメージも、人々に浸透していくようにとの願いが込められていたのであろう（図4-1-6〜13、8点）。

　③子供たちの未来

　子供の図柄（唐子）は中国の民間のみならず、日本でも縁起物として用いられるものである。マッチラベルもしばしば用いられ、人々に愛用された。子供は未来の象徴でもある。富強なる新政府の下、すくすく成長していく姿を夢に見て、大人たちは子供に希望を託したのである（図4-1-14〜17、4点）。

　2、統計から見る社会変遷

　以上マッチラベルを示しながら、当時の社会情勢を説明してみたが、では、この時期にこのようなマッチラベルは一体どれぐらい出回ったのか、また、それぞれの影響はいかほどであったか等の問題については、今のところは全面的

形象化された辛亥革命　165

図4-1-10

図4-1-11

図4-1-12

図4-1-13

に精査するすべはない。マッチはあくまで日用品であり、ラベルの見た目の可愛さなど外観的な要素のほか、商品の品質や販売方法などがその売れ行きを最終的に決定する。マッチ業界では、新ラベルを市場に投入し、その売れ行きに応じて、商標を登録するか否かを決める慣習が存在していたため、売れ行きの不調によって未登録のラベルも存在していた。本稿に挙げたラベルの一部に登録データがないのはそのためである。

　このようなことを念頭に置き、一つの目安として、現在筆者が確認できたマッチラベルのうち、国旗を印刷しているラベルの総数は227枚に達した。そのうち、黄竜旗を除いて、青天白日旗、十八星旗、五色旗などを同時に一枚のラベルに印刷している場合もあるので、各種の国旗、旗の種類はラベルの総数を上回り、291面に達した。これらの旗の比率を291を基数として割ってみると、もっとも多く印刷された国旗は五色旗で、その数と比率は118枚、40.5％であった。

166　第2部　辛亥革命はいかに表象されたか

図4-1-14

図4-1-15

図4-1-16

図4-1-17

そのほかの旗の数と比率はそれぞれ次のようになっている。十八星旗は72枚、24.7%、青天白日旗は53枚、18.2%、黄竜旗は25枚、8.6%、その他は23枚、8.0%、などであった。これらの比率はそれぞれの旗に象徴された国づくりの理念への賛同と理解の比率であるとも考えられる。

　ラベルに印刷されているスローガンのキーワードを分析してみると、国旗の印刷と同様に、複数のスローガンが同時に印刷された場合もあったため、その総数はスローガンのあるラベルの122枚を超え、168点になっている。それらのキーワードの比率はこの168点を基数として計算すれば、商業用のスローガン（42枚、25%）を除いて、もっとも多いのは「中華」（42枚、25%）であったことが分かる。以下は「民国」（33枚、19.7%）、「共和」（24枚、14.3%）などである。そのほか、「愛国」（5枚、2.9%）、「富強」（4枚、2.4%）、「光明」（4枚、2.4%）、「興漢」（3面、1.8%）、和平（3面、1.8%）、自由（3面、1.8%）など多くのスロー

ガンが、それぞれほぼ同比率で用いられ、新生の中華民国に対する人々の理解と期待の多様・多元性を反映している。

おわりに

以上、辛亥革命期のマッチラベルが担った表象メディアとしての機能を、社会の変遷との関連を中心に検討してきた。ここで、1913（大正2）年の輸出統計のデータをもって、マッチラベルの影響力について検討し、小稿の締めくくりとしたい。

1913年10月から翌14年3月にかけて『神戸新聞』で連載され、同5月に単行本として刊行された喜多清三著『燐寸商標史』には、1913年のマッチの銘柄別の輸出一覧表が付されている。計19頁にわたる「商標別調査表」に「大正二年中五万哥（クロス）以上ノ輸出安全燐寸」と「大正二年中五万哥以上ノ輸出黄燐燐寸」とがあり、5万クロス以上すべての輸出マッチの銘柄が網羅されている[34]。そのうち、中国（香港を含む）に輸出される銘柄には、安全マッチ62銘柄と、黄燐マッチ113銘柄が含まれる。中国北方を中心に輸出した黄燐マッチには、本稿で検討したマッチラベルが見あたらない。これに対して主に南方へ輸出された安全マッチの中に、本稿で検討したラベル10銘柄が含まれている。「麒麟」「逐狐」「中興」「中華牡丹」「愛国」「旗光明」「双旗童子」「共和偉人」「軍人竜」「童旗」がそれである。この10銘柄の総出荷数は2,390,775クロスで、安全マッチの総出荷数17,143,265クロスの約14％を占めている。紙上の計算ではあるが、1クロスは144小箱で、上記10銘柄の出荷数2,390,775クロスで計算すると、3億4千万以上の小箱になる。仮にこれらのマッチの半分が売れたとして、1億7千万個以上のラベルの図柄が人々の目に触れたことになる。その影響力は決して小さなものではなかったに違いない（図5-1-1～8、8点）。

清末民初、マッチ産業で活躍していた神戸大阪華僑は日本の生産業者とともに、清朝の新政で予定された諸施策を歓迎し、期待を込めてこれらの施策をマッチラベルに記し、社会に広めようとした。また、辛亥革命という社会の激動に

168　第2部　辛亥革命はいかに表象されたか

図5-1-1

図5-1-2

図5-1-3

図5-1-4

図5-1-5

図5-1-6

図5-1-7　　　　　　　　　　　　図5-1-8

呼応して、その重要な出来事と人物の動きを記録し、辛亥革命後の新時代の到来を伝え、より多くの期待と理想を込めた多彩な図柄がラベルとして用いられた。これらのマッチラベルはメディアの一つとして、中国で多くの民衆の目に触れ、形象化された社会変遷の諸相を印象づける役割を果たしたのである。また、現代の私たちに辛亥革命期の社会変革の多様な意味と可能性を再認識させる重要な手がかりを残している。

注

（1）　千葉正史『近代交通体系と清帝国の変貌：電信・鉄道ネットワークの形成と中国国家統合の変容』（日本経済評論社、2006年）。同氏「交通通信と帝国システムの再編」（飯島渉・久保亨・村田雄二郎編『シリーズ20世紀中国史1　中華世界と近代』東京大学出版会、2009年、59〜77頁）。
（2）　小野寺史郎『国旗・国歌・国慶――ナショナリズムとシンボルの中国近代史』（東京大学出版会、2011年）。
（3）　藤谷浩悦「辛亥革命の心性――湖南省の民衆文化を中心に」（前掲『シリーズ20世紀中国史1　中華世界と近代』145〜164頁）。
（4）　筆者が用いるマッチラベルの画像データは、神戸ランプミュージアム、（社）日本燐寸工業会の所蔵品、並びに加藤豊『マッチラベル博物館』（東方出版、2004年、p.70、B07-17、B07-18）から採録させていただいたものである。
（5）　秩子「晩清的上海火柴業」（上海档案館編『档案与史学』2001年第5期、2001年10月、65〜67頁）。
（6）　「燐寸年史（2）」明治12年（日本燐寸工業会編『マッチ時報』第108号（1988年

4月20日）に転載）。
（7）　大阪府編『大阪府志（第二編）』（1903年、446頁）。
（8）　打田橋三郎『日本燐寸界名鑑』（1904年、人名部、19頁）。
（9）　陳來幸「僑郷における国産品製造工業への華商資本の転化について——20世紀初頭神戸広東系貿易商社同孚泰の系譜を中心に」（張啓雄主編『東北亜僑社網絡与近代中国』2002年11月、119～144頁）。
（10）　蔣海波「日本華僑与近代中国火柴業——以華中和華東地区為例的考察」（中国華僑華人歴史研究所編『華僑華人歴史研究』2010年第4期、12月、45～54頁）。
（11）　前掲加藤豊『マッチラベル博物館』、232頁。
（12）　李少鵬、黄徳良『清末民初火花与中国社会』（百花文芸出版社、2002年、100～123頁）。
（13）　飯島渉「1903年中日改訂通商条約の締結について——「マッケイ条約体制」と中国」（大阪市立大学『人文研究』第44巻第12分冊、1992年4月、125～145頁）。同氏「「裁釐加税」問題と清末中国財政——1902年中英マッケイ条約交渉の歴史的位置」（『史学雑誌』102編11号、1993年11月、1～32頁）。
（14）　吾妻栄・広瀬武文『中華民国商標法』（中央大学出版部、1941年、3～4頁）。
（15）　井野春韶『各国商標法提要』（巌松堂書店、1927年、364頁）。
（16）　農商務省編『商標大全』大正3年1月～大正4年8月、日本燐寸工業会所蔵。
（17）　前掲吾妻・広瀬『中華民国商標法』、243頁。左旭初『中国近代商標簡史』（学林出版社、2003年、372頁）。
（18）　黄竜旗の使用状況については、汪林茂「清末第一面中国国旗的産生及其意義」（『故宮文物月刊』第10巻第7期、1992年10月、17～23頁）、並びに前掲小野寺史郎『国旗・国歌・国慶』（25～48頁）が詳しい。
（19）　遊佐徹「「大清国」「黄龍旗」と20世紀の中国「国旗」」（岡山大学大学院文化科学研究科『文化共生学研究』第2号、2004年2月、35～47頁）。
（20）　ウィリアム・クランプトン著、（株）リリーフ・システムズ訳『ビジュアル博物館第16巻旗』（同朋舎、1991年、58頁）。
（21）　孫安石「清末の政治考察五大臣の派遣と立憲運動」（『中国—社会・文化』第九号、1994年6月、187～211頁）。
（22）　「清国遣外大臣一行」（『神戸新聞』1906年1月18日第二面）。
（23）　田中比呂志「近代中国における政治統合の模索：中央集権か地方分権化」（『中国経済研究』6（1）、2009年3月、1～11頁）。
（24）　吉澤誠一郎『愛国主義の生成——ナショナリズムから近代中国をみる』（岩波書

店、2003年、119〜156頁)。
(25) 周錫保『中国古代服飾史』(上海戯劇出版社、1984年、533〜537頁)。
(26) 島田虔次「『警世鐘』解説」(『辛亥革命の思想』筑摩書房、1967年、145〜155頁)。
(27) 前掲遊佐徹「大清国「黄龍旗」と20世紀の中国「国旗」」。
(28) 趙師梅「親手絵戦旗、首竪武昌城」(中国人民政治協商会議全国委員会文史史料委員会編『辛亥革命親歴記』中国文史出版社、2001年、358〜359頁)。
(29) 千田大介「岳飛故事の変遷をめぐって——鎮魂物語から英雄物語へ」(早稲田大学中国文学会『中国文学研究』第23期、1997年12月、52〜65頁)。
(30) 沈松僑「振大漢之天声——民族英雄系譜與晩清的国族想像」(『中央研究院近代史研究所集刊』第33期、2000年6月、81〜158頁)。
(31) 陳錫祺主編『孫中山年譜長編(上)』(中華書局、1991年、596頁)。
(32) 兵庫県印刷組合記念史委員会編『兵庫県の印刷史』(兵庫県印刷紙工品工業協同組合、兵庫県印刷工業組合、1961年、89〜123頁)。
(33) 前掲陳錫祺主編『孫中山年譜長編(上)』(685〜701頁)。
(34) 喜多清三『燐寸商標史』(熊谷久栄堂、1914年、165〜183頁)。

〔付記〕マッチラベルの画像データの使用を許可してくださった神戸ランプミュージアム、(社)日本燐寸工業会、佐藤正光氏、加藤豊氏に対して、感謝を申しあげる。

第2部：まとめとコメント

「まとめ」

　1912年10月22日、長い亡命生活を終え故国に戻った梁啓超は、北京で報道関係者を前に演説し、辛亥革命をかくもすみやかに、かくも少ない犠牲で成功させた最大の功績が報館の鼓吹にあると語った。これは報道関係者へのリップサービスというだけでなく、ジャーナリストとしての梁自身の功績を確認するものでもあったが、辛亥革命の重要な一面を語ったものとして受けとめることができる。「革命」はなにも辛亥革命に始まったことではない。中国では夏殷周の交代劇、すなわち湯武革命以来、歴史は絶えざる「革命」に彩られてきた。とはいえ、辛亥革命はやはり従来の「革命」とは様々な面で違っていた。それはたんなる王朝交替ではなく、国体の変更であり、少なくとも理念上は国民全体を巻き込むものであった。そして、革命と国民をつないだのが清末に急速に発展した各種のメディアであり、多くの人びとにとって革命はメディアを通して表象されるものであった。

　車泰根「革命、共和国と文化──『東方雑誌』を中心に」はまさにメディアのなかで革命がいかに語られたかを論じたものである。そこでは革命は中国だけの問題ではなく、世界的規模で進行する変化の一部として語られていた。天にかわって新しい「命」が革命を正当化したのである。

　革命の表象は文字ばかりではない。識字率の低い中国において、多くの人々に革命、そしてそれによってもたらされる新しい中国のイメージを想起させるのに大きな役割を果たしたのが図像メディアである。蔣海波「形象化された辛亥革命──マッチラベルから見る近代中国の社会変遷」はマッチラベルという日常生活用品のなかにまで辛亥革命の表象が浸透していたことを明らかにしている。

　車、蔣論文が革命と同時代の表象を扱ったのに対して、許紀霖「なぜ革命が憲政を圧倒したのか──辛亥前後における制度変容の岐路」は、辛亥革命をいかに表象すべきかという現在の我々自身の問題を論じている。

　そもそも2011年に日本で辛亥革命の記念シンポジウムが開かれ、論文がこうして上梓されること自体、辛亥革命の表象が現在も問われ続けていることを意味していよう。神戸会議の当日は、ここに掲載した論文の基になった報告に続いて、ナショナリズム研究で新しい分野を開拓しつつある小野寺史郎氏が包括的なコメントを提示した。時間の関係上、フロアからの質問は制限せざるをえなかったが、大学院生を含む五、六人が質問

し、活発な討議が展開された。　　　　　　　　　　　　　　　　（高嶋航）

「コメント」
　第2部の論文の基になったのは、神戸会議の第2分科会に提出された諸報告である。コメンテーターの立場から、会議当日の討論を再現したい。
　許報告は、フランス革命とアメリカ革命を比較したハンナ・アーレント『革命について』、特にその権力と権威の区別という議論を援用し、清末民初の国体（君主制／共和制）・政体（専制／憲政）をめぐる議論の展開を整理したものである。これに対する私の疑問は以下の点である。第一に、天道のような伝統的な権威が崩壊した際、憲法を権威の根源とみなす法治の伝統を欠く中国に現出したのは、権力をめぐる赤裸々な闘争であった、というのだとすれば、新政期および洪憲帝制後の梁啓超らの憲政をめぐる議論にはどのような意味があったのか、ということである。清末民初に憲政成立の可能性はそもそもなかったのか。第二に、辛亥革命と「封建」について論じた部分である。この問題は報告全体の中でどのような位置づけにあるのか。民初に梁らが憲政の権威の確立ではなく、袁世凱の権力による統一の維持を選択した理由を説明した、という理解でいいのか。また、辛亥革命の要素として、民族という問題はこの議論にどのように関わるのか。立憲派が君主制を主張した理由の一つは、清朝皇帝の退位がモンゴル・チベットの分離を意味すると理解していたからであり、それは排満共和革命を主張する革命派との最大の対立点であった。また新政下で憲政が最終的に失敗したのは皇族内閣の成立による。これらはいずれも当時において民族という対立軸が国体・政体の問題と深く関連したことを示す例だと思われる。
　車報告は、『東方雑誌』第8巻（1911年3月〜1912年6月）の内容を紹介したものである。まず、本報告が冒頭で1911年の誌面刷新後の『東方雑誌』の性格を「総合的学術雑誌」と位置づけている点に違和感を覚えた。総合雑誌なのは間違いないが、基本的に杜亜泉の論説と海外雑誌記事の翻訳で構成されていた当時の『東方雑誌』を学術誌と位置づけることは妥当か。むしろ海外知識の紹介に重点を置いた教養雑誌とみなすべきではないか。もう一つの疑問は、当時の中国で急務とされていなかった社会主義の紹介、という論点に関わるが、これらの海外雑誌記事は『東方雑誌』の思想を直接反映したものとみなせるのか、ということである。もちろん中国の読者が必要としている内容の記事を選んだのではあるのだろうが、参照した雑誌で大きく取り上げられていた記事だったから採用した、というような面もあったのではないか。
　蔣報告は、辛亥革命前後のマッチラベルに表現された様々な主張を紹介したものである。小さなラベルに描き込むために単純なデザインが好まれ、なおかつカラー印刷のマッ

チラベルには、「国旗」という題材が非常に都合がよかったということが興味深い。ただ、マッチラベルはイデオロギーの一方的な伝達や啓蒙を目的としたものではないが、かといって販売側にも独自の論理がある以上、当時の社会の側の認識をそのまま反映したものでもない。したがってこれらの意匠をどのように位置づけるのか、という問いは必要であるように思われる。その上で疑問に思ったのは以下の点である。第一に、当時のマッチラベルに「中華民国」「共和」といった語を用いたものは多いのに対し、「革命」が見えないのはなぜか。第二に、図柄を使い回すという理由はあったにせよ、革命前後で国旗を変えただけというデザインが多い。これは革命を経ても標榜される理念や価値観に基本的に変化がなかったということを示すのだろうか。

　今後とも議論が深められるべき論点が数多く提示された分科会であった。

（小野寺史郎）

第3部　都市文化ヘゲモニーと辛亥革命

　辛亥革命の主要な舞台は都市であった。中国の伝統都市は19世紀以来、グローバルな地政学の中で急激な変貌を遂げようとしていた。辛亥革命はある種のポストコロニアルな都市革命とも言い換えることができる。革命の震源地武漢を中心に北京、上海、蘇州、大連、香港、台北、東京と国境を越えて広がる異種混淆的な都市文化の実態と文化変容の力学を明らかにしてみたい。

革命がもたらした差異
―― 民国初期の上海における「経済学」、個人の自由と国家主権

ブライナ・グッドマン（郭まいか訳）

科学が発達し、人々が自然の法を理解し、人間関係を審らかに察することができてはじめて、人々は是と非や善と悪を判別できる。そして、人々が経済学の原則を理解してはじめて、人を損なうことは自分を損なうことに等しいことを知り、災いを人におしつける行為をすることがなくなるのである。

『科学』（1915年）[1]

経済は現代生活の命脈であり、個人の独立とは経済学が生み出した大原則である。…倫理学における個人の人格の独立と経済学における個人の財産の独立は、互いに証明し合い、支え合っている。

陳独秀（1916年）[2]

本稿では、辛亥革命によって中国が共和制国家として再構築されたことが、経済学の解釈にどのような影響を与えたのかについて一つの試論を試みたい。

1910年に発生した「上海ゴム恐慌」の際、上海の（欧米系）証券取引所に対する中国人の投資の多くが破綻し、それによって倒産した上海の銭荘は約半数にものぼった。そして、中国人実業家たちは中国国内において圧倒的な勢力を誇っていた外国銀行と中国人道台のどちらに対しても憤激の矛先を向けた。地域の商人たちは、道台が財界への悪影響を抑えるために外国銀行の利益を優先させ、中国人の利益を保護できなかったと考えた。1911年の革命と1910年の上海におけるこの金融危機には直接的な関連はないが、マリークレール・ベルジェール女史（Marie-Clair Bergère）による上海ゴム恐慌の研究によれば、にもかかわ

らず、上海でのこの経験が中国人実業家の政治的自覚を呼び覚まし、「共和制への気運を成熟させた」と結論づけている。彼女のさらなる分析では、このような政治的覚醒は新たな経済学の概念化と結び付けられるとしている。清王朝の官吏たちが「外交上の複雑な問題を避けるために中国人商人の利益を犠牲にする」目算があったことを目撃した中国人商人たちは、この時に「国家経済の枠組みは依然として脆い状態にある」ことに気づき始めたとされる[3]。彼女が示唆するに、中国人として世界経済の脆弱性を経験したことは、さらなる国民経済ビジョンの構築と、国民主権にむけての新しい政治的ビジョンの構築へと彼らを導いたのである。

経済についての認識と共和制政治への志向を絡み合わせた新たな展望は、革命後どのようになったのであろうか。本稿では、1911年の後に発生した二度目の金融危機（中華民国が誕生した10年後の1921～22年に起こった「信交風潮（信託会社・取引所騒動）」）において、経済と政治の領域で、一般民衆を巻き込んで繰り広げられた論争に焦点を当て、政治的正当性という新たな概念が、経済学という新たな学問の解釈に影響を与えた、その過程を探ることとする[4]。

中国は国際的に弱い地位にあったため、当時中国でその地位を強くしたいという希望が広く人々の間で共有されており、当然ながらそれが清末における中国への市場経済の導入への大きな推進力となった。そして、新生中華民国では、この推進力によって証券取引所という資本家の象徴が、中国式制度と中国的実践のもとで読み替えられ、その導入が試みられた。

厳復が1901年にアダム・スミスの『国富論』を中国語に翻訳してからというもの、中国における輸入科学としての経済学の解釈は、目に見える政治的介入とスミス流文脈における自由市場論との間の緊張関係によって特徴付けられる。中国における初期の解釈と議論においては、経済に対する国家の介入の必要性を主張する国家介入主義者によって、反重商主義者としてのスミスの著作の矛先は鋭さをそがれていた。その後、中国の古典にある「経世済民」という語が19世紀の日本で短縮化され、この「経済」というラベルのもとで、新しい科学の名は徐々に定着していった。この語は、語源から察するに、中国語と日本語

のどちらにおいても、国家の責任と国家によるイニシアティブという複数の意味に関連づけられるものであった。同時に、中国語の翻訳においては、この新しい科学は、自由主義経済学と民主主義という、理想化された欧米からの近代的輸入物として、永遠に関連づけられる運命となった。

清末に経済学が導入されたことに表れた国家建設の重要性は、新時代においても変わらず強調された。しかし、1911年以降、国家と社会が革命的に再概念化されたという文脈からいうと、新たに形成された国家という概念と同様、新たに構築された国民という概念が、経済学の解釈に、徐々に組み込まれていったといえる。そして、芽を吹いたばかりの新生共和国の「新文化時代」の出版メディアは、資本主義における市場関係と、個人の権利、自由、民主主義といった「新文化」概念同士を結びつけた。

熱烈な民族主義者に刺激され、1914年の「証券交易所法」の発布をもって中国の証券取引所開設への第一歩は踏み出された。中華民国成立後に新たに生じた政治的状況下で、特にかつての北京政府がその正当性を失ったため、農商部の官僚と上海の取引業者の双方にとって受け入れ可能な取引所設立のための手続きを進めることは困難であった。国家の主権と商業利益の自由（その他、派閥主義やそれらをめぐり競合する利権など全て）に関する異なる評価が次々と繰り出され、それが取引所の設立を一層複雑化させた。取引所業者と北京政府間のこのような摩擦を解消することはきわめて困難であったため、民国政府が実際に取引所の設立を認可するのに数年かかった。そして、中国財界に身を置く新しい民族主義者たちの主張する差し迫った必要性によって、上海証券物品取引［交易］所が1920年についにスタートした。このことは、日本人による商業取引所が1918年に上海に設立されたという日本の経済進出を背景に、推し進められたものである[5]。中国の取引所を設立するための民族主義者の理論的根拠、つまり、国家の介入と中国人企業家の自治という問題に対する明確な答えは、一時的に留保されることとなった。そして、国家の支配と商業の自由との板ばさみ状態を維持することは、実際問題として国民経済領域についての国民的共通認識を醸成させることを一時棚上げにした。資本主義と自由民主主義的な政

府を密接に結びつけた近代性概念のパッケージが中国に輸入されてから出現した自由という概念と同様、強力な中国の国民経済を作り上げる（そしてそれを管理する）という責務は、これらが現実のものとして中国に立ち現れるにつれ、非常にやっかいなものとなった。

1911年から10年間のうちに、この論文の最初に参照した引用に明らかなように、経済学という欧米の学問は、中華民国のナショナリズムや、社会参加、個人の働きといった新たな概念を注ぎ込まれるようになって以降、中国に新たな希望をもたらした。本稿では、欧米の市場経済と中国の国家的必要性についての理解が段階的に進むなかで培われた、民国期の政治概念としての個人の自由と民衆の政治参加の関連について探りたい。主に1921年の上海の取引所バブル時に盛んに交わされた経済学をめぐる議論を検討することとする。

1921年の取引所バブルに際し、上海市内には150ほどの投機的な中国人による証券取引所と12の信託会社が出現した。1920年に政府が初の上海証券物品取引所の設立を認可してから、取引所の数は増加した。これは、中国法の首尾一貫しない適用と、半植民地的法制度の両方に起因するものであった。そして、この半植民地的体制ゆえに、中国の取引所業者は中国の法の網をすり抜け、外国の領事館に新しい取引所を登記することが可能であった。この事実により、中国人実業家たちが彼ら自身と国民経済との関係を、中国の法的主権と経済主権の問題をどのように理解していたのかという疑問がのぼる。1921年のバブルにおいて、中国人経済学者、商人団体、官僚と役人、そしてジャーナリストはみな差し迫った経済危機に対し、何を述べるべきか、どのような政策でもって解決すべきなのかということを考えあぐねていた。本稿では一般に広く知れ渡った論争のなかでも、とくに個々の実業家と上海総商会との間で繰り広げられた、経済発展、自由、国家主権に関する論争に注目したい。

1　経済情報誌に組み込まれた宣伝と新聞報道

新聞とは唯一毎日発信される情報源であり、日々の経済情報を生み出す中心

であった。そして、上海の商業紙は市内の新しい経済組織と特別な関係をすみやかに発展させてきた。1921年の信託取引と株取引の流行による広告収入や株価についての日々の情報に対する庶民の関心は、出版業界の頼みの綱であった。これらがこの時期の日刊新聞の発展を下支えしていた。

新聞社と取引所、信託会社との共生関係を観察する者にとっては、宣伝により得られる収入の誘惑という観点から、新聞社の道徳性と客観的妥当性が問題視されていた。「上海の大新聞社については、無数の広告を載せたものだ。これらの広告費は、多いもので月に一～二万元の収入になったし、少ないものでも千元余りで、それまで広告を出すことがありえなかった新聞社でも、この時期には取引所の恩恵頼みとなり、現に取引所を支持したのである。彼らは株式市場が確実に経済危機を引き起こす恐慌の媒介物であることを明らかに知りながらも、新聞社関係の人々は取引所の数が日々増加することを期待していた。理想的には五ページ仕立ての紙面に取引所の広告を四ページ半載せ、半ページを残して報道のためにとっておいたもので、当時の各新聞社の増収は、大したものだった」とされている[6]。

これらの広告には何が書かれていたのであろうか？当時の中国では、市内の通りに設立されていた取引所は、その存在が完全に知られていなかったということはないにせよ、依然として人々にとっては馴染みのない存在であった。そこで、投資者の関心を引きつけるため、取引所推進者たちは、その経済上のもっともらしさと、そこから得られる利益を述べるために苦心した。広告は取引所を 1) 新たな経済組織として定義し、2) 近代的な欧米の流行物として位置づけるとともに、3) 新たな国際金融体制を中国の特殊性に当てはめようとした。新聞で宣伝された個々の取引所のネーミングは、その時代の幅広いマーケティング戦略に対応していた。つまり、(中美信託公司や華洋交易所などのように)中国と外国の両方のイメージを社名に含む会社は、それだけで売り上げ収入が魔法のように高まるということを認識していたのである[7]。

新聞の読者はこの新たな経済組織が国民経済の発展と、新たな市民によるグローバルな秩序の構築に貢献するものと疑わなかった。例えば、中華信託公司

革命がもたらした差異　181

の広告は、当社は「社会的倹約精神を育み」、「独立して自立した市民を鼓舞し」、そして「実業家と製造業者が、中国人と外国人に関わらず、ともに取引によって利益を得ることで、実際には何千マイルも離れた地にいるにもかかわらず、まるで同じホールでともに仕事をしているように感じる」ことを可能にすると述べている[8]。さらに、「国貨の提唱」「財政の自立」「収益性、持続性、そして繁栄」など、この広告は新しく誕生した中華民国の幸先のよい一連の政治的、経済的スローガンを謳っている。このような宣伝は上海の日刊紙の最初のページに沢山載せられており、新たな金融機構が街で活躍しているという親近感を、事前に読者に与えていたのである。しかしながら、実際これら広告が関連した経済原理について言及することはほぼ皆無で、取引所や信託会社がどのような働きをしているのかをわかりやすく説明することはなかった。

　広告以外にも、取引所が上海市内に突如現れたことにより、取引所、信託会社、株取引訓練センター、経済学者、ジャーナリスト、そして実業家らによってさまざまな民衆教育の方式が出現した。広告や株主総会報告、株式相場、社説、時事漫画、そしてさらには株取引に関する連載もののフィクション小説の刊行を通じて、新聞業界は読者の日々の暮らしのなかで取引市場を馴染みあるものにしていった[9]。これら全ての情報はある程度、新しい組織に関する難解な理論的解釈と手続き上のしくみを読者に知らせ、どのように投資を行えばよいかということを説明している。そして、自然に中国の取引所が、国際競争に欠かせない、国民経済を構成する事業の一部であると読者は理解するようになった。しかし、これらの組織が中国社会において実際どのように機能しているのか、そのことについて人々はほとんど理解する術を持たなかった。

2　専門家による議論――経済ナショナリズム、投機、道徳性への懸念

　新聞の記事や社説、評論、そして限られた専門家向けの金融誌や商業雑誌などにおそらくより多くの情報、分析、論評が載っていることだろう。そのどちらにおいても、ジャーナリズム的記述とより徹底的かつ専門的記述の両方が混

在している。雑誌形式のほうが、長期的かつ学術的、または専門的な議論にいくぶん都合がよかった。1921年7月に創刊された『上海総商会月報』は、小林丑三郎の日本、中国、そして世界の取引所に関するエッセイの翻訳を掲載した[10]。また、『商報』などのいくつかの新聞は、金融情報と関連論評に特化した増刊号を特色としていた。新聞にも雑誌にも馬寅初の上海の取引所と信託会社についての講演が掲載され、再販された。

これらに掲載された記事は、議論すべき言葉を並べたててくれている。これらの記事は、経済ナショナリズムという責務、賭博に対するネガティブなイメージや投機への恐怖を払拭するための市場での宣伝の必要性、中国文化や歴史の文脈に合致するよう改変された経済理解（とはいえ、この中国の特殊性ということに関しては不明確な点が多い）に対する普遍的な経済科学の普及などを含んでいるのである。

1921年初頭までに一つだけではなく数か所の中国人取引所が設立され、株価が大きく上昇すると、評論家たちは投機についての観測を述べ始めた。取引所は中国にとって望ましい経済的近代性のシンボルであると主張する人々にとっては、取引投機と賭博の類似性が問題となった。それゆえに、民族主義者が果たすべき責務を強調するのと同様に、新しい経済科学の文脈で投機行為を再定義する必要があった。例えば、コロンビア大学で教育を受けた経済学者の馬寅初は当初中国の取引所を支持する立場をとっていた。「取引所は、ほかの外国人が経営してよいようなものではない。外国人が銀行を経営することは許容できる。取引所が外国人によって支配されれば、中国の市場は外国人によって操作されてしまう。それゆえ中国人が自ら取引所を創設したのである」としている[11]。馬は経済理論に基づき、「取引所の真相」と題して次のように講演を行った[12]。

　　　取引所は大きな賭博場であると見なす人がいる。いわゆる定期売買とは
　　　空売買であり、空取引はギャンブルであるという。今日言いたいのは取引
　　　所が賭博場であるかどうかということだ。（中略）どうして賭博であると

いえるだろうか？取引所は経済的には一定の地位がある。我々は、取引所にはよくないところがあるので改革すべきところがあるとしかいえず、完全に存在する価値がないとはいえない。(中略)よって、取引所は賭博場であって、取引人は賭博客であるというのは、大きな間違いであって全く筋違いである。商売をする人は商品価格に大きな変動が生じることを恐れる。(中略)目下の経済についてみると、物価とは変動するものである。変動があるから商売をする人がいるのであり、製造業会社に入ったからといって物価の変動を嫌うというなら、会社はどのような方法で危険を回避することができるだろうか。私が思うに、方法は一つしかない。つまり、物価変動の危険性を取引所の仲買人に転嫁してしまうことだ。(中略)取引所がなくなれば、大きな事業はできなくなるし、世界も進歩しない。世界が文明化すればするほど、仲介人と取引所が必要になるのだ。各種取引所は、総合的であろうが専門化していようが、いずれも重要である。なぜなら取引所は経済界で明確な地位を有するからであり、それを賭博とみなすことはできない。

しかし、バブルが進行すると、銀行界が我慢しきれなくなり、「国全体がおかしくなり、世論は愚劣を極めている」と主張した。中国は合理的な国際経済モデルから離れてしまった。「他の国々が一地域に一取引所という制限を課」していることを指摘しつつ、記者らは中国の経済が生き残るためには政府による介入が必要不可欠であるとし、合法的な規制を加えることを要求した。

中国当局は非合法な取引所を制限するつもりではいたが、沢山の取引所と信託会社が位置する上海の外国租界では、支配権を欠いていた。1921年8月13日に掲載された『時事新報』のある社説では、半植民地化している上海において司法権がきわめて複雑であるということを念頭に、この状況がどのように解決されるべきかについての民衆の懸念が表明されている[13]。

中国では、このような職責を果たす中央銀行がない。(中略)我々は政

府が法により投機活動を禁じることを当てにすればいいのだろうか。(中略) 取引所法が公布されたにもかかわらず、取引所は何の制約も受けずに自由に設立されている。〔中国では〕複数の行政システムが存在し、外国人の干渉を受けている。(中略) 華界内では法に基づき取り締まることができたとしても、租界に逃げ込むことができる。彼らは営業の自由を願っており、それを止めることはできない。(中略) 我々は銀行や銭荘に助けを求めるべきだ。(中略) 諸銀行や銭荘が目覚めて一致連合し、取引所や信託会社に投じた資金をことごとく引き揚げれば、大きな打撃をうけた会社は転業を考えるか、出資金を引き揚げ解散せざるを得ないであろう。

この論評は、建設的な解決法として実現可能であったという点からみると、先見性があったことがわかる。同時に、国家主権と経済的生き残りに関わる修辞表現の不一致や、営業の自由と個人の利益が表現するところのものを強調している。

3　新生中華民国における国家主権と経済的自由の概念

国家の経済的主権と個人 (とりわけ実業家) の経済的自由との、民国初期におけるこの二つの経済的願望との間の緊張関係は、1921年の8月と9月に行われた議論で明確となった。この議論は書簡によるやりとりという形をとり、個々の実業家と上海総商会会長聶雲台との間で戦わされた。そのやりとりは上海の新聞紙上で確認することができる。

総商会の指導部は、商取引と市場の安定性に与える取引所の影響に対する民衆の懸念を理解していた。8月31日、『商報』は、総商会が現地の中国官吏に対して覚書きをそっと提示するという形で、農商部に登録されていない取引所に対して措置を講じる方法を示唆していたことを報道した。伝えるところによれば、総商会は「これら取引所の発起人たちは、間違いなく華界を出入りしている。それゆえに、中国の行政司法当局の役人は随時彼らを取り調べ、法に基

づいて処罰するべきである」[14]と勧めたという。しかし、総商会はかつて様々な取引所の設立に際して発起人会議を主催し、その際には省庁への登録の必要性に関しては何も言及してはいなかった。それゆえに、偽の証拠をでっちあげて、競争相手の政党を蹴落とそうとした時代の探偵のやり方を思い起こさせる計略であるとして、商業紙は総商会の偽善的な策略を糾弾した。その記事は更に、華界に住みつつ中国の取引所法を堂々と無視する有力な実業家が存在する一方で、租界に住み、そこで働いている者のみを追いかけているという矛盾を指摘している。『新聞報』の社説にも、外国租界に登記された取引所を規制することの難しさを認識しつつ、総商会の言動を同じように咎めた記事がある。この社説は、さらに、中国当局に合法的に登録した正式な取引所でさえ、その組織と機能の面では多くの違法性が見られると指摘している[15]。

　総商会の役員らと会長との間で、9月3日にその覚書きをめぐって対立が起こった[16]。同日、医薬品製造の企業家である黄楚九が総商会を批判する書簡を公表した。この時、黄は少なくとも一軒の取引所を所有していた。彼は、上海の取引所の設立者の半数以上が官吏または総商会の会員であると断言し、総商会指導部が中国の法制度に思慮深く気を使ったつもりの行為を、おべっか使いとしてあざけりの目を向けた。彼が主張するに、総商会のこのようなやり方は、時代遅れの朝廷の臣下の典型であり、実業家を代表する近代的な組織としては不適切であるとし、それでは「共和制下の民国の立派な総商会とはいえない。官庁にこびへつらうこと、清朝時代よりも甚だしい」としている。黄は総商会の誠実さに疑問を抱き、もし中国の役人が外国租界で働いている中国人実業家らを実際に逮捕し始めたなら、その越権行為は中国の主権を脅かし得る国際的な論争に発展するであろうと警告している[17]。

　黄の怒りが書簡として公にされると、同様に総商会会長からも公に返答があった。総商会は中国の取引所を規制する中国法の主権を支持し、また、黄の明らかな私欲を強調し、「もし貴殿が自身にとって不都合であるからといって、この法規に疑問を抱くのならば、貴殿が一番初めに質すべきことは何故国家がこのような法を作ったのかということです。そこで次に、これらの会社が何故こ

の法を蹂躙するのかと問うべきです。(中略) 貴殿は団体の主権が重要云々についても触れていますが、外国の官庁に登記していることを鑑みると、貴殿が外国の主権のことを言っているのか、わが国の主権のことを言っているのか見当が付きません」ときり返していた[18]。

　黄と総商会の二派に加え、さらにその論争に加わったその他の実業家たちの間で大量に書簡が行き交うなか、実業家たちは彼らの商業利益における特権を主張した。黄は中国の地にある外国租界とうまくやっていきたいという意志がある点で最も明確であった。「主権という点に関して私が考えるに、私の取引所が租界で登記し、納税するのは、そうせざるを得ないからです。(中略) それでは何故、れっきとした中国の貴上海総商会は、工部局が発行した門牌を掲げているのでしょうか？」と[19]。

　この論争は、上海における複数の管轄権の存在、そして中国官憲の腐敗と首尾一貫性のなさによって生じた法の逃げ道と経済的機会に関し、中国人実業家と諸組織双方の矛盾した言動を目立たせている。しかしそれ以上に、中国の法的規制の必要性を容易に受け入れない、または経済システムにおける法的規制の役割を認めないといった展望のもとで、個々の企業家らに、経済自由主義と政治的自由主義のレトリカルなからみ合いを示唆するものであった。中国人実業家は総商会が「政府に協力して商人を圧迫している」と主張した[20]。彼らは民国の権利、自由、平等、代表権という原則を引き合いに出し、「実際、総商会はその会員を不平等に扱っている。世論はこのことを注視しているし、逃れることはできない。(中略) さらに、書簡によると総商会は社会を代表しているとするが、総商会のこのようなやりかたに対して、会員はその指導性を疑問視している。つまりは、総商会は決してその会員を代表しておらず、ましてや社会を代表しているはずもない」と反駁するのである[21]。

　憤慨した総商会の指導部は、民国の法体制は清のそれを改良したものであり、「刑罰も、今日の各文明国のものとなんら変わらない」と主張した。有権者会員たちと、商業環境を保護するというより広範な総商会の使命との板挟みにあいながらも、総商会の指導部は、中国人実業家が実際には日々逃れてきた中国

の法的主権を擁護することを任された。「社会の利益を保障するため、断じて相当な制裁を加えないわけにはいかない。そしてこのことは何人も否定することはできない。そしてこの制裁の権利は（中略）本国の官庁の側にある。我々は中国商人なのだから、このように主張せざるを得ない。農商部が効果的に［取引所を］制裁できるかどうかは別問題である。（中略）書簡のやり取りで、農商部の正当な権力を振るい起すことができた」、とする[22]。

　黄楚九はもっとも率直に異議を唱えた商人であり、現実に治外法権が厄介な政府から中国人の商業権を保護してくれていると主張した。一方、実際には中国の法をないがしろにしているにも関わらず、中国の主権を支持すると主張した者もいた。上海商事研究会が取引所規制の必要性を示唆する議論にまで踏み込んだ際、黄は経済学者による以下のフレーズを繰り返し述べた。「取引所が設立された趣旨とは、金融を活性化し、商品の流通を刺激して安定した市場価格を維持し、事業を奨励することである。（中略）さもなければ、何故東西の先進国がことごとく［取引所設立という］前例を作ったのか？」と[23]。

　この危機的状況とその矛盾したレトリックは、経済学の地位そのものと、その分析の妥当性に影響を及ぼした。馬寅初は即座に取引所の中国にとっての有用性について疑問を投げかけた。彼は「経済は法律、道徳価値、政治、宗教、慣習、慣例、そして歴史と関係している」と述べ、市場が価格、供給、需用を決定するという抽象的な経済的知識のみを、分析の材料として使うことは不適切であると主張した。問題の一部は、中国人が無知であることによる。「社会のなかで知識が不十分な階層は、信託が何たるかをしらず、無尽蔵の金庫であると見なしている」とした。しかも、経済的知識を持った人でさえ、その信念が裏切られたとする。「もし、［投機が］極力抑制されなければ、［バブルは］結果として起こる。一旦爆発すれば、収束させることはできなくなる。それまでの事業は水泡に帰し、被害は甚大となる。ゴム金融危機の十倍にも百倍にもなるであろう。静かに考えてみると、本当に恐ろしい思いがする。というのも、経済学を専門とする学者が、実際に文章を書いて奨励しているからだ」と[24]。

　馬の懸念は広く人々一般に共有された。バブルが崩壊してから、商界のリー

ダー達は関わった人々を厳しく非難し、「この状況で一顧だに値しないモラルのない」実業家の堕落をけなした[25]。

日刊紙では、家庭や国家の安寧が被った損害の甚大さを目のあたりにし、批評家たちは、手っ取り早く利益を得ようとした中国人の「悪根性」を罵った。評論家たちは徐々に、苦労して定着させた外国風の経済用語を使用せず、投機取引に対する流行りの用語を用いるようになった。つまり、株取引は「虚業」として嘲笑され、市場投機は「空取引」と詐欺呼ばわりされるようになったのである。

株式市場の反対論者と支持者の間で繰り広げられた公開討論によって、多様かつ日々変化するレトリカルな論争の記録が残されている。この論争は取引所に反対の立場を取る『時事新報』と、その反対の立場の『商報』の記事に出現したものである。『商報』はバブルが崩壊してもなお、株式市場への信念を貫いた。『商報』の社説は、「虚業」と生産的な企業とを区別することを拒否し、古い道徳経済にしがみつく反対論者に反論し、普遍的な経済発展についての言説を展開させた[26]。

> ある人は「虚業」という語を作り出し、［証券取引などを］規制すべきと主張しているが、そもそも経済上の所謂生産とは、物の産出ではなく富の創出を意味している。富の増加に寄与するものは、その増加の方法の如何にかかわらず、これを生産と名付けることができるのである。

この筆者は、株取引反対論者が経済学という科学理論のことを何もわかっていないとしてこれを咎めた。これに対する反対論者は、他者の損失から利益を得るため価格を操作する取引所事業家の反道徳を引き合いに出し、「取引所と信託会社は、その機能について科学理論が何と言おうと、(中略) 私が見たものは彼らの生み出した罪でしかない。(中略) 投機に失敗して逃亡したり自殺したりした者もいるのだ」と主張した[27]。

バブル崩壊に引き続き、新聞社は子としての孝の責任を放棄した強欲な個々

人を描いた、株取引についてのメロドラマ風フィクション小説を連載し始めた。専門誌についても、取引所の従業員に取引に関わることを思いとどまらせるような、道徳物語を特集した。この点において、専門誌は新聞のように複数分野の資料を提供して事実に基づく情報や分析を提示することに加え、取引所に対して文学的で道徳的な非難も行っていた[28]。

　これらの話に明らかな道徳性の強調は、投機によるバブル直後の時期においては、驚くことではなかった。経済発展途上における挫折が中国固有の弱点を映し出したのだという、中国特有の考え方も同様に展開された。このように現れた道徳的内省があったにせよ、経済危機の結果を招来したものの、よって立つ足場としての西欧の経済モデルが取って替えられることはなかった。むしろ、二つの相異なる理論経路に沿って、バブルに対する認識は深まった。一つは、西欧経済学を引き続き流通させる考え方で、一つは、西欧経済学は外国からの汚染物質だと咎める一方で、中国の特質としての文化的不健全ほか様々な問題についてより多く言及する思考回路である。

　1922年の1月と2月に、例えば『銀行週報』は海外のものと、中国のもの双方を含んだ分析を複数掲載した。一つは金融危機についての西欧人による論説の要約である。西欧の文章の新造語に溢れた要約を理解するのに苦しむ読者達は、徐滄水による「今日の我が国における経済上の病源」という題の、地の中国語による皮肉めいた分析のほうを選んだ。徐は「徐々に危機をはらむ我が国の経済の変化」を検証しながら、3つのタイプの病気について診断を下した。彼は、上海は銀行、信託会社、取引所の熱狂的な増加による「インフルエンザ」にかかっているとした。疫病よりも深刻であることに、その熱は取引所をやつれさせ、銀行の活力を奪ってしまった。そして、「消化力が貧弱な」中国に対する有用な資本投資が妨げられてしまった。最終的に、「熱にうなされた病弱さ」が、悲劇を導いてしまったとし、「どうしてこれを経済が発展し、富力が増進したなどといえようか」と論じた[29]。

4　経済自由主義と自由民主政に関する考察

　これらの議論の特徴は、20世紀初期の中国で広く受け入れられた市場資本主義の考えの派生物に関係している。1902年の厳復によるアダム・スミスの中国語訳から始まる、市場経済についての中国人の認識には、「経済の自由、政治の自由、法による規則、そして民主政への邁進は、全て分離できない一つの有機的統一体の一部なのである」という仮定が存在する。中華民国期には、新文化運動を背景に、これらの関係性はより個人主義を強調して再公式化された。例えば、本稿の最初で引用した1921年の陳独秀によるマニフェストがそうである。もし、近代的な経済学における学問上の発達が、その有機的社会的特性から「経済」という概念を抜き出すという分離の過程と大きく関係するのならば、1921年の上海取引所バブルの文化的理解とは、輸入された西欧の近代性という理想化された概念が永続的に魅力あるものであったことを指し示す。そして、この西欧の近代性にあっては、経済的な成功も失敗も、提喩的にはより大きな社会政治的統一体そのものを代弁しているのである。

　我々が邵力子によって書かれた『民国日報』の文章を資本主義の防衛と読み取ることができるのはこの意味においてである。1921年7月24日に邵は以下の文章を執筆し、市場を自由なもの、自己修正可能なものとして支持した[30]。

　　中国人は、他は自由ではないが、金を儲ける方法だけは自由である。というのも、このような人々にいいように環境ができているからである。たとえ役人らが［取引所を］本当に禁止しようとしても、それは困難である。ましてや本気でないならなおさらだ。私が見るに、これは避けて通れないことである。しかしながら、観点を変えれば、悲観することはない。資本主義の自由競争を通じて、あるいはそれゆえに、淘汰が進行し、経済改造の機運が促進されるのであるから。

革命がもたらした差異　191

　個人と経済システム自体の両者に対する、市場における市民の徳への邵の信念は長くは維持されなかった。長い目で見ると、取引所が経済危機によって汚名を着せられたばかりでなく、取引所の悪もまたさらけ出され、自由として同一視されている他の要素を傷つけるのである。

　投機が市内であまりに奔放に行われたため、時にモラルが失墜し、避けられない堕落の兆候が見られた。よって、評論家たちは市場資本主義を信じることを単にあざけるだけで済ますことはなかった。株式取引所の崩壊という経験は、自由主義経済と民主政という輸入された概念全体に波及効果を及ぼした。「選挙交易［取引］所」への言及は、上海日刊紙の文学の増刊ページの社説欄やユーモア溢れるエッセイなどに見られた。この新造語は翻訳ではなく、外国から輸入された経済組織と政治組織との間の考え得る関係を反映して案出された中国での造語である。この言葉は今日でこそ奇怪に聴こえるが、その当時においてはきわめて自然に受け止められ、中国人が民主的選挙を投機的な票集めのメカニズムと考えた、唯一確認される疑惑の証拠なのである。

　　［票の値段は］市場の状況によって上下するものである。走り回っている者に手数料として一定割合差し引くのも、取引所の通例である。（中略）そして、この過程から得られる利益は、均等に配分され、特別配当もある。（中略）取引所でできることで、選挙の売買でできないことはない。異なるところといえば、取引所で売買される株券は物品であるが、選挙で売買される票は、多くの公民の人格であるという点だけである[31]。

　別のエッセイでは、失敗に終わった中国の共和政を特徴づける社会の病根の全てと取引所を結びつけている[32]。

　　取引所の美名を騙って様々な事業を行う者がいる。政治家には（中略）十万元もの資本があることを自慢する者がいる。人々を金で雇い、数百票を争って買収し、民意を商売とみなしている。（中略）以上が選挙交易所

の設立が必要な理由である。おなじように（中略）賄賂取引所も必要だし、（中略）密売品取引所も必要で、（中略）人身交易所も必要だということだ。

結論——バブル後における経済学とガバナンス：中華民国の輪郭が変化する中で

本稿では、1921年上海で発生した「信託会社・取引所騒動（信交風潮）」の最中とその後の、いくつかの経済情報の波及と、その文化的理解の経緯を追った。このバブルという出来事は、取引所への投資がこの間社会に大きく広がったのだが、経済情報のパイプ役としての新聞がなければ想像さえできなかった。広告、新聞、経済評論、漫画、小説やユーモア文などに含まれる、株取引に関する日々の情報を伝えるメディアによって、上海市民は資本主義的金融（そして投機）という新たな手段に馴染むことができた。さらに、メディアは投資家に希望と恐怖を抱かせ、日本による関わりや外国による汚染といった噂もそれを通じて広がった。新聞が、市場それ自体とほとんど同じように、上海の株式取引というフィクションの中の傑出した一つの要素であったことは驚くべきことではない。

1921-22年にかけて、中国ではデータの「統計化」がまだ熱意をもってなされておらず、「経済学」の学問的領域もまだ構築途上であった。経済情報と見なされるものは、様々な形やジャンルとなって表れた。資本主義的市場経済と、その妙な派生物である証券取引所も含め、これらの概念の普及は、西欧の近代性と関連するものとして崇められた。地域的な特異性との関連を無視し、外国の名前と用語を伴いつつ、理想化された新たな組織や概念は、発展という不透明なイコン（聖像）として供され、単純に富へのではなく、ひとまとめの自由民主政体全体への接近の目印となっていたのである。この不格好な象徴物は、中国の病と外国との接触感染の符号となり、中国の文化資源とブルジョア自由主義的近代に関連する諸要素の両方の権威を失墜させたのである。

当時のこの瞬間、経済学は依然として中国では不安定な概念であった。普及している経済ニュースや情報は明確に学問的に裏付けられたものではなく、説

明や理解といった社会科学の流儀を経ていたわけではなかった。もし、馬寅初のような経済学者がこの乱闘に参加していたならば、学問としての抽象性と、中国の経済、政治、社会の現実との間の明らかなギャップにより、彼が外国で学んだものは全て短期間で葬り去られてしまったであろう。

　1920-21年の上海の信託会社・取引所騒動に見られた知識の生産の軌跡、中国の取引所の特性、そして取引所が広範囲に及んで崩壊したことの経験は、徐々に中国の特殊性を自然なものとして説明することを可能にし、外国の制度や知識を中国の問題箇所に適合させることの必要性を確信させた。しかしながら、中国の特殊性は漠然としており、可変的である。様々な点において、本稿での数々の引用が示唆するように、中国の特殊性は稀に見る経済学への無知、賭博を好む国民的性向、経済の遅れの程度、脆弱な法体制、個人同士の私的な関係の志向、もしくは市場資本主義とは相容れない道徳感覚などに見られる。

　観察者の幾人かは、上海バブルという経験は中国の特殊性議論だけでなく、新たな政治的普遍性という立場から、市場経済を批判する論者をも刺激したと見ている。陳公博は1921年7月に中国共産党を設立したメンバーの一人であるが、彼は『新青年』(1921年9月1日)に上海取引所バブルについての論評を載せている。彼は、上海の取引所が「天地が逆転した」も同然の状態にまで陥ったことを述べた後、取引所は実際のところ、資本主義そのものの搾取的な体制の不安定さ、という重要な問題の表面でしかないと主張している。「私が思うに、我々が現在のこの経済体制を変えない限り、政府がどんなに進歩しようが、よい結果に行き着くことは不可能だ。今日の社会が依然として資本主義のもとに構築されている限り、一切の制度もこの資本主義から生まれてくることを知るべきだ」と論評した[33]。

　陳公博は「経済学」の中国における適用という問題に夢中になり、この翌年に中国を離れてアメリカで経済学を学び、1925年コロンビアでM.A（修士号）を取得した。彼は帰国後すぐに中国経済の病気に対処するため、国民党左派のもとで、「帝国主義とは結託しない、国家と民族主義者の中国経済」として国家主導型の協調組合主義的国民経済をめざす未来図の創案者となった。このよ

うな概念化は、経済が国の基盤であるという考えに基づき、国家としての中国の生存能力を根付かせると同時に、国際的見地からみて中国は半植民地状態にあることを認識させ、「国民」経済の推進者と帝国主義の支援者とを明確に区別し、更に、西欧のブルジョア経済学に対して批判の矛先を向けることとなった。陳による「中国の国民革命を推進する中心的プレーヤーとしての」国民経済勢力の革命的結集という考えは、1930年代とその後の時代を特徴づける、革命に対する再定義という点で、国民党と共産党の双方の関係者に広く影響力を及ぼすこととなった。「国民経済学」の基礎が形作られたこの時代に、陳公博や馬寅初をはじめとする中国人経済学者は、彼らの経済に対する見通しを中央集権国家に繋ぎとめ、はやい時期に資本主義と自由との関連付けを試み、さらに、市場経済学という西欧の学問を新たな尺度でもって中国政治に同調させたのである。

注
（1）「発刊詞」『科学』第1巻、第1号、1915年1月25日、6頁。
（2）　陳独秀「孔子之道與現代生活」（『独秀文存』安徽人民出版社、1988年）82-83頁。
（3）　Bergére, Marie-Clair, *Une crise financiére à Shanghai à la fin de l'ancien régime* (Paris, 1964).
（4）　劉志英『近代上海華商証券市場研究』（学林出版社、2004年）、洪葭管、張継鳳『近代上海金融市場』（上海人民出版社、1989年）、朱斯煌編『民国経済史』（銀行学会銀行周報社、1948年）141頁、朱蔭貴「近代上海証券市場上股票買売的三次高潮」『中国経済史研究』1998年第3期を参照。
（5）　"Things Unheard of East or West: Colonial Contamination and Cultural Purity in Early Chinese Stock Exchanges," in Bryna Goodman and David Goodman, eds., *Twentieth-Century Colonialism and China: Localities, the Everyday, and the World*, Routledge, 2012.
（6）「各大報館与交易所」『晶報』、1921年8月9日。
（7）『新聞報』広告、1921年7月26日。
（8）「中華信託公司広告」『商報』、1921年3月23日。
（9）　Bryna Goodman, "Unvirtuous Exchanges: Woman and the Corruptions of the Stock Market in Early Republican China," in Mechthild Leutner and Nicola Spakowski,

eds., *Woman in China: The Republican Period in Historical Perspective*（LIT Verlag, 2005), pp.351-375.

(10) 小林丑三郎「交易所概論」『上海総商会月報』第1巻、第1号（1921年7月）20-26頁、第1巻、第2号（1921年8月）39-50頁、第1巻、第3号（1921年9月）20-34頁、第1巻、第4号（1921年10月）9-14頁。

(11) 馬寅初「中国的交易所」『馬寅初全集』第1巻（浙江人民出版社、1999年）384頁。

(12) 馬寅初前掲論文、384-391頁。

(13) 「恐慌之防止」『時事新報』、1921年8月13日。

(14) 「総商会取締交易所條陳之懐疑」『商報』、1921年8月31日。

(15) 「交易所問題」『新聞報』、1921年9月3日。

(16) 『上海総商会議事録』第3巻（1921年3月）1496-1497頁。

(17) 「黄楚九質問総商会函」『民国日報』、1921年9月3日。

(18) 「総商会与黄楚九筆戦」『民国日報』、1921年9月4日。

(19) 同上。

(20) 「総商会為交易所忙」『商報』、1921年9月7日。

(21) 「黄楚九与総商会書」『民国日報』、1921年9月5日。

(22) 「総商会為交易所忙」『商報』、1921年9月7日。

(23) 「黄楚九六致総商会書」『民国日報』、1921年9月9日。

(24) 「信託公司」『馬寅初全集』、490-501頁。

(25) 「論交易所之利弊」『上海総商会月報』第1巻第1号（1921年7月）1-2頁、「論交易所之利弊與我国」『上海総商会月報』第2巻第2号（1922年2月）2頁。

(26) 「我之虚業観」『商報』、1921年8月11日。

(27) 「我的虚業観」『時事新報』、1921年8月15日、「為交易所及信託公司問題答養初君」『時事新報』、1921年8月17日。

(28) Bryna Goodman, "The New Woman Commits Suicide," *Journal of Asian Studies*, Vol.64, No.1 (February 2005), pp.81-83. 「投考交易所之痛史」『銭業月報』第1巻第12号（1921年12月）1-5頁、「前車可鑑」同第2巻第12号（1922年12月）15-20頁。

(29) 滄水「我国今日経済上之病源」『銀行周報』第6巻第7輯（1922年2月28日）1-2頁。

(30) 邵力子「没法避免的刼運」『民国日報』、1921年7月24日。

(31) 「選挙交易所」『申報』、1921年7月12日。

(32) 「交易所三字之利用」『新聞報』、1921年7月15日。

(33) 陳公博「我対於交易所的意見」『新青年』、1921年9月1日。

成都における保路運動
―― 国家の主権と人民の権利

鄭　小　威（根岸智代訳）

　1911年夏、成都では四川保路運動がおこった。清朝が民間の川漢鉄道公司の国有化政策を発表し、計画を遂行するために外国借款を受けると決定した後、成都市全体が大騒ぎとなった。その運動はエリート層によって導かれ、その主力は四川諮議局議員であった。彼らは保路同志会を起こして組織し、「鉄道を守り条約を破棄しよう（破約保路）」とのスローガンを掲げ、非常に効果的な宣伝活動を行った。公式の同志会が発行する「四川保路同志会会報」が広く配布された。その会報はほぼ毎日印刷され、発行部数は15,000部にまで達した。売値は1銭、時には無料で配られ、安定して広範囲に渡る読者を確保した。読者の中では一般住民が重要な役割を構成していた[1]。

　本稿では運動指導者達と彼らが生み出したレトリックについて考察する。エリート層が運動を始めた時に経済的利益を持っていたとしても、自分たちが生み出したレトリックによって共通の目的を作り出し、さまざまな社会的地位にある人々を1つの目標の下に集めたのであった。そしてその共通の価値と期待はさまざまな種類の人間を1つの組織へ取りまとめ、さらに強力な反対勢力に向かって彼らを動かしたのである。

1　国家政策と成都派閥：民衆とその立場（5月9日～6月17日）

　確かに全ての四川人が同じように考えていたわけではなかった。「四川人」とは誰なのか。この節では保路運動の「高度の政治活動」について考察する。特に、清朝中央の指導者、北京で仕える四川出身の官僚、成都の川漢鉄道公司の首脳部と宜昌の分公司にいる首脳部間の苦闘、相違、協調に注目する。この

運動を考察する前に、その背景にいる人物達にまずは注目したい。

　国有化政策は1911年5月に宣言され、清朝中央政府は商業的に粤漢鉄道と川漢鉄道に所有されている幹線を国有化するという勅令を出した(2)。御史の石長信が回想録で述べているように、この政策の理論的根拠は「鉄道システムを強化するため」であり「国民に強いている巨大な負担を減らす」というものであった。とくに石は四川の一般庶民（百姓）に課せられた重い鉄道税（租股）を非難して政策を支持し、裁判所に「扇動的な四川郷神（紳士樹党）」の先導の下で、多数の上海の銀行が川漢鉄道資本で深刻な損失を被ったことを思いおこさせた。彼はその後、政府に国有化できるように「素早く鉄道幹線の境界を示す」よう促した(3)。

　上記の国有化政策の理由は全て威厳があり正当化されているように見える。しかし、この政策の背景には、1909年に湖広総督の張之洞が密かに調印した借款の契約草案を完成させるため、外国貸主が清朝に繰り返し頑なに要求したという差し迫った理由があったからだった。

　清朝中央政府と4カ国の銀行—イギリス、フランス、ドイツ、アメリカ—との間に交わされた湖広外国借款条約の草稿によると、これらの銀行は中国に総計600万ポンドを貸し付ける一方で、湖北と湖南の2ヶ所の国内関税である釐金を借款の担保として使っていた。これら4カ国は湖北の川漢鉄道と湖南と湖北の粤漢鉄道の幹線全てを建設する際に独占権を持ち、また他省でも川漢と粤漢鉄道の幹線建設の優先権を持っていた(4)。

　外国借款の役割についての評価は難しく、これをよく理解するためには中国の鉄道建設の歴史を見る必要がある。中国では1903年から1907年まで鉄道は自国依存、つまり中国資本のみを使用する傾向が強かった。しかしながら歴史家の胡永年は多くの場合、新しく民営の気質を手に入れた公司はうまくいかず、このような民営化された鉄道の効率と有効性は非常に問題があるとしていた。

　1905年にはすでに外国から粤漢鉄道を買い戻すことを支持してきた湖広都督の張之洞すらも漢口から広東と漢口から宜昌を抜けて成都へ至る幹線路に、外国借款を積極的に考慮するほどであった。イギリス、フランス、ドイツの銀行

家たちと協議が行われ、いわゆる、湖広借款と呼ばれる予備段階の協定が1909年6月に合意された(5)。

さらに1908年に郵伝部が設立されると民営の鉄道国有化の流れは速くなった。あらゆる中国の世論は、産業国家の領土拡張主義に直面している中で、中国が鉄道建設プログラムを実行せざるを得ないことにはっきりと賛成していた。しかし国民は鉄道がどのように資金融資され支配されるべきかに関しては違っていた。胡永年はそのような違いが1908年以降にだんだんと明確に現れてきていると気づいた。1908年までに中国政府は民営化されている鉄道にはかなり幻滅を感じていた(6)。

かくて貸付条約に署名後、外国から継続的に圧力を加えられることと相まって、ついに民営鉄道を減らすという決定が導き出された。郵伝部大臣は、正式に外国借款を求めるという戦略を認める覚書を1910年11月に発行し、同時に盛宣懐は外国人へのさらなる財政的譲歩を認める湖広借款条約の交渉を推し進めた。外国貸主による圧力を受け続け、1911年3月11日、郵伝部の清朝大臣は契約に関して外国貸主と交渉を始めた(7)。特に5月9日の国有化政策が宣言されたのは、こういった状況の中であった。国有化政策は外国借款という考えを、常軌を逸脱したものではなく常識的だと思わせるのに実に役だった。

1911年5月20日、清の中央政府と貸主4カ国の銀行の間で湖広外国借款条約の最終調印が行われた。後に詳しく述べるが、張之洞の草案と比べると、元の原稿にはなかった主な変化があり、それは四川を曖昧な方法で新しい条約に従わせるというものだった。それは新しい条約の内容を認識した後に、鋭い監視員たちによってすばやく見つけられた、この四川人を不当に扱うやり口は明確な虐待だと四川人は考えた(8)。

しかしながら、1911年の5月から6月初めまで、外国借款の詳細についてあまり知らないまま、川漢鉄道公司首脳部は国有化政策の実施をとても心配していた。とくに成都の鉄道公司首脳部は、蒲殿俊が長である四川省諮議局員に支配されていた(9)。さらに鄧孝可は保路同志会の新聞、『蜀報』の編集長であり、筆頭演説者でもあった。国有化の勅令が5月9日に出されたあと、成都本公司

の指導者達は執拗に北京や他の都市の情報者と手紙を交わし、政策の真意について多くの質問をした[10]。ついに6月初め、彼らは政策に対する自分たちの公式回答を練り上げた。広く流通する『蜀報』5か月記念号の「四川鉄道の取り扱い法」という記事で、鄧孝可は政府の法的手続き違反を発表しなかった。すなわち、立憲政治国家として、清王朝が資政院の許可なく外国借款を負うと決定したことは法律違反であった。むしろ鄧は「しばらく置いておく」と言ってこの『蜀報』の記事における正当性の問題を却下したのだ[11]。それゆえ、5月から6月の始めまで成都鉄道エリート達の主な目標の1つは自らの手に資本を維持するということだったのは明白である[12]。彼らは中央政府と必死でぶつかろうとしていただけだった。

　他の四川高官達は鉄道資本に関して自らの見解を持っていた。川漢鉄道の失敗と経営の誤りは北京で働く四川出身の高官達を事実上落胆させ、遠ざけることとなった。例えば、甘大璋と宋育仁の2人は北京を基盤として活躍する高官であり、彼らは存在する鉄道資本全てを引き継ぎ北京へ移す時に中央政府を全面的に支えた。成都から離れており、地主として租股を支払われている甘と宋には、なお鉄道公司を支配する力はなかった。こういった郷紳達は、上海の株市場損失のような大惨事が起こらないように、成都の同胞に金を所有させるより、中央政府に管理させる方が安全だと信じていた[13]。さらに、川漢鉄道公司の宜昌分公司長李稷勳は、中央政府へその権力を行使するよう促していた。何年間も李は成都本公司の指導者達にかなり規制され、十分に支持されてはいないと感じていた。川漢鉄道のために鉄道路を実際に建設する唯一の分公司長として、李は鉄道資本の分配や職員任命にほとんど力を持っていないことがどのようなことなのか、自分の分公司に関してでさえわかっていた。成都本公司の官僚的な役所仕事で苦しんでいた李にとってはもう十分であった[14]。

　四川エリート達に代表される分岐している利権は限界に達しており、郵伝大臣盛宣懐と督辦川漢粤漢鉄路大臣である端方が行動を起こそうと決心するほどであった。この2人はすばやく「四川人」の間に起こっている対立を感じ取り、李稷勳や北京を基盤とする四川官僚と提携を結んだ。1911年6月、彼らは積極

的に川漢鉄道の宜昌分公司の勘定書を調査し始め、他のすべての分公司の勘定を調査するよう要求した。彼らは四川の問題が簡単に解決されると自信を持っていた。また首尾よく鉄道を国有化するだけでなく成都の資本全てを中央国庫へ獲得できると思っていた[15]。

2　レトリック：国権、民権

　1911年6月は成都の川漢鉄道公司首脳部の指導者にとってはつらいものだった。中央官僚の盛宣懐と端方が鉄道国有化への取り組みを速めた。彼らは代理四川総督の王人文に「川漢鉄道分公司全ての勘定を調査し明らかにする」よう絶え間なく冷酷に要求し、特に成都公司には主導権を握って銀700万元を差し出すよう命令した[16]。

　中央政府官僚が国有化問題に粘り強くなるにつれて、成都本公司はどのようにその流れを抑えることができたのだろうか。広東と湖北はしばらく静かに黙っていた。保路運動が始まった省である湖南省の熱意すら静まり始めていた。それはあたかも保路運動全体の責任が四川人の手の中だけに、さらに重要なことに、成都の鉄道エリートの手の中だけにあったかのようだった。これらの指導者にとって幸運なことに、不名誉な5月20日の湖広外国借款は6月13日に、6月1日の盛宣懐と端方の「哿電」[20日電の意味，1911年6月16日は農歴では5月20日にあたる：訳者注]は6月16日に到着した。この電報は全ての川漢鉄道資本を国有化し、株主に投資をとり下げないよう命令し、四川の歳入が抵当証明として取りあげられることを命令したものであった。これにより希望を失った集団は飛び上がって中央政府に対する激しい議論を述べる機会が与えられた。外国借款と哿電が受領される前、成都公司の鉄道指導者達は法的もしくは経済的根拠で国有化に対して十分な主張を行っていなかった。しかし条約の条項と電報は議論での批判点として知られるようになり、彼らにナショナリズム、国民主権、法の規則という問題を議論させ、自分自身の目的のためにその議論を利用させるようになった。こういった議論は鉄道の所有権をはるかに超えて広範囲

に影響を与えた。

　彼らの闘争の中で、成都の指導者達は政治的主体性の感覚と、国民国家、つまり主権が国民にある国家という概念をからみ合わせた。彼らはナショナリズム（愛国）の新しい宣伝を生み出し、国民の権利を守る（民権）ことと関連して国家の主権（国権）を守らなければならないと断言し、国、国家と国民の間に新鮮な関係を提供した。

　四川諮議局の副議長である羅綸は、湖広外国借款への組織的攻撃の背後にいる黒幕であった[17]。純粋に法律用語で作成されたこの長い外国借款条約（王文人の6月27日の回想録とともに裁判所に送られた）を解明すると、羅と彼の同僚は、条約は中国の国権を非常に制限していると論じた。特に第1条の題目と内容は、幹線は借款を確保するために使われることを示唆していた[18]。第2条は湖北省にある荊門と漢陽（張之洞の元の草案にあったもの）を繋ぐ鉄道を湖北の宜昌と四川の夔州を繋ぐ鉄道に置き換えた。このように四川を曖昧な方法でこの条約に服従させた。第3条は鉄道公司のすべての資本と財産を新しい部局、粤漢と川漢鉄道部局へ株主の承認なしにすぐに移すことを要求した。第9条は外国借款を返済する前に、「湖南と湖北の釐金税は他の目的のために抵当証券として使われることはできない」と決定していた。このようにして4カ国借款の力の下で釐金を抑えた。第14条は四川の鉄道を建設するためにドイツのDeutsche-Asiatische銀行へ、また湖南と湖北に鉄道を建設するために英国のHSBC銀行へ鉄道投資を管理する権利を与えるというものであった。第17条は、清王朝は少なくとも英国人、米国人、ドイツ人を各1人、鉄道を建設する際に主任技師として選ばなければならないというものであった。そして第18条は主任技師が鉄道の原材料を買う際に最終決定を下すということを述べていた。実際、全ての重要点を解明し、その後に続くさらに熱のこもった宣伝の基礎となったのはこの外国借款条約の、単調で長い、法律家のような批判であった。この文書に彼らの議論の基礎をおき、成都本公司は最終的に合法で堅実な訴訟を起こせると感じた。

1911年6月17日、川漢鉄道公司で、清朝政府と闘うために四川中に保路同志会を建てるための緊急会議が諮議局議員と専門家集団によって開かれた。同日、四川省諮議局の公の新聞である『蜀報』が、感情的な言葉で羅綸の議論を表現した号外（ほとんどが鄧孝可によって書かれたが）を広く発行し、大きなフォントで彼の主張から記憶すべきスローガンを印刷した。

　　（条約は）私達国民から（鉄道を）奪ってしまい、そして鉄道を外国人に譲渡したのである。
　　我々国民はこれに反対を表明して立ち上がるべきである。四川人民はこれに反対して立ち上がるべきである。
　　（条約は）我々の鉄道を奪い、我々の資本を奪ってしまった。しかしながらそのような盗難行為をしているにもかかわらず、我々の鉄道を建設する計画をたてることはなかったのだ。
　　四川人はこれに反対して立ち上がるべきである。我々国民はこれに対して立ち上がるべきである。
　　もし我々が立ち向かって戦いそこねれば、死ぬ場所はないであろう[19]。

　過酷な言葉で、書き手は続けて盛宣懐を10の死罪で非難した。告発の多くは脚色されており、成都エリート達は宣伝する際に自由にその条項の解釈を行った。しかしこの文書は「国」という概念における重要な変化、つまりその単語を伝統的に理解するのとはかなり違った新しい概念を示しているので、分析するのに役に立つ。
　本来の「国」の概念は「封建制君主の領土、もしくは君主の家族」[20]である。この古い「国」という概念は領土の長や領土を支配する家ということと非常に関連している。しかし、上記の文書は「国」という新しい概念、つまりいくぶん「国」は政治組織を治める長よりも「民」「人」の方に、より親近性を持つ概念だということを示している。ここで「国」はしばしば「国民」「国人」というように「民」「人」という単語と関連して使われ、外国人のそれに相応

する意味を持つ[21]。この新しい概念を推論すると、「国」は人民全体ということになる。

「国」の新しい解釈は保路運動が継続するにつれて明らかにされた。6月21日の「四川商会公報」には「外国借款条約は国権を売り渡す」と題した記事を発行した。この記事で、書き手ははっきりと「国」「民」「政府」間の関係を描写した。彼は、「政府が無比の力と権威を持っていても、それは人民のエネルギーや心を抑圧することはできない」と述べて、政府を人民に対抗させた。また「人民は自分の国が破壊されることを非常に心配しており、そのため国有化政策が人民の税負担を実際には減らしたとしても、なお「自分自身で鉄道を建設するために自らの血と汗を流す」であろう」と述べた。書き手は「完全に本当に「国」により所有されるという目標が達成される」ように鉄道は自己管理されなければならないと論じた[22]。簡潔に言うと、「国」は人民全体であった、「国」は人民の「国」であった。この「国」「民」「政府」間の新しい関係は7月18日の別の会報記事で擁護された。そこで書き手は、西欧諸国からの多数の例を引用しつつ、「人民の利益」は公式領域でなされた決定全ての基礎であるべきだと論じた[23]。いいかえれば、人民の利益は政治を行う基礎であった。こうして、この基準によれば盛宣懐は「中国全てに対する犯罪者」であった[24]。このように「国」という概念は今実際には「国民国家」という意味を伝えていた。

実際、ナショナリズムによって軽視されていた成都エリートたちは国有化政策に挑戦するのに必要な勢いを取り戻すことができた。ナショナリズムはこれらの指導者達を川漢鉄道公司の資本に関する盛宣懐と端方の交渉や、成都エリート達が明らかに損失しつつある取引から解放してくれた。「国権」を守るスローガンを創りだすことで、成都の指導者達は政府官僚より倫理上優位にたったのであった。同じく重要なことは、政治的概念の「国」を「政府」から距離を置き、「国」を「民」と連携させることで成都のリーダー達は、国家の正当性は人民からのみ出てくるべきであると示した。

3　運動の始まり：保路同志会の設立、組織とその動機

保路同志会の設立

　1911年6月17日、熱烈な大衆集会が成都の岳府通りの川漢鉄道公司で行われた。この集会の組織者は成都本公司の指導者達だった。「今の状況に絶滅の危機にさらされ、非常に圧力をかけられている」と感じ、彼らはもはや8月4日に開催されることが予定されていた正式な株主総会を待つことが出来ず、自分達の状況を助ける方法を「議論し準備する」ために、その時、成都にいた専門機関の指導者達や株主を招待すると決めた[25]。当時の記録によれば、四川保路同志会の会合を設立するのに、いくぶん賛成が得られた。代理四川総督の王人文は会議と同日に、閣僚である郵伝部大臣と、督辦川漢粤漢鉄路大臣の端方と話をしたことを綴っている。

　　今朝早く様々な専門家組合が鉄道公司にやってきて会議を開いた。2,000人以上の人々がやって来た。演説は国家の生命と死と外国借款条約の関係についてだった。人々は全世界を揺るがすほど激しく泣いていた。テーブルの下に頭を隠してすすりなく者もいた。結局、保路同志会が創立され、代表が北京へ行くために同志会によって選ばれ、郵伝部大臣を正式訪問して解決に至るということが決定された。彼らは勘定書の調査は双方が同意に達したあとでのみ行われるように頼んだ。幸運にも扇動や暴動はどちらもなかった。しかし悲しみと苦痛という苦境は異常なほどであった[26]。

　集会で一番激しく泣いた人物は品の良い成都の学政、蒙功甫であった。蒙は成都の知識階級（学界）の指導者だったので、彼の涙は非常に効果があった。彼の学生の多くも感動のあまり涙をながし、鉄道保護のために若い学生組織を設立しようと決めた[27]。『蜀報』編集者の鄧孝可もまた会議に来た。鄧は外国借款がもたらすひどい結果を強調し、条約に対して徹底的で「心を打つ」批評

を行った[28]。もちろん、主講演者の羅綸はこのような集会を決して見逃さなかった。羅は成都で組織を1つだけ持つのでは十分ではない、むしろ全ての四川人が「鉄道は全ての人にかかわる問題だ」と理解することが不可欠だと主張した。羅綸は7,000万の四川人に独断的な盛宣懐と端方や悪の外国4カ国を恐れないようにと説得した[29]。しかしながら、保路同志会設立で最も仰天させた場面は『蜀報』の主編集長の朱山によるものであった。20代の若者である朱は「粋で抜け目のない、あつらえた服装」で演説を行った[30]。彼は鉄道保護のために2つの事柄がなされなければならないと主張した。ひとつは成都にある指導部に加わるために他省の人民に頼むことであった。またもう1つは諸外国をかわすために国民の軍隊を動員することであった[31]。朱山は両方の責任者に任命されるよう要求し、翌日には進んでその職務を達成し始めた。自らの決心を見せるため、朱はテーブルを自分の掌でたたいた。お茶のカップが割れ、自分の手を突き刺した[32]。朱山が血を流したことで、この感情的な集会はさらに劇的になった。人々は刺激をうけた。

　うだるような暑さにもかかわらず、集会の出席者は多かった。集会出席者の正確な人数は確かではないが、さまざまな歴史記述には数百人から5,000人まで及んだとある。かなり多くの人々がその集会場に現れたことは確かであった[33]。彼らの情熱は明白であった。李劼人は「さまざまな人生を過ごしてきた人々がやってきた。そして学生や若い職人たちが他の人々よりも数の上で勝っており、多数派を形成していた」と記している[34]。李は続けて、「場所は非常に込んでおり、（鉄道公司のある）通りですら、人でぎゅうぎゅう詰めだった」と記している。その場所は彼に「舞台」を思い出させた[35]。会議が一時休止した後、熱気が残った参加者達はさまざまな保路同志会分司に登録署名するのを歓迎された。ある学生は「筆を握って自分の名前を署名するまでしばらく待たなくてはならなかった」[36]。同志会を設立した集会に続いて、指導者達は自分たちの請願書をつくるために省政府まで行進した。エリートは椅子かごで移動する権利を放棄した。それどころか彼らは自分たちの誠意と決意を見せるために成都の大通りを歩くことを選んだ。警官たちが前で道をあけながら、行列

は鉄道公司から省衙門まで続いた。全ての場面がとても印象的であった。80歳になる翰林学士の伍崧生は行列の先頭であった。彼の後には、鉄道公司の株主でもある四川省諮問局の議員集団が続いた。これらの人に付き従うのは鉄道公司出身の集団であり、彼らの後ろにはたくさんの知識階級の郷紳がいた。羅綸、鄧孝可、蒙功甫、朱山はその行列の中にいた。これらの高官は召使、私設の秘書、事務員を付き従え、成都の人民が見物するような見世物となっていた(37)。

6月17日という忘れられない日の後、鉄道保護は成都で最も噂にのぼる問題の1つとなった。四川の人民は、最初はその状況を真剣に捉えず、対立関係ですぐに消滅するだろうと予測していた尹良のような官僚を驚かすこととなった。実際、尹良は6月17日に「私は4、5日中に四川の人民はみじめにも勅令に従うであろうと予想している。四川では（人民の）権力は広東や湖南の権力よりもずっと弱いのだ。四川人はただ（これら2省の人民に）したがっているだけだ」(38)。尹良が非常に驚いたことに、四川保路運動は消滅しなかっただけではなかった。それどころか、段々と激しく力強くなっていったのである。

組織化

四川保路同志会の設立後、非常に効果的な宣伝運動が始まった。四川保路同志会は新しい組織方法を実行し、自身の代表を自分達のメッセージが正確に行きわたる様に各省へ送った。四川保路同志会会報は運動に使われた宣伝だけでなく成都から四川省全体へとこの運動が広がっていくことも詳細に報告した。そのような運動の広がりは同志会の支部を設立することによって成し遂げられ、それは成都の運動指導者達によって徹底的に計画され実行された行動であった。

保路同志会の指導者達と川漢鉄道公司の成都本公司の会員が全く同じであると仮定すると、彼らは全く資金に困らなかった。実際、彼らは鉄道公司から銀40,000元も使っていた。川漢鉄道公司の成都の指導者である彭芬によると、資金はうまく使われた。基金が新聞3紙を支え、劉声元は清の皇子を訪問するために北京へ行くことができ、粛湘は上海に行って新聞社に会うことができた。また基金のお蔭で多くの使者たちが湖北、湖南、広東へ行くことができ、さら

には、故郷に帰って四川中心から離れた鎮の人民を動員する若い学生達も支えることができた⁽³⁹⁾。全体で銀10,000元が使われた。資金が生み出した莫大な効果のおかげで、四川省のメンバーは対外的にも対内的にも精力的に活動を続けることができた」──彭芬はそれだけの価値があると信じていた。

あるとき鉄道資本が同志会に強奪されたという疑いがあったが、この誤解はすぐに静まった。「同志会の支出」という題でそれへの返答が会報12号に掲載された。そこでは「同志会で働く人々はボランティアで働いている。彼らは自分たちの仕事を義務と見なしていて、交通費は自分で払っている。誰も給料をもらっていない。お茶、水、食糧、筆、インク、印刷代、郵送代、電報代をのぞいて1元も使っていない」と書かれた⁽⁴⁰⁾。この公の返答後、保路同志会は支出に関するさらなる資金には悩まされなくなり、運営はうまく続いた。

四川保路同志会の規則にはその組織の基本構造が描かれていた。同志会の協議事項は「外国借款を受けることを拒み、条約をやぶり鉄道を保護する」とあった⁽⁴¹⁾。同志会には4部局あった。総務部、演講部、文牘部、交渉部である。総務部は経営に取り組み、権力を保っていた。演講部は同志会の主な主題を宣伝した。さらに、演講部はさまざまな省や鎮で同志会の地方公司を設立して、協調していくために四川省外で他の集団と繋がった。文牘部は鉄道問題と関連する論説や規則すべてに責任を負った。また同志会に提出される手紙や電報も扱った。最後に、特に交渉部は同志会に反対する力に対抗するために働いた。四川省諮議局の江三乗が総務部を率いていたのは意外ではない。議員の程瑩度が演講部を率いた。予想通り議会新聞編集長の鄧孝可が文牘部の局長であった。また諮議局の副議長でもあり主な演説者の羅綸が交渉部の担当者であった⁽⁴²⁾。

同志会の構成原理は開かれていて民主的だった。第1にすべての人民、四川人だけでなく他省の人民も同志会への参加を歓迎された。また全会員は自由にどんな部局にも選んで参加できた。同志会では、さまざまな鎮を代表しているという点から、「同じ鎮出身の10人の同志会会員から1人が、その10人の代弁者として選ばれる。選ばれた代弁者5人のうち1人が5人の主要代弁者として選挙される」という規則が決められた⁽⁴³⁾。あらゆる重要な事柄は集団で同志会

会員によって討論され決定されることになっていた。

　同志会の中で最も重要な２つの局は文牘部と演講部であった。双方とも「鉄道を保護し、条約を破る」という重要なスローガンを共有していた。文牘部は「同志会のメッセージがはっきりと力強く伝えられることを確実にするために文筆の力を全て働かせた」[44]。その主な業績は四川保路同志会の会報だった。会報は成都の人民と同じ紙面で外の鎮の人々を引き留める、決定的な代弁の役割を果たしていた。成都から700里（350キロ）離れているにもかかわらず、閬中鎮から郷紳や商人はただ会報を買うためだけに３日半かかって省都までやってきた[45]。また瀘辺教育庁の文牘部は「境界区域で大衆世論と感情を動員」したいと思い、会報を求めた[46]。子洲県では、茶館の主人が会報を読んだあと非常に感動し、熱心に「会報を手に持ち」鉄道問題について茶館で演説をし始めた[47]。会報以外に、文牘部によって作られた重要な新聞は『西顧報』（文字通り西洋に関する新聞）であった。その発行部数は成都では多く、鉄道問題を討論するさらなる重要な綱領として役に立った[48]。

　さらに、四川中に鉄道運動を広めたのは演講部であった。ほとんど毎日、少なくとも成都にある公共広場で１回は演説が行われた。第１に、成都ではほとんど毎日演講部に組織された大衆演説があった。これらの講演のために特別な広告が作成され、場所、時間、講演者の名前を知らせ、郷紳、商人や一般の住民に参加を促した。これらの講演は羅綸のような重要な運動指導者達によって行われ、都市に住む普通の成都住民が簡単に参加できるよう、三義廟、火神廟、文昌宮といったような公共の場所で行われた[49]。また次の章で述べるが、演講部は他の鎮で同志会の支部を設立するために人員を送る仕事を担当していた。要するに、支援者たちと広い提携を行った２か所の部門が１つの要求―保路破約―に焦点を当てたのである。

4　運動を続ける：センセーション、古い象徴と新しい技術、そして抽象概念の大衆化

　たとえ「国家と人民の権利を守るため」に強い共通の目的がたてられたとし

ても、組織者が自分の宣伝を納得のいく方法で広めることが、なお重要であった。1911年、成都の運動指導者達は地元の人からの支援を促すために集団行動のさまざまな形態を発明し、適用し、結合させて彼らの重要点を気付かせるため、簡単に理解できる象徴や例を探し求めた。そうすることで、彼らは最初に2大センセーションを巻き起こした。四川劇(川劇)俳優の楊素蘭と運動殉教者の郭樹清である。

楊素蘭が初めて革命的宣伝に現れたのは6月24日に60畝(4ヘクタール)の土地を保路同志会へ寄付した時であった[50]。1900年代に悪名は高いが、ファンは多い四川劇の俳優であった楊は成都では偶像化された。楊素蘭と彼の熱心なファン(多くの四川省官僚を含んでいる)との間に起こった恋愛事件は成都住民の間でもっとも話題にされる公の噂であった[51]。それゆえ、楊が運動に加わった時は、彼は自分のスターとしての力と名声の魅力を保路同志会にもたらしたのであった。楊の行動は少なくとも2、3日に1回は会報で報告された。

例えば、地方の知識階級が彼の愛国的行為を褒め称えて、楊に関する民謡を作曲したというものがある[52]。楊素蘭の物語はまた「下流階級」と「上流階級」の意味を再解釈するために急進論者によっても使われた。ある解説者は、単に俳優だったという事実に関わらず、楊は「上流階級」の紳士であると書いた。反対に盛宣懐と端方はたとえ本当に高級官僚だとしても、行動から「下流階級」として見なされると書いた[53]。このように「楊素蘭事件」は色彩に富んだ宣伝運動を始め、成都の地元の人々の間で大きな熱狂と注意を上手く生みだしたのであった[54]。

楊素蘭につづいて郭樹清の自殺はさらに劇的で効果的な宣伝道具を提供した。会報の第6号は巨大なフォントで、「郷神、郭の早く予期せぬ死」という題の社説でその事件を報じた。社説は劇的な死の詳細を公開した。

> 郭が盛宣懐が鉄道を売却しつつあることを聞くと、彼は激高し深刻な病気となった。5月28日(6月24日)、彼は下宿の玄関から走り出て「我々の国は今にも破壊される。少なくとも我々四川の同志は条約を破り我々の鉄道

を保護する情熱と頑強さを持っている。しかし私は我々の運動がたとえ強く始まってもすぐに終わるのではないかと心配している。私は今日、我々の同志の決意を固めるために死ぬつもりだ」(55)、と、主張した。

社説は「私達は最初、郭が叫んで人々を呼んでいるのを聞いた時、私達は彼が狂っているのだと思って真剣にとらえなかった。しかし2日後、郭氏はどこにもみあたらなかった。6月1日の朝（6月27日）、彼のアパートの管理人が突然、井戸に浮かぶ死体を発見した。そしてそれは、四川人の決意が思いとどまることがないように、最初に死のうと決心した郭の死体だったのだ」(56)。

郭樹清の死は、国のために死んだ、ずばぬけて優秀な愛国者となるほど鮮烈なものだった(57)。その後すぐに、会報は郭の物語を中心として大々的に宣伝を始めた。その宣伝で郭の悲劇的な自殺は段々詳細に描写されていった。郭からの別れを告げる手紙すら死後「発見され」、伝えられる所によると、その中で郭は彼の同志全員に決意を強め、「鉄道を保護し条約を破ること」に成功するよう勧めていた(58)。会報の第7号は偉大な殉教者郭樹清を愛でるための手段として一般大衆に無料で配布された(59)。この瞬間から、会報のほとんど全ての号では郭にまつわる何かが掲載され、常に読者達に彼の愛国的行動を思い出させた。「郭樹清事件」はまた四川中で演説へ書き換えられ、人々は賛辞を払い、自分たちの殉教者に対して悼む際には記事を書いてこれに答えた(60)。実際、郭樹清は人々の心を非常に深く揺さぶったので、人々は盛宣懐と中央政府に対して行動を取ると決意した。

人々が2つのセンセーショナルな物語に元気づけられた後、国の主権と人民の権利を守るという指針はうまく認められたようだった。国の主権と人民の権利を守るという2重の目的を達成させるために、成都の運動指導者達は、古い議論の技術を使ったり、その周辺に新しい手法を創り出すことによって人民を集団行動へと導いた。彼らは「国権」や「民権」を含みながら新しい考えを進めるのに役立つ地元の民謡、対句、詩や地元の劇を使った。彼らは自分たちの考えが親しみのある感情を持ち、人民の感情をかきたてるために「反逆者（漢

奸)」「正義（衷）」「裏切り（奸）」のような古い文化的象徴を利用した。時々彼らは明らかに新しい言語や概念を適用した。この熱烈な宣伝活動で、ある重要なキーワードが画期的なまじないとして役に立った。「ナショナリズム（愛国）」はおそらく最も普遍的に神聖だったが、他にも「憲法」「法」「国会、省議会」そしてもちろん「国の保護」が含まれたりした。

　宣伝エリートは確実に「国権」を最優先にし、緊急という感覚を伝えるために民謡を使った。民謡の「鉄道の国有化に関して」では、韻文詩人は以下のような歌詞を書いた。

　　ここ最近ずっと、興奮して集まった四川人は同志集団を結成した。なぜ同志集団を結成するのか。それは我々の国の破滅がすぐ近くにあるからだ。我々の国はなぜ破滅しつつあるのか。それは外国人が漢奸と手を組んだからだ[61]。

　それから民謡は条約がどうやって外国人に「売り渡す」のかを系統的に論評した。第1条を攻撃するときは、「清朝が鉄道建設のために600万ポンドを借りたという行為は地主が自分の土地を抵当に入れて金を借りる行為みたいなものだ」と歌った[62]。また「第8条は借金を返すのが難しくなったとき、清朝は貸主に返すためにさらに金を借りている。これは干ばつにあった不幸な国のようだ。その国は借金の利子を払うために穀物収穫を抵当にしたのだ。たとえ干ばつによってその利子を払えなくても、返さなくてはならない、自分の妻や子供を売ってでも」と続いた[63]。さらに、「最悪な条項は第17条だ。（外国人員を雇用することに関する条約）それは家を建てる時、ある人が貸主に対して完全な自由を聞きいれ、彼に経営者、会計者、そして全ての奉公人を任命させ、家ができる前に関連した人々全てが借金を着服し、金がどこかに消えたと主張するのだ」と続けた[64]。

　明らかに、この例で出された主張は正確に羅綸が半月前に自分の請願書において発行した点を再現していた。しかしここでは、生き生きとした調子の良い

詩と韻をふむ表現で、宣伝エリート達は羅の不透明な議論を、多くの聴衆に更にわかりやすいものにした。宣伝の手順は、自分たちの要点を伝えるために四川人の毎日の行動から関連のある例を使った。彼らは自分たちのメッセージを理解できるようにするために十分簡単にしようと最善をつくした。しばらく、保路鉄道同志会の会報にも本来の外国借款条約を連載した[65]。人々が本来の文書を批評できるように外国借款の内容を一般民衆に知らせたのだった[66]。そうすることで、宣伝エリート達は政治状況に関して人々を教育し、彼らに説得力のある申し立てをするのに必要な資料を提供したのだった。

　もちろん、宣伝指導者達は決して民権という重要な問題を忘れなかった。会報第5号で、民謡の「鉄道国有化」は3番まで続き、その中でエリート達は民権という重要な問題に取り組み、国家と国民との関係を詳細に説明していた。「国を裏切った」官僚たちに対抗するために、宣伝は人民に「失望しない」で国と省議会の規則から証拠を引き出すことを勧めた。「資政院の規則は、はっきりと国の主権を表す際にその権力に関してその地位を明確にした。そして諮議局の規則は、輿論を代表することに関してその地位を明確にした。今や同志集団は暗い夜に発したり、道を歩く我々を照らす光のようである」[67]。

　運動指導者達は各々の権利に注意を呼びかけた。特に各々の憲法に対する権利にである。「法の保護について」という題の民謡では、作者は以下のように記した。

　　この民謡の歌詞はとても変わっている、その題名は確かに粗雑である。ちょっと休んでこの題を説明してみよう。「法律は各人の生活のためには非常に重要な事柄である」。国家は主権保持者であり、法を広めるのには責任があるべきだ。法律は天の息子と官僚全てを監督する。法律はまた人々が破壊的に振る舞うのを妨げる。立憲主義の精神は、全ての問題は法の枠組みの下で行われるべきである、と強調している。それ故、そうすることにおいて、全ての事柄は平和なままでいるよう保障されるであろう。もし私達が人民を保護する際に法律の効果について考えるなら──彼らの命と財産は

成都における保路運動　213

失われないままに残るであろう—私達は「法律」は比較にならないほど素晴らしいという事実を認めるべきである(68)。

もし最初に梁啓超によって提案された「人民の権利」が合言葉で、20世紀最初の10年以内で最も重要なスローガンであったなら、1911年には更なる具体的な実質を得て、その決定的正当性を確立していただろう。人民の権利は美徳だと思われただけでなく、存在する政治的枠組みの中で法的に取得することができた。確かに、資政院と省議会が設立されて行動を起こした後、人民は彼らが政治的権利を追求できる正当な決まり事を持った。四川保路運動のエリートは自分たちが欲しい物を手に入れるために暴力に訴えたり、汚い言葉を使って大声で叫んだりする必要はなかった。むしろ彼らは闘争での非暴力を強調し、絶えず自分たちの観点を支えるために法の権威に言及し続けた。指導者達は憲法を維持する時に、自分たちの闘争が重要な貢献をしたことを強調し、暴力を使う「文明化されず教育も受けていない野蛮人」から距離をおいていることを強調した。

なお多くの人にとって、国と憲法の権威というような概念はあまりに抽象すぎて理解したり関係づけたりできなかった。この問題を解くために新しい概念、つまり「四川人」（川民もしくは川人）という概念は国と現場にいる一般人の間をつなぐ架橋の役割をするために作り出された。川民や川人は何度も宣伝用出版物に現れた。例えば、会報の第6号には「天からの正義を求めて叫ぶ四川人」という題がつけられた宣伝用記事があった。その記事では川民はしばしば「私達」という単語と結び付けられていた。「私達の四川」「私達四川人」「私達の命と財産」や「私達の権利」というようなフレーズが宣伝中に採用され、読者の中に強い感情を引き起こした(69)。宣伝者達は人民の省、ゆくゆくは国への愛情を引き起こすために「自分の故郷を愛する」という強くて永続する心情を利用することを十分に心得ていた。会報の第11号で批評家達は「川」「民」「国」という概念をつなげ、「立憲政治の準備からずっと、重要で賢明な人民は繰り返し「国を愛する」ことについて話しをしてきた。しかしながら私達が国を愛

することは、私達が私達の故郷を愛することによって始まるべきなのだ。私達の故郷は四川であり、そして四川の鉄道は四川の7,000万の人民の国家であり、守るべきものであった」[70]。そのあとコラムニストは清朝が四川人を阻んでいることを批判した。彼は「国」「民」そして「川」に反対する横暴な清朝に立ち向かった。彼の議論では「川人」は「国人」の一部であり、一組であった。彼らの利益は同じであり、「川人」は確かに「国人」を代表することができた。そうすることで、書き手は、新しく近代的な自国を愛すると言う態度をひきおこすために、自分の故郷を愛するという昔からある感情からインスピレーションを効果的に引き出した。

はっきり言うと、四川は上層部で国へ忠誠を示しつつ、さまざまに政治へ貢献する中で、考えをめぐらせている段階にすぎなかった。書き手はこの問題を正面から演説した。

> 四川保路同志会は全ての国民のためにある。四川人のためだけではない。その目標は4省全ての中の全ての鉄道を守ることとし、私達の目標はそこでとまらない。私達は私達の国の全ての人民のために立ちあがっている。もし国民すべてが守られれば国は助けられるだろう。このように、私達は私達の仲間、父、兄弟、姉妹を、私達は同じ人種、同じ国、同じ決意を共有しているのだから、ためらうことなく鉄道のために戦うべきだと納得させるべきだ。私達はいかなる力も恐れないし、私達とは違う素性の者によって分けられることもない[71]。

このように国を救うために一緒になった人民の強固さが、主に保路運動におけるレトリックが意味するものである。たとえ四川というものが故郷への愛を広げる重要な足がかりとして役立っていたとしても、宣伝によって、人への忠誠心や愛情が、ナショナリズムという運命へ方向づけられたということが明らかにされた。人民は四川の幸福のために戦っていたのではなく中国が生き残るために戦っていたのだ。

新しい概念を守り、新しい世論を凝縮させるために運動の指導者達は運動を興したり、さらなる参加者を求めるというよくあるスタイルを展開し続けた。ゆゆしきことに、あらゆる運動には参加者の感情を結集し、さらなる団結を促すために具体的に感情を向ける完璧なターゲットが必要である（例えばフランスの場合の哀れなマリーアントワネット女王というような）。四川保路運動では、その完璧なターゲットは1907年の浙江鉄道運動以来、「人間の形をした悪魔」、盛宣懐であった。1911年の四川で盛宣懐は再び人間の形をした悪魔であった。今回はさらに彼は世論による「違法で生意気な政府」の象徴だと思われた[72][73]。運動のレトリックは四川人と光緒帝に反対する盛宣懐と争った。

盛宣懐を悪魔化するため、人民が彼に対して憤りを覚えるように従来の比喩が多く使われた。例えば典型的川劇に出てくる不誠実な官僚の象徴、「白い顔」はここで採り入れられて、ほとんど運動全体をある種の見世物のようにみせた。もちろん盛宣懐に対して最も言及の対象となった言葉は「反逆者（漢奸）」と「裏切り者（売国賊、もしくは売国奴）」であった[74]。漢奸や売国奴のような比喩は繰り返し表れて、だんだんと感情的になりコントロールがきかなくなった。「盲目な国民の愛国心」という題目の記事で、書き手は状況を表現したり、卑しむべき人間である盛宣懐のタイプを描写する助けとするために、中国の歴史から使い古した例を利用した。著者は無情にも南宋の最も悪名高い裏切り者、秦檜と宮廷官僚の中で最も悪名高く裏切り者の明朝の楊松と魏忠賢、また「マカオを売った」悪党の満洲官僚琦善を盛宣懐の双子として利用した[75]。これらの話や文化的象徴は普通の中国人は非常に慣れ親しんでいるので、人民の感情が簡単に煽られたことはいうまでもない。

盛宣懐は全ての四川人の悪魔となった。彼とは反対に、四川出身の中で最も道徳があり勇敢な人物として、劉声元が運動の指導者によって対照的に位置づけられた。劉は四川人全てを代表し、中央政府の前で外国の条約に反対を要請するために選ばれた。7月1日に大きな民衆集会が北京へ向けて英雄を送りだすために開催された。成都の南広場で朝9時には10,000人の人民が既に集合していた[76]。降り注ぐ雨にも関わらず集会の議長は本来の計画に固執し集会を

続けると決定した。劉声元は四川の仲間の前でお辞儀をして演説を行った。

> 今日、私はあなた達に最後のさよならを言うためにここに来ました。今回私は北京へ向かいます。私は、宮廷がその決心を変え、条約を破棄し鉄道を回復するという目標が達成できるよう説得するため、春秋戦国時代の申包胥が叫んだように命がけの誓願をすることを決心しました[77]。もし条約が破棄されないなら、私は死を選び2度と生きて戻らないでしょう。私の唯一の願いは私の死後も私達の鉄道保護の仲間達が闘争を続け、平和に秩序だって、それを行うということです[78]。

> 劉が話している時、「舞台上と舞台下で皆が泣いていた」。ある1人の老いた農民の、心を動かすシーンがある。彼は前列で手を握り、劉に頭を下げながら、「私達はあなたに感謝しています、私達はあなたに感謝しています」と言った。

全ての人民は「大いなる苦しみと共に拍手をし、激しく泣いていた」[79]。劉は確かに四川人のプライドを結集させることに力を発揮していた。大きな集会のあとに発行されたいくつかの会報で、四川の地元の知識人は文字で彼らの偉大な英雄、劉声元を褒め称え、編集者達を圧倒した。また、もし秦檜が盛宣懐を描写する一番良い方法なら、劉声元に似た歴史的人物は趙の最高の刺客、荊軻となるかもしれない。地元の知識人は劉の中央政府に反対して戦い、条約を破ろうという断固とした決意と勇気を示すために、荊軻が秦の皇帝を殺しに行く前に書いた有名な詩から類似点を引き出した[80]。

劉声元のためのような大衆集会は四川人を動員し、団結を打ち立てる助けとなった。郭沫若は当時中等学校の学生で劉を見送ってその会議に出席した。郭が回想するには「全ての人が泣き叫ぶさまは人民を動かした…羅綸は舞台上で泣いていた、鉄道株主は舞台下で泣いていた、日雇い労働者や鉄道会社で働く社員ですら泣いていた。もちろん私達見物人全員も泣いていた」それはまた「地面を揺らす」集会であり、そこで「地面は20分から30分震えた」[81]。このよ

うな集会に関して重要なことは、集会は1つの目標のために1つの組織に一般人やエリートを結集させるということである。

　熱い政治闘争のなかで、国民のための新しい共同体が形成された。そして新しい共同体の接着剤となるのは運動のエリートたちによって宣伝された共通の目的であった。今や全ての人が同等の政治参加者としてお互いを関係づけることができた。それゆえ、国民の平等を強調して、この新しい政治的レトリックは、特に以前の政治制度の中で政治に関心が全くなかった人民に特に訴え、同様にそのレトリックはさらなる宣伝をするために彼らをたよりにした。共に高校生で、その運動に参加した郭沫若と李劼人は、こういう訳で成都の運動参加者の大多数を占めたのが学生であり、小さな店の商人であり若い職工であったのかもしれないと言っていた。運動の力は集まりつつあった。

結　論

　確かに川漢鉄道公司の成都本部の指導者たちは「四川人」の中ではほんの小さい派閥にすぎなかったし、有る程度彼らは自分達自身の経済利益にかなうようにその運動に着手した。それにもかかわらず、彼らの運動は非常に大きな影響を与えた。彼らはナショナリズム、国民主権、そして法の統治という問題を一般の講演に持ち込んで広範囲にわたり示唆を行い、それは鉄道の所有権を遙かに超えていた。

　彼らの宣伝のレトリックは人民の権利を守る（民権）と国の主権を支持する（国権）の両方であった。これらの2つの概念はリンクしていた。「国」は「民」の全体であり「民」の幸福は「国」の運命を決める。「もし国民が息絶えれば、国はそれ自身で存在することはできない。それ故、我々国民は国が保護されるように闘争を敢えてあきらめないのだ」[82]。さらに「民」は重要な政治権力を有し、「国」に重要な政治的な杭をうつことができた。「民」の権利は法律によって保護され、正当で徳のあるものだった。

　具体的には、国の主権と人民の権利両方を保護するため、四川運動の指導者

達は人民からの支持を促すために集団行動の様々な形を適合したり、組み合わせたりした。彼らは人民を動員するために、集団アイデンティティー—国民と川人—や共通の目標—保路破約—を作り上げた。その過程で指導者達は議論の古くて新しい論争技術を引き合いに出すことにより、人民を集団行動へ引き寄せた。古い概念—漢奸、忠誠、裏切り—は人民の感情を元気づけるのに役立った。新しいレトリック—国権、民権、そして憲政—は彼らに新しい見解を与えた。そして新しい技術—開かれた演説、大衆集会、大衆宣伝と政治劇場の出現—が最初に四川で幅広く人民に導入された。一旦理解されると、これらの新しい技術は四川の人民の心の中に深く刻まれ、後の政治闘争に再び使われた。

1911年、ここ四川の運動指導者達は西洋における国家社会運動での18世紀に対応するように、お互いを知らずに散らばっている人民集団を権力に対して屈することなしに挑戦するように、新しい技術を採用したのであった。

注

（1） 李劼人『李劼人選集』第2巻、『大波』第1巻、四川人民出版社、1980年、117頁によると会報の値段は1部1銭であった。王笛、*Street Culture*、213頁によると値段は1部3銭であった。
（2） 『大清歴朝実録宣統政紀』52巻、日本東京大蔵出版㈱影印本、1936年、37頁。戴執礼編『四川保路運動史料彙纂』（上）中央近代史研究所史料叢刊、1994年、527頁。
（3） 戴執礼編『四川保路運動史料彙纂』（上）1994年、522-524頁。
（4） 湖北湖南両省内粤漢；湖北省内川漢鉄路借款契約「湖広外国借款条約」、戴執礼編『四川保路運動史料彙纂』（上）1994年、540-548頁。
（5） Ralph William Huenemann, *The Dragon and the Iron Horse*, Harvard University Asia Center, 1984, p.72.
（6） *Ibid.*, p.73.
（7） 戴執礼編『四川保路運動史料彙纂』（上）1994年、537頁。
（8） 外国借款条約の全文は戴執礼編『四川保路運動史料彙纂』（上）1994年、540-548頁にある。原文は王亮『清宣統朝外交史料』20巻、北平、外交史料編纂、1935年、38-51頁。

(9)　Chang Peng-yuang（張朋園），"The Constitutionalists", in Mary Wright ed., *China in Revolution: The First Phase 1900-1913*, Yale University Press, 1968. p.174 実際、公司の取締役13人の委員のうち 7 人は蒲議長関係の人間であった。

(10)　成都公司、宜昌分公司、上海分司、北京の本拠事務所喬樹枏と 8 通の通信のやり取りをした。5 月11日、5 月13日、5 月15日。「四川収会国有往来要典」。原文は戴執礼教授より。戴執礼編『四川保路運動史料彙纂』（上）1994年、553-556頁、参照。

(11)　『蜀報』11期、戴執礼編『四川保路運動史料彙纂』（上）1994年、559頁。

(12)　1911年 5 月28日に成都で開催された「川路公司準備会会議速記」を参照。この会議で鄧孝可は敵を負かし成都における四川エリートの代弁者となった。戴執礼編『四川保路運動史料彙纂』（上）1994年、566〜570頁。

(13)　戴執礼編『四川保路運動史料彙纂』（中）1994年、750頁。

(14)　戴執礼編『四川保路運動史料彙纂』（上）1994年、587頁、606頁。

(15)　1911年 6 月 1 日、盛宣懐と端方から王人文への電報「四川収回国有往来要点」、10-11頁。

(16)　同上。

(17)　「四川保路同志会電文要略」15-27頁。外国借款条約の全文は戴執礼編『四川保路運動史料彙纂』（上）1994年、540-548頁。

(18)　戴執礼編『四川保路運動史料彙纂』1994年、638頁。.

(19)　『蜀報』号外（1911年 6 月17日）、戴執礼編『四川保路運動史料彙纂』（中）1994年、633-638頁。

(20)　漢語大詞典編纂処整理『康熙字典』漢語大詞典出版社、2002年、151頁、参照。

(21)　『蜀報』号外（1911年 6 月17日）、戴執礼編『四川保路運動史料彙纂』（中）1994年、633-638頁。

(22)　「四川商会公報」1911年 6 月21日、戴執礼編『四川保路運動史料彙纂』（中）1994年、656-657頁。

(23)　『四川保路同志会報告』18号、1911年 7 月18日。

(24)　同上。

(25)　『四川保路同志会報告』12号、1911年 6 月27日。

(26)　「王人文による内閣、郵伝部大臣と端方への電報」陳旭麓・他編『辛亥革命前後』上海人民出版社、1979年、102頁。

(27)　李劼人『李劼人選集』第 2 巻、『大波』第 1 巻、四川人民出版社、1980年、36、41頁。

(28)　「鉄路国有案」『満清野史』 4 巻、13項．原書は1920年初版、戴執礼教授より。

(29) 李劼人『李劼人選集』第2巻、『大波』第1巻、41頁。
(30) 「鉄路国有案」『満清野史』4巻、13項。
(31) 同上。
(32) 同上。
(33) 李劼人『李劼人選集』第2巻、『大波』第1巻、57頁では人数は700人と記されている。『満清野史』の「鉄路国有」4巻、13項 では人数は4,000人となっている。王人文の電報では人数は2,000人となっている。「四川保路同志会報告」2号、1911年6月27日では、人数は数千人とされている。『時報』の「粛湘と李文熙への電報」7月3日、1911では人数は5,000人とされている。
(34) 李劼人『李劼人選集』第2巻、『大波』第1巻、四川人民出版社、1980年、33頁。
(35) 同上、34頁。
(36) 同上、38頁。
(37) 同上、41-42頁。
(38) 「成都尹署藩司良致端大人電」、盛宣懐『愚斎存稿』78巻、9頁（沈雲竜編『近代中国史料叢刊』続編、第13輯、文海出版社、1976年、所収）。
(39) 彭芬「辛亥遜清政変発源記（清朝体制変化の源流1911）」31頁。原資料は戴執礼教授より。彭は「一般に各県に約10人いた。これらの学生への平均資金は10元であった」と回想している。
(40) 『四川保路同志会報告』12号、1911年7月11日
(41) 戴執礼編『四川保路運動史料彙纂』（中）1994年、674頁。
(42) 戴執礼編『四川保路運動史料彙纂』（中）1994年、683頁。陰の黒幕である蒲殿俊は保路協会で公の地位を引き受けはしなかったが、あらゆる協会活動には非常に関わっていた。
(43) 戴執礼編『四川保路運動史料彙纂』（中）1994年、674頁。
(44) 戴執礼編『四川保路運動史料彙纂』（中）1994年、679頁。
(45) 『四川保路同志会報告』17号、1911年7月17日。
(46) 同上。
(47) 同上。
(48) 戴執礼編『四川保路運動史料彙纂』（中）、1994年、694-695頁。
(49) 『四川保路同志会報告』2号、1911年6月27日。
(50) 『四川保路同志会報告』3号、1911年6月28日。
(51) 李劼人『李劼人選集』第2巻、『大波』第1巻、117頁。
(52) 『四川保路同志会報告』4号、1911年6月29日。

(53) 『四川保路同志会報告』3号、1911年6月28日。
(54) 李劼人 『李劼人選集』第2巻、『大波』第1巻、117頁。
(55) 『四川保路同志会報告』6号、1911年7月1日。
(56) 同上。
(57) 実際、郭樹清の死は「鉄道を回復させ条約を破る」という問題とは全く関係がなかった。郭は精神病のために亡くなった。しかし彼の死を利用するために会報の書き手たちはその死を意味のあるものにした。李劼人 『李劼人選集』第2巻、『大波』第1巻、45-47頁。
(58) 『四川保路同志会報告』7号、1911年7月2日。
(59) 同上。
(60) 『四川保路同志会報告』13号（1911年7月12日）、14号（同7月13日）、15号（同7月14日）。
(61) 『四川保路同志会報告』2号、1911年6月27日。
(62) 同上。
(63) 同上。
(64) 同上。
(65) 『四川保路同志会報告』2号（1911年6月27日）、3号（同6月28日）、5号（同6月30日）、6号（同7月1日）。
(66) 『四川保路同志会報告』3号（1911年6月28日）、4号（同6月29日）、5号（同6月30日）、6号（同7月1日）。
(67) 『四川保路同志会報告』5号、1911年6月30日
(68) 『四川保路同志会報告』9号、1911年7月6日。
(69) 『四川保路同志会報告』6号、1911年7月1日。
(70) 『四川保路同志会報告』11号、1911年7月8日。
(71) 『四川保路同志会報告』6号、1911年7月1日。
(72) 同上。
(73) メアリー・ランキン（Mary Backus Rankin）は似た視点を持っている。ランキンの言葉の中で「四川の活動家も亡き光緒帝と新しい摂政政治の間のありのままの対比を示した」。光緒帝は「大胆に憲政を準備し人々の調和を模索した、しかし新しい悪の盛宣懐に代表される内閣は人々を騙し、先の統治者の目標を廃棄した」とある。Mary Backus Rankin "Nationallistic Contestation and Mobilization Politics: Practice and Rhetoric of Railway-Rights Recovery at the End of the Qing," *Modern China*, 28-3, 2002, p.343.

(74) 『四川保路同志会報告』2号（1911年6月27日）、6号（同7月1日）、11号（同7月8日）。
(75) 『四川保路同志会報告』19号、1911年7月19日。
(76) 『四川保路同志会報告』8号、1911年7月5日。
(77) 秦の宮廷での7日間の叫びは中国の春秋戦国時代に起こった有名な話である。楚が呉に攻められた時、楚の大臣申包胥は援軍を頼むため秦に使わされた。申包胥は7日間、昼も夜も秦の宮廷の壁にもたれて、泣き叫び続けた。7日後、秦は楚を助けるため援軍を送ると決定した。
(78) 『四川保路同志会報告』8号、1911年7月5日。
(79) 同上。
(80) 地元の知識人達は、荊軻の詩から詩に表された有名な英雄感を引き起こすために、荊軻の故郷に流れている易川と成都に流れる錦川とを単に置き換えた。
(81) 郭沫若『反正前後』上海書局、1929年、450-451頁。
(82) 『四川保路同志会報告』9号、1911年7月6日。

税金の代理徴収より見る清末蘇州商会の「代表性」問題

邱　澎　生（宮内肇訳）

　清末の中国で商人の権益を合法的に代表し且つ保護できる「商会」が出現した。清朝は1904年前後に「商会簡明章程」を主な法的根拠として、全国各地の商業城鎮における商会設立の申請を奨励した。1911年の辛亥革命の発生と直後の中華民国の成立は、商会が法律によって商人の権益を代表し保障する地位をさらに確立させ、商会はその後の民国時期に社会、経済ならびに政治の情勢に影響を与える重要な社団となっただけでなく、後の国民党と共産党が収容改編、もしくは各種手段を用いて整理を試みようとした商人社団となった。すなわち、清末にすでに法律に依拠して商会が設立されていたが、辛亥革命後、商人利益を合法的に代表できるその社団としての地位が強化されたと言うことが出来よう。ある意義から見れば、商会は清末から辛亥革命・民国成立のこの7、8年の間に出現し、強固なものとなり、中国に出現した「臣民から国民へ」という転換過程における有機的一環とみなし得る。本文は「革命史観」を採用して商会を中国に出現した「臣民から国民へ」の変化の歴史を象徴するものとしてとらえるのではなく、商人団体が商人の権益を代表し保護してきた歴史過程を、より「全体把握」できる研究視点から見ていきたい。

　商人団体の代表性の問題を如何に全体把握するのか。筆者は研究の視野を広げ、商会が商人の権益を保障する「法理上の代表」であることを強調し、さらに同時に会館・公所が商人の権益を保障する「事実上の代表」であることも軽視することもできないと考える。このように「法律上」と「事実上」の二つの代表性をともに考慮することで、我々は清代商人団体の代表性の問題を全体的に把握することができる。これもまた本稿が論証しようとする核心的問題である。清末蘇州の商人団体が政府の商税徴収に介入する過程を研究対象として、

筆者は会館・公所及び商会といったこの二種類の商業団体が、清末政府が商人に対して代理徴収を要求したプロセスにおいて、いったい如何なる方式あるいは策略によって、商人の財産と安全を合法的に代表し、保護したのかを分析する。小論は、商会の出現は、商人団体が「代表性」の問題においてある種の制度的転換を生んだことを確かに反映しているが、これは決して無から有を生んだわけではなく、むしろある種の長期的な制度調整の問題であったことを主張するものである。

1　清代財政の商業税収の比重問題

　清末における釐金の開設と海関税の徴収は、実のところ清朝の財政構造の長期的な変遷の中で検討を加えるべきであろう。商業税収が清代全国の財政歳入に占める比重は一貫して高くなく、農業税収の比重に遠く及ばなかった。嘉慶五（1800）年頃まで、政府の歳入はなおも地丁田賦・漕糧折色等の農業税収に重心がおかれ、農業税は政府歳入の約70％を占めていた[1]。イギリスの情況は大きく異なり、早くも1780年代から、イギリス政府の歳入に占める農業税収はわずかに19％であったものが、1826年から1930年の間には、9％にまで下落した。商業税収中の貨物税は、1781年から1785年の間に、すでにイギリス政府の歳入の大部分となり、約44％を占め、1836年から1840年の間に、関税は政府歳入の44％を占め、飛躍的に上昇してイギリス政府歳入の第一位となった[2]。比較してみると、19世紀末以前まで、農業税収は清朝政府の歳入比重の中で一貫して高く、下ることはなかった。これが清朝政府の財政構造の基本的な情況であった。

　しかしながら、もし農業税収と商業税収の相的な比重を考慮せずに、単純に商業税収を長期的変化の中で見たならば、商業税収の清朝政府の歳入に占める比重は、実際のところその成長の速さを看取できる。清代前期の政府の財政歳入は、「地丁・塩課・関税・雑徴」と大きく四つに分類できるが、後者の三つは、広義的の「商業税収」と言える[3]。各種の商業税収の項目には、多くの

複雑な名目の税金が含まれるので、理解しやすい様に、ある学者は清朝前期の商業税収を概括して三つに大きく分類している。一つは田房契税等の「不動産税」、一つは塩課塩引・茶引・当税・牙帖税・牙税等の「営業及び牌照〔許可〕税」、一つは関税・商品税・市集落地税等の「商品流通税」である。これら三種の商業税収は、乾隆・嘉慶年間に実は大幅に増加し、雍正二（1724）年には歳入の5.4％を占めていたものが、乾隆十八（1753）年には13.1％、嘉慶十七（1812）年の14.6％と、まさに三倍近くに成長していた[4]。

　商業税収の政府財政構造における重要性は、これだけではない。地丁銀といったこの種の農業税収はなおも清朝政府の歳入の大きな部分であったが、しかし各省の地丁銀税収は常に天災の影響で収穫が変動するため、同時に少数の豊かな省が多数の貧しい省に協力して援助しなければならず、それゆえに確実に中央政府へ納められ、役割を発揮し得る地丁銀部分は、必ずしも表面上の数字ほどには重要性が高くはない。これに比較して、塩課や関税等の商業税収は、中央政府の必要とする軍事・河川工事等の臨時支出にとっては、その有用性が際立っている[5]。

　必ずしもすべてが中央政府の税収財源になるとは限らないにも関わらず、太平天国の戦事期間の釐金と海関税もまた、政府が日増しに依存する新興の商業税源となり始めた[6]。この種の商業税収は商品流通の量により課税され、ただ市場が継続して成長し、商品が継続的に各地へ運送されさえすれば、政府は持続的に徴税を行い、柔軟に管理調整することが可能となり、戦争被害に対する受容力と復元力という点で、田賦よりも利便性がはるかに高かった。これにより、この種の商業税収は一種の安定と弾力性を兼ね備えた税源であったばかりでなく、商業税収の政府歳入における比重の大幅な増加を加速させた。清末最後の十年間、煙酒税・契税等の「雑税」収入はさらに政府の財政的要求を満足させる重要な税源となり、政府による課税の対象は拡大されたが[7]、こうした「雑税」収入のほとんどは商人によって納められた「商業税収」であった。光緒三十四（1908）年、政府の歳入統計は大きな転換をむかえ、農業税収はわずか歳入の35.1％となり、塩課・常関税・海関税・釐金及び雑税等の商業税収

は歳入の64.9％を占めるに至った[8]。これらは全国的な平均にすぎず、もし沿海地区の農業税収の減少と商業税収の成長だけを見たならば、35.1％と64.9％という数字に比べ、確実に大きな差となっていたはずである。光緒二十九(1903)年、商部官員が「近世の財政管理を言う者で、商務の振興を急務と考えない者はない」と指摘したように[9]、これはまさに清末政府の歳入が商業税に依存していたことを具体的に反映したものである。

　清代の商業税収の成長は、基本的には日々悪化する財政に対応して実施した調整結果であり、政府官員が背負わなければならなかったプレッシャーは、隣国との軍備競争ではなく、公共整備に対する投資の拡大でもなかった。しかし、清代の国内外の商業市場の大幅な成長もまた、やはり当時の政府の商業税収が成長した一つの重要な原因と見るべきである。商業の拡張と発展、及び商人の財富の普遍的な増加こそが、商業税収を拡大させた政府の財税改革を支えることを可能にしたのであり、政府の歳入のために重要な税捐補充の財源を提供した。清末期、商人の政府に対する財政歳入面での重要性が日増しに増えていったと言うことができよう。

2　「裕課」と「恵商」との間で——政府による商税徴収の構造的矛盾

　商人からより多くの税金を徴収するために、政府の財税政策はさらに拡張していった。早くは清朝前期において、「恵商〔商人保護〕」・「恤商〔商人扶助〕」と「裕課〔税収増加〕」間の関連性に関する言論が陸続と出された。すなわち多くの官員は商人の経営環境の改善と政府歳入の増加との相関性に注目していた。康熙年間に、塩政を主管する責務を負っていた謝開寵は、塩商の経営環境を改善することは政府の税収増加に有益となると明確に指摘して開陳し、彼は清代の塩法改革は「"便民〔人民の便宜を図る〕"によって"恵商"を行い、"恵商"によって"裕課"を図る」という基本原理に合致すると称賛している[10]。道光三年六月二十九日（1823年8月5日）、道光帝もまた内閣に対して国内各税関の関務行政を改革し、商人により良い経営環境を提供するように命令

している。道光帝は「各税関の課税の余剰と不足は、商人の多寡による」という重要な事実を指摘しただけでなく、併せて明確に以下のように強調している。

　"裕課"には必ずまず"恤商"を行い、"恤商"のためには必ずまず弊害を排除しなければならない[11]。

関務行政の「除弊」を進めることが重要なのは、それにより「恤商」が可能となり、また「裕課」も可能になるからであり、この命令はすでに商業税収が政府の財政歳入に占める重要性を明確に指し示しており、政府が商人の経営環境の改善に対してある程度重視していたことをも反映している。道光帝はさらに「各省督撫は、各税関の税収がなぜ不足しているのか、また商品がどのように流通しているのかを詳細に調査し、章程作成を十分に議論して上奏するように命ず」とし、官員に関務行政を商人の交易に有利となるように改善することを明確に要求している。清末の商人も連名で政府に対して税務行政の改善を要求する際に、「恵商・恤商」と「裕課」を併用して請願している。例えば光緒三十二（1906）年五月、蘇州商会が繰線業商人に代わって商部に対して釐金増税を軽減するよう上申した際、強調した理由もまたやはり「上（政府）に"裕課"ありて、下（世間）に"恵商"あることを請い願う」というものであった[12]。光緒三十二（1907）年年末、蘇州商務総会・上海商務総会と通州花業商務総会が連名で江蘇巡撫に対して「牙税」の徴収方式を改善するように要求した際にも、「"裕課"の中になお"恤商"の意図が含まれることを請い願う」と申し立てをしている[13]。「裕課」と「恵商・恤商」とが関連して討論されることは、清朝政府が商人に対して増税を進めたプロセスの中で、一貫して見られた基本的な方法であった。

　いかに「裕課」と「恵商・恤商」の両方に配慮するのか。税務行政等の改革では商人に有利となる経営環境改善の措置が取られた以外に、政府は「売官」・「鬻爵」といった手段をも用いて、商人の寄付を奨励した。軍需・営田・河川工事・災害救済等の臨時の必要性に対処するために、清朝政府は早くから次々

と各種の「捐納事例」を創設し、商人が捐官〔寄付献金で官位を手に入れること〕で納めた費用を財政収入にあてて不足を補填していた。こうした捐納事例は「康熙期に創設され、雍正・乾隆・嘉慶・道光期に整備・踏襲され、咸豊・同治期以後は遂に乱用された[14]」。乾隆年間には、捐官収入は常に三百万両前後であったが、咸豊・同治年間には捐官人数は減少し、年収一百万両前後に減少した[15]。捐官以外に、塩商と広東十三行等の資本金の巨額の商人は、早くは清中期以前においてすでに政府に対して「報效〔献金〕」してきた[16]。政府もまた常に寄付を行う「報效」商人に対して官位爵位を授与してきたのである。魏源はかつて商人の寄付金の清朝政府の軍事支出に対する重要性を指摘している。

　　明軍には給与が支給されていたが、本朝にはこれがない。本朝は「捐輸〔寄付や献金〕」によって助餉〔軍人給与の助け〕としているが、明代にはこれがなかった。すなわち、古今の名実と時勢の違いがはっきり現れている[17]。

農業税収はなおも政府歳入の大部分を占めていたが、商人の寄付も清朝の財政支出にとって一貫して非常に重要であった。商人の捐官費であれ、商人の「報效」費であれ、商人は政府の様々な「捐輸助餉」に対して、早くから清朝政府の財政歳入面で重要な役割を果たしてきた。清末、しいては寄付を行う海外華僑商人に対しても官爵が授与されるようになり、寄付による官爵授与の対象は国内商人に限られなくなった。例えば光緒二十八（1902）年、巨額の「報效」を行った広東籍の華僑商人である張振勳に「三品京堂候補」が授与されたことは有名な事例である[18]。光緒三十二（1906）年、さらに「勳商章程」が発布された。このように、政府の財政歳入と国内の実業振興に貢献した商人に官爵が授与されたことは、商人の社会的地位を高めただけでなく、さらには商人の商業発展における成功を肯定し、もはや単に寄付した「商人」を「官員」とするだけのことではなくなった[19]。蘇州の会館・公館成立時に、筆頭に名を連ね

て政府に保護と登録を申請した多くの商人は、「職商」等の官爵身分を有していた[20]。蘇州地区の商会が成立した際、董事を担当した商人もまた、その大半が官爵の肩書を持っていた。これらの事例はすべて、商人があまねく寄付を行い「裕課」に貢献した後、政府が官爵の授与によって「恵商」を実行した、直接的な結果であった。

商人を「嘉恵」することにより「国課」の利となることは、確かに単なるスローガンに終わったわけではなく、政府は実際に政策として実行していた。しかし、「裕課」と「恵商」との間には、やはりしばしば衝突もあった。政府はたびたび「恵商・恤商」の手段をもって、「裕課」の増税実施を行おうとしたが、商人から税捐を徴収する現実は、実は常に緊張関係に満ちていたのである。咸豊三年二月（1853年3月）、清朝政府はまず北京で鋪捐〔店舗税〕の開設を試行したが、官員の構想は「商人の得た余剰を少し均霑し、度支（財政）の不足を補う」というもので、そもそもはこの試みが成功した暁には、すぐに全国各省の省都へ押し広めていこうと考えていた。ところが、徴税の政令がひとたび下ると、北京の銭鋪糧店など各商店主は次々と自ら店を閉めてストライキを始め、「庶民の生活は突然不便になった」だけでなく、さらに「市街は混乱し、人々は危険に曝された」[21]。商人によるストライキという圧力により、店舗税徴収の政令は、実施して五日も経たずに、清朝政府は命令を撤回せざるを得なかった。しかしながら、厳しい財政状況にあって、清末政府はなおも商人に対して増税をしなければならず、特に清末に開始した一連の「新政」が必要とする経費は莫大で、商人に対する増税令は休むことなく過激さを増した。宣統元年九月、蘇州の典〔質屋〕業商人は、新税開始に反対する明白な陳情を行ったが、その陳情書には以下のようにある。

　　新政が次々と開始されてから、例えば学堂捐・巡警捐・房捐・郷鎮の団防
　　捐が徴収され、また各省に水旱害等の災難が発生すると、地方公益に関す
　　ることとなれば、真っ先にみな責任を負っている。……地方の官吏はつね
　　に典商は財産も多く、多額の捐輸が可能であると見ているようだが、我々

にはそれほどの財産はないのだ[22]。

学堂捐・巡警捐等の様々に異なる新政の税捐は、商人と政府官員の関係をますます緊迫させた。新政の税捐を課税する対象は、典商といった比較的大きな資本を有する商人に限らず、多くの小商人へも影響が及んだ。光緒三十二年（1906）十一月、元和県令の許可で発送された公文書は、政府の新政に協力せず、納税に抵抗した醤鋪商人を厳しく叱責している。

　　費用を捻出して新政を実施するのは、民を護るためであり、すなわち商人（商売）を保護するためである。増税の額も僅かであるにもかかわらず、どうして〔醤鋪商人の〕意を汲んで免除することができようか[23]。

政府官員からすれば、新政を実施することは富国強兵を行い、外国からの侵略に抵抗し、それによって国民を護ることであった。商人もまた国民の一部であり、よって「民を護ることはすなわち商人を保護すること」なのであった。官員の立場からすれば、新政にともなう商人への増税は、当然協力するべきことであり、「どうして免除することができようか」となる。続いて官員が醤鋪商人に「わずかでも納税に違反したり、遅延したりすることがないように。違反するようなことになれば困ったことになりかねない」と公文の文末で警告を行っているように、政府と商人の増税問題上の緊張関係が十分に窺える。以上のことから、政府に利する「裕課」と商人に利する「恵商」の両者の間のバランスをうまくとることは、決して容易なことではなかったことがわかる。

3　清末政府による商税徴収の圧力下にあった蘇州会館・公所

　商人が捐官と報效を通じて政府に納めた寄付金は、結局のところ通常の歳入経費ではなく、各項目の商業税こそが政府の通常歳入であった。財政危機に対処するために、清末の政府は釐金と海関税という新たな流通税を開設・徴収し、

既存の不動産契税・営業牌照〔許可〕税と商品流通税等の三種の商税に対しても、それぞれ高い税率と税額を課した。その中で大部分の国内商人に影響が及んだのは釐金であり、清末商人の釐金をめぐる集団抗争は、最も激烈であった。

咸豊三（1853）年より、軍事支出に対応するため、地方官は税関の他に「釐卡」を新たに開設し、各省省城に「牙釐総局」を設置し、各地の商人に綿布や生糸絹製品等の製品出荷に「産地捐」を、各種商品の「通過捐」及び末端店舗が納める「落地捐」などを開設・徴収して、「釐捐」あるいは「釐金」と総称した[24]。釐金創設当初は、大半は１％の税率を採用していたが[25]、その後、徐々に増税していった。光緒二十一（1895）年以後は、財政危機に対処するために、各省の都督巡撫は次々と各商品に対して釐金を課税したが、主には五種類であった。すなわち茶糖加釐・煙酒加釐・土薬加釐・塩斤加釐・当舗〔質屋〕加釐である[26]。蘇州では、光緒二十五（1899）年・光緒三十（1904）年の二度にわたり、たばこと酒に釐金を課税している[27]。光緒三十（1904）年、清朝政府は全国各省に対して釐金を改革する「統捐」制度を実施したが、沿海の各省の大半は反対を表明し[28]、多くの蘇州商人もまた「統捐」に反対する隊伍に加わった。光緒三十一（1905）年以後、蘇州政府はさらに多くの業種の商人に対して新たに課税を行ったり釐金の税額を上げたりすると、再びさらに多くの商人が税捐闘争に加わるようになった。

正確に言うならば、「釐金」は、もとは「釐捐」と称されるべきであった。「捐」と称すべき所以は、この税制を創設・実行した官員のそもそもの構想と関係がある。官員が「釐捐」を開設した当初、実は会館・公所が商人に各種取引から一部を抽出して会費にあてた募金方法をまね、軍隊の軍餉とその他の政府費用を工面しようとした[29]。同治元（1862）年、曾国藩は当時贛南で釐務に従事していた李鴻章に宛てた書簡で、明確にその間の経緯について指摘している。

　　かつて道光十九年、漢口の長沙会館で、船釐を徴収するのを見た。徴収する者も支払う者も、みな商売をしている身分の低い人々であったが、私心

なく平然と徴収を行い、騙したり欺いたりすることはなかった。今では、官吏が"済餉"を徴収しているが、商売取引のような雰囲気が必要で、あまり役人風を吹かせるべきではなく……衙門の役人を経由させてはならない[30]。

釐金は地方官員が商人に対して創設・徴収した税金であるが、曾国藩は徴税過程において、「あまり役人風を吹かせるべきではなく」、できるだけ「衙門の役人を経ずに」徴税を行うことを希望した。そうすれば官員や下級役人がひそかに悪事を働く機会を増やさずにすむし、そこには当然商人を保護する意図も含まれていたのである。曾国藩の回憶によれば、道光十九（1839）年、漢口の「長沙会館」を組織した商人は、取引の一部を「船釐」という形で寄付する方式で団体基金を創設したが、曾国藩がみた光景は、「徴収する者も支払う者も、みな商売をしている身分の低い人々であったが、私心なく平然と徴収を行い、騙したり欺いたりすることはなかった」という。彼は政府の釐金徴収も可能な限り会館・公所が団体経費を徴収する際の「取引の様相」を呈するよう希望していた。「取引の様相」とは、最も簡単に言えば、取引が双方の合意と自分の意思によって行われるということである。問題は、商人が会館・公所に加入することに強制性はないが、しかし商人が釐金を納めることは強制であったことである。曾国藩は下級役人の悪事を減らし、商人に自ら望んで喜んで釐金を納めさせることを希望したが、恐らくは単なる善意に基づいた願望でしかなく、実際には簡単に達成できるものではなかった。光緒二十二（1896）年四月、蘇州の「機匠〔絹機織り職人〕」が釐金総局による織機釐金納税漏れの補足調査に反抗して、大勢の人を集めて蘇州釐金総局を打ち壊す事件が発生した[31]。釐金徴収のために引き起こされた官と商の衝突は、決して曾国藩が模倣を考えていた会館・会所の「取引の様相」ではなかった。しかし、「釐捐」の「捐」の字からも分かるように、少なくとも多くのこの制度を創設・設計した政府官員が望んでいたのは、商人の寄付なのであって、納税ではない。これが釐金制度の本意であったようだ。しかし実際に釐金が創設される過程において、商人

の多くはこれを「捐（寄付）」ではあるとは認識できず、政府に対して納めざるを得ない「税」として認識したのである。

一方では自由意志で献金することを明確にするために、またその一方では釐金徴収の利便性、官吏による釐金徴収の行政コスト節約のために、釐局も各業種の商人との共同での「認捐」あるいは「包捐」方式によって、政府に代わって商人に産地捐・通過捐あるいは落地捐等の異なる名目の釐金を徴収させることがあった。ある学者の指摘では、十九世紀後期、長沙・上海や四川などいくつかの都市では、いずれにおいても会館・公所が政府に代わって釐金を徴収する事例が見られたが、このことは「政府の財政税収の安定を保証し」、且つ会館・公所の「関係する業界の取引に対する支配力を強めさせた」(32)。蘇州にも会館・公所が釐金を代理徴収する事例はあった。例えば「煤油広雑貨業」を営む商人は、この業界団体である「惟勤公所」の名義をもって政府に対して「包認落地捐（落地税の一括請負納税）」を申し出るとともに、宣統二（1910）年八月、政府に対し、「惟勤公所」に落地捐を納めない「美孚洋行」の石油の密輸送を禁止するよう要求している(33)。

基本的に「認捐」と「包捐」とは異なるものである。「認捐」の金額は比較的融通性に富むが、「包捐」は固定された金額の徴収を引き受けることであり、変更がやや難しい。商人からすれば、「包捐」のリスクはやや大きく、釐金を代理徴収しながらも、定められた金額に達しなければ、商人が自ら補填しなければならなかった。光緒三十一（1904）年冬、蘇州の酒業商人は、政府に対して引き受けているのは「認捐」であって「包捐」ではないと強調している。すなわち「認捐の金額に過不足があり、税額を一定額にするのは難しいが、これは"認捐"であり"包捐"ではなく、定額でないのは当然である」と(34)。政府に対して釐金の代理徴収を請け負う際に、商人は必ず政府に対して誓約書を入れ、一定額の税金と納税方法を承諾するが、後々の弁明のために双方が誓約書として提出した協議内容がいったい「認捐」だったのか「包捐」だったのかであるが、このことが商人と政府の間における多くの税捐争議を引き起こした。

しかしながら、現存する蘇州の資料からみれば、釐局に対して釐金を「認捐」

あるいは「包捐」をした商人団体は、実はかなり限定的であり、いくつかの規模の大きな業種、例えば綢緞業商人の「七襄公所」・紗緞業帳房の「雲錦公所」と上述の煤油業卸商人の「惟勤公所」等の商人団体に限られていた。蘇州の大多数の会館・公所は、実は政府の釐金の代理徴収を引き受けてはいなかった。それはなぜか。緶線業商人の光緒三十二（1905）年の納税に抵抗した陳情書から、いくつかの事実が看取できる。

　　各都市の「認捐」できる商品は、必ずや大口取引の商品でなければならない。それぞれ「認捐」担当董事自ら人を雇って巡回させることにより、代理徴収が可能なのである。緶線業は規模が小さく、そのような力量はない[35]。

商人が釐金を代理徴収するには、人力・物力といった徴収コストが必要であるため、「認捐」商人は常に「自ら人を雇って巡回させる」ことにより、釐局に対して「認捐」あるいは「包捐」した金額を納めることができる。釐金を代理徴収する商人は、つまるところ官員ではないため、他の商人の脱税を阻止するには、それなりの徴税コストを支出しなければならない。一般商人の多くは巡回など脱税防止のコストを支出する能力に欠けており、また政府に替わって釐金を徴収する意思も欠如していた。かつ、さらに重要なことは、一旦釐金の代理徴収の徴収額が足りないとなれば、商人は釐金の税額を補填して納めなければならず、つまり、一般商人には釐金を「認捐」することが面倒なことであったし、「包捐」についてはさらにいうまでもないことであった。

　宣統元（1909）年十月以後、江蘇巡撫は「認捐」を廃止する税務改革を推進していくが、その意図は各業界の商人が納める様々な釐金を合併して簡略化することにあったようだ。各業界の商人が共同して一種類の税目を納税することを認めさえすれば、政府の各釐局は再びそれ以外の雑項の釐金を徴収しないことにした。こうした釐務改革を推進してはじめて、各業種の会館・公所の商人の興味を引き起こした。政府に対して釐金を「認捐」しようとする商人はもは

や以前のようないくつかの経営規模の比較的大きな商人だけではなくなった。政府が再び重複して釐金を徴収することはないという約束のもとで、政府に対して釐金の「認捐」を申し出る会館・公所は増加したが、このようなことは、宣統元年年末以前の蘇州においてかつて発生したことはなかった。

　宣統元年の釐金改革の前後を問わず、釐金の「認捐」はすべて各業種の商人が自ら政府に対して承諾を得て誓約書を提出し、政府から一方的に強制することはできなかった。光緒三十一（1905）年十月、蘇州の「六門釐局」が縄店商人に縄線を売買する外地商人の釐金通課税を代理徴収するように要求した際、政府は同業商人がすでに「認捐」を承諾しているとして、釐局官員は「"認捐"はみな商人が自ら申し出たものであり、当局はいまだかつて"認捐"を命令したことはない」と強調した(36)。ただ縄店商人が実情をあくまで主張したのはそういうことではなく、彼らは代理徴収を正式に承諾した覚えはなかった。官員と商人がそれぞれ自らの主張を曲げなかった。縄線業の商人が光緒三十二（1906）年正月に陳情して自ら述べた内容によれば、官員との認識には大きな食い違いがあった。

　　思うに蘇城の縄線店の商売は極めて小さく、かつて官府より救恤をうけるも、未だに捐輸の要請を受けたことはない。……昨年十月にいくども六門釐局より召喚を受け、毎年銭一千六百千文の「認捐」に従うよう指示され、大いに困惑している。その原因を調べてみると、かつて縄線店を営んでいた帰徳雲は、現在では失業したぐうたらであるが、彼は漁夫の利を得ようとひそかに牙釐総局に対してでたらめに巨額の寄付金を引き受け、各店に分担させ、私腹を肥やそうとしたのである(37)。

陳情文から分かることは、縄線業の商人は同業者が光緒二十三（1897）年に成立した団体組織「采縄公所」によって「認捐」を申し出たのではないばかりか、同業商人が共同して釐局に毎年の「認捐」を決議したのでもないということである。政府は「認捐」が商人に強要する苛捐雑税であってはならないと考えて

はいたが、ただ同時に、「繰業商人」が釐局に「認捐」したことはまちがいなかった。しかし、多くの繰業商人の陳情によれば、釐局に対して「認捐」した商人が繰業商人全体の意見を代表することはできないばかりでなく、当初釐局に「認捐」した商人歸德雲に至っては、実は「失業したぐうたらで、漁夫の利を図った」とのことであった。彼らはくだんの歸姓商人は業界商人全体の意思を代表できないと主張した。光緒三十二（1906）年閏四月、汪麗生等35名の繰線商人はついに商会に援助を求め、商会は彼らを助けて歸德雲が「ほしいままに自ら"認捐"を申し出たこと」を訴えた[38]。同年五月、繰線商人は再度「認捐」を行ったためしがないことを主張し、また「如何なる人物が偽って申し出たのか知らないが、商人等は誓約書を提出していない」と主張した[39]。この事例から分かることは、たとえ釐金を創設して「認捐」や「包捐」にしたところで、釐局官員も通常、「認捐」あるいは「包捐」は、それぞれの業界の商人の共同決議あるいは正式な誓約書が出された場合にのみ認められると強調していることである。宣統二年二月八日（1910年3月18日）、江蘇省の牙釐総局は再び「各業界商人で"認捐"を申し出る者は、必ず当該業界商人が共同して承認すること。業界外の者が他人の名義で税捐を引き受けることを禁じ、これによって流弊を防ぐ」と強く指摘している[40]。

　歸德雲のように自発的に政府に「認捐」するような個別商人が、「公所」を設立して政府に対して税捐納付を請け負うことも時にはあるが、しかしこれと一般的に商人が自発的に寄付を行うことによって設立した会館・公所は異なるものである。なぜなら同業商人はこうした人物が設立した「公所」を認めることはきわめて難しく、期限を定めて寄付金を納め、専属の建築物を購入したり建設したり、あるいは董事を選出して積立金を管理させることを望むことはあり得ないからである。蘇州の南側に隣接している湖州府雙林鎮には「絲捐公所」と「絲絹公所」とがあったが、これらは発音が同じではあるが意味は異なる。民国六（1917）年に旧誌に基づいて編纂された『民国雙林鎮志』では、編者は特に「公所」の項目の末尾に、「絲捐公所」と「絲絹公所」の違いを明記している。

別に絲捐公所という公所もあるが、これは単に「商人に代わって捐の納付」をおこなうものであり、「絲絹公所」とは性質が異なり、所在地も別に設けてあり、職務も個人の請け負いと同じであり、よってこれより削除する[41]。

江南地方の地方志の編集者は、二つの「公所」を明確に区別している。「絲絹公所」は光緒二十八（1902）年に絹業商人と絲業商人が聯合して「両業界の商人がそれぞれ寄付を行いともに公所を建てて」生まれたものであり[42]、「商人に代わって捐の納付」しか行わない「絲捐公所」とは当然並べて論じることはできないのである。

4　会館・公所より商会へ
―― 商人団体が徴税抵抗に参加した際の「代表性」の問題

　大まかには、清代蘇州のほとんどの会館・公所は、一般的に商人と政府との間の税捐争議に参加することはなかった。会館・公所はおもに親睦や慈善等を行う慈善公益の名目で、政府に登録をして保護をうける。政府の目には、商人が募金をして設立した会館・公所は、おもには宗族の義荘や士紳の善堂と同様の「公産」と映っていた[43]。あるいはまさにこのような性格の組織であるがゆえに、政府は一貫して現有の会館・公所を、商人に対して税捐を徴収する、あるいは商人に釐金の代理徴収を要求する交渉相手と見なすことはまれであった。政府が直接会館・公所に税金を求めてくることを防ぐために、商人もまた会館・公所の名義をもって政府に税捐減免を申請することも少なかった。光緒末年、政府が次々と釐金を増税していくなかで、政府と各業種の商人との間の税捐をめぐる衝突はますます大きくなっていきはしたが、商人に代わって責任もって政府に税捐減免の申請を行ったのは、一貫して会館・公所ではなく、商人が連名の形式で地方政府に対して陳情する方式をとった。清代蘇州商人が政府に対して陳情するのは、大抵「衆商」による連名の方法をもって地方政府に

陳情したのだが、商会が成立した後もなおこうした事例は見られた[44]。しかし商会成立の後、商人が訴えを行うパイプはさらに増え、商会が表面に立って政府と交渉して物事の解決を図ることができるようになっただけでなく、商会によって多くの商人が連名で申請した陳情書を都督や巡撫に、甚だしくは商部に直接投書することもできるようになった。

　商会は様々な業種の商人と各業界の会館・公所の捐款によって成立した商人団体であり、政府が商会に「官と商を結びつけて、利権を保持する」という任務を賦与したのは、主には全国のすべての商人と官員とが共同で一致して、外国政府と外国商人に対処し、中国の各種利権を保障し獲得しようとしたがためである。しかし、本国商人と本国官員との間に衝突が発生した時、政府はこれをどのように処理するのか。これは実は両立の難しい問題であった。政府が商人に税捐を徴収するのは、必ずしも地方官員が苛酷な税金や雑多な税金にかこつけて自らの私腹を肥やすためばかりではなく、多くの税捐は、たしかに政府の財政困難の解決と各種の新政の推進のためであった。しかしながら、商人は税捐が不合理で、自らが負担しようと思っている額を超えていると考える一方、政府が本国商人を保護するという政策目標を強調する中で、政府も商人の現実的困難を解決しなければならなかった。宣統元年七月十三日（1909年8月28日）、六門釐局は蘇商総会への公文書の中で、官員は、商会が商人のために税捐の減免を争っていることに対し、いかんともし難いと感じていると表現している。

　　弊局と貴会の責任の所在には、それぞれの苦衷があり、お互いに了察してほしい[45]。

なぜ「責任の所在には、それぞれ苦衷がある」のか。原因は釐局の責任と立場は少しでも多くの商業税収を徴収して、政府の歳入不足と日々増加する支出をまかなうことにあり、一方商会の責任とは商人を保護し、商人が多すぎる税捐の徴収によって、外国商人との競争力を弱めさせないようにし、中国の利権の保全と回収という大きな目標に影響を及ぼさないようにすることであった。商

会が都督や巡撫と商部に対して絶えず公文書を上申し、商人のために釐金減免を要求するという大きなプレッシャーのもとで、釐局もまたただ商会に対して「互いに了察する」ことを求めるほかなかった。

　清朝政府が発布した法令規定によれば、商会は各級地方政府と中央政府にたいして直接公文書を往来できる権利を有しており、各級政府官員は商会が提出した公文書の内容に返答しなければならず、商務総会は「体制上尊く、本省及び他省の都督巡撫に対しては、"呈"を用い、司道以下には"移"を用い」、商務分会は「本省及び他省の都督巡撫や司道には"呈"を用い、府庁州県には"牒"を用いる」としている[46]。蘇商総会章程の規定では、すべての加入している商人が、一旦訴訟に及べば、「地方官は、まず本会に知らせ」なければならなかった。同時に「各商のうち些細な金銭貸借によって訴えられた者は、本会が情況を見て保証し、拘留に至る事態を避ける[47]」ことができた。こうした政府に対して公文書をやりとりできる権力と入会をした商人を保障する権力は、会館・公所ではとてもかなわないことであった。これは商人が商会成立以後にはじめて団結する方法を心得たのではなく、商会に加入した商人の見識が高く、同郷・同業の人間関係を超越して商人全体の利益のために発言したわけでもなく、実は商会が根本的には中央政府から積極的に支持され、また主導的に各種実質的な権力を賦与された商人団体であったからで、これは会館・公所が置かれた制度的環境とは全く異なっていた。会館・公所は親睦・慈善等公益的な名目を遠まわしに使用し、政府に対して公産を保護するべく団体登記したことで、非公式に各業界の利益に関連する集団活動を行えたのである。慈善を趣旨とする公産の身分で以って政府に保護を求めたことに飽き足らず、そのうえに、商人利益を趣旨とする身分で以て政府に対して商業税の減免を要求するなど、できるはずもなかった。

　しかし、ある時には商会もまた政府が「裕課」の立場を堅持するために、商会の「恵商」の立場を多少折衷させることもあった。このようなときには「裕課」のための増税を堅持する政府官員と商会との間で折衝交渉が存在したばかりではなく、「恵商」の立場を堅持する徴税に抵抗する商人と商会との間にも

折衝交渉があった。光緒三十二年初、酒商人と政府の徴税抵抗事件はますます深刻になっていたが、当時、紛争を仲介した商会総理はすでに動揺していた。この年の正月二十二日（1906年2月15日）、蘇州商務総会総理は当時、政府と徴税抵抗の交渉を進めていた潘廷檁に一通の書簡を送っている。潘氏は酒業と醬業とを兼業しており、蘇州商務総会の議董でもあった。書簡の中で、商会総理は、釐局官員がすでに譲歩に同意し、税捐を半分に減免するとしていることを指摘し、釐局官員が「商部は捐金額を変更できない、これが実情なので、もし旧来の章程を変更しようとするならば、其れはかなり骨の折れる事になる」と言っているとし、彼（商会総理）は潘氏が酒業商人独自で争議を解決するか、あるいは現状での交渉結果を受け入れるよう説得し、「商会にこれ以上の手間を取らせ」ないように諭し、政府に対して更に大きな税捐減免を勝ち取る必要はないと判断するとした。翌日、潘廷檁はすぐに返信をしたが、商会は、税金を負担することを強いられている酒業商人のために、政府に対して継続して「努めて争ってくれなければならない」と返しただけでなく、酒業商人が当初共同で決議した「醴源公所」の名義でもって二名の代表を商会に送り込んだ経緯と原因について以下のように陳述している。

　　土酒の業種は、昨年釐局の引き締めをうけたために、欣然として商会に加入し、…を推薦して代表として、また（商会）章程を細部まで閲読したところ、商情を連絡し、苦哀を代訴できるとあったので加入した。まして緶業商人の〔徴税問題の〕際には、商会が表に立って釐局を相手に努めて争い、各業商人ははなはだ快い思いがした。〔今回の〕酒業の事例も〔緶業と〕同様であり、もし同様に対処しないならば、いささか不公平で扱いがひどいと感じる。…（中略）もし小さなこととして他人に責任をなすりつけ合うようならば、将来経費の徴収は難しくなるだけでなく、大局にも関わるようになる。我々は同じ船に乗っており、おたがいに強い関心を持っている。よってとくにぶしつけを憚らず、事実の通り率直に述べれば、やはり熟考を望むところである[48]。

潘氏の書簡の意味するところは、商会が繅業商人にだけを手厚くすることはできず、酒業商人の権益のためにとことん争わないわけにはいかないということである。潘氏がまず明確に指摘したことは、当初、蘇州商務総会が「商情を連絡し、苦哀を代訴できる」ということだったので、酒業商人の「醴源公所」は代表を派遣し、300元を納付して商会に加入したという点である。潘氏はもし商会が酒業商人のために全ての税捐の免除を勝ち取ることができないならば、商人は会費の納入を拒否するであろうし、さらには商会の能力に対して懐疑の念を抱き、したがって商会の前途も危ういと考えた。よって潘氏は「将来商会経費の徴収は難しくなるだけでなく、大局にも関わるようになる」と述べている。潘氏は書簡の中で、商会が「釐局を相手に努めて争い、各業商人ははなはだ快い思いがした」とおだてるだけでなく、また「事実の通り率直に述べれば、やはり熟考を望む」とも記しており、商会総理に未来の商人が商会に会費を納めなかったときの後々の結果を考慮するべきであると警告している。光緒三十三年十月、酒業商人がまだ抗争を続けていたときに、潘廷樾は蘇州商会総会総理の尤先甲に一通の「密函」を送り、尤先甲に政府の増税行動に尽力して抵抗するように忠告し、「あるときは柔軟に、あるときは強硬に、ともかく納税しないことを主旨として、徹底的に堅持する」と述べている[49]。彼は酒業と醬業を兼業し、また前後の政府の増税に対抗する商人の二通の書簡から見ると、「或軟或硬」の四字は自身と同業者のための税捐抗争の基本手段の概略と受け取ることができるが、ただ、この「或軟或硬」の手段がある時には政府の税政を司る官員に立ち向かう際に用いられ、ある時には商会のこの事案を担当した総理に迫る際にも用いられている。

徴税に抵抗する商人も時に工夫を凝らして、商会総理に政府に対する増税抵抗の立場を堅持するように迫った。しかし基本的には、商会の経費も結局、各業種の商人と会館・公所の寄付からなり、商会総理・協理・董事等の職員も多かれ少なかれ商人と会館・公所代表の投票による支持に依拠しており、さらに重要なことは、商会董事も結局は商取引を行う商人であり、政府に対する抗税・

抗捐は全て共同の利益を意味していた。よって政府に対する税捐の減免交渉の問題において、商会は主にやはり抗税の商人の立場に立つことを選択した。もし「裕課」と「恵商」の間で両者を立てることが出来ないならば、商会はただ「恵商」の立場に立つしかなかった。

　宣統元年以後の各省諮議局開設もまた、商会が政府に対して税捐を協議する能力を高めた。宣統元（1909）年の諮議局選挙は投票人に対する資格の制限が非常に厳しく、各省諮議局の投票者の数は多くなく、江蘇省の「有資格被選挙人」はわずかに50,034人で、全省総人口の約0.18％であった[50]。しかし、諮議局選挙において、多くの立候補者自身は、政府が人民からむやみに税捐を徴収しないように監督すべきだという考えを持っていた。江蘇諮議局の選挙過程は当時の評論家の賞賛を得て、数少ない真剣に選挙に取り組んだ諮議局とされた[51]。江蘇諮議局の実際の活動を見ると、議員の選挙基礎は十分ではないが、しかしそれでもやはり多くの本省士紳と商人の意見を反映しており、決して政府官員にコントロールされていたわけではない。第一届江蘇諮議局議員の名簿上に、王同愈の名前があるが[52]、王同愈本人もまた六期連続して蘇州商務総会の役員を務めた名誉会員であった[53]。特に江蘇諮議局が討論した議案は、湖南・福建・江西等の諮議局と同様に、「財政経済問題の議案が最も多かった」[54]。宣統二（1910）年の「江蘇諮議局」の成立に際しては、江蘇省各地の商会から大きな協力を得たが、商会の政府に対する税捐問題の交渉においては、諮議局は有力なパートナーとなり、政府の税政命令に抵抗する商人の力を強化させた[55]。宣統二年七月、諮議局は江蘇省各地区の商会を召集し、南京に商会聯合会を開催し、共同で釐金の廃止と認捐に関する税制改革について討論を行った[56]。

　総じて言うならば、清末以前に「裕課」と「恵商」双方に配慮することは、実はすでに清代の各級政府が商人に対して徴税を行う際に、常に公言していた重要な原則であった。しかし、両者を同時に考慮出来ない場合に、政府官員の大多数は「裕課」に近い立場を選択して税務政令を執行した。十六世紀から十九世紀の間に蘇州を含む商業的な城・鎮に会館・公所が普遍的に設立されたが、

この商人等が自ら望んで結社したという事実をもってしても、政府官員が「裕課」と「恵商」とをともに考慮するとはいいながら、事実上結局は常に「裕課」を偏重するという基本的な情況を改善することはなかった。こうした情勢下において、商人はおとなしく連名にて陳情するか、あるいは少々激しくストライキを実施して抗税するといった方式を用いてでしか、政府に対して税捐問題を争うことができなかったが[57]、商人は終始、政府との間で税務を協議する正式なパイプに欠いていた。

　清末に中央政府が各地の商人に商会を設立するように命令が下るに至り、地元の商会と既存の会館・公所の協力を通じて、あるいはその後に「商会聯合会」という権力の共同行使メカニズムを構築させることによってはじめて、商人はいっそう堅実な団体の力を後ろ盾にすることができた。政府の徴税が「裕課」と「恵商」の両者に配慮できない場合には、こうした商人団体の力が結集され、抗争するなかで、官員もまたいよいよスムーズに「裕課」の立場のみを取ることが出来なくなった。そして、商人団体の協力のもと、商人は政府に対してさらに「恵商」の主張を要求することができるようになった。清末の立憲運動の実施に歩調をあわせ、商人はつねに諮議局議員の支持を得て、商人団体が政府と協議し得る空間が次第に拡大し、清末には政府と商人が協力して税政問題を協議するという、財税徴収の新しいモデルが形成されたのである。

むすび

　概括してみると、会館・公所といった商人団体の出現は、商人に各種経済協議を行う非公式な場を提供しただけであった。各種協議の場の誕生は、商人が取引を行う際の交易コストを節約させ、政府の不完全な法令制度の下支えとして補強の役割を提供した。会館・公所時期、商人団体はただ各地の商業習慣どおりに、互いに協議して共同で遵守できる商業規則を案出したにすぎない。こうした商業協議は商人の取引の助けとはなったが、いずれも商人による非公式な協議であって、政府が積極的に介入したわけではなかった。蘇州の地方政府

は治安を考慮して賃金争議の案件に積極的に介入した以外、経済に関する法令整備に関する業務を行うことは極めて稀であった。会館・公所が公に実施してきた親睦・慈善活動は、対外的には結社によるリスクを引き下げる役割を果たしたが、連帯によって、対内的には商人が取引を行うに際して共同で遵守すべき習慣規則を案出させることができた。ただ政府の公式の支持がなかったために、こうした商業習慣の有効性も不利な影響を受けた。経済発展に適応した経済関連法規を制定する上で、政府不在の影響が甚だしいばかりでなく、政府と商人団体の間には、経済立法に向けての相互作用や協力すらも見られなかった。

　商会の時期に至り、政府は商人の商業発展に積極的に協力し、「商戦」と経済的民族主義のスローガンのもと、商会のように、本来主に欧米や日本の外来の制度を手本としてきたものも、清朝政府によって全国の商業制度の体系に取り込まれていった。商務の推進と経済の発展のため、清末期の政府は続けざまに経済立法業務を展開した。法律制定の過程において、商会は政府による経済政策の執行協力者となっただけでなく、さらに経済立法の意見提供者と世論監督者として徐々に参与していった。政府が商会に意見を求め、また商会が自発的に政府に意見を表明する過程において、会館・公所は商会経費を負担する主たる構成員でもあったので、会館・公所の商人の意見も商会の協力によって政府に取り次ぐことができた。『大清商律』の制定、農工商務の統計調査、及び「物産展覧会」の開催は、政府が経済を発展させるために行った努力を十分に反映しているし、商人団体の経済立法に対する影響力が日増しに強くなっていったことを示している。

　清末の政府は利権を保護して富強を求めるために、いっそう本国商人の経済利益を保証する重要性を公然と強調し始めた。同時に、全国経済の発展に有利となる法律制度を構築するめに、政府も積極的に関係する各種経済立法業務に従事し始めた。ここに至り、商業発展に有利となる基礎的制度を維持・創設する上で、商人団体はもはや独自に努力するのではなく、政府もそれぞれでの経済発展に有利な法的支援を積極的に提供し始めた。清末の経済立法の過程で、商人団体はさらによい機会を得て、その意見と利益を政府に反映し、ついには

直接的に経済立法業務に参加したことは、清末の商人団体と政府の経済立法における相互作用と協力を十分に反映し、商人団体が商人の利益を代表する新たな局面が、中国においても正式に出現したのである。

しかし、我々は会館・公所が商会に対立しているという扱いをすべきではなく、それには主に二つの理由がある。第一は、多くが商人の寄付によって成立した会館・公所は、すでに十八・十九世紀において「公産」登記の方式を通じて、同郷会が「同郷のよしみを築い」たり、あるいは善堂が「慈善活動を行う」際の名目を模倣して、地方政府の保護を得ており、それによって商人団体は一種の「事実上の代表」となっていたからである。第二は、商会は商人団体のある種「法理上の代表」と見ることができる。清末中国の蘇州を含む多くの城・鎮において、商会は常に現地の既存の会館・公所と相互に協力をして、共同で商人の利益を擁護した。よって清朝政府が商業税を徴収してきた長期的なプロセスから見れば、会館・公所が商人の「事実上の代表」であれ、商会が商人の「法理上の代表」であれ、いずれの商人団体も、商業税収の重要性の増大によって政府の職能に重大な転換がもたらされたことを目撃したのである。つまり、「裕課恤商」から「商戦・利権保護」へと、伝統中国の財政国家（fiscal state）的性質は[58]、十八世紀から二十世紀の間にすでに一連の連続的にして重要な変化を経験していたのである。

そして商人団体による都市の公共領域への影響という観点から見れば、会館・公所から商会への制度的変化は、商人がその集団力を持続的に拡張してきた長期的な過程を反映している。辛亥革命前夜、蘇州のような商工業が発達した都市では、商人団体が商人の利益を代表し、また擁護する現象が、早くから二三百年は継続していた。清末の商人団体が商会を出現させた歴史的変化は、商人団体による商人利益の代表が、「無から有を生む」が如く突如現れたのでなく、むしろ商人団体がいかに「事実上の代表」から「法理上の代表」へと変化したのかという点が重要である。このことより論じれば、辛亥革命から民国初年の巨大な歴史的変化は、18世紀以後の中国の市場経済と政府の機能調整とを併せた長期的過程から検討することができれば、総体的な考察視点を提供すること

が可能となり、一歩進んで我々がこの時期の歴史の大きな変化を深く、さらに如何に理解するかの助けとなろう。

(本文を会議で報告した際に、何漢威・城山智子・中村哲夫・久保亨・彭剣先生からご指摘ご教示を頂き、いずれも筆者にとって貴重なご助言であった。ここに謝意を表したい。)

注
（1） 許檀・経君健「清代前期商税問題新探」『中国経済史研究』1990年2期、90頁。
（2） Eric J. Evans, *The Forging of the Modern State in England: Early Industrial Britain, 1783-1870,* London and New York: Longman, 1983, p.389.
（3） 塩課は基本的には一種の「専売営業税」であり、塩課総額の増加は必ずしも商品流通量の増大を反映しているのではないため、「商業税」には含めず、独立して「塩課」として列挙している。しかし、塩課は塩商より納められるため、政府が商人から得る「商業税収」とは考えられる。許檀・経君健前掲論文89-90頁を参照。
（4） 許檀・経君健は塩課の統計数字に関して、ただ官側の報告（奏銷）資料に依拠して作成しており、よって嘉慶十七（1812）年の塩課は580万両としている。しかし、官側の塩課の数字は通常「塩斤加価」・「商捐還款」等の塩課収入を含んでおらず、これらを塩課収入の計算に含めると、嘉慶十四（1809）年から道光末年間における毎年の実際の塩課収入は、「一般的に1000万両前後とすべき」である。嘉慶年間は乾隆年間と比較してその商税増加の程度は、許檀・経君健の計算よりもさらに高くなるはずである。許檀・経君健前掲論文90頁、陳鋒『清代塩政與塩税』中州古籍出版社、1988年、175頁を参照。
（5） 香坂昌紀「清朝中期の国家財政と関税収入――「彙核嘉慶十七年各直省銭糧出入清単」を中心にして」『明清時代の法と社会――和田博徳教授古稀記念』（汲古書院、1993年）513-541頁。明清中国の常関税収制度の新しい研究成果として、滝野正二郎「明代鈔関の組織と運営―清代常関の前史として―」『山根幸夫教授追悼記念論叢：明代中国の歴史的位相』（汲古書院、2007年）、鄧亦兵『清代前期関税制度研究』（燕山出版社、2008年）がある。
（6） 釐金は清末の財政体系においてある種の特殊性をもつ。非正式税源と正式税源の間に位置していただけでなく、本省の地方税となると同時に中央政府や隣接省の必要に応じてそれらを補填する役割もあり、ある学者は「そもそも釐金収入自体は正

額の租税ではなかったが、それは清末に膨張した省の財政経費を支えたばかりか、京餉や協餉の原資ともなった」として、この点について詳細な描写を行っている（岩井茂樹著・付勇訳・范金民審校『中国近代財政史研究』社会科学文献出版社、2011年、121頁〔訳者註：岩井茂樹『中国近世財政史の研究』京都大学学術出版会、2004年、135頁が原文〕）。

(7) 何漢威「清末賦税基準的拡大及其極限——以雑税中的菸酒税和契税為例」『中央研究院近代史研究所集刊』17期下、1988年、69-98頁。
(8) Yeh-chien Wang（王業鍵）, *Land Taxation in Imperial China, 1750-1911*, Cambridge, Mass.: Harvard University Press, 1973, p.80.
(9) （清）唐文治『茹経堂奏疏』巻二「議覆張振勲條陳商務摺」光緒二十九年七月、1頁上。
(10) （清）謝開寵総纂『康熙両淮塩法志』台湾学生書局（康熙本影印）、1966年、35頁。
(11) 『清宣宗実録』第1冊巻53、中華書局、1986年、38-39頁。厳中平主編『中国近代経済史統計資料専輯』科学出版社、1955年、480頁にも引用されている。
(12) 章開沅・劉望齢・業萬忠主編『蘇州商会檔案叢編』第一輯、華中師範大学出版社、1991年、1027頁。
(13) 同上、1030頁。
(14) 許大齢『清代捐納制度』燕京大学哈佛燕京学社、1950年、13頁。
(15) 同上、110-111頁。
(16) 陳国棟「論清中葉広東行商経営不善的原因」『新史学』第1巻第4期、1990年、1-40頁。
(17) （清）魏厳『聖武記』巻11「武事余記：兵制兵餉」（世界書局、1980年版）353頁。
(18) （清）唐文治『茹経先生自訂年譜』1935年跋（『近代中国史料叢刊』三編、第90冊、文海出版社、1971年）51頁。
(19) 阮忠仁「清季経済民族主義運動之動力、性質及其極限的検討（1903-1911）——以『紳商的新式企業利潤需面』為中心」『(臺灣師大)歴史学報』18期、1990年、279頁。
(20) 石綿「試論明清時代的官商和紳商」同氏『中国近代社会研究』（李敖出版社、1987年）所収、13-45頁。
(21) この史実に関しては、劉岳雲『農曹案匯：商税』、黄輔辰『戴経堂日鈔』、『清代鈔檔上輸』及び文瑞・奕湘・呉廷溥等の関係奏摺等の史料に詳しい。彭澤益「十九世紀五十年至七十年代清朝財政危機和財政搜刮的加劇」同氏『十九世紀後半期的中国財政與経済』（中国人民大学出版社、2010年）所収、154頁。

248　第3部　都市文化ヘゲモニーと辛亥革命

(22)　前掲『蘇州商会檔案叢編』第一輯、1130頁。
(23)　同上、1044頁。
(24)　羅玉東『中国釐金史』上海商務印書館、1936年。
(25)　何烈『釐金制度新探』東呉大学中国学術著作奨助委員会、1972年、5頁。
(26)　周育民「甲午戦後清朝財政研究：1894-1899」『中国経済史研究』1989年4期、96頁。
(27)　前掲『蘇州商会檔案叢編』第一輯、1016頁。
(28)　何烈前掲書、256頁。
(29)　同上、6頁。
(30)　曾国藩『書牘』(『曾文正公全集』世界書局、1952年) 57頁。
(31)　『常慊慊斉文集』下巻、40頁(何烈前掲書120頁より転引)。
(32)　彭澤益「十九世紀後期中国城市手工業商業行会的重建和作用」同氏前掲書、209頁。山本進「清代後期四川における地方財政の形成──会館と釐金」『史林』75巻6号、33-62頁。
(33)　前掲『蘇州商会檔案叢編』第一輯、834頁。
(34)　同上、1017頁。
(35)　同上、1025頁。
(36)　同上。
(37)　同上。
(38)　同上、532頁。
(39)　同上、1028頁。
(40)　同上、853頁。
(41)　(清) 蔡蓉升原纂・蔡松采録・張福理補録・蔡蒙編次・徐珂校字『民国雙林鎮志』巻8「公所」6頁下、上海商務印書館承印、1917年 (中央研究院傅斯年図書館蔵)。
(42)　同上、4頁下。
(43)　邱澎生「由公産到法人──清代蘇州・上海商人団体的制度変遷」『法制史研究』第10期、2006年、117-154頁。
(44)　清末寧波商人は紳士と聯合して地方政府に陳情していた事例がある。佐々木正哉「寧波商人の釐金軽減請願五紙」『東洋学報』50巻1号、1967年、95-100頁。Susan Mann, *Local merchants and the Chinese Bureaucracy, 1750-1950,* Stanford, California: Stanford University Press, 1987, pp.141-143.
(45)　前掲『蘇州商会檔案叢編』第一輯、1110頁。
(46)　同上、37頁。

(47) 同上、27頁。
(48) 同上、1019頁。
(49) 同上、1076頁。
(50) ここでは韋慶遠等の学者の統計結果を使用する。当時の各省の「合格選挙人」の全省人口に占める割合は、1％を超えることはなかった。これにより韋慶遠は諮議局選挙を「極端に群集基盤が欠如し、代表性は非常に狭隘であった」とする。光緒三十四年六月二十四日（1908年6月）に発布された「各省諮議局章程」の規定によれば、当時の「合格選挙人」は「籍貫」・「財産」・「資望」・「学歴」・「名位」等の条件を兼ね備えなければならなかった。韋慶遠・高放・劉文源「論諮議局」韋慶遠『檔房論史文編』福建人民出版社、1984年、396-415頁。故宮博物院明清檔案部編『清末籌備立憲檔案史料』下冊、中華書局、1979年、671-673頁。
(51) 張朋園『立憲派與辛亥革命』中央研究院近代史研究所、1969年、33、20頁。
(52) 同上、260頁。李守孔「各省諮議局聯合会與辛亥革命」呉相湘編『中国現代史叢刊』第三冊、正中書局、1978年、321-373頁。
(53) 前掲『蘇州商会檔案叢編』第一輯、46、58頁。
(54) 呂芳上「清末的江西省諮議局：1909-1911」『中央研究院近代史研究所集刊』17期下、1988年、117頁。王樹槐「清末民初江蘇省的諮議局與省議会」『（臺灣師大）歴史学報』6期、1978年、314頁。張朋園「近代地方政治與萌芽――湖南省挙例」『（臺灣師大）歴史学報』4期、1976年、386頁。李国祁『中国現代化区域研究――閩浙台地区』中央研究院近代史研究所、1982年、248頁。蘇雲峰「湖北省諮議局與省議会」『中央研究院近代史研究所集刊』7期、1978年、426頁。
(55) 清末の多くの諮議局と商会の間の関係は非常に密接であった。例えば、成都・汕頭・牛荘等の地はよい事例であり、商会会所が常に諮議局議員が集まり相談する場所となっていた。Shirley S. Garrett, "The Chambers of Commerce and the YMCA," in Mark Elvin and G.William Skinner, eds., *The Chinese City between Two Worlds*, Stanford, California: Stanford University Press, 1974, p.219.
(56) 前掲『蘇州商会檔案叢編』第一輯、862頁。
(57) 金弘吉「清代前期の罷市試論――その概観と事例考察」『待兼山論叢（史学編）』26号、21-61頁。桑兵「論清末城鎮結構的変化與民罷市」『近代史研究』1990年第5期、51-69頁。
(58) 「財政国家」（fiscal state）は近世ヨーロッパに出現した一種の特殊な財政制度であり、学者がその重要性について明瞭に説明している。「政府の民衆に対する徴税の財政制度の変化は、実は同時に当時の政府と人民との関係が新たに調整されたこ

とを反映している」(Christopher Storrs, "Introduction: The Fiscal-Military State in the 'Long' Eighteenth Century," in Idem Ed., *The Fiscal-Military State in Eighteenth-Century Europe: Essays in Honour of P.G.M. Dickson*, Farnham, Surrey : Ashgate Publishing Company, 2009, pp.1-5.)。明清期と近代中国の財政制度の変化の重要な意義についての研究でも、ある学者は類似した視点を示している。「財政の体系は、伝統中国の政治支配秩序に特有の性質と構造とを窺う格好の分野である、と私は考えている。また、歴史的に形成されてきた財政の体系が、社会経済のふるまいとどのような相互関係を展開させていたのか、またそれを財政の体系の一類型としてどのように特徴づけることができるか、という問いに答えることは、財政史研究の大きな課題であろう」(岩井茂樹著・付勇訳・范金民審校『中国近代財政史研究』社会科学文献出版社、2011年、13頁〔訳者註：岩井茂樹『中国近世財政史の研究』京都大学学術出版会、2004年、16頁が原文〕)。明清中国と近代ヨーロッパの「財政国家」の歴史的変遷の相違をいかに比較するべきなのか。学界で考察されるべき重要な議題であるが、この点についての先駆的研究として和文凱の博士論文がある(Wenkai He, "Paths toward the Modern Fiscal State: England (1642-1752), Japan (1868-1895), and China (1850-1911)," Doctoral Thesis to The Department of Political Science, Massachusetts Institute of Technology, 2007.)。

中国キリスト教史からみた辛亥革命
―― 梁発の「発見」と太平天国叙述の再形成

土 肥 歩

はじめに

　本稿は辛亥革命以後の広東・香港・澳門地域を中心として、キリスト教界がいかに清朝崩壊という社会変動に対応したかを論じている。先行研究を顧みれば、辛亥革命とキリスト教を論じた研究は数多く存在する。それらの大部分はキリスト教会がいかに革命運動に参与したかを論じるにとどまっている[1]。しかし本稿は、既存の研究に見られたキリスト教会と革命運動との直接的な関係という観点でキリスト教史を語ることを目的としていない[2]。それにかわって辛亥革命以降、太平天国史研究にいかにキリスト教の歴史が織り込まれていったかを各種史料から検証することを目的としている。

　太平天国はキリスト教の宗教冊子『勧世良言』に思想的着想を得た、洪秀全ら拝上帝会による倒清運動であったことは周知の通りである[3]。後世において、清末の反キリスト教宣伝の文脈では洪秀全がキリスト教思想の影響を受けていたことが触れられている[4]。しかしながら、キリスト教会の宣教活動によって太平天国が引き起こされたという解釈が後世の研究者に膾炙したわけではない。清末の劉成禺や民国期の呉凌清の著作では拝上帝会挙兵の経過が解説されているが、キリスト教と拝上帝会についての記述はごくわずかである[5]。近年出版された中国キリスト教史の研究概説書でも、1950年代になってから同運動の宗教的側面を重視する研究が欧米で議論されるようになったと説明されるにとどまり、その起源や中国の社会状況が十分に論じられているとは言えない[6]。

　太平天国史が革命史の文脈として形成される過程を論じた並木頼寿は「広東

人の孫文は太平天国の洪秀全の未完の事業の継承という観点を強調することで、人々により強く訴えかけようとした」と指摘した[7]。広東からの辺境革命を志した孫文らが、自身を太平天国の倒清運動と関連させて革命の正統性を主張したという指摘には疑問を差し挟む余地はない。しかし、この研究は太平天国が「革命」という文脈から論じられるようになった過程を指摘している一方で、太平天国とキリスト教の関連性がいつから論じられるようになったかについては注意を向けていなかった。孫文自身がキリスト教徒であったことは知られている。同時に、彼が生前太平天国について言及していたことも事実である。しかし、彼の発言は太平天国から20世紀の革命に至る連続性を唱えるにとどまっており、キリスト教と太平天国との連続性にふれた史料は管見の限り皆無である[8]。総じて言えば、容閎が1909年に「太平天国のキリスト教的要素は、約10年間本拠となっていた南京にも、発生の地広西にも、その痕跡を残していない」と述べたとおり、太平天国とキリスト教の関係は清末の段階で中国から忘れ去られつつあったというのが実情だったのであろう[9]。

では、誰が太平天国とキリスト教を結びつけたのか。もちろん、これに対する回答としては並木の論文で示唆されているとおり、海外に所蔵されていた太平天国関係史料が1920年代から1930年代にかけて中国国内に紹介されたことが一因として考えられる[10]。それゆえ、新史料の発見によって太平天国が受けたキリスト教的影響は次第に学術界に認識されていったとみて間違いない。しかし、それが唯一の回答とは考えられない。太平天国は挙兵当初、ハンバーグ(Theodore Humberg)ら外国人宣教師によって中国におけるキリスト教運動として宣伝されていた。そうであるならば、後世の宣教師もしくは中国人信者による太平天国認識は太平天国とキリスト教が結びつく過程を知る上で、研究の俎上に付される対象となるのではないか。換言すれば、問題提起に対して予想される回答以外にも、太平天国とキリスト教を結びつける中国社会の内発的なロジックの存在を検討する必要がある。

この場合、梁発(1789-1855)という中国人宣教師に注目することが研究アプローチとして有効である。なぜなら、梁発は中国における初めての布教者とい

中国キリスト教史からみた辛亥革命 253

う位置づけで知られる一方、彼が1832年に執筆した宗教冊子『勧世良言』が洪秀全のキリスト教理解に影響を与えたことが知られているからである。ゆえに、この梁発が後世に「発見」された経緯や彼の業績の評価にともなって、太平天国とキリスト教の接点ができたのではないかと仮定できる。

　この仮説を実証するために、本稿ではニュージーランドのオタゴ大学ホックンコレクション（Hocken Collection, University of Otago）所蔵の『マクニュール家族文書（McNeur Family Papers. 以下文中および脚注でMFPと略）』を用いる。MFPには1901年に中国に渡り、1939年まで広州を中心として布教活動を続けたジョージ・マクニュール（George Hunter McNeur. 麦沾恩, 1874-1953）の資料が収められている。彼は『梁発伝』を執筆したことで知られ、関連史料を博捜している（第3章にて詳述）[11]。そのため、彼が残した史料を繙くことで梁発という19世紀の中国人宣教師が20世紀になって「発見」され、どのように太平天国研究に交錯していったのかを検証することが可能となるのである。

第1章　「偉人」たちの出現

　1911年10月、湖北省武昌での武装蜂起をきっかけとして、各省が清朝からの独立を宣言する。翌1912年1月、孫文が臨時大総統となり中華民国が成立する。一方で、同年2月には宣統帝が退位して清朝政府による中国支配は終焉を迎える。香港では1913年2月にキリスト教系日刊紙『大光報』が創刊され梁発はその第3号にて知られるようになったという[12]。しかし、辛亥革命直後の広東・香港地域のキリスト教界で梁発が著名な人物であったとは考えられない。というのも、この時期の広東・香港・澳門ではキリスト教に関連して多くの「偉人」が「発見」され、梁発はそれらの1人でしかなかったからである。本章では辛亥革命以後に「発見」されたキリスト教と密接な関係のある人物に焦点を当てる。

第1節　史堅如——革命烈士を記念する

　1920年6月7日、この日は当時南方中国有数の教会大学として名を馳せた嶺南大学の創立記念日であった。そして、嶺南大学副監督鍾栄光らによる梁発の墓所移転と紀念碑設置が行われた。しかし、この式典を紹介した記事のなかで、梁発についての言及は37行のうち5行に過ぎなかった[13]。なぜなら、ここで人々の注目を集めたのは、史堅如（1879-1900）だったからである。史は1898年に嶺南大学の前身格致書院に入学し、翌年には香港で興中会に入会した。そして、1900年の恵州蜂起に乗じて両広総督徳寿の暗殺を企てるが未遂に終わり同年11月に刑死した。中華民国の成立間もない1913年7月、孫文は史を起義に殉じた烈士として各界から資金を募り、先烈南路青菜崗に彼の像を建てた[14]。

　嶺南大学の論説は、大学内に史の像を建てることがかなわなかったことを悔やむ一方で、毎週日曜日に学生が機会をつくって彼の墓所に赴き、史の精神に理解を深めることは「愛国精神を吸収する良機であるのだ」と主張した。すなわち、この記事の表現を借りれば、史堅如は「愛国偉人」として嶺南大学学生の手本とされていたのである[15]。同様に、嶺南大学の教員たちは附属小学校の児童達に史の刑死を「民国偉人」として語り聞かせていた[16]。この史料から、同大学内で史堅如は広く認知されていたことが伺える。

　当時、キリスト教界の中核にあった思想は魂の救済から社会の救済を行う「社会福音運動」だった。蒲豊彦が指摘するように、この運動は学生やYMCA・YWCAによって担われていた[17]。鍾栄光は学生が積極的に社会の変革に参与するように呼びかけ、「キリスト教以外この世界においていかなる宗教もこれ〔一夫多妻の悪習〕を排除することはかなわない、と私は敢えて言おう」と断じた[18]。こうした発言を考えれば、史堅如はキリスト教学生にとっての模範であり、清末から社会を改革しようとした「愛国偉人」だったのである。換言すれば、当時の教会大学においては、史堅如は往事の革命事業と今後の社会改革を結びつける人物として広く認知されていたのである。

中国キリスト教史からみた辛亥革命 255

第2節 蔡高――初めての中国人キリスト教徒

蔡高は広東省香山県の出身で、1814年に中国人として初めて洗礼を受けたことで知られている。江西で暮らしていた蔡の子孫達は、1914年に上海で出版されていたキリスト教系雑誌『通問報』に蔡高の年譜を発表した[19]。同年、香港道済会堂の牧師張祝齢（1876-1961）は蔡高の洗礼を受けた場所を特定し、さらにロバート・モリソンの日記から蔡の記述を引用してキリスト教界に紹介している[20]。それだけでなく、*China Mission Year Book*では蔡高の業績が雑誌に掲載される以前から、中国人の自立した教会が蔡高の洗礼に始まることが指摘されている[21]。この記事から、蔡高は中国キリスト教界全体に膾炙した人物であり、同時に、辛亥革命以後中国人による教会の設立が増加する背景を受けて、彼の業績も評価されるようになったと考えられる。

香港では1898年以来、モリソンの墓の存在と蔡高受洗の地という観点から、澳門華人のために教会を整備する気運が高まっていた。張が所属していた道済会堂はポルトガル当局からの許可を得るのに苦労したものの、1918年に蔡高紀念堂を落成させた[22]。この時期の澳門ではアヘン禁煙運動が盛り上がりをみせていた[23]。そのため、澳門における蔡高という存在はキリスト教側の社会福音運動と澳門社会のアヘン禁煙というニーズを受けて、一般に膾炙していたと予想される。1917年10月、鍾栄光は嶺南大学の教授陳輯五と外交部の王正廷をともなって、蔡高紀念堂の定礎式典に参加している[24]。

上述の如く、蔡高は19世紀末から中国人キリスト教界で知名度が高く、彼が中国のプロテスタント布教史上で初めてのキリスト教徒であることは既成事実だった[25]。しかし、後述するように梁発の「発見」はこの既成事実と相対さねばならなかった。

第2章 梁発の「発見」と太平天国叙述

前章では清朝崩壊後に、広州や澳門などでキリスト教にゆかりが深い人物が顕彰された事実を明らかにした。では、この時代潮流の中で、梁発はいかにし

て世間に紹介されたか。以下、馮炎公の働きかけを中心にその経緯を追う。

第1節　梁発の子孫と娘婿による梁発顕彰運動の経緯

　梁発顕彰の運動は梁発の曾孫佩芳と結婚した馮炎公によるところが大きい。彼の詳しい経歴は後世に伝わっていないが、同郷の林希逸によれば、馮炎公は佛山南海県新村藤湧出身のキリスト教徒で、清末にクアラルンプールやスランゴールで華僑・華人の教育事業に携わっていた。そして、各埠の銀行や製造組合を巡回してキリスト教を布教するかたわら、華僑・華人間で革命宣伝に従事していたという[26]。張祝齢は彼がメソジスト系の革命団体益賽会の幹事だったことを指摘しており、清末の革命運動の末端にいた人物だったと推測される[27]。

　彼は1911年に広州で梁発の曾孫と結婚した後、再びクアラルンプールへ滞在していた。その折、岳父梁澤蘭からの書信に接し、梁氏の家系が梁発の子孫であることと、梁発の父冲能と梁発、梁発の妻黎氏の墓が嶺南大学キャンパス拡大のために撤去されそうになっていることを知った。そして同大学関係者に書簡を送り、先祖の墓を保護するように訴えた[28]。これをきっかけとして梁発は世間に知られることになるが、そこに至るまでには以下のような複雑ないきさつを経た。

　一点目に、前章で触れた蔡高との関係である。馮は辛亥革命後、再びクアラルンプールで布教活動を行っていた。この前後に張祝齢が書いた蔡高の記事が彼の目にとまったようである。そこでは、なんと蔡高が中国人初のプロテスタント信者だったことが称賛されているではないか。これに対して馮は張に書信を送り、梁発こそが初めての受洗者であると反発した。張は後年「両者の言葉による諍い〔双方文字之争執〕」があったと述べていることから梁・蔡の宗族間で押し問答のような議論が展開されたことが読み取れる[29]。張はさらに「私は梁発の事績を徹底的に調べたが、馮君はその事績を調べなかった」ためにこのような論争が起こった、と馮の行動に不快感を示している[30]。

　マクニュールもまた張と同意見であった。「香港の雑誌『大光週刊』に掲載

された初めてのキリスト教徒蔡高〔Tioi Ah Ko〕の記事を通して、馮氏は梁発が初めてのキリスト教徒だという主張を書いたようである。〔そうした〕論争が嶺南大学の□□〔一語不鮮明〕内にあった梁発墓所の発見のための調査とキャンパス中央への遺骨の移動に至った」[31]。MFPには梁発関係の史料やメモに混ざって蔡高関係の史料が散見することから、馮炎公や張祝齢からの提供を受けていた可能性が高い[32]。

　二点目に、墓碑が特定できなかったことも馮炎公にとって裏目に出た。澤蘭は新鳳凰崗という丘陵に先祖の墓があると記憶していたが、鍾栄光は「本校付近の村には新鳳凰崗という名前がついていますが、新鳳凰崗という名前〔の丘〕はありません。先生から手紙をいただいた後に、人を派遣して各地の山や丘を捜させております。また李約翰先生に梁氏の子孫を訪問していただいております」と返答した。鍾は手を尽くして墓碑を捜したが、沖能の墓碑を特定したのみだった[33]。

　三点目に、梁発が生前暮らした河南付近の住居が1915年に洪水に見まわれ、遺品が流失してしまった。梁澤蘭は娘婿の依頼をうけて梁発の遺品を収集して知人に預けていた。しかし、それらほとんどは大規模な自然災害によって、世間に紹介される機会は永遠に失われた[34]。これによって、梁発の生前の業績を証明することはいっそう困難になっていった。

　しかし、上述の困難に遭遇しながらも、馮炎公はクアラルンプールを訪れた同大学教員陳輯五に直談判したり、広州に戻って鍾栄光らと交渉を重ねたりした結果、1917年末に「ようやく満足できる回答を得た」[35]。その後、梁氏の子孫の記憶を手がかりに墓は嶺南大学西側にある蕭崗にて「発見」された[36]。

　以上のとおり馮炎公は各方面に働きかけることによって、外曾祖父の業績を記念しようと奔走した。彼の意識のなかには、中国で初めてのプロテスタント信者として知られるようになった蔡高の存在があった。しかし、上述の要因が重なって梁発「発見」までには紆余曲折を経ることになった。馮炎公の嶺南大学側のやりとりにはまだ不明な点があるものの、MFPや関連史料から、梁発は馮によって「発見」されたと指摘することは可能である。

張祝齡は後年、蔡氏と梁氏の両族間でどちらが中国人初のプロテスタント信者かをめぐる論争が行われたことを回想し、「この争いは実に価値があった。一笑」と皮肉混じりに述懐している[37]。

第2節　張祝齡による太平天国とキリスト教の「連結」

　馮炎公が梁発を記念するために方々手を尽くした結果、1920年6月7日に梁発の墓所は嶺南大学のキャンパスに移された。梁発墓所の存在を知ったマクニュールも、「聖なる場所が保護され、いくつかの価値ある記念品が先駆的な布教者の記念として選ばれることが望ましい」と、梁発の業績を記念することを宣教師たちに働きかけていた[38]。そして、彼の墓石には「第一宣教士梁発先生」と刻まれて蔡高の業績と区別された[39]。

　しかし、清末の革命運動に荷担し中国人による「自立教会」を牽引した張祝齡にとって、梁発が「初の中国人受洗者」か「初の中国人宣教師」かの違いは「一笑」に付される問題だった。なぜなら、重要なことは梁発の『勧世良言』への評価だったからである。

　　この書〔『勧世良言』〕はすぐに中国における極めて大きな記念品となった。それはなぜか。太平天国の初期、洪秀全はイエスの道理を学習するのに、もっぱらこの書を借りて同党の人に鼓吹したからである。この小さな冊子はその時代の民族革命の主要因になった。〔ただし〕その関係は新鮮ではない（すなわち今日の人が広学会の書籍を革命の原動力と称しているからである）[40]。

　この一文からも明らかなとおり、張祝齡はキリスト教の布教と太平天国、そして辛亥革命を連続した歴史の中で捉えていたことが分かる。広学会（the Christian Literature Society for Chinese）は1887年に上海で発足したキリスト教系出版団体である。同会発行の『万国公報』は戊戌変法から辛亥革命にかけて政治改革を主張し、その論調は中国の政界や知識人に広く受け入れられた[41]。

張祝齢は清末における広学会の影響を、『勧世良言』の太平天国に対する影響に合わせて認識したのだろう。馮炎公によって世間に知られるようになった梁発は、張祝齢にとってみれば、太平天国と辛亥革命をキリスト教で連結させた重要な人物だった。

では、なぜ19世紀の倒清運動と20世紀の辛亥革命がキリスト教によって結びつけられたのだろうか。張祝齢の言動の背景には彼の家庭環境が影響していると考えられる。祝齢の祖父彩廷は、清朝の追跡を避けて東莞牛眠埔に身を隠した洪仁玕と交流した。そして、洪仁玕の「民族革命の思想」に啓発されて、太平天国に合流して戸部侍郎三千歳に封じられた。その後、彩廷は太平天国末期の1864年に杭州で死亡したと伝えられている。太平天国の混乱を避けるために祝齢の父声和 (1853-1938) は李朗の神学校に送られ、バーゼル宣教会 (Basel Mission) の牧師に成長した。客家系だった彼は香港や東莞一帯の海外へ移住する客系華僑を対象に布教活動をしたり、海外客系華僑からの送金の仲介役を担当したりして国内外の客家から信頼を得たという。そして、その収入を資本として香港の各地に教会を建設して教育活動を普及させた[42]。

声和は早くから故郷に教会を建設することを画策しており、辛亥革命をきっかけとして牛眠埔にキリスト教徒の村を開く。民国期のキリスト教史家劉粤声は「民国光復の時、すべてが一新されると〔張声和は香港から〕晦日に帰郷して、全族の男女をあつめて翌朝まで演説を行い、偶像を壊して神に帰依することを強く勧めた。そして、新しい村をつくって名を永安とすることを勧めた」と当時の様子を描写している[43]。張声和による永安村開村は、都市部とは隔絶した東莞郷村での出来事である。ゆえに、それ自体が大きな意味を持ったとは考えにくい。しかし、声和の息子には香港道済会堂の牧師で清末の革命運動に荷担した張廷献すなわち張祝齢がいた。この張祝齢こそが広東・香港地域のキリスト教界で梁発の業績に注目して太平天国とキリスト教と革命を連結した人物であった。張祝齢が祖父彩廷の業績を記念して東莞牛眠埔に建てた紀念碑の「墓誌」は次のように語る。

道種初実	東官之先	〔彩廷公は〕キリスト教の種を東莞で実らせた先人である。
個人革命	政治関連	彼個人の革命は政治につながり、
奮袂併起	満清幾顚	一斉に立ち上がると満洲族の王朝は幾ばくもなく倒れた。
太平国史	名字留篇	太平天国の歴史にその名を刻んだが、
杭州死難	正寝無縁	杭州で殉死して、天寿を全うすることはなかった。
誰無宗祖	忍任魂牽	祖先をもたずに思いはせることに誰が我慢できようか。
豊碑追遠	忠孝期全	碑を刻んで祖先の功徳を祭り、忠孝の両全を期する。
示茲苗裔	永志弗諼	そしてここに後裔が祖先を長く思い留めることを記す。
孫廷献題		孫の廷献〔祝齢の実名〕題す[44]。

　この「墓誌」は、張彩廷が東莞の教会の先駆者であること、キリスト教徒である彩廷が太平天国に共鳴したこと、そして太平天国が満洲族の王朝体制の崩壊につながったことを指摘している。細かく分析すると、キリスト教徒であった彩廷個人の「革命」が中国全土の「政治」に「関連」づけられたこととは、次節の「満洲族の王朝は幾ばくもなく倒れた」を暗示している。復辟後の1916年秋に建てられたとされるこの紀念碑は、太平天国とキリスト教の関係を如実に示している。

　本節で提起したように、張祝齢の太平天国理解は洪仁玕に呼応して天京(現在の南京)に向かった彼の祖父と、革命を宗教的画期としてキリスト教村を開村した父の存在に彩られていた。

第3節　辛亥革命以降の広東・香港における太平天国認識

　東莞牛眠埔の張一族が太平天国蜂起やキリスト教会と近い関係にあったこと

は、前節で言及したとおりである。しかし、太平天国とキリスト教の関係は張祝齢以外の広東の著名人にも影響を与えていたことを各史料からうかがうことができる。

たとえば、鍾栄光は学生に向けた講演のなかで、教会学校は常に批判の的となっているが、洪秀全や孫文以下、改革の指導者は教会学校より輩出されている、と指摘している[45]。この発言から鍾は洪秀全と孫文をキリスト教で結びつけて考えていたことが分かる。張祝齢のような牧師だけでなく、鍾栄光のようなキリスト教界の著名人にも太平天国とキリスト教を連関させて考える発想が普及していたのである。鍾は戊戌変法や義和団事件の混乱を避けるために道済会堂に身を寄せていた時期もあり、張祝齢とも交友関係にあった[46]。それゆえ、祝齢の太平天国認識を容易に受け入れていたと考えられる。

こうした張や鍾の思想的影響を受けたのは簡又文（1896-1979）である。彼は嶺南大学を1917年に卒業した後、シカゴ大学で宗教と教育を専攻した。アメリカ滞在中、彼は太平天国とキリスト教の関係について論文をまとめていたが、父親の病気の一報を受けて留学を断念して帰国。その後も太平天国研究は継続し、燕京大学で教鞭を執っていた1923年11月と12月には太平天国諸王の後裔への聞き取り調査を行っている。ここで注目すべき事は、この調査は張声和・祝齢によって手配されていたことである。張父子は、香港では太平天国を研究する新聞記者洪孝允を、広州では太平天国琅王の孫に当たる洪顕初を簡に紹介している[47]。

簡又文は太平天国の基本的性格は民族革命であり、元を滅ぼした朱元璋や倒清運動を展開した孫文との類似性があるものの、これらの運動と異なるのは、太平天国が宗教的かつ政治的な性格を兼ね備えている点である、と指摘している。いわゆる太平天国を宗教、民族、政治の「三合一」の革命とする簡の持論である[48]。これは簡又文自身が嶺南大学出身のキリスト教徒であり、国民党に入党後馮玉祥とともに北伐に参加したという背景もさることながら、それ以前から太平天国とキリスト教の連結を試みていた張祝齢らによって彼自身の研究が支援されていたという事実も見逃せない。

さらに、1960年にキリスト教布教史を論じた簡は「中国において国家元首が神を信じキリストを信奉した人物は、一番目が太平天国の洪秀全であり、次が中華民国の国父孫中山先生であり、その次が蒋中正総統である」と補注で解説している[49]。この一文からも、キリスト教徒、広東人、そして国民党員でもあった簡は、キリスト教と革命はつねに表裏一体の関係を為していると認識していたことがうかがえる。

 現在出版されている写真資料からは、梁発の墓碑を囲む礼拝集会が1924年9月に行われていたことを確認できる。これが定期的に行われていたかは不明だが、少なくとも嶺南大学の学生や教職員にとって、梁発は著名なキリスト教徒として認知されていたことが推測できる[50]。嶺南大学や附属学校の学生・児童・教職員にも梁発の存在が認知され、それを基層として太平天国とキリスト教の関係が一般的に認知されるようになっていった。こうした背景と、鍾栄光の言説や簡又文の太平天国史研究への傾倒を総合すると、太平天国と辛亥革命をキリスト教によって連結して考える理論は広東・香港社会におけるキリスト教界および教会大学で涵養されたと理解されよう。

第3章　マクニュールによる英語版『梁発伝』執筆とその影響

 前章では梁発が馮炎公らの働きかけによって社会に公表されたことと、太平天国とキリスト教をめぐる広東・香港の張祝齢の言論を紹介した。マクニュールによる梁発の伝記執筆はこうした中で行われていた。彼がいつごろから原稿執筆に取りかかったかを特定することは難しい。しかし、漢語版『梁発伝』が上海で出版された後に発行された小冊子では、マクニュールは10年あまりの歳月をかけて梁発の史料を博捜したと紹介されている[51]。次に、馮炎公は1923年にマクニュールに手紙を出して写真資料の提供を申し出ている[52]。さらに、1920年から1922年初めにかけて、マクニュールは眼病治療のためにロンドンに滞在していた[53]。以上の事実を総合すれば、彼が広州に戻ってきてから執筆に入ったと考えて間違いない。

中国キリスト教史からみた辛亥革命 263

では、『梁発伝』執筆に際して、彼はどのようなメッセージを込めたのか、彼の著作が中国社会にいかなる影響を及ぼしたのかを本章で考察する。

第1節 マクニュールの太平天国認識

MFPには1920年代のマクニュールの執筆活動を記録した作業ノートが多数残されている。各種史料から、マクニュールの太平天国認識を明らかにすることができる。

第一に、彼は太平天国の歴史や『勧世良言』の役割を把握していたが、その認識は他の宣教師の認識とは大差がなかった。マクニュールは、洪秀全が「自称キリスト教徒」だったと後世語っており、太平天国が中国社会に混乱を招いたとした[54]。渡辺祐子は香港で組織された伝道団体漢会（Chinese Union）の広西での布教活動と拝上帝会への影響を分析した論文のなかで、宣教師による太平天国評価について言及している。渡辺は20世紀のキリスト教史家ラトゥーレット（Kenneth S. Latourette）の文章から、太平天国によって布教活動に大幅な停滞が見られたこと、キリスト教の太平天国への影響を過小評価したこと、中国側のキリスト教邪教観が増幅されたことを整理している[55]。マクニュールが洪秀全を「自称キリスト教徒」と評したのは、同時代の宣教師に普及していた太平天国理解そのものであった。上帝の第二子を自認し、三位一体説を否定する洪秀全のキリスト教解釈は、時代を問わず宣教師から受け入れられないものだった。

しかし、マクニュールが置かれていた状況はラトゥーレットとは異なっていた。彼は、梁発を描く時に太平天国との関係に言及しなければならなかったからである。マクニュールは、執筆段階から洪秀全が『勧世良言』を入手していたことを知っていた。彼の作業ノートには、梁発の著作リストにその宗教冊子が挙げられており、太平天国との関係も指摘されている[56]。しかし、英語版『梁発伝』では太平天国との関係は曖昧に記述されている。たとえば、原文では『勧世良言』の書名は使われず「[梁]阿発によって書かれた一組の小冊子」とのみ言及されている[57]。ここには中国側が指摘したような、太平天国から

辛亥革命への連続性を象徴する『勧世良言』は登場しない。

　そして、第二に、マクニュールが英語版『梁発伝』において注意を払ったのは、梁発を太平天国から分離して純然たるキリスト教徒として描くことであった。彼は、メドウズ（Thomas Taylor Meadows）の著作を引用して、洪秀全や馮雲山が聖書の言葉を曲解して理解したのに対し、試行錯誤しながらキリスト教の教義を翻訳しようと試みた梁発の業績を評価している[58]。『勧世良言』については、1867年に執筆されたワイリー（Alexander Wylie）の著作を参考にすることが書き留められ、太平天国の記述については同時代の著作から引用されている[59]。しかし、英語版『梁発伝』では張祝齡が指摘したような『勧世良言』と太平天国の関係について明言が避けられていたことが分かる。張祝齡は、最初期に出版された漢語版『梁発伝』で「〔梁発による〕文字伝道は〔中略〕太平天国民族革命の偉業を助けた」と持論を展開している[60]。しかし、1934年に出版された英語版『梁発伝』において、マクニュールが張祝齡の梁発評価を取り上げることはなかった。

　欧米人の太平天国理解は、1934年の英語版『梁発伝』出版後の書評でも明らかである。評者は次の通りにマクニュールの著作を論じた。梁発が書いた宗教冊子は洪秀全の手に渡り太平天国の武装蜂起に至った。これによって300万人が犠牲になり、キリスト教は貶められて中国民衆に拒絶された。しかし、梁発は太平軍に手を貸すことなく布教者として仕事を続けた。彼は「最も偉大な布教者」として自身の職務を全うしたのである——[61]。記事は、当時の外国人の太平天国に対する否定的な論調を反映している。ここでは英語版『梁発伝』で梁発が拝上帝会の蜂起との関係を持たなかったことが確認された。つまり、外国人の間では梁発が太平天国に関連づけられないことが評価されていのである[62]。

　ただし、このような評価が付された背景には太平天国と辛亥革命をキリスト教によって連結させて論じる中国側の認識が強まっていたことを指摘しなくてはならない。

第2節　漢語版および英語版『梁発伝』出版以後の反応

　マクニュールの長きにわたる史料収集を経た後、1930年に広州で漢語版『梁発伝』が出版され、翌1931年には上海で再版(63)、続く1934年にはマクニュールの加筆・修正を加えて英語版『梁発伝』が出版された。そして、1955年には香港で漢語版『梁発伝』が三度出版された。版を数回重ねた『梁発伝』であるが、この不世出の中国人キリスト教徒を描いた伝記出版は当時の人々にどのような波紋を投げかけたのか。

　端的にいえば、梁発は本稿第2章で紹介した「偉人」たちを凌ぐ知名度を持つようになったと判断できる。広東・香港・澳門地域の中国人教会の統合組織である中華基督教会広東協会は、1931年に梁発の出身地佛山県高明に紀念礼拝堂建築を決議する(64)。その後礼拝堂が落成し、上海で漢語版『梁発伝』が出版されると、ある中国人キリスト教徒は国内外の多くの人々がこれまで「〔梁発は〕史堅如烈士と比して100倍の栄誉があることを知らなかった」ことは驚きであるとして、梁は史の業績にまさる人物であると評価している(65)。

　ただし、郷村地域において梁発の業績は太平天国と関連づけて強調されることはなかった。梁発は清末における新文化の紹介者であり、孫文が学んだ博済医院の創始者でもあった。「このように、中華民国の建設もまた間接的に梁公の愛国愛同胞〔の精神〕が後世に残した恩恵なのである」と中華民国成立の立役者として梁発が評価されていた(66)。『梁発伝』出版に及んで、彼の業績はキリスト教史以上の広がりをもって郷村の人々に訴えかけられていた。これは、1910年代より続く梁発関係者の働きかけの結果と考えることができるだろう。

　1949年以後、香港の嶺南大学の同窓生たちは鍾栄光が梁発の墓所を保護するために奔走したことを述べ、1920年の嶺南大学創立記念日に梁発のために集まった「観衆は1000人をくだらなかった」と記した。しかし、当時その式典で関心を集めた史堅如については語られることはなかった(67)。後世の描写において、史堅如の存在は梁発の影に身を潜めて忘却の彼方に追いやられていた。そして、現在の中国キリスト教史において、蔡高はたんなる中国人初のプロテスタント信者であることのみが語られ、梁発の出版・翻訳・布教について紙幅が割かれ

ているのは周知の事実となっている[68]。

マクニュールは梁発をモリソンやミルンの教えを受けたキリスト教徒として位置づけようとしたが、中国人信者の間にその認識がどれほど浸透したかを判断することは難しい。なぜなら、1955年に香港で再版された漢語版『梁発伝』において「運動はついに失敗したが、それ〔太平天国〕は時間的に13年に及び、空間的に19省に及んだ。しかるに、事件発生の端緒を探れば『勧世良言』が与えた影響であると言わざるを得ない」と、『勧世良言』と革命を結びつける動きはマクニュールの死後も香港のキリスト教社会で広く存在したからである[69]。1955年版では、『勧世良言』全巻が収録されているのが最大の特徴である。マクニュールや外国人が「最も偉大な布教者」として論じようとした梁発に対する認識は、広東・香港のキリスト教界のそれとは一定の温度差があった。

おわりに

辛亥革命によって清朝による中国支配が崩壊すると、広東・香港・澳門各地でキリスト教にゆかりが深い人物が一般社会に知られるようになる。しかし、梁発は史堅如や蔡高といった「偉人」たちとは異なる手段で紹介された。すなわち、蔡高への評価に異を唱えた馮炎公によって嶺南大学や教会関係者へ働きかけが行われ、ようやく1920年に嶺南大学で記念されるようになったのである。ただし、馮炎公による顕彰運動は太平天国におけるキリスト教的要素を強調する張祝齢にとっては些事でしかなかった。張祝齢ら広東・香港地域のキリスト教界にとって、梁発の『勧世良言』は1911年の辛亥革命に至る革命運動の起源だったからである。結果論としてみれば、英語版『梁発伝』出版も著者マクニュールの意図とは裏腹に、梁発と太平天国を接近させることになった。

中国におけるキリスト教史という文脈から辛亥革命を俯瞰すれば、当初は倒清運動の象徴として語られてきた太平天国がキリスト教界のアウトプット（梁発の「発見」）を経て辛亥革命と連結され、中国におけるキリスト教布教が革命の起源として捉えられていたことがわかった。ここにいたって、排満宣伝とし

ての太平天国言説は一部のキリスト教徒の間で清朝崩壊とともに新たな意味が附加された。すなわち太平天国がキリスト教思想に強く啓発されていたという事実が付け加えられたのである。やがて、太平天国と辛亥革命という個々の歴史的事実は、1910年代以降の広東・香港地域のキリスト教界の歴史認識によって連続性を帯びるようになった。

誰が太平天国におけるキリスト教的要素に注意を向けるようになったのか——。それは清朝崩壊以後に活動を活発化させた地域社会のキリスト教徒や太平天国に深い関係を持つ広東・香港地域の中国人キリスト教徒によってであった。つまり、中国人キリスト教徒による梁発の「発見」を契機とした太平天国叙述の再形成の背景として、辛亥革命が存在していたといえるだろう。

注

(1) たとえば、李金強「香港道済会堂与清季革新運動」(陳建明・劉家峰編『中国基督教区域史研究』四川：巴蜀出版社、2008年、127-141頁)は清末の香港キリスト教界と革命運動の関係を論じている。
(2) なお、本稿では断りがない限り「キリスト教」と使った場合、プロテスタント諸教派のことを指している。
(3) たとえば、吉澤誠一郎『清朝と近代世界 19世紀』(シリーズ中国近現代史①、岩波新書、2011年、62-66頁)、菊池秀明『太平天国にみる異文化受容』(世界史リブレット65、山川書店、2003年、14-20頁)。
(4) 湖南の周漢は清末に『鬼叫該死』を執筆し、洪秀全がキリスト教を信仰して戦乱を招いたことを、キリスト教に対する否定的なイメージとして宣伝していた(李志剛「晩清広東基督教教案之試析」同編『基督教与近代中国文化論文集(二)』台湾：宇宙光出版社、1995年、143-144頁。および孫江「「洋教」という他者——19世紀後半におけるキリスト教と中国社会」『歴史学研究』第808巻、2005年11月、29頁)。
(5) 劉成禺『太平天国戦史』出版地不明：祖国雑誌社、1904年、2頁、及び呉凌清『太平天国野史』上海：中華書局、1923年、1-2頁。
(6) 陶飛亜・楊衛華『基督教与中国社会研究入門』上海：復旦大学出版社、2009年、60-65頁。
(7) 並木頼寿「「太平天国」像の形成と変貌」『捻軍と華北社会——近代中国における民衆反乱』研文出版、2010年、471頁。

(8) たとえば、孫文は池亨吉に対して、リンドレーの著作によって洪秀全や李秀成が逆賊の汚名を免れ「革命殉国者として後世識者に追悼を受けるやうになつたのです」と語っている（池亨吉『支那革命実見記』金尾文淵堂、1911年、15頁）。また、劉成禺の著作の序文では同書が「輝かしい漢族の武功の挙」を宣揚していると評価している（孫文「序」劉成禺、前掲書）。だが、どちらの文章でも孫文が太平天国とキリスト教を結びつけた発言を見つけることはできない。

(9) 容閎『西学東漸記』（東洋文庫136）、百瀬弘訳、平凡社、1969年、110頁。

(10) 並木、前掲論文、473-474頁。

(11) George Hunter McNeur, *China's first preacher: Liang A-fa* 1789-1855, Shanghai: Kwang Hsueh Publishing House Oxford University Press, China Agency, 1934. なお、『梁発伝』は本稿第3章に見られるとおり、中国語版の出版・再版後に英語版出版という複雑な経緯をたどっている。このため、中国語版と区別するために本書を「英語版『梁発伝』」、中国語版を「漢語版『梁発伝』」と文中で表記している。なお本稿の漢語版『梁発伝』は1930年版と1955年版を用いている。

(12) 張祝齢『倫敦会歴史南中国方面』出版地：出版社不明、出版年不明、5頁（上海市档案館　U133-0-159）。

(13) 「校祖日」『嶺南青年報』1920年6月24日、2頁。

(14) 馮自由「史堅如伝略」『革命逸史（下）』北京：新星出版社、2009年、832-836頁。辛亥革命直後に史の業績を評価すべきという意見や史の所有物を遺族に返還すべきという意見も見られた（「嗚呼史堅如不死矣」『香港華字日報』1911年12月26日、「給還史烈士産業」同、1913年3月21日）。

(15) 柱「論説　利用機会以吸収愛国精神」『嶺南青年報』1917年10月11日、3頁。

(16) 「聴古」同上誌、1917年10月18日、1頁。

(17) 蒲豊彦「キリスト教と近代中国社会——魂の救済から社会の救済へ」ひろたまさき・横田冬彦『異文化交流史の再検討—日本近代の〈経験〉とその周辺』平凡社、2011年、199頁。

(18) 盧観偉（筆記）「学生与国家」前掲誌、1917年9月27日、3頁。この記事は鍾栄光の演説要旨を書き起こしたものである。

(19) 張祝齢『倫敦会歴史南中国方面』前掲書、5頁。文中の『通問報』原文は筆者未見。

(20) 張祝齢訳述「中華第一受洗人蔡高君軼事」『広東基督教会協進会報告1914年』出版地不明：出版社不明、出版年不明、13-16頁（上海市档案館　U123-24-1）。

(21) Y. Y. Tsu, 'Progress and Fruits of Christianity in China,' *China Mission Year*

Book 1913, Shanghai: Christian Literature Society China, 1913, p.117.
(22) 張祝齡、前掲書、19-20頁。
(23) 古泉達矢「澳門からのアヘン密輸問題とイギリス帝国——1913年アヘン協定を中心に——」木畑洋一、後藤春美編『帝国の長い影——20世紀国際秩序の変容——』ミネルヴァ書房、2010年、146頁。
(24) 「江門分校再誌」『嶺南青年報』1917年10月11日、1頁。この時、鍾は嶺南大学江門分校整備のために江門で資金提供者と交渉していた。
(25) これは宣教師側の記述でも同様であった。the Chinese Recorder の布教初期の宣教師達を紹介した長編の記事では、モリソンが蔡高に洗礼を授けたことが強調されているのに対し、梁発への言及は見られない（E.Box, 'Morrison, Milne and Medhurst. Three Pioneers of Protestant Missions to China,' the Chinese Recorder, March 1904, p.122.)。
(26) 林希逸「不佞之往事述略」『基督教中国第一宣教師梁発先生伝』(27-28頁) in 'Papers in Chinese script relating to Leung Faat' (MS-1007-003/026), MFP. なお、同冊子は見開きで1頁と表示されている。本稿では以下その表記に依拠している。
(27) 張祝齡・皮堯士合訳『中華基督教会第一宣教師梁発先生伝略』香港：香港教会機関大光報、1923年、9頁 (This item is in 'Various Pamphlets written in Chinese Script' (MS-1007-003/030), MFP.)。
(28) 梁澤蘭「関於梁発先生墳墓事来往公牘一策」『基督教中国第一宣教師梁発先生伝』(23-24頁), op.cit.。
(29) 張祝齡・皮堯士合訳、前掲書、10頁。
(30) 同上書。
(31) 'Notebook containing material relating to Leung Ah Faat,' (MS-1007-003/018), MFP.
(32) e. g. 張祝齡「志道堂之今昔談」(『志道年報』1928年12月号) in 'Annual Report of the Chinese Christian Church … [sic] Macao,' (MS-1007-003/033),「蔡高先生年譜（見民国3年通用報630回）」in 'Miscellaneous papers' (MS-1007-003/028), and 澳門志道堂「蔡高先生事略」in 'Notebook containing material relating to Leung Ah Faat,' op. cit., MFP.
(33) 「栄光君覆函照録（1917年8月15日）」『基督教中国第一宣教師梁発先生伝』(26頁) in 'Papers in Chinese script relating to Leung Faat' (MS-1007-003/026), MFP.
(34) 梁澤蘭「関於梁発先生墳墓事来往公牘一策」同上書、ibid.。
(35) 同上書（27頁）、ibid.. 事実、陳輯五は1917年秋に鍾栄光の命を受けて東南アジア

各地を歴訪し、同大学附属の華僑学校創設のための資金援助を現地の華僑・華人に呼びかけていた（香港嶺南大学同学会編『鍾栄光先生伝』香港：香港嶺南大学同学会、1996年（初版1967年）、46-47頁）。

(36) 馮炎公から送られた写真には蕭崗に梁発の墓があったことが記されている（'Photographs and papers,'（MS-1007-003/038）, MFP.）。1920年に設置された「第一宣教士梁発先生墓」にも蕭崗から嶺南大学キャンパスに墓碑が移された経緯が記されている（広州中山大学図書館にて筆者2008年9月確認）。

(37) 張祝齢・皮堯士合訳、前掲書、9頁。

(38) GEO H. McNEUR［sic］, 'Summer Conference for Preachers at Canton,' *the Chinese Recorder,* September 1918, pp. 623-624.

(39) 前掲「第一宣教士梁発先生墓」。

(40) 『基督教中国第一宣教師梁発先生伝』（12頁）, op.cit..

(41) 李志剛「広学会之発展与中国時局転変之関係」同編『基督教与近代中国文化論文集（二）』台湾：宇宙光出版社、1989年、284-285頁。顧長声『宣教士与近代中国』上海：上海人民出版社、1985年、156-161頁。

(42) 劉粵声『香港基督教会史』香港：香港浸信教会、1997年（原版1941年）、342頁。

(43) 同上書。なお、現在は「永安村」という村名は使われず「牛眠埔村」が普及している（筆者2010年7月、2011年2月訪問）。

(44) 張廷献〔祝齢〕「碑誌」『張公彩廷紀念碑』（東莞牛眠埔村にて筆者2011年2月確認）。

(45) 盧観偉（筆記）「学生与国家」前掲誌、3頁。

(46) 香港嶺南大学同学会編、前掲書、20-21頁。

(47) 簡又文「太平天国洪氏遺裔訪問記」同『太平天国雑記・金田之遊其他・太平軍広西首義史』民国叢書第3編64歴史・地理類、上海：上海書店、1991年（初版1944年）、225-226頁。前者の洪孝允は洪姓だが、花県洪氏とは別宗族である。

(48) 簡又文『太平天国全史』上巻、香港：簡氏猛進書屋、1962年、参拾壱―参拾弐頁。

(49) 簡又文『中国基督教的開山事業』香港：基督教輔僑出版社、1960年、23-24頁。

(50) 李志業・黄菊艶編『近代広東教育与嶺南大学』香港：商務印書館、1995年、116頁。

(51) 著者不明『梁発略史』（広東：広東中華基督教会、出版年不明、7頁) in 'Various pamphlets written in Chinese script'（MS-1007-003/030）, *MFP.*

(52) 「馮炎公致麦沾恩函」（1923年9月3日) in 'Papers relating to Leung Faat'（MS-1007-003/027）, *MFP.*

(53) Henry H. Barton, *George Hunter McNeur: a Pioneer Missionary in South China*, Christchurch and Dunedin; Presbyterian Bookroom, 1955, pp.21-22.
(54) 'Typed drafts of 'The Church and the Chinese in N. Z.',' (MS-1007-004/007), *MFP*. この草稿は戦後の講演時に準備されたようである。
(55) 渡辺祐子「キリスト教伝道と太平天国」『Quadrante』第3巻、2001年3月、200-201頁。
(56) 'Notebook containing material relating to Leung Ah Faat,' op.cit..
(57) McNeur, op. cit., p.75.
(58) McNeur, op. cit., pp.78-80.
(59) 'Rough draft of 'Rev. Leung faat, China's first Protestant Evangelist' Volume VI,' (MS-1007-003/012), *MFP*.
(60) 麦沾恩『梁発伝』胡簪雲訳、広州：中華基督教会広東協会、1930年、131頁。
(61) J. D. 'An Evangelist,' *the North China Daily News,* June 26, 1934, in 'Miscellaneous papers including photographs, material relating to Liang A-fa, clippings and a list of missionaries,' (MS-1007-005/010), *MFP*.
(62) これは他の書評でも同じであった。*the Chinese Recorder*は梁発が執筆した「宗教冊子」の一部が洪秀全の手に渡り、数年後の拝上帝会挙兵につながったことを指摘してはいるが、梁発の事績そのものに触れられることはなかった（cf. 'Liang A-Fa,' *the Chinese Recorder*, August 1934, pp. 521-522.)。
(63) 麦沾恩『中華最早的布道者：梁発』胡簪雲訳、上海：広学会、1931年。
(64) 『中華基督教会広東協会四年来之事工概況報告1933-1937』出版地不明：出版者不明、出版年不明、5頁（上海市档案館　U102-0-14-119)。この時、マクニュールと張祝齢は梁発紀念堂の建堂計画や会計を担当していたことが分かる。
(65) 崔通約「為梁発故里紀念堂説説並題詞（1934年7月1日)」同『滄海生平』台北：龍文出版社、1994年、84-85頁。崔は梁発の出身地高明の同郷人であった。
(66) 著者不明『梁発略史』(広州：広東中華基督教会、出版年不明、5頁) in 'Various pamphlets written in Chinese script' (MS-1007-003/030), *MFP*.
(67) 香港嶺南大学同学会編、前掲書、50頁。
(68) 例えば呉義雄『在宗教与世俗之間——基督新教伝教士在華南沿海的早期活動研究』広東：広東教育出版社、2000年、44-45頁。
(69) 劉翼凌「重版緒言」麦沾恩『中華最初的布道者梁発伝　附勧世良言』胡簪雲訳、香港：基督教輔僑出版社、1955年、3頁。基督教輔僑出版社は、1950年に広学会の後続組織として香港で設立された。東南アジアやアメリカの華僑・華人を対象とし

て出版活動を展開した（李志剛「広学会之発展与中国時局転変之関係」前掲書、288頁）。

梁氏家系図

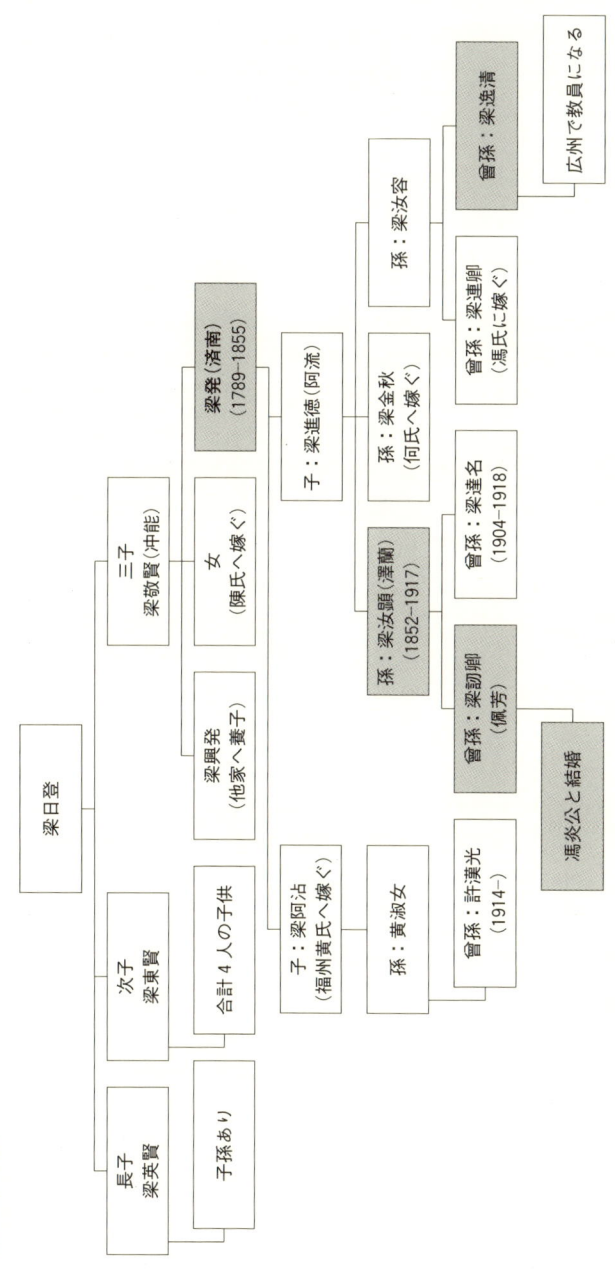

```
梁日堂
├─ 長子 梁英賢 ─ 子孫あり
├─ 次子 梁東賢 ─ 合計4人の子供
├─ 三子 梁敏賢 (沖能)
└─ 梁興発 (他家へ養子)
    └─ 梁発(済南) (1789-1855)
        ├─ 女 (陳氏へ嫁ぐ)
        ├─ 子:梁進徳 (阿流)
        │   ├─ 子:梁阿沾 (福州黄氏へ嫁ぐ)
        │   │   └─ 孫:黄淑女
        │   │       └─ 曾孫:許漢光 (1914-)
        │   ├─ 孫:梁汝顕 (澤蘭) (1852-1917)
        │   │   ├─ 曾孫:梁卯卿 (佩芳)
        │   │   │   └─ 馮炎公と結婚
        │   │   └─ 曾孫:梁達名 (1904-1918)
        │   ├─ 孫:梁金秋 (阿氏へ嫁ぐ)
        │   │   └─ 曾孫:梁運卿 (馮氏に嫁ぐ)
        │   └─ 孫:梁汝容
        │       └─ 曾孫:梁逸清 ─ 広州で教員になる
```

典拠:梁逸清「梁発公族譜一張」in 'Miscellaneous Papers' (MS-1007-003/028), *MFP*. McNeur, op. cit, 麦沾恩『梁発伝』(1930年版)より作成。

汝顕は6男2女をもうけたが、本表では主要な3人のみを挙げている。

史料によっては梁汝顕(字澤蘭)は1915 (民国4)年には他界したことになっているが、*MFP*に収められている墓碑の写真には1917年に亡くなったことが記されているため、それに準じた('Photographs and Papers' (Ms-1007-003/038), *MFP*)。

第3部：まとめとコメント

「まとめ」

　第3部は、アメリカオレゴン州、カリフォルニア州、台北、東京の各地からの四名の報告者の論文で構成される。ブライナ・グッドマン氏は上海、鄭小威氏は四川省成都、邱澎生氏は蘇州、土肥歩氏は華南を取り上げ、それぞれの地域が辛亥革命の前後でどのように変化したかを検証した。「都市文化ヘゲモニー」つまり、都市を構成する政治的・社会的・文化的諸要素に注目し、「辛亥革命」がもたらした変化をとくにヘゲモニーという視点からひも解く論文が集まった。中国は広大で地域性もきわめて豊かであることは衆人の認めるところである。社会変化の検証に際し、それぞれの地に育まれた固有の文化や歴史を考慮することは必要不可欠な作業である。この分科会の議論は一見ばらばらのように見えるが、20世紀初頭の中国の都市に注目している点で大きな共通点がある。

　上海は開港後に租界を中心急速に肥大化した国際的大都市である。グッドマン論文は、西欧的な経済の仕組みが導入された上海で証券取引所が乱立のうえ破綻した事件を取り上げた。これを契機に、国家の主権や個人の自由に関する議論が引き起こされ、中国文化そのものに対して内省を促すきっかけとなった。ここで主役を演じたのは実業家、学者、上海総商会等であり、ヘゲモニーという点では国際都市上海における経済界に着目した。

　鄭論文は、1911年夏に起こった四川保路運動をめぐる議論をとりあげる。伝統的な科挙制度によって生み出された政治的エリート集団である郷紳が主役である。一部の郷紳たちが自らの経済的利益を守るために、いかに革新的なイデオロギーを組み合わせて共通の目的を創造し、「四川民衆」を立ち上がらせたのかに注目する。

　近世以来の伝統的な商業都市である蘇州を舞台に議論を展開したのは邱論文である。清朝が財政の立て直しに日増しに商業税に頼るようになる一方、課税対象となった商人たちが抗争を展開し、見返りとしての保護政策を求めた。商人たちは公所や会館、さらには商会への結集を進め、清末に至り、立憲運動の展開と連動して税務協議に関する新しいモデルを産み出すに至った。商人団体の「代表性」と都市におけるゲモニーの向上を問題とする。

　土肥論文は、華南のプロテスタント諸教派が辛亥革命にどう対応したかを包括的に分析し、かつて外国人宣教師とともに活動した偉人としての梁発の墓所が辛亥革命後に「発見」され、嶺南大学内で顕彰される過程を解き明かした。辛亥革命以後の社会変動

をきっかけに、太平天国運動に思想的影響を提供した梁発が、キリスト教徒内部の民族意識の高揚を背景に、世に現れた点を強調する。

　人・資本・思想の流入を伴う国際化、亡国意識と連動したナショナリズムの高揚など、大きな時代の流れが背景として存在するなか、辛亥革命の成功は社会変革の契機となった。都市ヘゲモニーの台頭と再編がその一つの証左である、と総括できよう。　（陳来幸）

「コメント」

　第3部の論文の基になったのは、神戸会議の第3分科会に提出された諸報告である。コメンテーターの立場から、会議当日の討論を再現したい。

　近代中国経済学の主要なモチーフには、個人の自由と国家の介入という2つの相異なる主題をどう調停するかという問題関心がある。グッドマン報告が述べるように、1921年の上海証券取引所バブルは、こうした自由と国家の諸関係を再配置する機会を与えたが、その市場経済における自由の探求が租界という治外法権の舞台に支えられていたことには注意を払う必要がある。上海経済は植民地近代を体現していた。もっとも、討論の中でグッドマン氏が明らかにしたように、この時代の交易所取引は匿名の交換システムによって運用されていたというより、伝統的商取引のように顔の見える相手を交渉相手にして、交易所の広告が伝える情報を頼りに進められていた側面がある。国家と自由の関係が調停不可能であると真に意識されるのは、辛亥革命後であり、そのとき初めて人々は国家や自由とは違った経済学の語彙を探し求めることになる。

　鄭小威氏は、その報告の中で、四川保路運動が新しい「国権」や「民権」の意識を普及させる上で、伝統的な資源（地元の民謡、詩や、地方劇、「漢奸」という言葉など）をどのように効果的に動員したかに分析の重点を置いていた。事実、この運動で提起された政府攻撃の対象からは「朝廷」が除外されていた。ところが、フロアとの意見交換の中で、鄭氏はさらに興味深い事実を指摘した。「国権」と「民権」という語彙は、日本の法政大学留学生グループが、フランス法の主権概念の強い影響の下に提出されたものであり、そうした東京留学生から成る保路同志会の国会請願に向けた行動パターンも、外来の主権概念に基づく急進主義に起源を持っているというのである。四川の事例は、事件としては武昌蜂起を生み出したが、持続的な影響としては政治体制や制度の変化をもたらしたのである、

　邱澎生報告は、伝統的な会館・公所が、近代への移行において利益集団の代弁者となることに失敗し、新しい「商会」という形態が、政府の認可を受けた制度的な代表者として登場したという興味深い見解を提出した。同時に、土地税よりも機動性に富んだ商業税への依存の度合いを高めた中国財政システムは、財政確保と商人保護という本来は

相反する目的を同時に追求する点において、商会と対立する誘因を必然的に内包していたという指摘は注目されるものである。討論の中で、外国列強の経済侵略に対抗する「経済ナショナリズム」を政府と商会は部分的に共有していたと述べられたが、代理徴収、あるいは請負という彼らの経済行為が、そうした経済ナショナリズムにとって有効たり得たかどうかの検討が今後とも必要であろう。スーザン・マンやプラセンジット・デュアラ氏らによる商業税の請負研究との対話が望まれる。

　土肥報告は、中国近代の革命言説において、太平天国と辛亥革命を連続的に捉える視点が、広東(華南)キリスト教徒によって生み出されたことを論証しようとした。さらに、こうした土着のキリスト教知識人と海外の宣教師団体とでは、中国における布教者や布教運動に対するスタンスが大きく違った事実をきわめて説得的に述べた。特に、海外布教者がネストリウス派や中国古典にあるような古い世界観に積極的に向かい合っていたという事実は興味深い。福州プロテスタント等が、社会福祉事業を中心とした社会改造を通じて、立憲派と革命派の双方の改革モデルに親和的なキリスト教共同体の実現を志向していたという土肥氏の最後の指摘は、革命言説への彼らの関心の動機とどう関わるのか、今後の究明を期待したい。

　都市ヘゲモニーの多様性、それが辛亥革命にもたらした多様な陰影をめぐって、実りある議論が展開できた分科会であった。　　　　　　　　　　　　　　(城山智子)

第4部　辛亥時期人物研究

　清末革命運動に孫文の果たした役割は、今さら言うまでもなく巨大であるが、孫文の活動は「革命家」としてのそれにのみ限定されるわけではない。かれの豊富・多様な思惟を同時代の諸思潮の中に位置づけること、かれを取りまくイメージの発生やその拡大・変容などを分析することなどは、我々に新たなる孫文研究の視座を求めている。ここでは、そうした視座からする新たな孫文像を提示し、既存の孫文研究を乗り越える試みを行うと共に、辛亥時期の孫文以外の人物の思想と行動を検討する。

孫文思想における理想の国家

三 輪 雅 人

　孫文の革命活動の最終的な目的は、一言でいえば、「三民主義の実行による理想国家の建設」ということになる。孫文が建設を目指した理想の国家とは、「自由平等の中国」である[1]。清朝の末期からおよそ30年間、中国の国内外の状況が激しく揺れ動く中で、この孫文の理想と目的は一貫していた。そして革命活動の核となる思想が、民族主義・民権主義・民生主義からなる三民主義であった。三民主義の骨格は既に興中会時代から構想されていた。

　本稿は各時期の孫文の主張を確認し、主に辛亥革命後の若干の問題に検討を加えながら、彼が構想した理想の国家像を浮かび上がらせようとするものである。

1　三民主義の展開

1．興中会前後

　孫文の革命活動は、「私の革命の言論の時代」[2]とする青年期から「ほとんど私一人の革命であった」[3]と回顧する時期に始まる。

　日清戦争開戦の直前、孫文は清朝の実力者・李鴻章に意見書を提出する。いわゆる「李鴻章上書」である。この著作では国家の振興策として、「人材の育成」「農業の振興」「鉱工業の開発」「商業の保護と交通網の整備」の４つが提案されているが[4]、根本的な政治革命についての言及は見られない。そのため当時の孫文は、革命思想に踏み込む以前の改良主義的な体制内改革志向が強かった、とも考えられる。しかし「上書」提出の数か月後、1894年11月24日にはハワイ・ホノルルで「駆除韃虜・恢復中華・創立合衆政府」を誓詞とする革

命組織・興中会を結成しており⁽⁵⁾、孫文はかなり早い時期から革命実行の意志を抱懐していたものと思われる。

李鴻章への「上書」は提言書としての具体的な成果をあげることはできなかったが、その中で指摘された「人材の育成」や「産業の振興」の重要性は、この後にも孫文が国家発展の処方箋を述べる際に繰り返し強調される。人材に関して言えば、「天下の事業は、それを実行できないことが問題なのではない。それを実行する人がいないことが問題なのだ」⁽⁶⁾ という認識を孫文は生涯持ち続け、それを克服し人々を革命運動に参加させる効果的な方法を見出そうと腐心することになる。

では主に華南地域での武装蜂起を中心に据えて活動を開始した興中会期、孫文はどのような国家を構想していたのか。翌1895年に香港興中会を設立した際には、政府の無能と人々の無自覚が中国の弱体化を招いたと批判した上で、

　　国内外の志を持った中国人と連絡し、富強のための学問を研究することにより中国を振興し、国体を維持する。(略)。
　　四方の賢才や志士と連合し、現在の富国強兵の学問と人民教化の方法を研究し、それらを一層推し進めて無知な人々を教え諭す。国中の人々全員に理解させ、智者と愚者が一心となり、遠くの者と近くの者が一丸となり、多くの人の知恵と力量を合わせてこの大難に立ち向かう。そうすれば中国は危機に瀕しているとはいえ、救済できない困難はない⁽⁷⁾。

と述べた。有用な学問の研究、教育の実施、幅広い人々の団結、によって危機的状況から脱する国家像を提起したのである。無知で無自覚な人民に対する教育を徹底し、賢才志士の知恵に人民大衆の力量を一体化させて救国に当たるという方法論には、後の「知難行易」説に近似するアイデアが見て取れる。

また1897年に宮崎滔天と交わした会話の中に、孫文の目指した国家の一端を垣間見ることができる。初対面の滔天がまず革命の主旨と方法・手段を尋ねると、孫文は「人民自ら己を治るを以て政治の極則なるを信ず。故に政治の精神

に於いては共和主義を執る」と答え、共和は中国の国民に適合しており、革命を実行する上で有益であることを説明したと言う[8]。最初滔天は孫文の小柄で飄然とした容姿を見て、「四百州を背負って立つ」「四億萬衆の上に政権を揮ふ」人物としては何となく頼りなく感じたようだ[9]。しかし滔天は孫文を「自由平等博愛の甲冑を着けた革命の化身」[10]と評するに至る。孫文の言葉の端端から迸る共和制実現への熱意に滔天が圧倒され、そして共感したであろうことが想像される。

　この共和制実現つまり「創立民国」と、「平均地権」の2項目が秘密誓詞に見られるようになるのは、1903年である[11]。従ってこの時までに、民族主義としての「駆除韃虜」「恢復中華」、民権主義としての「創立民国」、民生主義としての「平均地権」の四綱が出揃ったことになり、三民主義の骨格が提示されたのである。

　2．同盟会期
　1905年8月、失敗の連続ではあったが武装蜂起の実績を積み重ねていた孫文率いる興中会と、留日中国人学生に影響力のあった華興会、光復会が合流して中国同盟会が結成された。孫文は同盟会の総理に就任し、興中会の四綱は同盟会の宗旨となった[12]。これは後に孫文が「自分が生きている間に革命の大業が成し遂げられるかも知れない、と初めて信じるようになった」[13]と回想する、画期的な出来事であった。
　同盟会の機関紙である『民報』の「発刊の詞」では、民族・民権・民生の三大主義を紹介し、「この三大主義はみな民を基本とするものである」と解説を加えた[14]。また翌1906年の「中国同盟会革命方略」では、革命思想の核となる主旨（四綱）と、革命運動のプログラム（三序）を提示した。まず、

　　いわゆる国民革命とは、一国の全ての人々が自由・平等・博愛の精神を持ち、全ての人々が革命の責任を負うものである。軍政府はただその枢機となるに過ぎない[15]。

として人々の自覚を促す。次に革命の取り組みとして、清朝政府の転覆（駆除韃虜）、漢民族による国家の回復（恢復中華）、平民革命による国民政府の樹立と帝制の破棄（建立民国）、地価上昇分の徴収と国民への分配（平均地権）を掲げる。

その四綱は「軍法の治」「約法の治」「憲法の治」の三段階を踏んで実行される。最初の「軍法の治」は軍政府が国民を監督・統治する時期で、およそ3年間を目安とする。次の「約法の治」は地方自治は人民が行い、国家の政治は軍政府が統括する時期で、6年間を期限とする。そして「憲法の治」は軍政府の権限を解除し、憲法の規定に基づき国家機関が国政を分掌する、最終期である[16]。

ここでは三民主義とともに、孫文の革命遂行の方法論である三序が明示されている。三序は後に「軍政」「訓政」「憲政」と名称が変更されるが、軍政府による非常の統治から憲法による平常の統治に至る間に、過渡的な中間段階を設置する、という基本的な方略は変わることはなかった。

1903年の「支那保全分割合論」の中には、「政府と人民の交渉は税金の収納に関する一事があるのみで、まるで地主と小作人の関係のようだ」[17] という指摘がある。伝統的に政治から完全に切り離されている人民大衆を、革命の責任を負った主体として育てるためには、どうしても時間が必要になる。そのため軍政府が専制政体を破壊した後、人民自身による統治が実現可能になるまで、準備・試行期間として過渡的な段階が挿入されているのである。

三民主義の詳細は、1906年の『民報』創刊一周年記念大会で述べられた[18]。そこでは以下のような説明がなされる。

民族主義は単なる異民族の排斥ではなく、支配者として君臨する異民族を除去する民族革命である。民権主義は、劣悪な君主専制を一掃し、民主立憲政体を樹立する政治革命である。清朝打倒は満州族の駆逐という面では民族革命、君主政体の転覆という面では政治革命となる。民生主義は将来必ず発生する社会問題を防止するために、民族・政治革命と同時に実施すべき社会革命である。

これら三つはそれぞれ不可分の関係にあり、どの一つも欠けることは許されない。また西欧の三権分立には限界があるので、三民主義を実行するには五権分立を内容とする憲法の制定が必要である。五権分立とは、行政・立法・司法の三権に加え、有能な人材を確保するため官吏を選抜する選考権と、官吏を監督し不正を弾劾する監察権の二権を独立させることで、これは世界に例を見ない破天荒の政体である。

つまり同盟会期の孫文が思い描いていたのは、満州族が利益を一人占めできないよう政権から排除し、皇帝が利益を一人占めできないよう民主的な立憲政体を確立して、富者が利益を一人占めできないよう管理して諸問題を未然に防ぐ、平等な国家であった。そしてその国家のよりどころとなるのが五権分立を定めた憲法であり、実際には3つの段階を踏んで憲法による統治に至る、とされた。

3．辛亥革命期

1911年10月10日、武昌の新軍が蜂起する。やや突発的なこの事件を発端とし、革命のうねりはたちまち全中国を覆う。清朝は脆くも崩壊し、始皇帝以来2000年に渡る王朝体制に終止符が打たれた。辛亥革命である。

そして翌1912年1月1日、南京において中華民国が樹立された。臨時大総統に就任した孫文は「ここに勉励して国民の後に従い、よく専制の流毒を掃き尽し、共和を確定し、以て革命の宗旨を発達させ、国民の志願を全うする」[19]と宣言した。ここでは中華民国は共和国であることが明示されている。孫文は清朝支配を打倒し、共和国が設立したことをもって、民族主義と民権主義は成就したと考えたようだ。その後、

　　共和政体は今なお十分に組織されてはおらず、完全とは言えませんが、民族・民権の目的は既に8、9割は達成されました[20]。
　　満清皇帝は退位し、中華民国が成立しましたので、民族・民権の両主義はともに達成され、あとは民生主義のみが未着手だけです。今後私はこ

の事に力を尽くして当りたいと思います[21]。

として、袁世凱に臨時大総統の職を譲る。そして袁世凱の招きに応じて何度も会談し、鉄道建設の必要性などを訴えていた[22]。また1912年12月9日杭州での歓迎会の席上で演説し、民生主義の重要項目として、資本を節制すること、土地問題を解決すること、実業・鉄道を発展させること、教育を充実させること、をあげた[23]。鉄道・海運といった交通網の整備が鉱工業や商業の発達には欠かせず、特に鉄道は国家の命脈である、という主張は既に「李鴻章上書」の中に見られる[24]。また民生主義の実施により、経済の発展と社会問題の解決を同時に行うべきことも同盟会時代に言及されていた[25]。孫文は中華民国の成立に際し、それらの計画をいよいよ実行に移す機会が到来したと考えていた。しかし実は、達成されていなかったのは民生主義だけではなかったのである。

同盟会は革命組織から公開政党たる国民党に改組され、事実上のリーダーとなった宋教仁は1912年末から実施された国会選挙に勝利し、議会内の多数派工作に成功した。しかし内閣の首班として手腕を発揮する前に、袁世凱に暗殺されてしまう。袁世凱は国民党を非合法化し、贈賄・脅迫・暗殺や軍事的手段などを用いて反対派を封じ込め、議会を解散させた。内閣は弱体化させられ、政治・軍事・財政の権限は大総統に集中していった。

袁世凱の専断を許した原因については、同盟会・国民党側の力量不足と袁世凱に対する警戒心の希薄さを指摘できるだろう。ただし全く手段を講じていなかったわけではない。中華民国の臨時憲法である臨時約法には、議会による大総統・国務総理および閣僚の弾劾条項が明記されていた[26]。つまり臨時約法によって袁世凱の暴走をコントロールしようと考えていたのである。

しかし袁世凱は臨時約法を停止し、共和制の基盤そのものを破壊してしまう。袁世凱に対抗できず第二革命にも失敗した革命派は、日本などへの亡命を余儀なくされた。

4．中華革命党期

臨時政府の経営から追われた孫文は、革命の戦略の練り直しを迫られる。「私が民国の総統であった時の主張は、かえって革命党の領袖であった時よりも影響力がなく、実行もされなかった」[27] と回想しているように、辛亥革命期の失敗は意志の不統一と指導の不徹底が原因であると考えた。そこで東京で中華革命党を設立し、革命活動の継続を図る。

中華革命党は「民権・民生の両主義実行を宗旨とする」「専制政治の一掃と完全な民国建設を目的とする」[28] と総章で謳う。清朝皇帝退位で達成されたとみなしていた民族・民権主義のうち、民権主義が綱領に復活している。これは王朝支配を倒し民国を樹立しても、共和制を確立できなかった反省に基づくものである。一方、入党の際に孫文への服従を宣誓させたり、入党の時期によって党員の身分や資格に傾斜を付けたりして、同盟会・辛亥革命期に混入した旧官僚や劣悪な地主層といった雑多な人物を除去しようとした。この服従の宣誓は、孫文側からすれば指導を徹底するために必要な手続きであるが、他の者から見れば、孫文の独断的な意思決定や党運営を許しかねない危険性をはらむ。この問題は黄興らの深刻な反発を引き起こし、同盟会以来の盟友たちが袂を分かつ結果となった。

中華革命党は中国国内での活動の拠点を持たず、結局は袁世凱らの専断に効果的な反撃ができなかった。やがて中国は軍閥割拠の混乱期に突入し、孫文らの苦闘が続くことになる。

孫文の発言を見ていると、時に彼自身の中では「孫文個人」と「革命の主義（三民主義）」と「革命を実行する党」が一体化してしまっているように思われることがある。孫文自身が革命の主義や実施の方略に絶対の自信を持っているのは当然としても、同志がそれに対する批判や疑義・修正意見を加えることを全く許さないとすれば、やはり独善の誹りを免れ得ない。このことを孫文はどう説明し解決するつもりだったのだろう。

孫文は、「知」と「行」を分離してそれぞれ別の担当者が連携しながら実践する、という「知難行易」説を提示する。「知」すなわち革命の理念や実践の

ための方法論は、「先知先覚者」が構想し設計する。「行」のうち宣伝・流布は「後知後覚者」が担当し、実践・実行は「不知不覚者」が受け持つ。これは革命党および人民による役割の分担であり、組織論である。孫文・指導者は「先知先覚者」、党員はその指導を受け革命の主義を正しく理解すべき「後知後覚者」、革命運動に動員されるべき広範な人民は「不知不覚者」になる。こうして孫文の指導と党員の服従は正当化されることになる。

この「知難行易」説が詳述されている「心理建設（孫文学説）」[29]は革命の理念と実践の方法を集中的に解説した著作であり、『建国方略』三部作の一つとして出版された。『建国方略』は「心理建設（孫文学説）」のほか「物質建設（実業計画）」[30]「社会建設（民権初歩）」[31]からなる、壮大な計画書となっている。特に「物質建設（実業計画）」は民生主義実行の基盤である産業開発・インフラ整備に関する具体的な提言として、膨大な構想を展開している[32]。

では新国家が建設されたとして、そこでは政府と国民はどういう関係を結ぶのか。孫文はアメリカの地方自治を参考にしながら、従来の選挙権に加え、罷免権・創制権・復決権の4つの直接民権によって国民が国家をコントロールする制度を提唱する[33]。この制度は、選挙・投票以外の方法でも国民を国政に参加させようとするものであり、同時に国家の暴走を防ぐ機能も期待されたのである。

5．中国国民党期

理想の国家を建設するために中国が克服すべき問題は山積していた。孫文は中でも、列強による干渉・圧迫をいかに排除するかを重要な課題として強く認識するようになる。興中会・同盟会期の民族主義は「満州族の排除と中華の恢復」であったが、孫文はそれに「支配者」として君臨する異民族を除去することである、と注釈を加えていた[34]。それゆえ民族主義は清朝打倒時のみならず、列強の帝国主義に対抗し中国人の団結を促す際にも、極めて有効であった。

孫文は「三民主義講演」の中で、家族・宗族を連合させて国族に発展させれ

ば外国に対抗できる、と言っている[35]。宗族主義を国族主義にまで広げていくには、民衆に対して何らかの働きかけや指導が必要であるが[36]、孫文は宗族の危機対応に注目する。中国人は国が滅びようとも我関せずであるが、一族が滅びそうになると命がけで闘う。現在中国は外国の圧迫にさらされ、民族の危機に直面している。もし民族が滅びてしまえば、家族も存在し得ない。一族の滅亡を恐れる気持ちを民族の滅亡を恐れる気持ちに高め、宗族同士の争いを外国との争いに換える。宗族を連合させ、その組織を郷・県・省・国のレベルに拡大し、巨大な国族集団を作り上げることができれば、外患など恐れるに足りない[37]、とする。

　孫文は同盟会期にも「革命が達成されれば、中国に新しい時代の夜明けが訪れるだけでなく、全ての人類も輝かしい未来を共有できる」[38]と言っていた。また三民主義は当初から不可分のものとして説かれていたが、この時期にも「三つの主義は、一つのもので貫かれている。その一貫する道理とは、ともに不平等を打破することだ」[39]と語っている。もし中国が列強の圧迫を排除し不平等を打破して、独立した統一国家を建設できれば、それは世界中の被抑圧国家の希望となるはずである。

　孫文は絶望的な状況や困難な問題に直面するたびに、危機打開の処方箋としての三民主義を練り上げ、国家・政治・社会および個人のあるべき姿を提示しようとしたのであった。

2　過渡期の問題

　孫文のさまざまな提言は現状の観察・分析に基づくものであるが、特に民国の失敗についてはしばしば回想している。その原因として挙げられるのは、「革命方略」を実行しなかったことである[40]。革命三序の段階を経ず、一足飛びに憲政に移行しようとしたことに無理があった、というわけである。辛亥革命期の国家建設においては、孫文の三段階革命が採用されなかった。三段階革命という構想は、妥当なものだったのだろうか。

川島真氏は、

> 中央集権志向で共和制に反対の立場をとった袁世凱に対し、孫文も中央集権的で共和制実施を将来のこととする点で、袁に近い。そのため、共和制実現を重視する宋教仁と孫とは、清朝打倒では一致していても、その打倒の方法や国家建設構想の面では食い違いが目立った[41]。

と指摘する。孫文と宋教仁の間に意見の違いがあったのは事実である。しかし孫文は興中会期から一貫して共和制を主張していた。一方袁世凱は共和制を破壊し、中華帝国洪憲皇帝を名乗った。袁世凱の中央集権は共和制とは相容れないものであって、共和制の実現が想定されている孫文の中央集権とは、同質のものではない。三段階革命は「軍政」「訓政」を経て「憲政」に至るとされるので、最終の「憲政」期に共和制の実施が完了するとすれば、共和制は後回しでも良いということになるのかも知れない。ただし孫文自身は、

> 中国のような数千年もの専制によって退化し、征服を受けた亡国の民族が、突然革命によって光復を成し遂げ、なおかつ共和立憲の国家を建設しようとするなら、訓政の道をたどる以外に断じて近道はない[42]。

と考えていた。後回しにしたのではなく、むしろ逆に共和制への最短コースを取ろうとしたのであり、そのための三段階革命なのである。

　横山宏章氏は、孫文と梁啓超や袁世凱との類似点を指摘する。つまり孫文が過渡的な「軍政」「訓政」を想定したのは、人民の政治意識が未熟な段階では「開明的な革命軍」「開明的な革命党」による独裁政治を必要と見なしたからであって、こういった認識は、「開明的な君主（皇帝）」による集権体制を唱えた梁啓超の「開明専制」と共通するものだ、と述べている[43]。また「国会専制」を嫌悪し、強力な行政権の確立を目指す点では孫文も袁世凱も同じで、それは二人の人民観が共通していることに由来する、としている[44]。

確かに孫文は「人間の聡明さと才能は生まれつき違いがあるので、築き上げられる結果も違う。築き上げられる結果が違うのだから、当然平等ではありえない」[45]と考えており、多くの中国人は今後数千年たっても民権獲得のために立ち上がることはない、と言い切っている[46]。代議政体の不十分さにも不信感を持っており[47]、同盟会期にはアメリカの選挙を例にとって「少々口の達者な人間が国民に迎合して選挙運動を行い、学があり思想を持った高尚な人物はみな口下手なので、誰にも相手にされない。だからアメリカの議会には往々にして、愚かで無知な人間が混ざり込む。その歴史は全く笑止に耐えない」[48]と批判していた。

このようなポピュリズム・衆愚政治を招く可能性のある選挙という制度の欠陥を補うものとして、孫文が唱えたのが、官吏を選抜する選考権と官吏を監視する監察権の二権を設置・独立させる五権分立であった。孫文は選挙制度の限界や問題点を指摘しているが、選挙の実施を否定しているわけではない。

また民衆の無知は、専制体制の下で人々が政治や知と無縁の状態に長く放置されてきた結果の産物であって、孫文の人民観は当時としてさほど特殊なものではない。しかし政治から切り離されて来た人民を、無知であるからという理由で切り捨てようとは考えていない。孫文は「革命は人類の覚醒であり、人々は自分で自分を救わねばならないことを知った」「私は革命の発起人に過ぎず、人民に賛成してもらいたいと願っている」[49]と言っている。つまり、むしろ人民が無知であることを前提にして、彼らの大いなる自覚を促して革命に参加させる方法を確立しようとしているのである。政治に参加し国民としての責任を負う主体を、伝統的な士大夫層・中間層のみならず国民の大多数を占める農民までを含めた人々と想定したからこそ、その組織化や教育には工夫と一定の時間が必要なのであって、「訓政」期は人民が国家の主人公としての責任を担えるようになるまでの一種の教育期間でもあるのだ。それゆえに孫文は、革命の三段階を共和制国家の建設に必要不可欠なものとするのである。

横山氏の指摘には、「開明的な革命軍」「開明的な革命党」による独裁政治の後、本当に彼らが政権を人民大衆に渡すのだろうか、「開明的な君主（皇帝）」

による集権体制とどう違うのだろうか、という根本的な疑問があるものと思われる。同盟会期の「革命方略」では、革命三序の「軍法の治」は3年間、「約法の治」は6年間と一応定められてはいた。これが期限ではなく単なる目安、努力目標であったとしても、あくまでも過渡期とされている。孫文は、

> 革命の建設とは非常の建設であり、速成の建設である。辛亥革命以来すでに非常の破壊は成功したが、非常の建設が後に続かなかった。非常の時期には非常の建設が不可欠であり、それによって人民の考え方や国家を一新できる。これこそ革命方略が必要とされる理由である(50)。

と言っていた。過渡的な時期は非常の破壊・建設を行う「非常の時期」であり、その後に来る人民自身が国家を管理する「平常の時期」が明確に意識されている。もし革命軍(党)が独裁政治を続けるつもりであれば、「訓政」(あるいは「約法の治」)のような過渡期などは想定不要であろう。「開明的な君主(皇帝)」は、人民大衆を国家の主人公にするために取りあえず君臨しているわけではない。

ただ孫文自身がそう確信し、国民に約束したとしても、例えば孫文亡き後の革命党が孫文の約束を必ず履行するであろうか、という問題が残る。

孫文は1923年に中国国民党員に向けて行った演説の中で、「党が国を治める」ことについて以下のように述べている。

> いわゆる以党治国とは、党員をみな官僚にしてこそ中国を統治できる、ということでは決してない。党の主義を実行し、全国の人民がみな党の主義を守ってこそ中国が統治できる、ということなのである。簡単に言えば、以党治国は党員による治国ではなく、党の主義による治国である。諸君はこのことをはっきりと識別しておく必要がある。(略)。
>
> 辛亥の年、もし仮に良い方法があって以党治国を実行できていたら、南京政府から今日までこのような大失敗には至らなかった、と私は信じてい

る[51]。

　そして、党の主義を宣伝し全中国人民にゆきわたらせ感化することを「主義による征服」と呼び、「主義により征服すれば、人民は心底から感服する」[52]とする。孫文はかつて清朝下の興中会期に革命派を観察し、

　　革命思想を抱く中国人には３つの種類がある。第一は役人の圧迫によって最低限の生活すらできない人々。第二は人種的な偏見に怒り満州族に反感をもつ人々。第三は崇高な思想や高邁な見識を持った人々[53]。

と分析していた。第一・第二の人々を革命運動の主体として動員するためには、三民主義を宣伝・教育して、革命の理想と方法を理解させ「心底から感服」させればよい、と考えていたのである。三民主義の優位性が宣伝・教育の実効性を保証するはずだ、と信じていたのである。
　その点では、孫文は楽観的に過ぎると言えるかも知れない。

3　心の問題

　孫文は1924年に広東第一女子師範学校で演説を行った際、民国が挫折した事例として、①袁世凱の帝制、②張勲の復辟、③曹錕の賄選、を挙げた[54]。民国の根幹を揺るがす事件としてこの３つを選んだ所に、孫文の問題意識が表れている。
　袁世凱の帝制の問題点は何か。
　宋教仁暗殺後、第二革命・第三革命を鎮圧した袁世凱は国家の権限を独占し、終身大総統の地位を確立する[55]。終身ということは死ぬまで独裁者であり続けるわけで、実質的には皇帝と何ら変わる所が無い。しかし袁世凱は更に帝制運動を展開し、本物の皇帝になろうとするのである。袁世凱が帝位を目指した理由については、北洋軍の弱体化や政権内の亀裂・求心力の低下に危機感を覚

えた袁世凱が、絶対的な最高権力者すなわち皇帝となることで事態の打開を図ろうとしたことなどが指摘されている(56)。しかし袁世凱の帝制運動が彼の目的であったのか手段であったのかに関わらず、孫文にしてみれば、辛亥革命の成果を奪い取る露骨で強引な手法は絶対に許し難い暴挙であった。それと同時に、孫文は自説に対する確信を深めたのではないか。つまり、袁世凱の帝制運動の顛末を目撃して、皇帝思想の危険性を改めて認識したのである。

孫文は辛亥革命以前から、皇帝制度を打倒するだけでなく、皇帝思想を克服して国民政府を建設しなければならない、と訴えていた(57)。孫文によれば皇帝思想とは、国家を皇帝個人の財産とみなし、皇帝になろうとして互いに争うことである。人々が皇帝になろうとして争いを繰り返せば国家は分裂したまま統一されず、やがて亡国を招いてしまう。袁世凱は、皇帝思想をたくましくし具現化した悪しき典型となったのであった。

二つ目の張勲の復辟も、問題は皇帝思想である。張勲は袁世凱のように自分が皇帝になろうとしたわけではないが、清朝のラストエンペラー・溥儀を再び帝位に就けて皇帝制度の復活を目論んだ、皇帝思想の信奉者である。民国成立後も辮髪を切らなかった将軍が、辛亥革命によって打ち破ったはずの廃帝を引きずり出して来て帝位につけ、共和制の廃止と清朝の復活を宣言する。しかもそれを支持する勢力すら存在する。こういった現実に孫文は衝撃を受け、皇帝思想の根の深さを再認識したのである。

最後の曹錕の賄選は、選挙という制度の限界を示したものであった。軍事力を背景に中央政界に重きをなしていた直隷派の曹錕は、大規模な贈賄を行って議員の買収に成功し、大総統に選出された。選挙という制度は、選ぶ側の人間の質によって結果の正当性が左右される場合がある。民主的な仕組みを整えても、それを運用する人々のあり方を正さなければ、制度は機能しないのである。

これら3つの事件が起こった原因としては、民権主義の不徹底や選挙制度の問題点などが挙げられるが、共通するのは人々の「心」の問題である。孫文はかつて「心こそが万事の本源であって、清朝の打倒は心が成功させたのであり、民国の建設は心が失敗させたのだ」(58)と総括していた。また辛亥革命の前年

には、「中国革命が実現困難なのは清朝が強大だからではない。我々の志が未だ定まっていないからだ」[59]と言っていた。中華民国成立後の状況については後に「大多数の人民が民国の道理や三民主義を理解せず、そのため破壊には成功したが建設には失敗した。また同盟会を改組した国民党には目的も人格もまちまちな雑多な人物が入り込んでおり、外部からの支持や協力を得られなかった」[60]と述べている。国家を皇帝の私有物とみなし、皇帝になりたいと願って争う。自己利益にしか関心が無く、賄賂を積まれれば是非もなく応じる。そのような「心」を、三民主義を理解して団結し、革命活動に積極的に参加する強固な「意志」に改めなければならない。いわゆる「心の革命」である。

「革命党は人民に替って幸福を謀る」[61]のであるが、そのためには「人民の心に三民主義を注入しなければならない」[62]と説く理由が、ここにあったのである。

結　語

李鴻章への上書という形で提案された産業振興・人材登用のアイデアは、国家を富ませ国民の生活を守る民生主義や「建国方略（物質建設）」へとつながる。同盟会時代には、民族主義は単なる漢族主義・排他主義に基づく満州族打倒ではなく、漢民族の自治を妨害し圧迫する勢力を排除するのだ、と明言していた。そのため清朝が打倒された後、列強の中国圧迫という状況下に対しても、孫文の民族主義の定義は有効であり、説得力を持ち得た。同時に、打倒・克服すべきは皇帝制度だけではなく、中国にはびこる皇帝思想も合わせて根絶させねばならず、民権主義を徹底し、皇帝を必要としない民主立憲政体を建設しなければならない、とした。この主張は辛亥革命の後、袁世凱の暴走を止められず臨時約法による権力のコントロールが破綻した時に再度強調される。

第二革命の失敗後は中華革命党を組織して闘争を継続するが、党員に孫文個人への忠誠と服従を課したことについては、「知難行易」説によって、非常時における革命の指導者への権限集中の妥当性を説明する。また人民を主人公と

する共和制国家は三段階革命によって建設されるが、人民が自覚し国家を自ら統治する能力を持つようになるまで、党・政府が一定期間、人民を指導し人民に代わって統治する、とした。

列強の圧迫に対しては中国国民が危機を正しく認識し、家族・一族の共通の利益を守る宗族主義を国民全体の国族主義に発展させ、一致団結して国難に当たらねばならない、と訴えた。孫文は清朝統治下の同盟会期から三民主義の不可分性を説いていたが、この時期にも「三つの主義は、一つのもので貫かれている。その一貫する道理とは、ともに不平等を打破することだ」[63]と述べた。

孫文思想における理想の国家は、五権分立を保障する憲法により機能する強力な国家である。そして国家の主人公たる国民は、直接民権の行使によってこれを管理する。つまり主権在民・自由平等の共和制国家である。そしてこういった国家を建設するためには、人民の自覚と革命運動への参加が必要なのであった。

孫文は、人民の心の革命も含めた三民主義革命の方途を描いた。孫文の理想の国家は遂に実現しなかったが、それゆえに孫文の革命は孫文の死後も続くことになったのである。

◆本注の省略記号は以下の通りである。
『中山』‥‥『孫中山全集』全11巻（広東省社会科学院歴史研究所・中国社会科学院近代史研究所中華民国史研究室・中山大学歴史系孫中山研究室合編、中華書局、1981年第1版、2006年第2版）
『国父』‥‥『国父全集』全12冊（国父全集編輯委員会、近代中国出版社、1989年）
『外集』‥‥『孫中山集外集』（陳旭麓・郝盛潮主編、上海人民出版社、1990年）
『補編』‥‥『孫中山集外集補編』（郝盛潮主編、上海人民出版社、1994年）
◆孫文の動向・活動全般については、特に断りのない限り『孫中山年譜長編』（陳錫祺主編、中華書局、1991年）を参照した。
◆『民報』は合訂本『民報』全4巻（科学出版社影印、1957年）を用いた。
◆原典の簡体字・繁体字は日本漢字に、旧体字等は常用漢字に改めた個所がある。

294　第4部　辛亥時期人物研究

注

（1）「国事遺嘱」『中山』第11巻、639頁。
（2）「建国方略・心理建設第8章」『中山』第6巻、229頁。
（3）同上、228頁。
（4）「上李鴻章書」『中山』第1巻、8-18頁。
（5）「檀香山興中会章程」『中山』第1巻、19-20頁。「檀香山興中会盟書」同20頁。
（6）「上李鴻章書」『中山』第1巻、15頁。
（7）「香港興中会章程」『中山』第1巻、22頁。
（8）宮崎滔天『三十三年の夢（東洋文庫100）』平凡社、1967年、111-113頁。
（9）同上。
（10）宮崎滔天「孫逸仙」『宮崎滔天全集』第1巻、平凡社、1971年、472頁。
（11）「東京軍事訓練班誓詞」『中山』第1巻、224頁。
（12）「中国同盟会総章」『中山』第1巻、284頁。
（13）「建国方略・心理建設第8章」『中山』第6巻、237頁。
（14）「発刊詞」『民報』第1号、1頁。
（15）「中国同盟会革命方略（軍政府宣言）」『中山』第1巻、296頁。
（16）同上、296-298頁。
（17）「支那保全分割合論」『中山』第1巻、220頁。
（18）民意「紀十二月二日本報紀元節慶祝大会事及演説辞」『民報』第10号、83-96頁。
（19）「臨時大総統宣言書」『中山』第2巻、1-2頁。
（20）「在湖北同盟会支部歓迎会上的演説」『補編』75頁。
（21）「在南京同盟会会員餞別会的演説」『中山』第2巻、319頁。
（22）「与袁世凱第一次的談話」『外集』、179頁、「与袁世凱第五次的談話」『外集』、184-185頁、「与袁世凱第六次的談話」『外集』、185頁など。
（23）「在杭州五十一団体歓迎会的演説」『中山』第2巻、552頁。
（24）「上李鴻章書」『中山』第1巻、14-15頁。
（25）『民報』第10号、86-87頁
（26）「公布参議院議決臨時約法（中華民国臨時約法）第19条」『中山』第2巻、221頁。
（27）「建国方略・心理建設自序」『中山』第6巻、158頁。
（28）「中華革命党総章・第三条」『中山』第3巻、97頁。
（29）「心理建設」『中山』第6巻、157-246頁。
（30）同上、247-411頁。
（31）同上、412-493頁。

(32) 山口一郎氏は「"物質建設（実業計画）"（1917～18）構想は、"上李鴻章書"の"四大綱"説を、さらに詳細、かつ具体的な構想として、大きく発展させるところからうまれたもの」であると指摘する（山口「孫文の革命思想、明治維新観と"上李鴻章書"」『孫文研究』22号、孫文研究会編、1997年7月、2頁）。
(33) 「在滬挙辦茶話会上的演説」『中山』第3巻、327-328頁など。
(34) 注18参照。
(35) 「三民主義・民族主義第5講」『中山』第9巻、238-239頁。
(36) 丸山眞男は、宗族観念が孫文の言うような「国族主義」に自生的に発展することはない、と指摘している（丸山「国民主義の"前期的"形成」『丸山眞男集』第2巻、岩波書店、1996年、230頁）。
(37) 「三民主義・民族主義第5講」『中山』第9巻、238-239頁。なお中村哲夫氏は、宗族意識の中に「為公」の国族の萌芽が含まれており、「為私」の宗族が救国主義の運動に積極参加するなら、宗族は"国族"の水準に到達するというのが孫文の考えであった、とする（中村『孫文の経済学説試論』法律文化社、1999年、78頁）。
(38) 「中国問題的真解決（向美国人民的呼籲）」『中山』第1巻、225頁。
(39) 「対駐広州湘軍的演説」『中山』第9巻、503頁。
(40) 「中国革命史」『中山』第7巻、68頁。
(41) 川島真『近代国家への模索1894-1925（シリーズ中国近現代史②）』岩波書店、2010年、157頁。
(42) 「建国方略・心理建設第6章」『中山』第6巻、220-221頁。
(43) 横山宏章「辛亥革命"挫折"の原因—"民主"それとも"集権"—」孫文研究会編『辛亥革命の多元構造』汲古書院、2003年、186-187頁。
(44) 同上、191頁。
(45) 「三民主義・民権主義第3講」『中山』第9巻、286頁。
(46) 「三民主義・民権主義第5講」『中山』第9巻、324頁。
(47) 「三民主義・民族主義第4講」『中山』第9巻、313-314頁。
(48) 《民報》第10号、94頁。
(49) 「在広州商団及警察聯歓会的演説」『中山』第9巻、63-64頁。
(50) 「建国方略・心理建設第6章」『中山』第6巻、207頁。
(51) 「在広州中国国民党懇親大会的演説」『中山』第8巻、282頁。
(52) 「在広州大本営対国民党員的演説」『中山』第8巻、432頁。
(53) 「中国問題的真解決（向美国人民的呼籲）」『中山』第1巻、253頁。
(54) 「在広東第一女子師範学校校慶紀念会的演説」『中山』第10巻、29頁。

(55) 朱育和・欧陽軍喜・舒文『辛亥革命史』人民出版社、2001年、494-496頁。
(56) 菊池秀明『中国の歴史10　ラストエンペラーと近代中国』講談社、2005年、188-190頁。
(57) 『民報』第10号、86-87頁。
(58) 「建国方略・心理建設自序」『中山』第6巻、159頁。
(59) 「在旧金山麗蟬戯院的演説」『中山』第1巻、443頁。
(60) 「在広州中国国民党懇親大会的演説」『中山』第8巻、280頁。
(61) 「在広東第一女子師範学校校慶紀念会的演説」『中山』第10巻、25頁。
(62) 「在広東第一女子師範学校校慶紀念会的演説」『中山』第10巻、32頁。
(63) 「対駐広州湘軍的演説」『中山』第9巻、503頁。

近代科学思想と孫文

武上真理子

はじめに

　孫文はかつて「革命には、破壊があり、建設がある」と述べた[1]。清朝を打倒して2000年に及んだ皇帝専制支配を終焉させ、アジア初の共和国である中華民国を誕生に導いた辛亥革命は、近代中国史上に輝く偉業であると同時に、孫文の率いる革命事業が「破壊」から「建設」へ向けて大きく転回する基点ともなったのである。その後、幾多の困難に行く手を阻まれながらも、孫文は祖国建設の事業を完遂する道を希求し続けた。その彼が理想とする国家の建設を構想する際に依拠した鍵概念のひとつが、科学である。『建国方略』や『三民主義』等の著作や講演の中に科学の語が頻出するのはその表れと言える[2]。

　孫文の思想を「科学」の語を用いて読み解く試みは、新奇なものではない。民族・民権・民生からなる三民主義の「本質」を「倫理・民主・科学」の語で解釈した蔣介石の言説は、その先駆をなす[3]。さらに、唯物史観に照らして孫文思想を科学的唯物論であると称揚する論、中国における西洋文明受容という文脈で孫文を近代科学の正当な理解者とする論等々が続き、近年では孫文の『実業計画』を科学技術振興政策の提言書と見なす論が支持を集めている[4]。主に中国語圏で展開されてきたこれらの「孫文思想の科学」論に、その時々の政治状況を読み取ることは困難ではなかろう。だが孫文自身が語る科学の実像は、後年の政治的イデオロギーだけでとらえきれるものではない。本稿では、孫文を「偉大な革命家」とする枠組みをいったん捨象し、彼の科学への取り組みを「科学の時代」における一つの思想的営為と見なす。そのうえで、19世紀末から20世紀初頭の世界における近代科学思想の潮流の中に孫文の思想を位置

づけ、彼の科学観の成り立ちを分析する。さらに、科学を糸口とする彼の思想の深まり──科学から哲学への思想的深化──を追い、その意味について考察したい。

1 「科学の時代」と孫文

19世紀は現代に連なる「科学の時代」の幕開けであったと言われる[5]。一般に近代科学は17世紀に頂点を迎えた「科学革命」によって成立したとされるものの、コペルニクス、ケプラー、ガリレオ、ニュートンらの科学理論を支えた自然観は、自然哲学の枠組みを超えて神の存在の否定に至るような性質のものではなく、彼らの知的な営みが直接に社会的な意味をもったとも言い難い。科学が学術として宗教からの自立を果たし社会的地位を確立するのは、19世紀の「第二次科学革命」を待たねばならなかった[6]。孫文が接したのは、まさにこの「革命」後の科学であり、現代の私たちが思い描く科学の原型もここにある。

職業的科学者を意味する「サイエンティスト」の語が19世紀中ごろに生まれたことに象徴されるように[7]、「第二次科学革命」を経た科学は、専門的な学術として社会に認知され、その研究と教育の制度基盤が整備された。科学の語が第一義的には自然科学を指すという認識が定着したのもこの頃である。さらに、このような「狭義の科学」と並んで、人文科学や社会科学に属する領域の学問も科学の一分野としての地位を確立する。その背景には、18世紀以来の啓蒙主義の浸透、自然科学の要素分析主義と人文・社会科学における個人主義との親和性、進化論の広範な影響力などがあった[8]。こうして、狭義であれ広義であれ、それぞれの科学は制度化、体系化の度合いを深め、アカデミックな科学の言説は普遍的真理を体現するものとして社会的権威を付与されたのである。

ただし、近代から現代に至る科学の歩みを「象牙の塔」の成立史としてのみ描くのは一面的に過ぎる。一見、専門化の潮流とは相反するかのようではある

が、大衆化の動きが顕著になったことも、19世紀以降の科学の特徴としてあげておかねばならない。進化論をはじめとする科学史の研究者として知られるピーター・ボウラーは、科学者が一般向けの著作に従事したのは科学の制度化が不完全であった19世紀の現象であり、20世紀になるといわゆるポピュラー・サイエンスに属する出版物の執筆活動は、非専門家たるサイエンス・ライターたちに委ねられたという通説に異を唱え、20世紀中頃（第二次大戦後まで）の英国では、科学者の側からポピュラー・サイエンス普及に積極的に関与する機運が失われてはいなかったこと、社会の側には中等教育修了後高等教育には進めなかったものの自己啓発への強い意欲を抱く層が存在していたこと、この両者をつなぐ出版業界は良質かつ有用な知を広く提供する教育的書物として科学者によるポピュラー・サイエンスの啓蒙書を積極的に出版していたことを実証している[9]。

　現代の感覚からすれば、ポピュラー・サイエンスの語には「俗流科学」の響きがあり、時には「似非科学」の語感さえも伴うが、少なくとも孫文が生きた時代のポピュラー・サイエンスは、専門家の知のエッセンスであり信頼するに足る情報と受け止められていたことを看過してはならない。ボウラーの関心は自然科学の分野にほぼ限定されているが、一般にポピュラー・サイエンスの啓蒙書は、人文・社会科学を包括する広義の科学を対象としていたことも指摘しておきたい[10]。

　　　科学とは体系的な学問であり、筋道を立てた学問である。およそ真の優れた知識は、必ず科学から得られるものだ。科学以外の知識といわれるものは、多くが真の知識ではない[11]。

　これは、孫文が自らの科学観を表明したものとしてしばしば引用される『孫文学説』中の一節である。彼にとっての科学が漠然とした思考態度を指すものではなく、学知として承認しうる知識の総体であったことが看て取れよう。だが、狭義・広義いずれの科学においてもアカデミズムに属していなかった孫文

には、特定の領域の科学研究に携わることはおろか、専門教育や学術書によって高度な科学知識を我がものとすることさえ望むべくもなかった[12]。その孫文が「真の知識」と確信できる科学にアクセスする回路は、ポピュラー・サイエンスに分類されるさまざまな書物によって開かれたと言ってよかろう。この回路を有効に機能させたのが、彼の英語読解力と同時代のさまざまな科学に対する強い関心である。繰り返しになるが、それは決して「俗流科学」へのディレッタント的な耽溺を意味するものではない。

　以上は「科学の時代」の孫文を世界史的状況から俯瞰したものであるが、彼の科学について論じるには、当時の中国における科学のありようも視野に収めておかねばならない。しばしば指摘されるように、古代や中世の科学はさておき近代科学はもっぱら西洋の所産であり、非西洋世界にとっては何よりもまず異質な概念であり、文化であった。加えて、近代以降、世界の西洋化（植民地化）を進めるにあたって、西洋諸国による「文明化の使命」を正当化する根拠となり武力行使の手段を提供したのも近代科学である。それを「科学帝国主義」[13]と称するか否かはともかく、文明の衣をまとい圧倒的な破壊力を有する近代科学に接した中国では、信仰にも近い科学崇拝の念が救国の意識と強く結びつけられて勃興した[14]。しかも日本とは異なり国家をあげての科学導入が立ち遅れた中国では、学術研究としての科学の推進と、社会改革の一環としての科学啓蒙のいずれをも、少数の知識人が担う傾向が強かった[15]。特に20世紀以降は海外留学経験者がその中核となる。1914年に留学生らによってアメリカで創立された中国科学社が、アカデミックな学会を志向する一方、「科学救国」を掲げて新文化運動と緊密に連携したのはその好例であろう[16]。

　段治文は、近代中国における科学観の変遷を、①器物科学観（科学技術の実用価値を認めて道具として利用する）、②方法論科学観（科学的方法・定理・法則に則り思想や社会の革新を目指す）、③啓蒙科学観（自然と社会の普遍的規律として科学を位置づけ科学精神を啓蒙する）という3段階の発展で示した[17]。彼によれば孫文の科学観は、②から③への発展を辿ったという[18]。その到達点に「唯物主義知行観」を置く段の見解にそのまま与することはできないが、科学の啓蒙者

としての孫文像は「民主と科学」を掲げた新文化運動の若き指導者たちの姿と連なり、我々にとっても無理なく受け容れうるものであろう[19]。そこで以下では、孫文の「啓蒙科学観」の解明も課題の一つとして意識しつつ論考を進める。

2 科学的知識の吸収と運用

既に述べたとおり、孫文が科学的知識を吸収する最も有効な手段は読書であったと考えられる。終生旺盛な知識欲を示し、精力的に読書に励む孫文の姿を伝えるエピソードは多いが、彼が残した蔵書を手掛かりとすればその読書の傾向を断片的ながらも窺い知ることができる。

上海孫中山故居蔵書の中には、単行本に加えて若干の雑誌類が含まれている。そのうち『サイエンティフィック・アメリカン（*Scientific American*）』については、晩年の孫文と親交のあった濱野末太郎が、1923年5月8日粤漢線で広州から韶関へ向かう車中の孫文が同誌を「素読」していたと回想していることからも、孫文が同誌を購読していたことは間違いない[20]。同誌の記事は工学や化学が中心で、19世紀中葉以降のアメリカにおける実用科学全盛の機運を反映したものといえる。各号の表紙には一般の読者に親しみやすい絵図が掲げられているものの、その内容はこの方面への関心がなければ決して読みやすいものではない。孫文は『実業計画』上梓後[21]も引き続き、こうして産業開発に直結する情報収集に努めていたのである。

いま少し科学の範囲を広げて自然科学全般に関して言えば、孫文蔵書の著者目録中の34名の略歴が、ボウラーによるポピュラー・サイエンス書の執筆者一覧で確認できる[22]。うち聖職者（カトリック、2名）、サイエンス・ライター（小説家・詩人を含む、4名）以外は、大学や研究機関に所属する職業的科学者で、物理学（5名）、天文学（4名）、自然史（3名）、数学・植物学・心理学（各2名）、動物学・生理学・地質学・化学（各1名）など、その分野は多岐にわたる。科学の普及という明確な目的のもとに各分野の科学者自らが著した啓蒙書の数々

が、孫文にとっては自然科学の多様な分野への格好の手引書となったことが窺えよう。

　さらに人文・社会科学を含む「広義の科学」の知識の源としては、ホーム・ユニヴァーシティ・ライブラリー叢書（The Home University Library of Modern Knowledge：以下HULと略記）をあげておきたい。同叢書は古代ギリシャ研究の権威であったマリー（Gilbert Murray: 1866–1957）が中心となり1911年にロンドンで創刊され、「書き下ろし総合叢書」（A Comprehensive Series of New and Specially Written Books）の副題が示す通り、歴史／地理・文学／芸術・科学・哲学／宗教・社会科学の各分野にわたって第一級の執筆陣を擁し、良質かつ有用な知の普及を目指した。コンパクトなスタイル（一冊256ページが基本）の叢書は幅広い支持を集めて、第一次大戦勃発前の時点で大西洋の両岸（ロンドンとニューヨーク）において総計100万部を優に超える販売数を記録したとされる[23]。

　孫文は東京亡命中の1914年春に集中してHULを購入したことが、萱野家に残された丸善からの納品書によって確認できる[24]（文末【表1】参照）。そのうち故居蔵書として残されたもののほとんどに宋慶齢の蔵書印[25]が押されていることが目を引くが、ここでは「両者の共同作業として孫文の晩年の知的作業を位置づけるならば、宋慶齢の蔵書印があるからといっても、その書籍が孫文の思索に無関係とするのは不自然であろう」[26]とする中村哲夫の説に従いたい。実際、HULを購入した時点で宋慶齢は孫文の秘書を務めておらず、購入の決断は孫文自身によるものだったはずである。宋慶齢が「孫瓊英」の蔵書印を用いたのは、同年秋の秘書着任を経て翌年の結婚後のはずであるが、それは孫文の読書生活の傍らにあった彼女が、HULを「孫」の名を残すにふさわしいものと判断した証といってよかろう。いずれにせよ、良質な情報を広範に収集するのに格好の叢書に着目した孫文の選書眼は、特筆すべきである。1913年出版の『神経』（Nerves）に付された叢書目録によれば、この時点でのHUL出版総数は109冊で孫文の購入総数34冊はその3分の1を上回る。ここから得られた総合的な知識は、『孫文学説』や『三民主義』の中で縦横に展開される豊富

な例話の典拠となり、孫文の（広義の）科学観の骨格を形成していったと考えられる。

　読書から得た総合的な知識を縦横に援用する例は、『実業計画』にも見られる。同書で孫文の企図した交通インフラ整備の眼目が、三大港を門戸とする国際海運と全国鉄道網を主軸とする国内交通の有機的連関にあること、この着想が『実業計画』英文稿を掲載した The Far Eastern Review の記事から得られた可能性が高いことは別稿で述べたが[27]、実は同誌以外に孫文の構想に大きな影響を与えたと考えられる書が、故居蔵書の中に存在する。「アメリカにおける交通学の開祖」と称される経済学者、エモリー・ジョンソン[28]の著作である（文末【表2】参照）。交通をハード（工学）とソフト（サービス）の両面からシステマティックに把握し、交通と政治・経済の連携を説きつつ、工学についても一定の基礎知識を提供するジョンソンの著書は、『実業計画』の策定に大きく寄与したと思われる。鉄道システムの考究から着手し、研究領域を河川交通や海運にまで拡大しながらその成果を国家政策に反映させていったジョンソンの著作は、孫文にとって前途を照らす光明に等しいものであっただろう。全5種6冊のうち3冊に記された孫文の自筆サインは、彼の思いを雄弁に語っている。

　このように、蔵書の傾向からは、孫文が傑出した情報収集力と運用力を発揮して、自然・人文・社会の各領域を横断する「広義の科学」の知を我がものとした様が看取できる。とはいえ、こうした事例は、孫文にとっての科学が「有益な知」であったことを示すにとどまる。次節では、孫文が知識の運用からさらに歩を進め、科学をめぐる思索を深めてゆく過程を辿る。

3　科学から哲学へ

　孫文の革命哲学を集大成した書とされる『孫文学説』の第5章「知行総論」では、先に引用した孫文の科学観が披瀝されているとともに、自然科学にまつわる一つの挿話から彼独自の哲学的思考が展開されている[29]。

孫文はまず、「蜾蠃」(ジガバチあるいはトックリバチ)が「螟蛉」(青虫)の体内に卵を産みつけ孵化後の幼虫の餌にするのを「蜾蠃」が「螟蛉」を「養子」にして変身させると信じた古代の説話[30]を引いて、迷信と科学的観察結果を対比させた後、「蜾蠃」が「螟蛉」を生かしながら捕獲するために「麻酔(蒙薬)」を使用する、つまり医学知識をもたない昆虫が高度な医学技術を実践しているとする。この例話は、かなり強引な形ながらも孫文自身の経験に基づくと思われる医学への言及を含んでいる点で興味深いが、そのことは措くとして、彼が強調するのは人類にとって「真に知ること」の困難さと重要性である。つまり孫文はこの逸話に続けて、必要に迫られれば人類ならずとも知ることなくして麻酔薬のような科学的創造や発明が可能だが、ただ人類のみが最終的に「知ってから行う」境地に達することができる、というのである。そしてこの洞察から『孫文学説』の哲学的核心ともいえる「知難行易(知るは難く行うは易し)」説が展開されてゆくのである。

　孫文は、人類社会の進化を「知らずに行う時期」「行ってから知る時期」「知ってから行う時期」の三段階に分類し、科学が発達したことにより人類は第三の段階に達することができたとする。これによって「知難行易」説の言う「知」とは、具体的には科学の知を指すことが明示される。さらに深町英夫の指摘する通り、孫文は「人類進化の通時的三段階を人間集団の共時的三類型に対応させ」[31]、「先知先覚者」「後知後覚者」「不知不覚者」それぞれの役割分担による科学的な革命遂行を主張する。真の知識を身につけた「先知先覚者」による創造・発明を、「後知後覚者」が「知易行難(知るは易く行うは難し)」という「迷信」を打破して模倣・宣伝し、「不知不覚者」がその実現に向けてひたすら邁進することにより中華民国を建設する、という図式である。すなわち、孫文が目指すのは、「後知後覚者」に「先知先覚者」の知の真価を認識させ迅速な行動を促すことであり、あらゆる人々に「真の知」への到達を促そうとしているわけでは決してない[32]。これこそが孫文の「啓蒙科学観」の本質であり、初等教育さえ全国的施行が困難であった中国の現状認識の上に立った孫文の冷徹な革命戦略であると解釈することもできよう。ただし、この論に従えば、科

学は「先知先覚者」(具体的には孫文)のみが手にする特権的な知ということになってしまう。要するに科学は、(少なくとも中国では)大多数の人々には無縁の高みにとどまるしかないのであろうか。この疑問を解く鍵は、革命の実践を第一義に掲げる行動哲学のさらに深層に潜んでいると思われる。それは、生命の原理を問う思索——「生の哲学」とも呼びうるもの——である。

筆者はかつて、孫文の科学哲学の集大成として、『孫文学説』第1章中の「生元」説を取り上げた[33]。細胞に知性を認め、それを生命の根源であり神秘とみなす彼の説には、自然科学の「正統」から抜け落ちてしまった「人間の全き生を実践する社会知としての科学」[34]への視座が開かれうると考えたからである。

孫文が、人体の仕組みは科学によって解明できると確信していたのみならず生命に内在する調和性と発展力を重視していたことは、この「生元」説に端的に示されている。孫文自身が明言するとおり、同説はアメリカ人クェブリの著『細胞の知性』[35]に依拠するものであるが、孫文の関心を「生元の知」「生元の能」へ向かわせた書物は、おそらくこの一冊に留まらない。たとえば、前節であげたHULのうちで唯一孫文蔵書印が付されている『人体』(The Human Body)[36]は、人体の器官進化の「歴史」を叙述した書で、解剖学に進化論の観点を導入し、万能なる創造者の存在を明確に否定しつつ人体における器官発達のメカニズムそのものに特別の意味を付したものである。同様に孫文蔵書印のある『生物学の哲学』(The Philosophy of Biology)[37]は、「生命とは有機体の活動ではなく有機体の活動の統合化である」[38]ことを謳い、生命の動的な自律性を哲学的に解明しようとした書である。両書の著者は、解剖学あるいは生物学の研究に従事しつつ、自らの知見に基づき機械論的生命観と一線を画そうとした科学者であった。とくに後者は、自らの見解と論法がドリーシュ[39]とベルクソン[40]に啓発を受けたものだと自認していることが注目される[41]。この二人が属するのは、生気論(vitalism)の系譜である。

一般に「生命論上、生命現象の合目的性を認め、それが有機的過程それ自身に特異な自律性の結果であると主張する」[42]生気論は、科学の発達と共に前

近代的・非科学的迷信と見なされ、対抗概念である機械論に敗れ去ったと言われる。しかし進化論登場後の新生気論は、生物学[43]の動向を視野に入れたうえで生命の自律性と自発性を認め、動的目的論（dynamic teleology）によって進化を論証しようとするものであり、生命とその活動を神秘化しようとしたわけではない。管見の限りでは、新生気論の主唱者であるドリーシュから孫文が直接影響を受けた痕跡はなく、孫文蔵書中にもドリーシュ自身の著作は残されていないが、ベルクソンからの影響は、丸善からの納品書あるいは『目録』によって確かに認めうる（文末【表3】No. 1,3,5,8,10）。深町英夫の示唆するとおり[44]、「エラン・ヴィタール（生の躍動）」による「創造的進化」の過程に知性の発生も位置付けるベルクソンの存在は、孫文の生命観、科学観を考える上で重要であろう。

　ベルクソンの思想は、生命主義[45]を掲げる「生の哲学」として明治末期から大正初期の日本において様々な形で紹介され、アカデミズム以外でも広く受け入れられたが[46]、いま一人、当時の日本においてベルクソンと並ぶ生命主義の旗手として影響力を有したのが、オイケン[47]である。1914年11月、孫文は、政治・経済書に集中しがちであった従来の傾向から一転して哲学書を集中的に購入した。納品書に記された計16冊（15種）のうち哲学（宗教を含む）書は実に15冊に上り、中でもベルクソン哲学の英文概説書が3冊、オイケンの著作の英訳書が4冊を占める[48]。姜義華も指摘するように、この時期の孫文の関心がベルクソンとオイケンの哲学にあったことは確実である[49]。とりわけ、人々の倫理的な反省と行為によって「精神的生」の実現を目指すオイケンの理想主義的人生観は、亡命生活中の孫文を大いに鼓舞したと思われ、オイケンの著書には孫文と宋慶齢二人の蔵書印が付されているものもある[50]。

　筆者に先駆けて孫文の「生元」論の哲学的志向に着目した姜義華は、「孫文は『細胞の知性』の助けを借り、孟子の"良知良能"を結合して、"生元の知、生元の能"を強調した。これはショーペンハウアー、ベルクソン、オイケンの生命哲学に新たな補充を施したものである」と論じている[51]。ショーペンハウアーのペシミズムを前述のベルクソンやオイケンの哲学と同列に扱いうるか

という疑問はあるにせよ、「表象としての世界」の根底に「生の盲目的な意志」を認めた彼の思想は生命主義という大きな枠組みの中に含まれようし[52]、その著作の英訳書には孫文蔵書印が残されていることからしても、ショーペンハウアーから孫文への影響も検討すべき課題ではある。が、ここではひとまず1914年秋の東京において孫文と当時の生命主義を代表する哲学者たちの文章との出会いがあり、そこから孫文自身による「生の哲学」の探求が深められたことを確認するにとどめたい。

　哲学史上の「生の哲学」とは、理性を強調する合理主義や主知主義に対し、直接的な実在としての生を重視して、個々の生命活動のみならず、共同体の存在や歴史をも生の衝動から直観的に理解しようとする立場である。一方、細胞（生元）の微細なレヴェルから人間ひとりひとりの生命を把握した孫文は、その視野をさらに拡大し、より大きな「生」の成就へと向かう実践哲学を構築したといえる。孫文にとっては、個々の国民を「生元」として構成される有機的集合体である国家もまた、かけがえのない生命を有する存在であった[53]。各々の「生元」がその生を全うできなければ、その総合体である国家が機能不全を起こすのは言うまでもない。したがって人類を「先知先覚者」「後知後覚者」「不知不覚者」に分類するのは、国家の機能を「知る生元」「伝える生元」「働く生元」に分化させ、巨大な生命体における内的調和の実現を図る、一つの知的戦略であったということができる。当然、「先知先覚者」が理解し運用する科学の知も、生命体の隅々まで循環し、あらゆる「生元」を潤すものでなければならない。すなわち、科学の方法と成果は特定の少数者に囲い込まれるのではなく、生きる人々すべてに共有され、万人を受益者とするのである。孫文の「啓蒙科学観」はここに発現していると筆者は考えたい。

お わ り に

　本稿では、孫文が生きた時代の科学のありようを視野に入れながら、彼の科学知識の吸収と運用、さらには科学に立脚した哲学の構築に至る過程について

考察した。第1節で述べたとおり、職業的科学者（サイエンティスト）ではなかった孫文が、特定分野の学術としての科学に習熟する機会はまずなかったと言ってよい。彼は精力的な読書によって自然・社会・人文の各領域を跨ぐ広義の科学的知識を吸収し、それらを自説の具体的裏付けとして動員した。この際、孫文は科学のユーザーであることに徹している。科学的言説のこうした形での受容と応用を可能にしたのは、同時代における科学の大衆化と汎用化、すなわちポピュラー・サイエンスの拡大であった。

　科学の概念や理論の発展史、すなわち科学の「内的歴史（internal history）」の観点から見れば、ポピュラー・サイエンスとは俗化された亜流の科学に過ぎないかも知れない。だが、科学と社会の相互作用を重視し科学の社会的・文化的側面の歴史を探求する「外的歴史（external history）」の見地に立てば、ポピュラー・サイエンスは近代社会における「知」を構成する重要な要素と見なしうる[54]。孫文はポピュラー・サイエンス興隆の世界史的潮流の只中で、市井の人々に向けて開かれた実践知としての科学を我が身に引き入れ、自らの言葉で語りなおした。そこには、アカデミズムでは置き去りにされがちであった「社会の科学（科学の社会性、現実への応用や責任）」への根源的な問いかけが含まれている。

　「孫文の思想は革命実践の中でこそ意味をもった」[55] と言われる。孫文の生涯を振り返れば、この見解に異を唱える者はまずいないだろう。孫文の哲学とは、何よりもまず革命のための行動哲学であった。しかし、その行動哲学の原点に彼独自の「生の哲学」と呼ぶべきものがあったこと、それが彼の科学をめぐる思索に根差すものであったことを忘れてはならない。生物学者でも哲学者でもない孫文による「生の哲学」は、同時代の（新）生気論や生命主義のエッセンスを寄せ集めた一種のメタファーであったと言うこともできる。だが、孫文にとっての「生」は、顕微鏡を通して観察された純然たる客体でも、形而上学的思弁によって案出された抽象的存在でもない。科学に立脚しつつ個々の人間と国家の生命それぞれの調和を希求する孫文の哲学は、生命に機械的なメカニズムのみを見る唯物主義とも、創造原理としての生命にすべてを還元する生

命主義とも、異なる次元に属する。孫文が三民主義の一つに「民生」の語を冠し、「科学の範囲内でこの言葉を社会経済の上に適用」して、民生とは「人民の生活、社会の生存、国民の生計、大衆の生命」[56]であると定義したのは、彼独自の理解による「生の哲学」を表明したものだと筆者は考える。

今日の中国では「科学的発展観」が指導思想に掲げられている。「和諧社会」の実現を目指す思想は、孫文哲学を今に引き継ごうとするものとも言える[57]。それが彼の行動哲学の実践からさらに歩を進めて「生の哲学」の実現に向かうのか。辛亥革命百周年を迎えた中国の今後を注視したい。しかしながら、孫文から後世に託された課題を継承するのは、ただ中国の人々ばかりではない。

日本における科学史研究と科学哲学研究を率いてきた伊東俊太郎と広重徹は、科学革命、産業革命、情報革命を貫いてきた近代文明そのものが今や大きな反省を迫られているとの認識に立ち、今日の文明の転換を根底において規定するものは「環境革命」であると予見している[58]。彼らによれば、この「環境革命」において遂行されるべき課題の一つが、自然観・世界観の変革である。その変革とは、「われ思う」の純粋思惟に還元された自我の根底に「われ感ずる」の感情の存在を認め、その感情の根底には「われ生けり」という生命が厳存することを知ることから始まる。さらに、因果律に支配されると見なされてきた世界も、環境との相互作用の下で自らを形成し発展させてゆく生命的なもの、「生世界」(Bio-world)と呼ばれるべきものであることを理解した時、すなわち主・客の二極に分離した存在の間に「生命」を復活させることができた時に、従来の機械論的世界像の変革が可能になる、という。だとすれば、孫文の「生の哲学」を継承し、彼が見据えた生命の活動を地球という環境全体の中でとらえなおすこと、人間をとり囲む世界全体へと「生命」の領域を拡大すること、それらは、現代に生きる私たちすべてが引き受けるべき課題であろう。

注
（1） 中国社会科学院近代史研究所等編『孫中山全集』（以下、『全集』と略記）第6巻、北京：中華書局、1981年、2006年重印、205-206頁。
（2） 『建国方略』中の「心理建設」（『孫文学説』）では54回、『三民主義』の中では85

回、「科学」の語が用いられている。もちろんその意味内容は、特定の学問分野を指す場合、物質文明の代名詞として用いられる場合、合理的な知の総体を指す場合、社会主義の一派を指す場合等、さまざまである。

(3) 蔣介石に先立つものとしては、工学系の出身であり孫文の側近を務めた経歴を有する黃昌穀 (1891-1959) による『三民主義之科学性』(中山大学出版部、1937年) が存在する (筆者が参照したのは1947年版)。同書は、訓政から憲政への移行を視野に収めた「科学的」建国の指導理論として、三民主義を称揚するものである。蔣介石が「三民主義」を「倫理・民主・科学」という用語で説明したのは、1960年 4月から1973年12月にかけてのことであり、「科学」は1960年代以降の世界における技術革新に対応する必要を述べたものとされる。任卓宣の著は蔣介石の意向を学術的に補強したものといえる。斎藤道彦「台湾における蔣介石の三民主義論」『中央大学論集』第26号 (2005年 3月)、17-27頁；任卓宣『国父科学思想』台北：幼獅書店、1965年。ちなみに、台北の中正紀念堂内の蔣介石坐像の背後には彼の墨蹟による「倫理・民主・科学」の語が掲げられ「科学的精神と方法によって科学的民生主義を実践する」ことが唱えられている。

(4) 林恬「略論孫中山的近代科学技術観」『贛南医学院学報』1992年第 3 期、159-161頁；段治文「論孫中山的科学文化観及其歴史特色」『浙江大学学報 (人文社会科学版)』第 9 巻第 2 期 (1995年 6 月)、17-22頁；陳金龍「試論孫中山的科学技術思想」『自然弁証法研究』1996年第12巻第12号、22-27頁；劉仁坤・劉興華「孫中山的科学思想中的人文価値——紀念辛亥革命90周年」『世紀橋』2001年第 6 期、56-62頁；張漢静『孫中山的科学技術思想』北京：科学出版社、2005年など。

(5) 古川安『科学の社会史——ルネサンスから20世紀まで』〔増補版〕南窓社、2000年、97頁。本節の記述の多くは同書に拠った。

(6) 村上陽一郎は、16-17世紀の思想的転換を重視する「科学革命」論だけでは現在の科学の姿を理解することができないことを繰り返し述べている。氏の著作は多数に上るが、本稿では以下を主に参照した。村上陽一郎『科学・技術の二〇〇年をたどりなおす』NTT出版、2008年。

(7) scientistという英語は、1834年英国人ウィリアム・ヒューエルによって初めて用いられたとされる。佐々木力『科学論入門』岩波書店、1996年、34頁。

(8) 伊東俊太郎・広重徹・村上陽一郎『改訂新版 思想史のなかの科学』平凡社、2002年、165-188, 210-216頁。隠岐さや香は、18世紀後半のフランスにおいてパリ王立科学アカデミーに集った「啓蒙のフィロゾーフ」たちが、「有用な科学」とは現代の感覚で理解されるところの「実用的」であることにとどまらず社会の政治・経済にとって「有用」であらねばならない、すなわち「公共善」の実現に寄与しなけれ

ばならないとして、革命前夜の国家政策への関与を強めた様相を丹念に描出した。「科学の時代」に約1世紀先立つ「啓蒙の時代」の後期に、自然科学と社会・人文科学を包括する総合的な学術体系の成立が準備され、科学の社会的認知への道を開く試みが実を結びつつあったのである。隠岐さや香『科学アカデミーと「有用な科学」』名古屋大学出版会、2011年。

(9) ボウラーは、2006年6月の英国科学史学会の会長講演で、ポピュラー・サイエンス史および科学史研究の根本的な見直しを提唱した。その後出版された彼の著書は、豊富な史料と綿密な検証によって同講演の内容を拡充したものである。20世紀前半の英国においては、科学を一種のエンターテインメントとする出版業者やジャーナリストたちと科学者集団との関係が複雑化していたことも事実であるが、「正統」科学とポピュラー・サイエンスの間に、現在想定されているような断絶がなかったことは重要である。日本においてもボウラーの問題提起を受けて、科学史におけるポピュラー・サイエンスの位置づけを見直すのみならず、「科学史のポピュラー化」が進行する現代においてアカデミックな科学史研究の意義を問う機運が高まりつつある。Bowler, Peter J., "Presidential address: Experts and publishers: writing popular science in early twentieth-century Britain, writing popular history of science now, *British Journal for the History of Science*, Vol. 39, No. 2 (June, 2006), pp. 159-187; Bowler, Peter J., *Science for All: The Popularization of Science in Early Twentieth-Century Britain*, Chicago: Univ. of Chicago Press, 2009;「シンポジウム：ポピュラー・サイエンスとポピュラー科学史 アカデミック科学史はポピュラー・サイエンスといかに向き合うか」『科学史研究』47（2008年）、223-230頁。

(10) ポピュラー・サイエンス書の普及およびそれへの高い評価は、他国においても同様であった。たとえば孫文と交遊のあった南方熊楠が、「当世の科学大体を心得居る」手段として土宜法龍に推薦し自らも大量に購入したフンボルト・ライブラリー（Humboldt Library）は、当時の米国におけるポピュラー・サイエンス叢書の代表格であり、人文科学、社会科学も網羅するものである。奥山直司ほか編『南方熊楠書翰——高山寺蔵 土宜法龍宛1893-1922』藤原書店、2010年、43, 122頁。

(11) 『全集』第6巻、200頁。訳文は、深町英夫編訳『孫文革命文集』（以下、『文集』と略記）岩波書店、2011年、284頁、による。

(12) 孫文が科学を「深く」理解した根拠としてしばしば言及されるのが彼の医学知識と実践であるが、孫文が医学を修得した西医書院は実務レヴェルの医師養成機関であり、医学研究機関ではない。当時の医学の飛躍的発展を考慮すれば、19世紀末の香港で取得した医師資格をもって、孫文が学術的水準の医学を修得していたとするのは過大評価といわねばならない。西医書院における医学教育および孫文と医学の

関係については以下の論文で述べた。武上真理子「孫文と南方熊楠の科学哲学」『孫文と南方熊楠　孫文生誕140周年記念国際学術シンポジウム論文集』汲古書院、2007年、55-76頁；同「孫文と医学――『紅十字会救傷第一法』をめぐって――」『文明構造論』第5号（2009年9月）、119-158頁。

(13) 佐々木、前掲書、78頁。

(14) クウォックは、清末の知識人による洋務運動から中国共産党におけるマルクス主義の勝利までを、近代中国を貫く科学信仰の論点から叙述した。Kwok, D. W. Y., *Scientism in Chinese Thought 1900-1950*, New Heaven: Yale Univ. Press, 1965.

(15) 日本における近代科学思想史の研究の蓄積は多いが、代表的なものとして以下の3書をあげておきたい。辻哲夫『日本の科学思想　その自立への模索』中央公論社、1973年；中山茂『近世日本の科学思想』講談社、1993年；佐々木、前掲書。

(16) イサカ（コーネル大学所在地）で設立された当初の名称は「科学社」。翌年「中国科学社」に改組、学術団体として正式に成立した。1918年、社長任鴻雋らの帰国に伴い同社も「帰国」し、上海と南京に事務所が設置された。林文照「中国科学社的建立及其対我国現代科学発展的作用」『近代史研究』1982年第3期、216-233頁；張孟聞「中国科学社略史」『文史資料選輯』第92輯（1984年）、70-83頁；盧於道「関於"中国科学社"的国内活動」同前誌、84-88頁。

(17) 段治文「近代中国科学観発展三形態」『歴史研究』1990年第6期、111-122頁。

(18) 段治文、前掲論文「論孫中山的科学文化観及其歴史特色」。

(19) 近代中国への科学「融入」の過程を、①導入期（アヘン戦争から新文化運動前期）、②大規模提唱期（新文化運動と五四運動前後：科学が社会の主流をなした時期）、③科学玄学論戦期（20世紀20年代：科学の地位がさらに高められた時期）の3期に分けて、孫文を①期の啓蒙者に位置付ける研究もある。田小飛「科学融入近代中国的歴史進程」『社会科学輯刊』2004年第5期、117-121頁。

(20) 濱野末太郎『現代支那人物批判』世界出版社、1927年、9頁。濱野末太郎（1890-1950）：栃木県宇都宮市出身。本人の回想によれば、日本電報通信社（電通の前身）広東支局長時代の1923年ごろ孫文と面識を得た。上海故居に残された『サイエンティフィック・アメリカン』は、1922年8-10月と1923年3月号。上海孫中山故居管理処・日本孫文研究会編『上海孫中山故居蔵書目録』（以下、『目録』と略記）汲古書院、1993年、125,126頁。同誌は1845年に創刊された一般向けの科学雑誌で、現在まで継続している雑誌としてはアメリカ最古の歴史を誇る。現在、日本版（日経サイエンス）を始め14カ国語版が発行され、購読者は30カ国以上に及び500万人を超える。http://www.scientificamerican.com/pressroom/aboutus.cfm （2011年9月23日閲覧）

(21) 英文版出版は1920年、中文版出版は1921年。
(22) 『目録』151-167頁；Bowler, *Science for All*（op. cit.）, pp. 280-294.
(23) Glasgow, Eric, "The Origins of the Home University Library," *Library Review*, Vol. 50, No.2（2001）, pp. 95-98. 同叢書はポピュラー・サイエンス書の中でも最も成功をおさめた例として、ボウラーによる前掲書の中でも繰り返し言及されている。
(24) 1914年から翌年にかけての丸善からの納品書は、久保田文次編『萱野長知・孫文関係史料集』高知市民図書館、2001年、520-526頁に収録。姜義華『大道之行——孫中山思想発微』広州：広東人民出版社、1996年、310-329頁は、同納品書に中国語訳を併せて再掲し、購入書籍に見える孫文の読書傾向を分析したものである。
(25) 故居蔵書に残された各種の蔵書印やサインについては、『目録』編纂者である中村哲夫氏が蔵書悉皆調査の際に残されたメモによる。これによって蔵書のうち特に孫文の思索に影響を与えたと思われる書物を特定することが可能となった。貴重な史料を開示いただいた中村氏に篤く御礼申し上げる。なお二人の蔵書印は、以下の蔵印集で見ることができるが、全種類の蔵書印が公開されているわけではない。宋慶齢の蔵書印には「孫宋」の姓を用いたものや姓の無いものなど、数種が確認できる。上海孫中山故居・宋慶齢故居和陵園管理委員会編『宋慶齢蔵印』上海：上海書店、1989年。
(26) 中村哲夫「上海孫中山故居蔵書目録の編纂について」『近きに在りて』第26号（1994年11月）、85頁。
(27) 武上真理子「孫文『実業計画』の同時代的位相——英・中初出稿とその評価をめぐって——」『人間・環境学』第19巻（2010年12月）、100-101頁。
(28) Johnson, Emory Richard（1864-1950）：ウィスコンシン州出身、ペンシルヴァニア大学で博士号を取得（1893）後、同大学ワートン校の財政通商学部長を務め、通商と交通の関係についての講義を行った（1919-1933）。交通学の権威として合衆国政府の交通政策策定に深く関与し、全国鉄道網の整備、パナマ運河の通行料制定などの業績を残した。http://www.wharton.upenn.edu/125anniversaryissue/johnson.html（2011年7月20日閲覧）
(29) 『全集』第6巻、200-204頁；『文集』284-291頁。
(30) 孫文がこの挿話をもちだした発端は、おそらく1897年のロンドンにおける南方熊楠との対話にある。熊楠は孫文との出会いの約3年前、『詩経』を引用してこの説話を『ネイチャー』誌上で紹介している。熊楠は「ロスマ論争」（「ロスマ」という海の生物の起源をめぐって、オランダの東洋学者グスタフ・シュレーゲルとの間で繰り広げた論争。およそひと月のやり取りの末、熊楠の全面的な勝利に終わった）について、「孫逸仙などは、南方はまことに執念深き男と気の毒がりおられし」と

回想しており、熊楠がロンドンでの学術的業績について孫文に語っていたことは確実である。松居竜五ほか訳『南方熊楠英文論考〔ネイチャー〕誌篇』集英社、2005年、67, 204-210頁；『南方熊楠全集』第 6 巻、平凡社、1971年、484頁。ただし、章炳麟による『訄書』では、この説話が（後）漢朝の曹氏による簒奪、ひいては清朝の腐敗が誘引した強大な隣邦による侵略の隠喩として引かれていることから、当時の革命派の中では民俗学的な文脈とは全く異なる意味を賦与されて広まっていた可能性もある。章炳麟著・徐復注「民数第二十一　訄書二十一」『訄書詳注』上海古籍出版社、2008年、337-338頁。

(31) 『文集』271頁。

(32) 『孫文学説』の第7章「知らなくても行ない得る」は、まさに「不知不覚」の人々が取るべき行動を説く章である。

(33) 武上、前掲論文「孫文と南方熊楠の科学哲学」、65-70頁。

(34) 同上、70頁。

(35) Quevli, Nels, *Cell Intelligence: the Cause of Growth, Heredity and Instinctive Actions, Illustrating that the Cell is a Conscious, Intelligent Being, and, by Reason Thereof, Plans and Builds all Plants and Animals in the Same Manner that Man Constructs Houses, Railroads and Other Structures*, Minneapolis: The Colwell Press, 1916. 同書は上海故居蔵書に含まれ、丸善シールと孫文蔵書印が付されている。『目録』86頁。

(36) Keith, Arthur, *The Human Body*, London: Williams & Norgate, 1912. 『目録』87頁。Keith, Arthur（1866-1955）：解剖学者、人類学者。王立協会（Royal Society）フェロー。解剖学のほか、進化論や人類の起源についてのポピュラー・サイエンス書を多数手がけた。ボウラーは彼を唯物論者と定義するが、ダーウィニズムの信奉者であることと進化の過程そのものに意味を見出すことは、必ずしも矛盾しない。Bowler, *Science for All*（op. cit.）, pp. 230-233.

(37) Johnstone, James, *The Philosophy of Biology*, Cambridge: Cambridge University Press, 1914. 『目録』88頁。Johnstone, James（1870-1932）：リバプール大学水産学研究所職員、同大学講師。同書は「生命論の近来の快著」として日本でも翻訳が出版された。ゼームス・ヂョンストン著・小野寺一郎訳『生物の哲学』大日本文明協会、1920年。

(38) Ibid., x.

(39) Driesch, Hans Adolf Eduard（1867-1941）：ドイツの生物学者、哲学者。ウニの初期発生の実験的分析結果から生命に固有の調整能力を確信し、エンテレヒー（生物のすべての部分が等しく全体を再現させる作用。物質でもエネルギーでもない）

に基づく新生気論を提唱した。
(40) Bergson, Henri（1859-1941）：フランスの哲学者。1900年よりコレージュ・ド・フランス教授。1928年ノーベル文学賞受賞。
(41) Johnstone, op. cit., x.
(42) 八杉龍一ほか編『岩波 生物学辞典』第4版、岩波書店、1996年、735頁。近年の研究では、機械論と生気論の対立は、「要素還元―分析主義」と「全体・総合主義」の二者択一に単純化できない、とされる。廣野・林によれば、ドリーシュのエンテレヒー概念やベルクソンの創造的進化説は、機械論と生気論の「誤った対立」を調停し、生物の創発性を体系的に解明しようとする20世紀以降のシステム論への契機を孕んでいたと考えることも可能である。ただし、ベルクソンのエラン・ヴィタールはドリーシュのエンテレヒーと大同小異である、として両者に否定的な態度を示すのが生物学の主流であったことは否めない。廣野喜幸・林真理「第三章 近代医学・生命思想史の一断面――機械論・生気論・有機体論」廣野喜幸・市野川容孝・林真理編『生命科学の近現代史』勁草書房、2002年、54-89頁；八杉龍一・真船和夫『生物学事典』霞書房、1950年、174頁。金森修は、実験医学の提唱者として知られ一般には反生気論者と見なされるクロード・ベルナール（Bernard, Claude：1813-1878）が、紆余曲折を経て「設計図」「立法権」「指導理念」「生」などと呼んだもののなかに、通常の物理・化学的記述だけでは覆い尽くせないものが伏在しているという認識に到達したことを見て、ベルナールは「19世紀中盤時点でも一定の有意味性を保持できる、洗練された生気論に与していた」と結論づけた。さらにベルナールから30年ほど後に発生学研究から生気論を唱えるに至ったドリーシュとの共通性を指摘し、「生気論があくまでも理論的に問題にしようとしていた生命の諸相への問いかけ」は、現代でもなお解決されていない重要な問題である、と述べている。金森修『科学的思考の考古学』人文書院、2004年、270-273頁。
(43) 生物学という固有の学問領域が、伝統的な動物学・植物学から独立して成立したのは、19世紀初頭のことである。その基本的枠組の形成に大きく寄与したのが、細胞説と進化論だった。河本英夫「第1章 十九世紀生物学の流れ」中村禎里『20世紀自然科学史―6 生物学』［上］、三省堂、1982年、1-39頁。金森によれば、生物学という言葉自体は、19世紀初頭にブルダッハ（Burdach, Karl：1776-1847）、ラマルク（Lamarck, Jean Baptiste：1744-1829）、トレヴィラーヌス（Treviranus, Gottfried：1776-1837）らによって独立に構想されたが、その言葉が一般に流布するに至った主要な契機は、コントとその一派による実証哲学宣伝に負うところが大きい。金森、前掲書、232-234頁。

(44) 『文集』291-292頁。
(45) 「生気論」の語は主に、生物学を哲学的に考察する学説（その実体は多種多様な生命思想の総称という性格が強いが）の呼称として用いられるのに対し、哲学・文学の領域では「生命主義」の語が用いられることが多い。19世紀後半以降、欧米では生命の概念的意味を探求する動きが強まり、ショーペンハウアーやニーチェ、ベルクソン、オイケンらの思想は東アジアにも紹介され、日本では明治末期から大正初期にかけて、中国では五四運動の後、生命主義のブームが沸き起こった。白井澄世「五四期におけるベルクソン・生命主義に関する一考察——瞿秋白を中心に——」『東京大学中国語中国文学研究所紀要』第10号（2007年11月）、16-48頁。また、熊十力、梁漱溟らの新儒家哲学とベルクソン哲学との関連については坂元ひろ子『連鎖する中国近代の"知"』研文出版 2009年、255-258頁、を参照。
(46) 鈴木由加里「生命・生」石塚正英・柴田隆行監修『哲学・思想翻訳語事典』論創社、2003年、180-181頁。
(47) Eucken, Rudolf Christoph（1846-1926）：ドイツの哲学者。1871年バーゼル大学哲学および教育学教授、1874年以降イェーナ大学哲学教授。1908年ノーベル文学賞受賞。その著作は大正教養主義の人生論的思想の核として日本でも翻訳され、多くの読者を獲得した。
(48) 久保田編、前掲書、522-523頁。
(49) 姜義華、前掲書、327頁。
(50) 文末【表3】No.7。さらに言えば、オイケンの著書には宋慶齢の英文名自筆サインが残されているものもある（No.2）。当然この場合も宋慶齢が孫文の記念とすべき書と判断したものの中で特に彼女自身の強い思いが残るものにその痕跡をとどめたと見なすべきではあるが、当該書籍購入の数か月前に宋慶齢が姉に代わって孫文の秘書の任に就いたことを考え合わせれば、孫文のオイケン哲学への共鳴さらには同年春から秋の間に起こったと考えられる哲学への「開眼」の背景には、哲学への指南役としての宋慶齢の存在を見ておくべきであろう。
(51) 姜義華、前掲書、336頁。ただし姜義華はショーペンハウアーの哲学でベルクソンとオイケンの哲学も一括しているきらいがある。また姜義華は、クェブリの著作が「フランスの生命哲学思潮の産物であり、細胞学の成果を利用し、細胞と伝統的な生気論や物活論を結合させて、細胞が知性を有するという論点を提起し叙述したものである」としている。
(52) ドリーシュは、ショーペンハウアーを生気論の哲学者の一人に位置づけ、「一般的な生気論の視点から多くの生物学的事実を提示した。これらは科学的分析に非常

に有効な領域を開拓したものである」としている。Driesch, Hans, *The History and Theory of Vitalism*, Rev. ed., authorized translation by C. K. Ogden, London: Macmillan, 1914, p. 121. また、ニーチェを生の哲学の母と見なし、ショーペンハウアーの非合理主義の意志哲学にその源流を求める見解もある。ここで生の哲学の父と見なされるのは、ベルクソンである。大道安次郎「生の哲学」三木清編『現代哲学辞典』第2版、日本評論社、1947年、303-312頁。

(53) 「生元」説に立脚する、生命体と国家のアナロジーについては、武上、前掲論文「孫文と南方熊楠の科学哲学」、67-68頁を参照。

(54) 科学の「内的歴史」と「外的歴史」については、古川安、前掲書、1頁；廣野・市野川・林編、前掲書、ii-x、による。ただし「外的歴史」の研究においても、職業的な科学者集団と社会との相関関係を問題にすることが多い。アカデミズムの外部にありながら、自覚的に科学の概念を用いて一般の人々にアプローチした孫文は、「社会の科学史」を考察する上で示唆に富む例であろう。

(55) 『文集』458頁。

(56) 「民生主義 第一講」『全集』第9巻、355頁。日本語訳は、山口一郎訳「三民主義」伊地智善継・山口一郎監修『孫文選集』第1巻、社会思想社、1985年、275頁。

(57) 2006年11月12日孫文生誕140周年記念大会において、胡錦濤国家主席は孫文の生涯を称え中国共産党員が孫文の革命事業の継承者たることを述べた後、「われわれは科学発展観をゆるぎなく貫徹・実行し、経済建設を中心とする改革開放と人民の人民による人民のための発展を堅持して、経済・政治・文化建設を全面的に推し進め小康社会の全面的建設と社会主義和諧社会の構築を積極的に推進し、中国の特色ある社会主義事業の新たな局面を切り拓かねばならない」と述べた。http://cpc.people.com.cn/GB/64093/64094/5028428.html（2011年9月16日閲覧）

(58) 伊東俊太郎・広重徹「現代文明と科学」伊東俊太郎・広重徹・村上陽一郎、前掲書、274-276頁。ここでの科学は主に自然科学を指しているが、「普遍的」な因果律を客観性の担保とした近代の人文・社会科学でも同様のことが言えよう。

318　第4部　辛亥時期人物研究

【表1】孫文が購入した Home University Library of Modern Knowledge

	丸善納品書日付	Title	Author	Year	No	分類	故居蔵書目録	丸善シール	蔵書印	備考
1	1914.2.4	Parliament : its history, constitution and practice	Sir Courtenay Ilbert	1912	1	社会	p17, 1203	○	孫瓊英	出版年は新訂版
2	同上	Crime and insanity	Charles Mercier	1911	22	科学	p66, 1481	○	孫瓊英	
3	同上	Conservatism	Lord Hugh Cecil	1912	11	社会	p14, 1163	○	孫瓊英	（瑛→英？）
4	同上	Warfare in England	Hilaire Belloc	n.d.	51	歴・地	p41, 916	○	孫瓊瑛	
5	同上	A short history of war and peace	G.H. Perris	n.d.	4	歴・地	p105, 623	○	孫瓊英	
6	2.6	The evolution of industry	D.H. Macgregor	1911	24	社会	p54, 350	○	孫瓊英	
7	同上	Psychical Research	W.F. Barrett	1911	28	科学	p85, 848	○		
8	同上	English literature : modern	G.H. Mair	1911	27	文・芸				
9	同上	Agriculture	William Somerville	1912	26	社会	p54, 351	○	孫瓊英	
10	同上	Liberalism	L.T. Hobhouse	1911	21	社会	p76, 1623	○	孫瓊英	
11	同上	Evolution	Patrick Geddes / J. Arthur Thomson	1911	20	科学	p70, 1544	○	孫瓊英	
12	同上	The science of wealth	J.A. Hobson	1911/1914	16	社会	p54, 352	○	孫瓊英	
13	同上	Medieval Europe	H.W.C. Davis	1911	13	歴・地	p102, 566	○	孫瓊英	
14	同上	The opening up of Africa	Sir H.H. Johnston	1911	12	歴・地	p19, 1245	○	孫瓊英	
15	同上	The socialist movement	J. Ramsay MacDonald	1911	10	社会	p76, 1630	○	孫瓊英	
16	同上	The Evolution of Plants	Dukinfield Henry Scott	1911	9	科学	p88, 974	○	孫瓊英	
17	同上	Polar exploration	William S. Bruce	1911	8	歴・地	p94, 383	○	孫瓊英	
18	同上	Modern geography	Marion I. Newbigin	1911	7	科学				
19	同上	The stock exchange : a short study of investment and speculation	Francis W. Hirst	1911	5	社会		○		同著者による著作が3冊故居蔵書にあり p43：54, p46：95, p51：304
20	同上	The human body	Arthur Keith	1912	57	科学	p87, 963	○	孫文蔵書	

近代科学思想と孫文　319

21	同上	The Making of the New Testament	Benjamin Wisner Bacon	1912	56	哲・宗	p75, 1621	○	孫瓊英	『萱野史料集』ではNews Paper(誤記)
22	同上	Ethics	G. E. Moore	1911/1912	54	哲・宗	p66, 1491		孫文蔵書?	メモでは1419(誤記か?)
23	同上	The making of the earth	J.W. Gregory	1912	53	科学		○		
24	同上	Great writers of America	W.P. Trent John Erskine	1911/1912	52	文・芸	p111, 790	○	孫瓊英	(瑛→英?)
25	同上	The American Civil War	Frederic L. Paxson	1911	48	歴・地	p41, 917	○	孫瓊英	
26	同上	English literature : medieval	W.P. Ker	1912	43	文・芸	p113, 819	○	孫瓊英	(瑛→英?)
27	同上	Rome	W. Warde Fowler	1911	42	歴・地	p105, 633	○	孫瓊英	
28	同上	The school : an introduction to the study of education	J.J. Findlay	1911	38	社会	p76, 1625			
29	同上	Peoples and problems of India	Sir T.W. Holderness	1911	37	歴・地	p27, 1361	○	孫瓊英	
30	同上	Landmarks in French literature	G.L. Strachey	1912	35	文・芸	p112, 803	○	孫瓊英	
31	同上	Introduction to science	J. Arthur Thomson	1911	32	科学	p88, 972	○	孫瓊英	
32	同上	The dawn of history	J.L. Myres	1911	29	歴・地	p105, 632	○	孫瓊英	
33	同上	Elements of English law	W.M. Geldart	1911	30	社会	p37, 707	○	孫瓊英	
34	不明 納品書無し	Nerves	David Fraser Harris	1913	79	科学	p88, 973	○		

* 『萱野長知・孫文関係史料集』520-522頁、『上海孫中山故居蔵書目録』より作成
* 書誌情報は、国立情報学研究所(NII)及び英国図書館(BL)提供のオンライン目録により確認
* 「No.」はHULシリーズに付された連番、各書所収の目録による
* 「分類」はHULシリーズの区分に従い下記の通り表記した
  History and Geography：歴・地、Literature and Art：文・芸、Science：科学、Philosophy and Religion：哲・宗、Social Science：社会

[表2] 上海故居蔵書に含まれるエモリー・ジョンソンの著書

	Title	出版社	Year	故居蔵書目録	丸善シール	蔵書印	備考
1	Elements of Transportation : A Discussion of Steam Rail-road, Electric Railway, and Ocean and Inland Water Transportation	New York : D. Appleton	1909	p50, 298			Y. S. Sun のサイン
2	The Panama Canal and Commerce	New York : D. Appleton	1916	p53, 329	○		Y. S. Sun のサイン
3	Ocean and Inland Water Transportation	New York : D. Appleton	1906	p55, 360	○		
4	American Railway Transportation, Rev. ed..	New York : D. Appleton	1904	p60, 1412		孫瓊英	中西屋シール蔵書目録では1905年出版
5	Railroad Traffic and Rates, 2 v.	New York : D. Appleton	1911	p61, 1418, 1419	○	孫文蔵書	1419に孫文蔵書印とSun Yat-sen のサイン

* 『上海孫中山故居蔵書目録』より作成
* 書誌情報は、国立情報学研究所（NII）提供のオンライン目録により確認

近代科学思想と孫文　321

[表3]「生の哲学」関連の孫文蔵書

	丸善納品書	Title	Author	Publisher	Year	蔵書目録	丸善シール	蔵書印	備考
1	1914 11.15	The philosophy of Bergson	Bertrand Russell ; with a reply by H. Wildon Carr ; and a rejoinder by Mr. Russell	Cambridge [England] : Bowes and Bowes	1914				
2	11.18	Present-day ethics in their relations to the spiritual life : being the Deem lectures delivered in 1913 at New York University	Rudolf Eucken trans. Margaret von Legdewitz	London : Williams & Norgate	1913	p76,1633		孫璦英	Rosamonde Soong サイン
3	11.20	An examination of Professor Bergson's philosophy	David Balsillie	London : Williams & Norgate	1912	p80,862	○	孫璦英	
4	同上	The life of the spirit : an introduction to philosophy	Rudolf Eucken trans. F.L. Pogson	London : Williams & Norgate	1909				書誌は第2版のもの
5	同上	New philosophy Henri Bergson	Edouard Le Roy trans. Vincent Benson	London : William & Norgate	1913				
6	同上	Knowledge and life	Rudolf Eucken trans. W. Tudor Jones	London : Williams & Norgate	1913				
7	同上	The truth of religion	Rudolf Eucken trans. W. Tudor Jones	London : Williams and Norgate	1913	p82,1607	○	孫文蔵書 孫璦英	第2版
8	不明	Modern science and the illusions of professor Bergson	Hugh S.R. Elliot	London : Longmans, Green	1912	p80,930	○	孫璦英	
9	不明	The world as will and idea	Arthur Schopenhauer trans. R.B. Haldane and J. Kemp	London : K. Paul, Trench, Trübner	1907–1909	p81,872–74	○	孫文蔵書	第7版

| 10 | 1915 3.20 | La Philosophie Bergsonienne: études critiques | J. Maritain | Paris : M. Rivière | 1914 | | | | |
| 11 | 不明 | The philosophy of biology | James Johnstone | Cambridge : Cambridge University Press | 1914 | p88,977 | ○ | 孫文蔵書 | ドリーシュとベルクソンの影響を受けた書 |

＊『萱野長知・孫文関係史料集』522, 523, 525頁、『上海孫中山故居蔵書目録』より作成
＊書誌情報は、国立情報学研究所（NII）及び英国図書館（BL）提供のオンライン目録により確認

革命に対する揺らぎ
――唐璆の生涯における革命への参加と拒絶

彭　　　剣（三田剛史訳）

　辛亥革命が起こり大きな成果を上げた理由は、より多くの人が革命を是認するようになったことと密接な関係がある。時の世を救うという願望を抱いた「志士」が続々と革命に与し、革命情勢を高揚させる情勢を形成したことについては、学界ではすでに多くの検討がなされ、本稿で贅言を尽くす必要はない。本稿で試みるのは、かつて時の世を救い国を救う方略を努力して追求したがそれほど有名ではない「志士」の、辛亥革命前後における革命に関する是非のあり方を通じて、歴史のもう一面を描くことである。この歴史の一面は歴史の主要局面ではあり得ないが、客観的に存在した一面ではある。辛亥革命勃発前に革命擁護から改良擁護へ転向し、しかも民国時期にいたっても再び革命に与することのなかった者もいる。歴史のこの一面を描くことは、辛亥革命をよりよく理解するために価値あることかもしれない。

　我々が研究しようとしているこの「志士」は、名を唐璆、字を煉心といい、1874年に生まれ、1928年に没している。彼と革命指導者の黄興は両湖書院の同窓であり[1]、孫文と論戦を展開したことがあり[2]、しかも梁啓超との関係も特に密接で、少年時代から梁氏の著作に親しみ、梁氏に私淑していた[3]。梁啓超と革命の関係については、すでに学界に優れた研究がある。梁氏はもともと革命の鼓吹者であり、20世紀初頭の幾多の人々の革命思想は、いずれも一定程度は彼の著作の影響を受けて形成されたものである[4]。しかし梁氏は「今日の我を持って昔日の我に挑戦するを憚らず」という人物であり[5]、彼の革命論によって多くの人が説得されたときには、彼自身は革命論を取り下げ、「開明専制論」の旗幟を高く掲げ、誓願や要求という方式で清朝の政治改革実

行を推進することを主張していた。梁氏に私淑した者として、唐氏の革命に対する態度は、決して梁氏の革命に対する態度の焼き直しではない。彼の革命に関する是非は、相当程度に梁氏の影響を受けていることは確かであるが、その後の彼の転変は梁氏よりなお大きい。梁氏は民国初期においてもなお自分が革命に一部功労があると自認していた。1912年の北京の新聞界による歓迎会における演説をみると、自ら革命家をもって任じる気持ちが大いにあり、しかも革命が作り出した共和政体を擁護すると明確に表明している[6]。一方唐氏は「革命と告別」してから一貫して革命に与することはなかった。革命に対峙する態度として、唐氏と梁氏は異なる類型に属している。このため、唐氏の一生における革命に対する是非という問題に関する一研究も、自ずとその意義を有している。

1

　唐氏は少年時代には国家の大事に関心を持ち、「10歳あまりで国事を本意とした」[7] という。20歳の時には、結社を作ったり、理学を唱導したりしたこともある。戊戌変法が失敗してから、「革命排満論が祭り上げられていた」時代の潮流の影響を受け、彼は「野と言行を同じくするには、清の政治がまとまらず、民の生活に害を与えている状況にあたり、必ずや早くその閉塞状況を奮然とこじ開けねばならない」[8] と考えた。この時、唐氏は革命家であったとはいえないが、清朝のふがいなさに対して大いに不満を抱いていた。

　1900年、唐氏は邵陽で賀金声に師事し兵法を学んだ。唐氏の思想に対して賀金声は、二つの方面から実際的影響を与えた。一つは、賀氏は「唱定覇業」という言を好んだことであり、つまり国の重臣の中から春秋時代の斉の桓公や晋の文公のような「尊周攘夷」の人が現れ、民衆を率いて西洋人を追い出すことによって、清朝の統治を擁護することを希望したことである[9]。後に唐氏が提起した「造桓文主義」はすなわち賀氏の衣鉢を継いだものである（詳細は後述）。もう一つは、賀氏が極端な排外主義者であり、湖南が「排外実行のさき

がけ」になるべきと考えていたことである。その影響を受けて唐氏も一度は「野蛮な排外熱を極度に高めた」[10]。このときの唐氏は、一種の義和団的人物であったといえ、排外を通じて救国の目的を実現することを希求しており、これ以前の清朝攻撃は清朝擁護へと回帰した。

　賀金声は、1902年に「尊内攘外」の旗を揚げて「滅洋軍」を組織したが、清朝に鎮圧され、討伐された[11]。この事は唐氏を大いに揺り動かした。清朝擁護の旗幟を高く掲げた恩師がかえって清朝に殺されたことは、彼を非常に驚愕させ、非常に絶望させ、自分も「死者に名を連ねたい」と考えたほどであった。彼の思想はこれにより一変し、「政府を仇と思う心が日増しに強くなっていった」[12]。このとき、彼はまた梁啓超の『中国魂』と陳天華の『猛回頭』に出会い、その影響を受け、「激昂慷慨し、時に歌い時に泣き」、「身を破壊の先鋒にせんと欲」[13]し、そのため「家産を尽くして、日々豪傑を訪れ壮士と結び、両湖三江を奔走して、暴動を画策」[14]した。このときすでに彼は事実上革命家へと変わっていた。革命実現という目標のために、彼は南京将備学堂に学んだこともあり、「志ある陸軍が革命の基礎である」と述べている。1906年頃、湖南の新寧、隆回一帯で一度武装蜂起をも画策したが、成功に至らず、もう少しで清軍に捕らえられるところを「壁を越えて逃れた」[15]。

　これらのことから、30歳以前の唐氏は思想上多くの変化をとげたことが看取される。清朝攻撃から清朝擁護へ、また排外から革命へと。しかし、どのように変化しようと、いつもかなり急進的であった。このゆえんは、彼の個性や年齢と無関係ではない。彼の少年時代を表したものとして、「科挙の夢に酔うときに一人理学を唱えたがる」などの行為があり[16]、すでに彼が一種の多きにつかず独立独歩を好むという性格を備えていたことを示している。個性、年齢以外に外界からの影響も非常に重要である。戊戌政変の後、彼は清朝攻撃の意をほしいままにし「義侠の士を自認」していたが[17]、その後義和団的人物へと転変したのは、完全にその師賀金声の影響である。さらに一歩をすすめ革命家へと変わったのは、清朝を擁護した賀金声が清朝に殺されたという一事から受けた刺激と、梁啓超や陳天華の著作から受けた影響のどちらにも関係がある。

それら以外にも、彼の思想の多くの変化は、当時の中国人の清朝に対する態度が有していた一種の矛盾をあるいは反映しているのかもしれない。清朝を擁護するか、清朝を見捨てるか、当時の多くの「志士」にとっていずれも難しい選択だったのかもしれない。唐璆はその名が書物に現れていないので、代表的人物というわけにはいかない。しかし、革命党の首領孫文も、革命の道を行く前は清朝に与しようとし、直隷総督李鴻章に上書して改革の意見を述べたこともあるというのは、学界でよく知られた事実である。目下の研究では、康梁の一派は総体的に清朝擁護と平和的改革を進めようとしていたものの、その重要メンバーである梁啓超や欧榘甲らは、いずれもかつて革命論を高唱していた[18]。19世紀末20世紀初頭の幾多の志士はみな、清朝を巡って、擁護するか見捨てるか、多かれ少なかれ困難な選択を行ったのである。唐璆の変転は、当時の志士たちが清朝に対してとった矛盾した態度の体現であるかも知れない。

2

　唐氏が30歳頃に一人の革命家へと再度翻身したことは、大いに注目に値する。一般的にいって、人がこの年齢に達すると、多くの経験を得て知識も豊富になり独立した判断力を持つようになり、思想的にも比較的成熟してくる。ひとたび選択を行ったならば、疾風迅雷のごとく実行に移し、簡単には動揺しなくなるのである。しかも何度かにわたる武装蜂起失敗の後、彼は日本に亡命もした。日本は革命派の大本営の一つであり、常識からいって、一人の革命家として唐氏は、「単独行」の段階を終わらせ、「組織」の中に身を投じていくはずであった。

　しかし怪しむべきことに、唐氏は日本へ行っても革命の陣営には入らず、政聞社に加入したのである。政聞社は梁啓超が1907年に設立しもっぱら国内の憲政改革に意を注いだ団体で、その趣旨は革命と明らかに相反していた。1908年時点で、唐氏はさらにシンガポールへ渡って康梁一派の機関紙『南洋総匯新報』の主筆となり、革命派の機関紙『中興日報』と新生面を開く論戦を展開した。

革命に対する揺らぎ　327

　見たところ、唐氏はあの蜂起以後、思想にまた変化が生じ、革命から改良に戻ったようである。
　なぜこのようなことになったのか？
　これに対して、唐氏は1907年に梁啓超に宛てた手紙で説明している。あの蜂起の失敗後、彼は「毎日先生の本を幾度も読み、拙速に走り了見が狭かったことの非を悟り始めた。さらに先生の『中国存亡一大問題』と『答飛生』を読み、急に心に悟りが開け、我が国の前途を知り、ただ積極的平和改革を用いるべきのみと知」った(19)。そのうえ、革命派との論戦における、彼の以下のような発言も、彼が信念を変えた原因を説明している。「三年にわたり雲貴両広を行き来し、日本へ赴き、内に向かっては国民の程度を調べ、あれこれの行為を観察し、外に向かっては時勢の大局を知り、自己の能力をふり返り、暴動による革命は成功し難く、かえって亡国を来すと知った」(20)。その他に、大円和尚の手になる唐氏の小伝には、唐氏のこの転変が、蜂起の失敗後日本に亡命し法律政治を学んだことと関係があると述べている。日本に行ってから唐氏は「法政を学びはじめ、外国人が国家を組織する法や人民を統治する術を知り、中国の政治書の不足を補うものがあることを知り、感慨を深くし政治を改革する思想を備えるようになった」(21)。総じて、唐氏が信念を変えた原因はすこぶる複雑であり、厳復の著作の影響があったかと思えば、梁啓超の新作の影響もあり、国民の水準や革命派の状況や時勢の大局と自身の力で省察したことにも関係しており、さらに日本で法律政治を学んで悟ったこともある。
　厳復の著作の影響については、厳復が訳した『天演論』を指摘しておかねばならない。唐氏は1908年に革命派との論戦で同書を引用しており、革命に反対する一つの理由としており(22)、孫文からの論駁も招いた(23)。梁啓超の新しい著作のうち『中国存亡一大問題』は、『開明専制論』と『申論種族革命与政治革命之得失』という長篇を合本したものであり、『答飛生』と同じく、いずれも梁氏が排満革命論を放棄したあとの重要な著作であり、その核心的観点は、排満革命に反対で、当時の中国にあっては革命を通じて民主共和制度を樹立することは出来ず、立憲君主制を実行し、時機が熟していない段階では、必ず先

に一定時期の開明専制を行わなければならない、というものである。唐氏が述べた国民の水準や革命派の状態や自分の能力などに対する省察にかけては、すぐに次のようなことに思い当たる。もしあの武装蜂起の失敗がなければ、彼は革命思想を放棄しなかったかも知れず、彼の目にとまった革命派が彼を満足させるものだったら、彼は革命思想を放棄しなかっただけでなく正式に「組織」に入った可能性もあると。

　我々はここでさらに問うてみなければならない。彼の目にとまった革命派は、どのような現象をもって彼をして革命に対する興味を失わしめたのか？まずは人材問題である。彼の目にとまった革命派は、ある者は憤慨にかられ、ある者は野心にかられ、ある者は追従のままに、ある者はよこしまで、ある者は虚偽で、一人として彼の革命家に対する要求を満たしてはいなかったのである[24]。その次に実力の問題である。彼の見るところ、革命派はいかなる実力も持たず、「乱すことしか出来ず、革命といえるのか」[25] というものだった。さらに、革命派が1907年に起こした内紛で、章炳麟や陶成章は「打倒孫文の風潮」を作り出し、部外者に与えた印象は確かによくなかった。唐氏はこれらの内紛を目にし、内紛後に章炳麟が「インドへいって僧侶になりたがった」[26] ことを知り、段々と革命を敬して遠ざけるようになったのである。

　しかし、唐氏は革命の理念を放棄はしたものの、革命に対してやはり一定程度「同情し理解する」者であった。このため、我々は彼が梁啓超に宛てた手紙の中で次のような言葉を読み取ることが出来る。いわく「忍び難きを忍び、望み難きを望み、憎しみに始まり仇討ちに至る、つまりこれが排満革命論の起こりである！それはまた天理人情の相容れざるものだったのである」[27]。これは革命が「天理」に符合するものであることを認めていることに他ならない。もう一通の手紙には次のような言葉もある。いわく「立憲を実行せんと欲すれば、必ず革命の心積もりをすべし」、「革命の精神力がなければ、立憲の効果で幸福を実現すること断じて能わず」[28]。これもまた彼が革命と「告別」したにもかかわらず、革命に対してなおやや同情的であったことを反映している。

　なおも注目に値することがある。唐氏が革命の理念を放棄する際に、中国の

時局は「積極的で平和的な改革を用いることのみによって」危機を救うことが出来ると考えていたと同時に、賀金声のところで学んだ「覇道」の考えがまたも台頭していた。彼が梁啓超に宛てた手紙の中で、たびたび「桓文を造」らなければならないと強調しているのは、このことと関係している。いわく「湯、武を求めて得ざれば、桓、文を夢想すべし」、「必ず桓、文を造成しなければならない、そうしてはじめて政府を改造することが出来る」、「ただ今日の督撫に桓、文のような人物のほとんどいないことを恨む！仮にもそのような人があれば、今日の時勢が古代と異なるにもかかわらず、また桓、文のような業績を積み上げていくことが出来る」[29]。彼はここにしばしば「桓、文」を取り上げているが、これは明らかに春秋時代の覇者、斉の桓公と晋の文公を指している。彼は当時の督撫を周代の諸侯と比べ、督撫の中から春秋の覇者のような人物が出て、当時の時局を解決することを望んでいたのである。

3

　1908年、唐氏は一度シンガポールで『南洋総匯新報』の主筆を務め、革命派の新聞『中興日報』（やはりシンガポールで発行されていた）との論戦に参与したことがある。論戦中に、革命派は唐璆がかつて革命の同調者であったという一点を捉えて、彼に対して再転向を策動した[30]。こうして彼は論戦において革命派から多くの攻撃を受けたが、それでも革命に対して一定の同情を表明した[31]。彼が詳しく述べている「要求」観は、革命派などが『民報』で明らかにした「いくらか脅迫的に要求する」という観点と同一線上にあると考えられ、梁啓超らの「要求」観とは大いにその趣を異にする[32]。唐氏の観点は本来的に変化が多く、論戦でこのようなそぶりを見せていたことからも、彼がすぐにもう一度革命の側に戻ってくると、人びとは信じた。

　我々は彼が革命派との論戦に参与していた時間が長くはなく半月くらいに過ぎなかったことを見る[33]。しかし彼は『南洋総匯新報』を離れた後はもはや革命の陣営には入らず、祖国へと帰った。帰国の後、彼は雲南地方政府の「招

商委員」の役職を得て、1909年にはまた南洋にいたり商業誘致活動に従事した[34]。それらの活動を終えてからは、宝華アンチモン鉱山会社の社長に任命された[35]。1910年春、病により宝華社を辞してからは、雲南布政使衙門に入り「文書協力」を行った。同年秋、塩務処理を委任されると、騰越庁南甸転運局に務めた[36]。

これらの現象から見て、ほとんど唐氏は再転向の策動の影響を受けておらず、革命の陣営には入っていないが、康梁のくびきからも逃れ、清朝の擁護者となったことが分かる。しかし実際の状況は必ずしもこのようなものではなく、彼は決して康梁一派との関係を絶ったのではない。1909年に南洋へ商業誘致活動に赴いたとき、雲南の良さを宣伝し華僑が雲南へ投資するように呼びかけた文章が『南洋総匯新報』に載っている[37]。同年、彼は梁啓超に銀貨100元を寄付している[38]。1911年彼は梁啓超に手紙を出し、もし梁啓超が帰国するという「知らせを聞けば必ず、商業をもって国事につくし、心身共に全力を尽くすことをいとわない」と述べた[39]。いずれも彼と康梁との関係が比較的密接であったことを示すものである。

唐氏が『南洋総匯新報』を去って雲南に職を求めたことは、彼が一貫して雲南問題に非常な関心を持っており、雲南を救うことを通じて中国を救いたいと希望していたということが一つにはある[40]。もう一方で、彼はもしかしたら「造桓文主義」を実践していたのかも知れない。つまり地方高官の力を借りて政治改革を推進し、中国の富強を実現することを希望していたのかも知れない。特に、李経羲は雲貴総督となってから政治改革に対してかなり積極的で、このことから李経羲が唐氏の胸中に「桓」、「文」的な人物であるという幻想を抱かせたのだろう。しかし唐氏が、憲政改革の面で李氏に直接影響を与えることはほとんどなく、ただ滇邑鉄道建設に関してのみ李氏に対する実際的影響を及ぼしたに過ぎない[41]。

辛亥革命の後、唐氏はなおも彼の「造桓文主義」を実践していた。民国初期に、彼は「秘密裏に首都に向かい」、「袁大総統の任命により」、「衡永郴桂道尹」に任じられた[42]。唐氏が袁世凱の任免を受けられたということは、彼が袁世

凱を高く評価していたということであり、この時期の袁世凱はおそらく唐氏の胸中での覇者だったのである。

袁世凱が没落すると、唐氏は今度は閻錫山に期待をかけ、「山西で閻錫山が当地に精励していると聞くが、これを助けて中国を改造し、志すところを大いに行いたい」、つまり閻錫山を助けて「造桓文」を通じて中国を改造するという宿願を「大いに行いたい」と思ったのである。このため、彼は長旅をして山西にいたったが、「意気投合する程ではないと見」ると、山西には2年いただけで湖南へ帰り、湖南図書館館長に任じられた[43]。

20世紀の20年代、唐璆は「煉心学果」という一書をものしたが、同書は、清朝に対していかなる未練も示しておらず、革命派に対しては非難攻撃が多く、ただ康、梁に対してのみ多くの同情を示している。彼の筆にかかれば、清国の滅亡は清朝が立憲に誠意を持たなかったからであり、「誠意もなく空疎な言がはっきりと正体を現した」[44]からであった。そして革命はいかなるよい結果も得られておらず、「今我が国は共和の名を持っているが、唐末藩鎮の様相」だと述べて、時局に深い不満を表明している[45]。彼はさらに民国初期の孫文らの護法運動などについても、「忠信の基本を失い、まがい物を作ろうとしている」とした[46]。ただ康、梁に対しては最大限の同情を表し、「康梁をののしるのは禽獣だ」とまでいい、このような人間は「眼光は豆のよう、口は狂犬のよう、主張するのは拳匪の排外主義の類だ」[47]と述べている。

唐氏の以上のような遍歴と言論が我々に教えるのは、彼と革命派との間には懸隔があり、それは革命後も全く解消されなかったということである。革命派は彼を容認することが出来ず[48]、彼もまた革命に与することがないまま、康と梁に対してのみ同調を続けたのである。

唐氏の生涯において、さらにもう一つ注目に値すべきことがある。辛亥革命前、伝統的諸家の学のうち、彼がもっとも好んでいたのは墨家であって儒家ではなかった。道家や兵家に対しても一定の興味はあったが、仏教にはいかなる興味も示していない[49]。しかし民国以後、墨家を放棄し、儒家、道家、仏教に対して濃厚な興味を抱くようになった。このため、その著作『煉心学果』で

は、特に儒、道、仏の三教合一により、「文明の気運を啓き、大同の世界を開く」と主張している(50)。ここから見ると、彼の度重なる「造桓文」は不首尾に終わり、一種の「文化救国論」者に変わったというのが、事の真相である。しかも、その文化とは救国の方略であり、当時流行していた「新文化」、「全面的西洋化論」などの論調とはその趣を大いに異にするのであった。大多数の人が「隣家」へ行って資源を「借用」していたとき、彼は「祖先」の元へ手段を探しにいったのである。

結　語

　唐氏はもともと社会的責任感の強い人であり、思想もすこぶる急進的で、一度は革命に与した。しかし、1906年頃の武装蜂起の失敗後は「革命と告別」し、以後再び「革命に回帰」することはなかった。1908年革命派との論戦の時には、革命派が再転向の策動を行ったが、それに動かされることはなかった。辛亥革命後、帝政が瓦解し、共和制が成立しても、そのことで彼が革命を讃仰することもなかった。ただ、革命に与することは二度となかったが、彼が憂国の士でなかったことは一度もなく、「造桓文」であれ、三教合一であれ、中国の乱れた局面を解決するための道を探り続けた。このことが我々に提示するのは、革命が成功する前に救国の志を持った者が必ずしも革命を堅持するとは限らず、革命が成功した後に、すべての憂国者がみな革命という既成の局面を是認するとは限らないということである。

注
（１）　1908年唐璆が革命論戦に参与したとき、「そちらの党でぬきんでている某君は、もともと私と同窓である」と述べたことがある。（平実「正巽言」『南洋総匯新報』1908年９月15日、２面、「平実」は唐璆が革命派と論戦を行ったとき用いた筆名）。もちろん、我々はこれによって唐璆が黄興と同級生だったと結論することは出来ない。しかし、唐大円の作になる『衡永郴桂観察使煉心公伝』によると、唐璆は「28歳、両湖書院で学ぶ、新化の鄒沅帆に地理学を学ぶ」（『晋陽唐氏六繕譜』1997年印、

革命に対する揺らぎ　333

　　　111頁）とある。唐璆は1874年生まれで、1901年には28歳である。1901年前後、黄興も両湖書院に学んでおり、鄒沅帆の地理学に濃厚な関心を持っていた（毛注青編著『黄興年譜長編』中華書局、1991年、30、40頁）。ここから推定するに、唐璆が述べる重要な革命党の同級生とは、黄興に違いない。
（２）　孫文は1908年に３編の文章を表し、シンガポールの『中興日報』に発表し、康梁一派との論戦に参与した。そのうち「平実開口便錯（平実は口を開けば間違える）」、「平実尚不肯認錯（平実はなお間違いを認めない）」は、いずれも唐璆に向けられたものである。
（３）　唐璆が1907年11月５日（光緒33年９月30日）梁啓超に宛てた書簡に、次のような下りがある。「御高著を拝読して十数年になり、ながらく師と奉っております。冬因の楊君のところへ行き一度お目にかかりたいと申しあげてから、すでに政聞社で２度、錦輝館で３度お目にかかり……」（張子文主編『梁啓超知交手札』国立中央図書館、1995年、721頁）。唐璆が梁啓超に書いたもう一通の手紙にも次のような下りがある。「今後より、伏冀先生が璆を内弟子と見なし、蔡鍔君を見るような目で、多くの面でお教えいただければ、本望です」（同上、447頁）。唐璆は梁啓超の内弟子でないことは確かだが、長期にわたって梁啓超の著作を精読しその思想的薫陶を受けていたことが分かる。
（４）　張朋園『梁啓超与清季革命』台湾中央研究院近代史研究所、1982年、104-118頁。元冰峰『清末革命与君憲的論争』台湾中央研究院近代史研究所、1966年、66-103頁。
（５）　中国之新民（梁啓超）「政治学大家伯倫知理之学説」『新民叢報』第38・39号合本、49頁。
（６）　梁啓超「鄙人対于言論界之過去及将来」（民国元年）」『飲氷室合集』（第４冊）、中華書局、1989年、１-６頁。
（７）　「唐璆致梁啓超」（光緒33年９月30日）、張子文主編『梁啓超知交手札』、739頁。
（８）　大円「衡永郴桂観察使煉心公伝」『晋陽唐氏六繕譜』、88頁。
（９）　王継平「賀金声起義述論」『湘潭大学学報』（社会科学版）、1985年第３期、86頁を参照。
（10）　「唐璆致梁啓超」（光緒33年９月30日）、張子文主編『梁啓超知交手札』、739頁。
（11）　王継平「賀金声起義述論」『湘潭大学学報』（社会科学版）、1985年第３期、86-87頁。
（12）　「唐璆致梁啓超」（光緒33年９月30日）、張子文主編『梁啓超知交手札』、739-740頁。
（13）　「唐璆致梁啓超」（光緒33年９月30日）、張子文主編『梁啓超知交手札』、740頁。

(14) 平実「論革命不可強為主張」(続)『南洋総匯新報』1908年9月10日、1面。
(15) 大円「衡永郴桂観察使煉心公伝」『晋陽唐氏六繕譜』、88頁。
(16) 同上。
(17) 同上。
(18) 桑兵「保皇会的宗旨歧変与組織離合」『近代史研究』2002年第3期。
(19) 「唐璆致梁啓超」(光緒33年9月30日)、張子文主編『梁啓超知交手札』、740頁。
(20) 平実「論革命不可強為主張」(続)『南洋総匯新報』1908年9月10日、1面。
(21) 大円「衡永郴桂観察使煉心公伝」『晋陽唐氏六繕譜』、89頁。
(22) 平実「小子聴之」『南洋総匯新報』1908年9月14日、1面。
(23) 南洋小学生(孫文)「平実尚不肯認錯」『中興日報』1908年9月15日、2面。
(24) 平実「革命党之真相」『南洋総匯新報』1908年9月7日、1面。
(25) 平実「論今日時局止可立憲救国万無革命之理」『南洋総匯新報』1908年9月5日、1面。
(26) 平実「革命党之真相」(続)『南洋総匯新報』1908年9月8日、1面。
(27) 「唐璆致梁啓超」(光緒33年9月30日)、張子文主編『梁啓超知交手札』、722頁。
(28) 「唐璆致梁啓超」(光緒33年9月30日)、同上、728頁。
(29) 「唐璆致梁啓超」(光緒34年1月21日)、同上、748頁。もう一通の手紙では、唐璆は明確に自己のこのような主張を「造桓文主義」と述べている。「自己の抱懐する造桓文主義は、この時に及んで疆臣中に実にその人なく、想像するのも無駄骨で、心中の苦しみはたとえようもない」「唐璆致梁啓超」(光緒34年2月中旬)、同上、758頁。
(30) 例えば陶成章が文中で「なぜ帰ってこないか」と呼びかけている(異言「再規平実」『中興日報』1908年9月14日、4面)。胡漢民は「正告総匯報記者平実」の冒頭に「私がこの文を記すのは、平実が総匯報記者を去ってほしいからにほかならない」と述べている(『中興日報』1908年9月17日、2面)。他にも「漢雄」の書名がある文章では、唐璆を「革命の実行者」と呼んでいる(漢雄「平実可児懲汪休矣」『中興日報』1908年9月14日、5面)、また「平実、平実、なぜ帰ってこないか」と呼びかけている(漢雄「総匯報記者平実孺子可教」(続昨)『中興日報』1908年9月14日、5面)。
(31) 彼は論戦の中で、革命が成功することは不可能であると考えてはいても、同時に、「あなたたち党の志士の苦心は、およそ心ある者で思いやらない者はいない。ましてわたしならなおさらである」、「あなたたち党は、至難の時に至難の業を為している」(平実「革命党宜反己自修」『南洋総匯新報』1908年9月16日、1面)と述べた。

彼は当時の救国者を「公理を主張する救国者」、「法理を主張する救国者」、「精神を主張する救国者」、「物質を主張する救国者」などに分類したが、「公理を主張する救国者」とは革命派を指している（平実「論国民宜預備実力以救国」『南洋総匯新報』1908年9月17日、1面）。彼は論戦において、汪精衛を「精衛君」（平実「論革命不可強為主張」『南洋総匯新報』1908年9月9日、1面）、陶成章を「巽言君」（平実「革命党之真相」（続）『南洋総匯新報』1908年9月8日、1面）、「足下」（平実「革命党宜反己自修」『南洋総匯新報』1908年9月16日、1面）と呼んでいる。これらはおよそ彼の革命に対する理解と同情を示している。

(32) 唐瓊は革命派との論戦に際して、「要求」に関する見解を次のように説明している。「もし私の心が急ぐべきを急ぐものであれば、民智を開き、民力を養い、民権を伸ばすことにおいて、いくらか脅迫的に要求することを準備し、文明の抵抗となす」（平実「論革命不可強為主張」『南洋総匯新報』1908年9月9日、1面）、「国会というものを私は是とする。口先だけの誓願を私はよしとしない。実力による要求を私は後日に期すものである」（平実「論国民宜預備実力以救国」『南洋総匯新報』1908年9月17日、1面）、「立憲の幸福、人民の権利は、必ずやいくらか脅迫的に要求するものであり、政府が少しばかりのおそれをもってこれに与することは、必然の理であり、また自然の勢いでもある」（平実「論国民宜預備実力以救国」『南洋総匯新報』1908年9月18日、1面）。彼の主張した「いくらか脅迫的に要求する」、「実力による要求」は、汪精衛らが『民報』で梁啓超を批判反駁したときに用いた言葉と符合しているようである。

(33) 唐瓊が『南洋総匯新報』で発表した論戦の最初の文章は、1908年9月5日の「論今日時局止可立憲救国万無革命之理」で、最後の文章は、9月18日の「論国民宜預備実力以救国」である。

(34) 雲南招商委員唐瓊「述雲南情状敬告華僑」『南洋総匯新報』1909年6月28日、29日、いずれも1面。

(35) 雲南勧業道「就宝華錫礦公司移請挙任南洋招商唐瓊李増為総協理一事詳護督憲沈」（宣統元年9月19日）、雲南省檔案館、1077-4-632 (36)。雲南勧業道「就挙任南洋招商唐瓊李増為総協理一事照会宝華錫礦公司協理李」（宣統元年9月18日）、雲南省檔案館、1077-4-632 (41)。

(36) 「唐瓊致梁啓超」（宣統3年3月13日）、張子文主編『梁啓超知交手札』、原書のこの箇所にページ数なし。

(37) 雲南招商委員唐瓊「述雲南情状敬告華僑」『南洋総匯新報』1909年6月28日、29日、いずれも1面。

(38) 「唐璆致梁啓超」（宣統3年3月13日）、張子文主編『梁啓超知交手札』、原書のこの箇所にページ数なし。
(39) 同上。
(40) 唐氏は1907年に籌滇協会を組織した（「唐璆致梁啓超」（光緒34年）、張子文主編『梁啓超知交手札』、439頁）。同年、彼は「救雲南以救中国」の一文を雑誌『雲南』第5期（日本明治40年3月31日発行、143-148頁）に載せている。
(41) 唐璆の「滇蜀鉄路改道滇邑議」（『雲南省檔案資料』1994年第1期）がある。この建議を実現するため、唐璆は「つとめて衆議を排し」、「幸い李仲帥の許可を得て、定議を畳奏した」と述べる。「唐璆致梁啓超」（宣統3年3月13日）、張子文主編『梁啓超知交手札』、原書のこの箇所にページ数なし。
(42) 大円「衡永郴桂観察使煉心公伝」『晋陽唐氏六繕譜』、89頁。
(43) 同上。
(44) 唐璆『煉心学果・主忠信以存心』、民国間木刻本。
(45) 唐璆『煉心学果・温故知新以尽変通』。
(46) 唐璆『煉心学果・主忠信以存心』。
(47) 唐璆『煉心学果・温故知新以尽変通』。
(48) 唐大円の「衡永郴桂観察使煉心公伝」の記述によると、革命勃発後、唐璆は積極的に蔡鍔から「騰越庁を任された」。蔡鍔は統一共和党を組織し、彼は評論員となった。しかし統一共和党が国民党に合併されるにあたって、唐璆は「脱党を宣告」し、梁啓超を指導者とする共和党に入り直し、また国事維持会湘支部を組織すると、国民党は彼に死刑を宣告した（『晋陽唐氏六繕譜』、89頁）。
(49) 「私は無学ではあるが、墨家、道家、儒家、兵家、縦横は実は同一で、近代哲学についていうと博大ではないが精緻であり、その大きさを見れば全体に通じることが出来る。貴下に対しては、いずれにせよ及びません（私の本性についていえば、儒家ではなく墨家に近いが、中国は儒家立国であり、墨家ではたちゆかないでしょう）」平実「正巽言」『南洋総匯新報』1908年9月15日、1面。
(50) 唐璆『煉心学果・合三教而帰一本』。

第4部：まとめとコメント

「まとめ」

　第4部「辛亥時期人物研究」は文字通り、辛亥革命に関わった人物にスポットをあてた論文をまとめたものである。ここで少し舞台裏の事情を紹介しておこう。

　当初、第4部の論文の発表の場である神戸会議第4分科会設定を話し合った際、神戸と孫文との浅からぬ関係を念頭に、分科会は「孫文研究の新潮流」と題する予定で、実際の論文公募のさいも、その題目が提示された。だが、というべきか、あるいは果たして、というべきか、応募論文の中に孫文を掲げるものは、残念ながら一篇もなかった。周知のように、辛亥革命時期にかぎらず、孫文に関する研究は、研究領域の多様化のあおりで、近年まったく影が薄く、それが応募結果にも見事に反映されてしまったのである。かくて分科会は、本来他の分科会向けに応募された彭剣論文をとりこみ、「辛亥時期人物研究」と改題して設定されることになったのだった。

　しかしながら、分科会を構成する3本の報告とその後の討議は、こうした舞台裏事情を感じさせないほど充実したものであった。孫文にとっての「理想の国家」像を、活動時期の違いごとに紹介・分析した三輪論文、孫文と科学との関わりを同時代世界における「科学」の位相から照射した武上論文、そして一度は革命に身を投じたものの、やがて立憲派へと立場・信条を変えたある人物（唐璆）に焦点を当てた彭論文（彭氏は報告にさいしては日本語発言稿を用意する意欲を見せてくれた）、いずれもコメンターターの安井三吉氏によって、人物と時代・世界との関わりかたの具体相を提供するものであると高く評価された。その上で安井氏は、三輪論文に見える「過渡期」のとらえ方について、武上論文にかんしては、孫文の「科学」理解における情報・知識の来源について、あるいは同時代の他の知識人との違いについて、そして彭論文にたいしては、唐璆の辛亥革命それ自体にたいする対応について、報告者の見解補足を求めた。また、安井氏は、革命に与しなかった唐璆を取りあげた彭論文の意図として、革命のみが歴史を前進させるという既成観念への挑戦の意気込みがほの見えると評価された。

　これに対してそれぞれの報告者が見解を披瀝したのに続いて、フロアからの質問・意見が相次いだ。中でも、武上報告に関連しては、これまで例えば梁啓超研究に顕著に見えるように、日本経由の西洋知識の流入が近代中国を変えてきたという常識がある中、必ずしも日本語を媒介しない西洋思想流入のルートもあり、それが孫文の独自性を生んだという点をめぐって、具体的事例を挙げた議論の応酬がなされた。　　　　（石川禎浩）

「コメント」

　第4部の論文の基になったのは、神戸会議の第4分科会に提出された諸報告である。コメンテーターの立場から、会議当日の討論を再現したい。

　三輪、武上の両氏は孫文を、彭氏は唐瓊を対象にそれぞれ独自の視角から報告された。唐瓊は湖南人で孫文より8歳若いが、二人ともほぼ同時代の人物といってもよいであろう。

　三輪報告は、孫文の思想をその全生涯にわたって論じたものだが、ここでは、中華革命党時期の「訓政」に関する部分に絞って問題点を出しておきたい。第一に、中華革命党結成に際して鋭く対立した「民主」と「独裁」、理想(目標)と手段を巡る孫文と黄興の論争についての狭間直樹氏らの見解についてもコメントが欲しかった。第二に、「訓政」の導入が将来の「共和制への最短コース」というのは何に基づいているのだろうか。第三に孫文の理想を「遺嘱」を基に「自由平等の中国」だったとしているが原文は「中国的自由平等」であって、そこには重要な違いが伏在しているのではないだろうか。

　武上報告は、「偉大な革命家」としての孫文ではなく、また「政治的イデオロギーの枠組み」からも離れて、孫文の思想を「近代科学思想の潮流」のなかに位置づけ、「生の哲学」(「民生」に具現化))へといたるその生成、深化の過程を検討していて、孫文研究に新しい切り口を開いたものとして、新鮮な印象を受けた。では、第一に、日本語文献を通して西洋文明を理解し、吸収していた同時代の多くの中国の知識人たちと比較して、孫文の西洋理解と革命思想(理論)の形成にはどのような特徴が見出せるか。第二に、孫文の「科学」理解は、同時代の中国人科学者のそれと比較して、レベル、特色においてどのように位置づけられるのか？

　彭剣報告は、唐瓊という「不那么有名的"志士"」であった一人の人物の思想や行動の軌跡を辿ることを通じて、辛亥革命前後の歴史の一断面を提示しようとしたもので、興味深い報告だった。では、第一に、唐瓊自身、辛亥革命をどう受け止め、どのように参加したのか(参加しなかった)のか？　第二に、辛亥革命を生きた中国人には無数のライフヒストリーがあったはずであるが、唐瓊という人物を通して辛亥革命とはどのような革命として見えてくるのだろうか？　第三に、唐瓊は日本滞在中に革命から立憲へと転換したとされていて、その契機の一つに日本での「法政」の学習が指摘されているが、唐瓊にとっての日本とは総体的にどういうものだったのか。なお、「擁抱」というキーワードについてもより詳しい説明がほしかった。

　総じて、「人物」をどうとらえ描くか、古くて新しい問題だと改めて感じさせられた。

(安井三吉)

総 合 討 議

2011年12月10日17：15～18：00
於神戸大学百年記念館

パネリスト：プラセンジット・デュアラ、西村成雄、中村哲夫、許毓良、
　　　　　　車泰根、許紀霖、ブライナ・グッドマン
司会：　緒形康
通訳　　城山智子（英語）、袁広泉（中国語）、宋晴美（中国語）

総合討議

1 現代中国の解読コードとしての「多民族国家」

緒形 神戸会議実行委員会委員長の緒形康です。午前中の4つの分科会での報告、デュアラ先生の基調講演を受け、特にデュアラ先生が提起された諸問題に対して、パネリストの先生方と共に、総合的な討議を行いたいと思います。最初に放送大学教授、日本現代中国学会前理事長の西村成雄先生からコメントをお願い致します。

西村 21世紀中国という枠組を設定した際、2001年のWTO加盟後の中国は、グローバリゼーションの段階を越えてグローバリティーに移行したと述べて良いでしょう。ポスト19世紀東アジアにウェスタン・インパクト（西洋の衝撃）が存在したように、チャイナ・インパクトと呼ぶしかない現象が多々生じています。多角的、多層的、多元的なその様相、特に多元的な中国を解読するコードという意味で、デュアラ教授の本日の講演が提起した「多民族国家」という中国への視点は大きな意義を持つと考えます。

　一般に、辛亥革命は立憲共和制国家の起源であると理解されてきましたが、デュアラ教授は、それを近代的な多民族国家の起源でもあるという仮説を示されました。そうした解読コードでどこまで現代中国を捉えることができるでしょうか。

　第一に考えるべきなのは、20世紀最初の10年段階にあって、近代多民族国家の領域的統合という移行過程において清朝の果たした役割、その必要条件と十分条件をどのように理解するかという課題です。ご報告の特徴は、従来から言われてきたように、辛亥革命がアジアで最初の近代立憲共和制国家として、「主権在民」の導入・制度化を試みたばかりでなく、「五族共和」という近代多民族国家の政治体制を世界に先駆けて実現しようとしたことを、グローバルヒ

ストーリーの視点から再構成した点にあると思います。ロシア革命を契機とする「ソビエト連邦」より先んじていたことを強調されてもいます。

そこには、清朝の果たしてきた役割を再評価する視点が含まれています。その意味で、1961年に周恩来首相が溥儀に会見したときの次の発言をどのようにとらえるべきでしょうか。「清朝は版図を確定し、人口を増加させ、文化を発展させるという3つの方面で良いことをした」、「中国の多くの兄弟民族を統合し、中国の版図を定めた」と、周恩来は言いました。また、2011年9月、中央党校の講演で、次期総書記就任予定の習近平氏は、「中華民族大家庭という国家統一を守る中国の伝統文化は「大一統」思想にある」と述べ、「中華民族の偉大な復興」という政治言説を展開しています。

これらの発言に明らかなように、今日に到るまで、清朝の政治的正統性の最大の根拠は、中国大陸における「版図」を確定し、自らの多民族性をその政治的・社会的前提としていた点に求められているのです。

その点で、20世紀はじめの10年間における革命派と改革派は、楕円の一つの焦点を共有するかのように、清朝の残した最大版図を守るという「中華ナショナリズム」の原則を共有していました。もう一つの焦点が、君主制（五族君権）か、共和制（五族共和）か、という政治体制をめぐる「国民国家ナショナリズム」制度選択の争点・分岐であったわけです。

1912年2月12日の清帝退位の段階では、革命派・改革派（立憲派）・北洋集団（袁世凱など）三派の「大妥協」によって中華民国の主権の連続性が担保されたと考える研究者もいます。つまり、清帝退位詔書で統治権を民国に移譲し五族の領域を基礎とする共和憲政を決定した以上、清朝と民国の間には、主権の継承関係が存在し、2つの政治体制は連続していたと捉えるのです。

であるならば、20世紀の中国にとって、清朝の領域遺産は、どのように近代国民国家の領域主権と重なるのでしょうか。その評価問題について、改めてデュアラ教授のご意見をお聞きしたいと思います。

第二に考えるべきなのは、20世紀中国の政治的統合を清朝との継承関係でとらえるとすれば、なぜ清朝のみが、他の諸帝国と異なり「20世紀近代多民族国

家」へ移行できたのかという問題です。20世紀グローバルヒストリーの一つの疑問をどう読み解くのかという課題に他なりません。

デュアラ教授は、ご報告の中で、ジョセフ・エシェリック教授のいう「中華世界が、帝国主義列強間の勢力範囲をめぐる競争の中に置かれ続けたことで、一つのまとまりとして中国という領域を保持できた」とする議論を、必要条件ではあるが、十分条件とはいえないと述べています。

すなわち、19世紀末までに、清朝は、独自な対内的主権である国家建設として領域的主権を展開していたととらえ、その成果は広範な経済的・文化的な諸政策とその実施の蓄積に求めることができると強調されています。この十分条件があったからこそ、帝国主義列強の勢力拡大競争の中でも、清朝というまとまりが担保しえたのだと理解されているようです。

この文脈からいえば、19世紀段階から、すでに清朝は近代多民族国家形成過程にあったという評価になるでしょう。中国的経験の当該段階のもつ意味が今日まで継続しているのだとデュアラ教授は強調されるのですが、では、19世紀のどの段階で、そうしたプロセスが始まったとお考えでしょうか。また、21世紀段階の中国国家主権論は、東ユーラシアの範囲でどのような政治的「知恵」を現在持ち得るのか、つまり周辺諸国民国家との対外的関係性は今後どのように展望しうるのか、その歴史的可能性と制約性についても言及いただければ幸いです。

デュアラ　帝国が近代国家へと向かう途上で、どのように権利を委譲するのか、領土や帝国の管轄権がどのように近代国家に継承されるのかという問題は、たいへん理論的な問題提起です。それは、「野蛮」な民族の軍事力によって維持された清王朝のケースよりもっと困難な事例でした。そうした条件に直面して、改革派は、旧来の領土の保全へと駆り立てられたのです。そこには複雑な状況が見て取れるでしょう。満洲民族を中国の近代化の力量の一部であると見て、彼らの領域を中国へとどのように統合するかが模索されたわけですが、革命派はこうした満洲民族を統合するという考え方そのものに反対しました。革命派が非難されるべきなのは、彼らがこうしたビジョンに関する明確な展望を持と

うとしなかったことです。この問題は今でも問題であり続けています。

　ここで、より大きな問題を提示するとすれば、それは近代国家にとって、必ずしも明確ではない古い帝国の領域を利用することが果たして可能かという問題です。そうした領域では、近代国家の主権関係とは明らかに異なる状態の中で、多くの異なる権利が重層的な構造となって存在しています。こうした古い領域を新しい状態に適合させることは、どうすれば可能でしょうか。

　現代においてこうした古い領域に関して決定権を行使するとすれば、そこに、それぞれ異なる原則を適用することが必要となってきますし、最も重要なことは、そこに居住する住民の意思を尊重することだと、私は考えるのです。

2　重層的な中国理解に向けて──身体・市場経済・グローバルな分業

緒形　西村先生、デュアラ先生、ありがとうございました。次に中村哲夫先生より、4つの分科会に関する全般的なコメントを頂きたく存じます。中村先生は現在、中国の華東師範大学に所属されておりますが、今回の記念シンポを共催する日本孫文研究会の代表を長く務められました。

中村　この神戸の地では、これまで孫文及び辛亥革命に関するシンポジウムが継続的に積み重ねられてきました。そうした歴史の中に、今回のシンポを位置付けるとするならば、辛亥革命の理解が、多元的のみならず、より重層的になったことを実感できたシンポジウムであったと要約できるのではないかと思います。

　これまで、革命はプラス・イメージだけで捉えられてきましたが、百年の中国を1つの歴史的連続体として考えれば、革命第一主義は、中国社会が不正常であったことを裏側から示すものに過ぎません。最近も、台湾の学会で、そうした歴史を逆から見る考えをお話したばかりです。われわれは、百年経ってようやく中国社会を表と裏からより客観的に見ることができるようになったわけです。

　さて、法による支配ではなく、人による支配が中国で継続する理由は、私な

りには、儒学的な伝統の持続の結果と考えていますが、今回のシンポにおいて、この問題を坂元ひろ子教授が深い次元まで掘り下げた考察を行っています（第2分科会第2報告）。そのご報告のモチーフは、心と身体を二元的に捉える19世紀ヨーロッパに支配的な哲学、人間の支配のあり方を一面的にしか考察しないような19世紀の知のあり方に対して、辛亥革命がどのようなアンチテーゼを提出したかを論ずるものです。そこで取り上げられたのは、仏教の唯識論的な思考法の近代的な再構成であったわけですが、ここに描かれたのは、ヨーロッパのフッサール以後の哲学史に匹敵する、哲学のグローバリズムの潮流であり、経済的な存在形態を超えて人間の本性をどう理解するかについての中国的な探求であったと言えるでしょう。

次に、民主主義に関する理解では、グッドマン教授が、アダム・スミスの『国富論』の中国における受容と展開を論ぜられたご報告が印象に残っています（第3分科会第1報告）。民主主義へのアプローチは、アダム・スミスの理解の仕方で変わってきます。同書は、厳復が『原富』という名で翻訳するものですが、その最初の頁では、市場原理ではなく国家の経済管理に重点を置いた意訳がなされています。梁啓超はそれを誤訳であると非難しました。しかし、その梁啓超にしてもアダム・スミスの思想で彼が大事だと思った部分は同書第5編の国家財政であって、梁啓超の方が厳復よりも市場経済理論を深めたわけではないのです。

西洋では市場経済を深めれば自由主義が発達すると考えられてきましたが、中国においては、そういう方向でアダム・スミスが読まれなかったのです。国家を強大にするために経済学があるのだという受け止め方が中国の主流でした。アダム・スミスについては、今でも決して世界的な共通理解がなされているわけではありませんが、共通の理解が可能となった部分もあります。グッドマン教授の報告は、そうした依然として揺れ動いているスミス理解の歴史の中に中国のケースを位置付けた点で示唆に富むものでありました。

百年前の辛亥革命において、東アジアの韓国や日本の人々が、中国の変革のために自分たちには何ができるかという関心から中国との協調を図ったわけで

すが、それから百年後の今日、我々は新しい展開のスタートに立っています。少なくとも百年前の貿易経済と知的情報の世界に関しては、東アジアのレベルで述べる限り、辛亥革命の時点からすでに十分にグローバルでありました。蒋海波氏のご報告（第2分科会第3報告）にもありますように、この時期に神戸ではマッチ工業が発達します。製造は日本で、販売市場は中国でという形で、百年前にグローバルな分業体制が芽生えたのです。今我々は、中国に対して、それぞれがさまざまな利害関係とか正義感に囚われるところがあるかもしれませんが、もう一度、真っ白なノートに"CHINA"と書いて、これからの百年も勉強を続けてゆけたらと希望します。

緒形 中村先生のお話に補足しますと、現在、中国でジョバンニ・アリギの『北京のアダム・スミス』という書物が大きな話題になっていますが、この書物は、スミスの構想した「市場経済」をヨーロッパではなくアジアの土壌から再考するという、たいへん面白い試みです。日本語の翻訳も上梓されましたので、グッドマン教授の論考と合わせて参照して頂けたらと思います。

　さて、引き続き、海外からお越し頂いた研究者の方々に、デュアラ講演へのコメントをお願いします。台湾の輔仁大学の許毓良先生をご紹介いたします。

3　七族共和とは

許毓良　デュアラ先生へのコメントの機会が与えて頂き、光栄に存じます。多民族帝国をどのように国家へ移行させるかという問題について提出されたスローガンは「五族共和」でありました。孫文、袁世凱と政治的立場を異にする2つの陣営も、このスローガンについては意見の相違がありませんでした。しかし、法律や憲法のレベルから見たとき、この時期には奇妙な現象が生じています。

　清末の1908年「欽定憲法大綱」、1911年「憲法重大信条十九条」、12年「中華民国臨時約法」、13年「天壇憲法」、14年「中華民国約法」、23年「中華民国憲法」、31年「中華民国訓政時期約法」、46年「中華民国憲法」、これらのいずれにも五族共和の文言が見当たらないのです。五族共和が政治的スローガンに過

ぎず、憲法や法律のレベルでの効力を欠如していたことが分かりますが、ここで五族共和がスローガンに止まった意味を考える必要が出てきます。例えば、教育という手段を通じ、教科書などのレベルで五族共和がどう扱われていたかの研究も必要でしょう。

1912年上海の商務印書館から出版された共和国最初の教科書には、五族の平等が謳われていました。統治者がこのスローガンを意識的に教科書に書き込もうとした努力の跡が見て取れます。1928年南京国民政府成立後の教科書事情については資料をまだ検討しておりませんが、五族共和の言説がそこにも記されていたと考えて良い理由があります。それは私自身の経験から言えることです。私の小学校時代の台湾の教科書には五族共和が記されておりました。正確に言えば、五族ではなく、七族共和であり、漢・満・蒙・回・蔵にミャオ族、ヤオ族が加わったものでした。

もっとも、49年の国民政府の台湾移住後には、五族であれ七族であれ、彼らは台湾社会の主要な民族ではありませんでした。台湾のエスニシティーを構成するものは原住民でした。しかし彼ら原住民が国民政府の統治下にあったにもかかわらず、教科書において彼らへの言及はなかったのです。七族共和という教科書の言説は、中華民国の大陸統治時代の政策をそのまま引き継ぐものに過ぎなかったわけです。歴史の実態から乖離したこうした姿が、当時の中華民国の統治の実態でもありました。私の過去の想い出の一端を紹介させて頂き、デュアラ先生のご報告へのコメントとさせて頂いた次第です。

4 ポストコロニアル体制と新しい「天下主義」

緒形 憲法体制と五族共和の間の離齬について、また七族共和という言説の中味について、今後さらに考察が深められるべきテーマだと考えさせられました。ありがとうございます。続いて、今回のシンポに韓国から参加された車泰根先生をご紹介します。先生は仁川にあります仁荷大学校で教鞭をとられています。北京師範大学で学位を取得され、本日は中国語でのご発表となります。

車泰根 現在の中国の体制には２つの歴史的な意味があります。１つは西村教授も指摘されたように、現代中国が清朝の遺産を継承していることです。領土と民族の問題にそのことは顕著に表れています。清朝はこれに関連して、中華を家族とする「大一統」の考えを提出しました。にもかかわらず、民族の問題は今も喫緊の問題であり続けています。近代と現代の中国に、この問題は一貫して存在し、中華民国時代は中華民族の起源に関する言説である統一原則を押したてながら、人民共和国時代は社会主義が民族主義よりも高次の原則であるという形で、この民族問題を処理しようとしてきました。

ところで、この民族問題は、同時に世界システムの問題でもあります。世界システムにおける民族問題には次の３つの歴史的属性が存在します。１つは、民族国家、民族国民国家の普遍化であり、２つは、それらが近代植民地体制で展開されたことであり、３つは冷戦体制がその特徴を決定付けたことです。国際関係の変化に応じて、これらの諸要因は強まったり弱まったりしますが、このような諸要因は、中国自身が自らの領土や民族の問題を考える上での前提となる諸条件を提供してきたのです。

デュアラ教授のご講演について、私は以上の２点から補足的な意見を述べさせて頂きましたが、こうした近代における民族の想像において、新たに発生する民族問題が、これまでとは異なる新しい民族の理念を提起し得るか否かが注目されるところです。

緒形 車先生、ありがとうございました。今言及された「大一統」の問題に関連して、費孝通という社会学者が中華民族の多元一体論という考えを打ち出したことは、みなさま、良くご存知だと思います。加えて、そうした国内の民族問題を取り巻く国際環境のうち、特に冷戦構造やポストコロニアルな環境が中国の民族問題に与えた影響について十分な注意を払う必要性を指摘されたのは、貴重な提言であると思います。

それでは、上海の華東師範大学の許紀霖先生をご紹介いたします。許先生は、歴史研究のみならず、現代中国の自由主義の行方などについて発言を続けられている論壇人でございます。

許紀霖 辛亥革命については、これまではその民主の側面が注目されてきましたが、デュアラ教授の講演は民族に注目するもので、たいへん興味深く拝聴しました。民主の実現が制度変革において比較的容易であるのに対して、多民族の平等の実現ははるかに困難であるといえます。

　辛亥後の共和国は、清朝から領土と民族を継承しましたが、その際、帝国の統治方式を民主制度へと改め、民主主権の方式による統治を実現しました。五族共和は元来が憲法のレベルで提出された国づくりの方案ですが、中華民国が大陸を統治していた期間においてそれが実現されたことはありません。中央集権の体制下にあっても辺境は半ば独立した状態のままで、そうした状況が変わったのは1949年以後のことです。

　49年以後の中華人民共和国は、少数民族の自治権を認めるという形で「大一統」の国家を建設しました。毛沢東は階級矛盾によって民族矛盾を緩和するというやり方を採りましたが、このやり方は今日ではすでに限界にぶつかっております。では、現代中国が深刻な辺境問題に直面している現在、私たちは辛亥革命が残した遺産を解決するためには、どのような歴史的省察を行う必要があるでしょうか。

　この中には五族共和という遺産がありますが、この遺産の精神を実現するためには憲政を前提にしなければならないことは午前中の報告（第2部会第1報告）でも申し上げました。デュアラ教授の講演が重要なのは、民主憲政が実現できたとしても、さらに民族間の文化の相互承認が必要になってくるということを指摘されたことです。チャールズ・テイラー（Charles Taylor）が、カナダのケベック州における民族問題を取り上げて議論した事がらは、これからの中国にも生まれるでしょう。

　こうした問題を解決する際に、中華帝国の古い遺産である「天下主義」が解決のヒントになります。中国史においては、漢族を中心とする漢や唐、非漢族を中心とする征服王朝である元、清を問わず、華夏文化と周辺文化の双方向の融合が図られてきました。相互の文化の隔絶がある一方で、相互の文化の融合があったのです。帝国が残した多元的な文化は、中国の未来における多民族の

文化の融合に対する歴史的知恵であり、新しい「天下主義」に関する啓発を含んでいます。

　それでも解決が難しい問題については、引き続きデュアラ教授のご教示を賜りたく思います。第一は、帝国の統治はゆるやかでしたが、現代の民主国家の国家権力はかなり強固です。こうした現代国家において、どうやって多民族のあり方を浸透させるかという問題が出て参ります。第二は、現代の新疆、チベット、内モンゴルにおいて、いずれも漢族と他の少数民族が雑居混住している状態があり、そうした複雑な混住状態において民族間の政治的平等と文化的融合を実現するにはどうすれば良いかという問題です。

緒形　許先生が出された興味深い論点は、文化の相互承認から民族問題を捉える考え方で、個と個から、民族と民族へと広がる相互承認の流れの中から、民主憲政と民族問題の連関を考察しようというアイデアでしょう。また今後の問題点として出された、現代中国における少数民族の混住のあり方は、1950年代後半に民族識別問題が議論された際、周恩来を中心にすでに指摘されたもので、最近でもチベット問題を議論する汪暉氏などが援用している言説であることを申し添えたく思います。

　最後になりましたが、アメリカのオレゴン大学からお越しになりましたグッドマン教授にご意見を頂きたく思います。

5　2つの市民権と辛亥革命が創造した政治的フレイム・ワーク

グッドマン　ナショナリズム、超国家主義、汎アジア主義、帝国主義、国家のグローバルかつ地域的な制度などを考える上で、デュアラ氏が本日の基調講演で近代世界史における多民族国家の問題を提起したことは時宜にかなっています。第一次世界大戦まで世界的には確立されたとはいえない民族性の原則が、中国の新しい共和制において少しばかり早く出現したとデュアラ氏は言います。それは、帝国主義も含め、複合的な要因の結果ですが、重要なのは、辺境の地で権力関係に変化が起こったことでした。辺境の民衆の要求によって、4つの

諸民族の民族性を漢民族のそれと同等のものと見なすという合意を取り結ぶことを、革命派は迫られました。こうした発展は、多民族性の市民権の哲学的な承認への動きというよりは、現実政治を直接に反映したものといえます。

　デュアラ氏は、共和国が、民族性のレトリックによって命名され、レトリカルな発展によって歴史的に偉大な結果を得たものと考えています。また氏は、こうした国家の再概念化、帝国が滅亡しながら主権の要求を控えめながら復活させたことで、以前の領域国家の辺境を保持する能力を継続することができたと示唆しています。

　私の第一の問題提起は、多民族国家の概念に関わるものです。この概念が1912年の共和国建設にどれだけ寄与したかについてです。デュアラ氏も、この問題に無関心なのではありません。改革派が、多様な民族性から成り立つ国家という概念をこの時点では知らなかったことや、国家における民族の分離権という語彙を持たなかったことに、デュアラ氏がわざわざ言及していることからも、それは分かります。

　改革派は、民族性や人種とは別の市民権という概念を持っていたのですが、デュアラ氏によれば、この概念は、より大きな市民権、つまり、平等な市民権という考え方に表れている差異の原則を覆い隠すような市民権に融合されたのです。これについては、ジェームズ・レイノルズ氏が、先週の12月5日に開催された辛亥革命の東京会議で述べたような、1911年の事件が漢民族の革命に他ならないという極論（ジェームズ・レイノルズ「取り込まれてゆく辺境」、辛亥革命百周年記念論文集編集委員会編『総合研究　辛亥革命』岩波書店、2012年、347～69頁）を唱える必要はありませんが、異なる市民権が存在したことについては、もう一度、デュアラ氏のお考えをお聞きしたいと思います。

　中国が多民族国家を早くから形成して1912年の共和国を実現したと考えるよりも、それは1世紀にわたって継続した、暫定的かつ不完全な行為であったと問題を立て直すことはできないでしょうか。デュアラ氏のエッセイは、はっきりとは書いていないにせよ、こうした考え方を示唆していると思います。新しい共和国の形成において、多民族帝国である清朝の概念と、民族性や民族国

家の近代的形態との間に、ある種のずれが含まれていると言って良いなら、多民族の理念への関与の暫定性がよりはっきりと浮かび上がってくるのではないでしょうか。

　多民族という焦点が暫定的だったのは確かです。新共和国において、多民族の国旗が存在しながら、五色旗が掲げられるに至ったことからも、それが分かります。共和国の他の多くのレトリカルな達成と同じく、民族性のレトリカルな発展が、実現できなかったにせよ、きわめて重要であったことは認めます。けれども、辺境の統治や、辺境の民衆の参加は暫定的なままでした。新共和国の辺境での失敗は、他の統治の失敗と並んで、国家の再概念化と再適応がこれ以後も継続されることを促したのです。

　第二の問題提起は、さまざまな民族性の代弁者に関わるものです。満洲人の改革者以外について、これに関する情報を聞きたいものです。デュアラ氏の論文は、最もネガティヴな代弁者の類型を暗示するものです。しかし、多民族国家の概念化とは、辺境に対する中央の支配を解体するための反応でしかないのでしょうか。地下組織とか皇帝の代弁者などが行った現実の交渉やレトリックをもっとはっきりさせることができれば、興味深い事がらが明らかになるのではないでしょうか。

緒形　グッドマン先生はデュアラ教授の仮説に対して、3つの重要なアンチテーゼを提起されました。第1は、近代多民族国家の概念によって1912年の出来事がどれほど説明可能かという問題です。第2は、帝国と国家のハイブリッドな統合というデュアラ教授の視点に対して、2つの間のずれに着目することの重要性の提示です。第3は、民族や国家の代弁者のうち、革命派や改革派のみならず、地下組織や皇帝の代弁者といった多様な側面にも注意すべきではないかという指摘です。

　以上、多くの先生方から提起された問題に対して、デュアラ教授の方からお答え頂くことはございませんか。

デュアラ　かくも長い時間にわたって私の短いペーパーを真剣に討論して下さり、ありがとうございます。1つだけ申し上げたいのですが、私は、多民族国

家の政治的構造について考えたというよりも、政治的な議論交渉のフレイム・ワークがどのように確立されたかということをここで述べたのでした。

　それは、現代国家が近代多民族国家を創造しようとしたフレイム・ワークであり、これをめぐって、さまざまな政治交渉や議論が生じたのです。1920年代まで続くモンゴル独立運動や、現在の新疆の地における東トルキスタン独立運動などの大衆運動は、民族的権利という言語を使用していたのです。政治的意図が何であれ、また国家建設者による制度的なものと非制度的なものとを問わず、それら全ては武力を伴うものでありながら、同時にフレイム・ワークとして存在したのであり、真の意味での現実の政治的な代替物として、現実の基盤を有するものに他なりませんでした。少数民族の権利をもとに、現実的に、創造的に、政治的代替物を提供するものとしてあったのです。

緒形　辛亥革命はアジア初の共和制を創造すると共に、世界史において始めて多民族国家を創造した革命であるというデュアラ教授の斬新な仮説につき、討論を深めて参りました。最後にデュアラ教授が述べられた、辛亥革命が創造した政治的フレイム・ワークとしての多民族国家の概念につきましても、激動する現代中国を理解する重要な手がかりが提供されたという感を深くします。パネリストのすべての皆様の啓発的な議論から、多くのことを学ぶことができました。まことにありがとうございます。

　最後にもう一度、活発な議論を展開して頂きました壇上の先生方、ならびに難解な議論を見事に通訳して頂きました城山先生、袁先生、宋先生に対して、拍手をお願いします。長時間にわたり、ご清聴ありがとうごいざいました。

（整理：緒形康）

閉 会 の 辞

　　　　　　　　　　　　　　　　　　　　　　山 田 辰 雄

　このたび神戸で、このような盛大な会議を開くことができたことをたいへん嬉しく思っております。緒形先生を始めとする神戸会議のみなさまにたいへんご尽力頂きました。さらに私個人としても非常に愉快に思っていることがあります。用意をして頂いたポートピアホテルの部屋番号が偶然ですが1911号だったことです（笑）。昨日から、宝くじに当たったように、気持ち良く過ごしております。

　さて、過去100年間にわたり、日中両国民は、今日のような両国関係を作り出してまいりました。その間には不幸な時期もありました。あるときは協力し、あるときは対立をいたしました。日本と中国は、アジアにおいて共に指導的な国家であり、どのようなときでも常に競争の関係にあります。しかし、次の1世紀に向けて、われわれは絶対に戦争をしてはいけない。それにもかかわらず、われわれは常に競争する立場に置かれると思います。

　そのように競争の関係にありながら、常に共存してゆく状態を、私は、「競存」という言葉で呼びたいと思います。英語で言えば"competitive co-existence"ですが、恐らく今後の100年は、このような「競存」の方向にあるのではないかと思うのです。

　私も含め、今日ここにお集まりいただいたみなさまは、たいへん幸運な方々です。なぜなら、われわれは辛亥革命の百年をここに慶賀しておりますが、それは、われわれだけしか祝えることのできないものだからです。もはや物故された方々、あるいはこれから生れて来られる方々には、この100周年を慶賀することは絶対にできないのです。それは、われわれのみの特権であり、われわれのみに与えられた共通の幸運であります。

慶應義塾は、1900年12月31日、三田の山上に学生たちを集めて「世紀送迎会」を催しました。「世紀送迎」というのは、過去の1世紀を顧み、新しい1世紀を迎えるという意味であります。そうした意味において、われわれの今日の会議も「世紀送迎」の辛亥革命シンポジウムと言うことになります。そういうことで、みなさまと共に、今後10年あるいは100年を共に努力をしてゆきたいと思います。

　先週の東京会議、本日の私どもの神戸会議を合わせて、日本全体の辛亥革命の会議ということになりますが、これらは、辛亥革命研究における学問的な深さ、あるいはそこで出された問題の多様性のいずれを取って見ても、今年、各地で開かれた辛亥革命シンポジウムの中で、最も優れたものの1つであると確信しておりますと申し上げて、私のご挨拶にいたしたいと思います。

あとがきにかえて

——「辛亥革命100周年記念国際シンポジウム（神戸会議）」が問いかけるもの

緒 形 　 康

　辛亥革命100周年を記念する国際シンポジウムの企画運営を担う実行委員会が正式に神戸でスタートしたのは、2010年3月5日、今を去る2年前である。実行委員会の結成までの準備期間を入れると、今回の100周年記念シンポジウムの企画にほぼ3年の時間を費やしたことになる。

　財団法人孫中山記念会及び日本孫文研究会は、神戸の地で、これまでも数多くの国際シンポジウムを企画運営してきたが、今回のシンポにはこれまでの活動と大きく異なる点が2つある。

　第1に、本シンポは、関西の学術界のみならず日本のより広範な地域の研究者との共同作業によって実現したものである。この共同作業の母体となったのは、山田辰雄委員長・村田雄二郎事務局主任を中心とする辛亥革命百周年記念日本会議組織委員会であった。神戸会議は、企画の最初の段階から、この日本会議組織委員会と緊密な連携をとりながら推進された。その協力関係は、統一テーマの設定、若手研究者の公募による選定など多岐にわたり、広報活動において2つのシンポを一連の活動と位置付けてきた。相互の十分な理解と信頼関係がなければ、こうした関係構築は不可能であった。神戸会議への数々のご厚誼につき、日本会議組織委員会に対して改めて衷心の謝意を表したく思う。

　第2に、日本で唯一の孫文研究機関である孫文記念館を有する神戸は、日本と中国の共生を実現している数少ない地域の1つである。だが、日本各地で辛亥をテーマに数々の催しが行われた辛亥革命100周年の2011年は、特に辛亥革命に関わる地域史の新たな発掘を行った長崎・熊本等に刺激され、改めて神戸独自の日中交流や華僑華人との共生の在り方について再考を迫られた1年であった。グローバルな地域・歴史世界の中での中国、という今回のシンポジウム・

テーマは、そうしたことを考える上で、格好の主題ではなかったかと思う。

　2011年12月10日（土）、神戸大学百年記念館・同大学院人文学研究科にて開催された「辛亥革命100周年国際シンポジム（神戸会議）」には、のべ250名の参加者があった。これに先立つ12月3日（土）・4日（日）、東京大学駒場キャンパスで開催された「辛亥革命百周年記念東京会議」の盛況と合わせ、アジア初の共和国を実現させた革命に対する社会的関心の高さを示すものであった。神戸会議には、海外からは中国大陸、台湾、アメリカ、シンガポールの研究者が参加した。会議は、プラセンジット・デュアラ教授（シンガポール国立大学）による基調講演「近代世界史における多民族国家──中国の実験」、基調講演をめぐる総合討議の他に、「複数の辛亥革命」、「辛亥革命はいかに表象されたか」、「都市文化ヘゲモニーと辛亥革命」、「辛亥革命時期人物研究」をテーマとする4つの分科会を設け、14名の研究者の学術報告について活発な討議が繰り広げられた。

　100年前の辛亥革命がアジアで初めての共和制国家を実現させたことは、世界とりわけ日本を震撼させた。国家や政治形態の相違に関する議論は、その後の日中戦争の過程にも深い影響を及ぼした。戦後の歴史社会学は、そうした日中の国家社会の発展形態の差異に関する認識を、全人類に普遍的な歴史的発展法則にもとづいて、もう1度考察しようとした。辛亥革命については、フランス革命・アメリカ革命やイギリス名誉革命といった欧米の市民革命との比較や、ロシア社会主義革命との比較といったテーマが追求されたのだった。

　しかし、1つの普遍的なモデルだけで世界のさまざまな社会発展の在り方を考えることはできない。辛亥革命の考察に限らず、歴史学はやがて、普遍性ではなく個別性を重視する方向へと舵をきることになる。もっとも、個別性の重視は文化の多元主義を容認する方向へとつながり、異なる文化と文化のあいだで意見が食い違う場合に、共通の解決の方途を模索することをますます困難にした。

　新しい歴史社会学は、文化の多元性を内包した新しい普遍性とは何かについて考えてゆく必要がある。本シンポジウムにて基調講演を行ったデュアラ教授

によれば、20世紀の政治的文化的実験の中で最も重要なものの1つは、中国が創造した多民族国家モデルであった。それは満州国から旧ソ連にいたる、さまざまな多文化共生の社会モデルとして機能した。この新しい国家モデルの創出こそ、辛亥革命がグローバルヒストリーに残した最も重要な遺産なのであった。しかし、デュアラ教授は同時に、次のことを指摘するのも忘れなかった。それは、この多民族国家モデルは異なる文化に寛容であると同時に、異なる文化を抑圧する暴力にも転化しうるということであった。

そうしたさまざまな矛盾をはらみながらも、この多民族国家モデルは、現代中国が香港や台湾、少数民族と対峙する際に常に参照されるような一種の普遍性を体現していることは紛れもない事実である。今後、この普遍性は中国から世界に広がるのだろうか。この現代まで継続する中国の実験は、私たちがハイブリッドな共同体やハイブリッドな社会を構成してゆく際、新しい公共を実現するための手掛かりになるのだろうか。

すでに辛亥革命110年へのカウントダウンが始まった現在、私たちが問うべき課題は、ここにあるように思われる。

　　　　（『孫文研究』第50号、2012年3月、掲載の「国際シンポジウム報告」
　　　　　を一部修正のうえ再録）

編 集 後 記

　本論文集は、2011年12月10日に、財団法人孫中山記念会と辛亥革命百周年記念日本会議の主催の下、神戸大学百年記念館・神戸大学大学院人文学研究科にて挙行された「辛亥革命100周年記念国際シンポジウム（神戸会議）」の諸成果を集めて編集されたものである。シンポジウム当日配布のパンフレットと予稿集に収められた発表原稿に、報告者各位が修訂を加えたものを基にして、編集作業は進められた。編集の具体的な作業は、神戸会議実行委員会の業務を引き継いだ日本孫文研究会編集委員会が担当した。

　日本孫文研究会が、財団法人孫中山記念会と共に、最初の大規模な国際学術シンポジウムを開催したのは、1986年11月29日から12月1日にかけて神戸で開かれた「孫中山研究日中国際学術討論会」であった。その「開催要項」には、「孫文を単に過去の思想家・革命家として扱うのではなく、あくまでも現代から未来に向けて、孫文が提起した問題を日中両国共同の課題として追求する」という、シンポ開催の意義と目的に関する高邁な理想が掲げられている。

　以後、日本孫文研究会は、辛亥革命80周年記念「孫中山と中国革命」学術会議（ハワイ会議、1991年8月30日～31日開催）、「辛亥革命九十周年国際学術討論会」（2001年12月13日～16日）において、孫文および辛亥革命に関する国際的な学術交流のネットワーク形成に中心的な役割を果たしてきたのである。

　辛亥革命100周年を記念する国際シンポジウムの共催団体となった日本孫文研究会は、1986年のシンポジウムの意義と目的を振り返ることから、その作業を始めた。

　孫文を過去の思想家・革命家として研究するのではなく、孫文が提起した問題を日中両国の共同の課題として考える必要性を、1986年のシンポは呼び掛けている。ここに提起された「孫文」を「辛亥革命」に置き換えれば、2011年の国際シンポジウムが目指すべき方向性が明らかになるだろう。辛亥革命を過去

の歴史的事件として見るのではなく、そこで提起された問題を、現代の日中両国、ひいては現代の東アジアが直面している「共同の課題」として考えることが、それである。

　本書を手に取られる人々が、本論文集に収められた諸論考や討論の記録から、そうした「共同の課題」を見出して頂ければ、シンポ企画者および本論集の編者として、これに勝る喜びはない。

　国際シンポジウムの準備、開催から、本論文集の編集へと続く時間の中で、多くの出来事があった。財団法人孫中山記念会理事長の貝原俊民氏が退かれ、新たに田﨑雅元氏が理事長に就任された。いずれも、孫文に関する国際的な学術交流の最も深い理解者かつ牽引者であり、本論文集の刊行に向けて頂戴した数々のご厚誼には忘れ難いものがある。さらにこの間、孫中山記念会の財団法人から公益財団法人への移行という大きな組織改編があった。事務局長も松原要氏から中村伸彦氏へとバトンタッチされた。いずれの事務局長からも、多忙な業務にもかかわらず、本論文集編集に関わる多くのご援助を頂いた。その他、記念会のスタッフの皆さまのご好意に対しても感謝の言葉を申し上げたい。

　最後に、本論文集は公益財団法人孫中山記念会の研究叢書Ⅵとして刊行される。汲古書院の石坂叡志氏には、これまでに引き続いて、同叢書の1冊として本論文集を刊行することをご快諾頂いた。また、大江英夫氏には、編集の全過程において数え切れない助言と協力を賜った。公益財団法人東華教育文化交流財団から刊行助成を得たことと共に、ここに記して深甚の謝意を表する。

　　2013年1月15日

　　　　　　　　　　　　　　　　日本孫文研究会編集委員会
　　　　　　　　　　　　　　　　　緒形康（委員長）
　　　　　　　　　　　　　　　　　江田憲治
　　　　　　　　　　　　　　　　　陳来幸
　　　　　　　　　　　　　　　　　武上真理子
　　　　　　　　　　　　　　　　　水羽信男

付録1　シンポジウム関係者名簿
（所属・役職は2011年12月時点のもの）

辛亥革命百周年記念日本会議組織委員会

委員長	山田　辰雄	YAMADA Tatsuo	日本・慶應義塾大学名誉教授
副委員長	久保田文次	KUBOTA Bunji	日本・日本女子大学名誉教授
	狭間　直樹	HAZAMA Naoki	日本・京都大学名誉教授
	安井　三吉	YASUI Sankichi	日本・神戸大学名誉教授・孫文記念館館長・孫文研究会理事・神戸華僑歴史博物館研究室長

辛亥革命100周年記念国際シンポジウム（神戸会議）実行委員会

委員長	緒形　康	OGATA Yasushi	日本・神戸大学大学院人文学研究科副研究科長・教授・孫文研究会代表理事
委員	石川　禎浩	ISHIKAWA Yoshihiro	日本・京都大学人文科学研究所准教授・孫文研究会理事
	江田　憲治	EDA Kenji	日本・京都大学大学院人間・環境学研究科教授・孫文研究会理事
	太田　出	OTA Izuru	日本・広島大学大学院文学研究科准教授・孫文研究会理事
	菊池　一隆	KIKUCHI Kazutaka	日本・愛知学院大学文学部教授・孫文研究会理事
	徐　小潔	XU Xiaojie	日本・孫文記念館主任研究員・孫文研究会幹事

付録1　シンポジウム関係者名簿　361

　　高嶋　　航　TAKASHIMA Ko　　日本・京都大学大学院文学研究科准教授
　　武上真理子　TAKEGAMI Mariko　日本・京都大学人文科学研究所研究員
　　陳　來　幸　CHEN Laixing　　　日本・兵庫県立大学経済学部教授・孫文記念館副館長・孫文研究会理事
　　水羽　信男　MIZUHA Nobuo　　　日本・広島大学大学院総合科学研究科教授・孫文研究会理事
　　三輪　雅人　MIWA Masato　　　日本・関西国際大学国際言語学部教授・孫文研究会理事
　　村田　省一　MURATA Shoichi　　日本・孫文記念館研究員
　　安井　三吉　YASUI Sankichi　　日本・神戸大学名誉教授・孫文記念館館長・孫文研究会理事・神戸華僑歴史博物館研究室長

執　筆　者（論文掲載順）
プラセンジット・デュアラ　PRASENJIT Duara
　　　　　　　　　　　　シンガポール・国立シンガポール大学教授
孫　　　江　SUN Jiang　　　　　　日本・静岡文化芸術大学教授
坂元ひろ子　SAKAMOTO Hiroko　　　日本・一橋大学教授
許　　毓　良　HSU Yuliang　　　　台湾・天主教輔仁大学助理教授
田中　　剛　TANAKA Tuyoshi　　　日本・神戸大学研究員
許　　紀　霖　XU Jilin　　　　　　中国・華東師範大学教授
車　泰　根　CHA Taegeun　　　　　韓国・仁荷大学校副教授
蔣　海　波　JIANG Haibo　　　　　日本・武庫川女子大学非常勤講師

付録1　シンポジウム関係者名簿

ブライナ・グッドマン　BRYNA Goodman　　アメリカ・オレゴン大学教授
鄭　小　威　ZHENG Xiaowei　　アメリカ・カリフォルニア大学サンタバーバラ校助教（Assistant Professor）
邱　澎　生　CHIU Pengsheng　　台湾・中央研究院副研究員
土肥　　歩　DOI Ayumu　　日本・東京大学大学院博士課程
三輪　雅人　MIWA Masato　　日本・関西外国語大学教授
武上真理子　TAKEGAMI Mariko　　日本・京都大学研究員
彭　　　剣　PENG Jian　　中国・華中師範大学副教授

訳　者（訳文掲載順）

緒形　　康　OGATA Yasushi　　日本・神戸大学教授
岩本真利絵　IWAMOTO Marie　　日本・京都大学大学院博士後期課程
望月　直人　MOCHIZUKI Naoto　　日本・京都大学大学院博士後期課程
森川　裕貫　MORIKAWA Hiroki　　日本・東京大学大学院博士課程
郭　まいか　KAKU Maika　　日本・京都大学大学院博士前期課程
根岸　智代　NEGISHI Tomoyo　　日本・大阪大学大学院博士後期課程
宮内　　肇　MIYAUCHI Hajime　　日本・大阪大学研究員
三田　剛史　MITA Takeshi　　日本・二松学舎大学非常勤講師

付録2
辛亥革命100周年記念国際シンポジウム神戸会議（2011年12月10日）
「グローバルヒストリーの中の辛亥革命」プログラム

基調講演（15：30〜17：00、神戸大学百年記念館）
　　司会：陳來幸（兵庫県立大学）
　〈開会の辞〉
　　　　田﨑雅元（財団法人孫中山記念会理事長）
　　　　井戸敏三（兵庫県知事　代読：金澤和夫副知事）
　〈基調講演〉
　　　　プラセンジット・デュアラ（国立シンガポール大学）
　　　　　「近代世界史における多民族国家──中国の実験」

第一分科会「複数の辛亥革命」（9：30〜12：00、神戸大学大学院人文学研究科A棟）
　　司会：江田憲治（京都大学）、コメント：島田美和（慶応義塾大学）、通訳：
　　袁広泉（京都大学）
　　孫江（静岡文化芸術大学）
　　　「秘密結社と辛亥革命──会党革命の叙述をめぐって」
　　坂元ひろ子（一橋大学）
　　　「辛亥革命とジェンダー──革命に耐える／進化を見せる装置（試論）」
　　許毓良（天主教輔仁大学）
　　　「福建の辛亥革命──『台湾日日新報』を例に」
　　田中剛（神戸大学）「モンゴル人留日学生と辛亥革命」

364　付録2　「グローバルヒストリーの中の辛亥革命」プログラム

第二分科会「辛亥革命はいかに表象されたか」（13：00〜15：00、神戸大学大学院人文学研究科A棟）

　　司会：高嶋航（京都大学）、コメント：小野寺史郎（京都大学）、通訳：袁広泉（京都大学）

　　　許紀霖（華東師範大学）
　　　　「革命が憲政を凌駕したのは何故か――辛亥革命前後における制度変容の分岐点」
　　　車泰根（仁荷大学校）「革命、共和国と文化――『東方雑誌』を中心に」
　　　蒋海波（武庫川女子大学）
　　　　「形象化された辛亥革命――マッチラベルから見る近代中国の社会変遷」

第三分科会「都市文化ヘゲモニーと辛亥革命」（9：30〜12：00、神戸大学大学院人文学研究科B棟）

　　司会：陳來幸（兵庫県立大学）、コメント：城山智子（一橋大学）、通訳：宋晴美（兵庫県立大学）

　　　ブライナ・グッドマン（オレゴン大学）
　　　　「革命がもたらした差異――民国初期の上海における「経済学」、個人の自由と国家主権」
　　　鄭小威（カリフォルニア大学サンタバーバラ校）
　　　　「成都における鉄道運動――国家の主権（「国権」）と人民の権利（「民権」）」
　　　邱澎生（中央研究院）
　　　　「税金の代理徴収より見る清末蘇州商会の「代表性」問題」
　　　土肥歩（東京大学）
　　　　「中国キリスト教史からみた辛亥革命――梁発の「発見」と太平天国叙述の形成」

第四分科会「辛亥時期人物研究」(13：00～15：00、神戸大学大学院人文学研究科B棟)
　　司会：石川禎浩（京都大学）、コメント：安井三吉（孫文記念館）、通訳：宋
　　　　晴美（兵庫県立大学）
　　　三輪雅人（関西外国語大学）
　　　　　「孫文思想における理想の国家」
　　　武上真理子（京都大学）「近代科学思想と孫文」
　　　彭剣（華中師範大学）
　　　　　「革命に対する揺らぎ——唐璆の生涯における革命への参加と拒絶」

総合討議（17：15～17：50、神戸大学百年記念館）
　　　司会：緒形康（神戸大学）
　　　通訳：城山智子（一橋大学）、袁広泉（京都大学）、宋晴美（兵庫県立大学）
　　　パネリスト：
　　　　　プラセンジット・デュアラ（国立シンガポール大学）
　　　　　西村成雄（放送大学）
　　　　　中村哲夫（華東師範大学）
　　　　　許毓良（天主教輔仁大学）
　　　　　車泰根（仁荷大学校）
　　　　　許紀霖（華東師範大学）
　　　　　ブライナ・グッドマン（オレゴン大学）

閉会の辞（17：50～18：00、神戸大学百年記念館）
　　　　　山田辰雄（慶應義塾大学名誉教授）

付録3
助成団体・個人寄付者一覧
　公益財団法人　東華教育文化交流財団
　社団法人　中華会館
　一般財団法人　三江財団
　財団法人　神戸国際観光コンベンション協会（ポートピア81記念基金）
　林聖福氏

執筆者プロフィール

(名前(アルファベット)。出身。学歴。所属。主要著書。所属、主要著書は2011年12月時点のもの)

プラセンジット・デュアラ(Prasenjit Duara) Ph.D. (Harvard University)
Professor, National University of Singapore, Asia Research Institute. The Global and Regional in China's Nation Formation, Routledge, 2009. Rescuing History from the Nation: Questioning Narratives of Modern China, University of ChicagoPress, 1995. Culture, Power and the State: Rural Society in North China, 1900-1942, Stanford Universiyty Press, 1988.

車泰根(Cha Taegeun) 韓国江原道。博士(北京師範大学)
仁荷大学校文科大学東洋語文学部副教授。『中国近代風景』greenbee 出版、2008年(共著)。『文学公論場的形成與東亜』成均館大学出版、2008年

陳來幸(Chen Laixing) 神戸。博士(神戸大学)
兵庫県立大学経済学部教授。「戦後日本における華僑社会の再建と構造変化——台湾人の台頭と錯綜する東アジアの政治的帰属意識」小林道彦・中西寛編『歴史の桎梏を越えて:20世紀日中関係の新しい見方』千倉書房、2010年。「広東における商人団体の再編について——広州市商会を中心として」『東洋史研究』第61巻第2号、2002年

邱澎生(Chiu Pengsheng) 台湾澎湖。博士(台湾大学)
台湾中央研究院歴史語言研究所副研究員。『当法律遇上経済:明清中国的商業法律』五南図書出版公司、2008年。『十八、十九世紀蘇州城的振興工商業団体』国立台湾大学出版委員会、1990年

土肥歩(Doi Ayumu) 千葉
東京大学大学院総合文化研究科地域文化研究専攻博士課程。(翻訳)楊貞徳「自由、自治そして歴史——近代中国政治思潮における「個人」論」村田雄二郎編『リベラリズムの中国』有志舎、2011年。「招観海の「南捐」についての考察——東南アジア華僑・華人による恵愛堂への募金の構図」『地域文化研究』第14号、2010年

執筆者プロフィール

江田憲治（Eda Kenji）三重
京都大学大学院人間・環境学研究科教授。『満鉄労働史の研究』日本評論社、2002年（共編）。『五四時期の上海労働運動』同朋舎出版、1992年

ブライナ・グッドマン（Bryna Goodman）Ph.D.（Stanford University）
Professor, Department of History, University of Oregon.Gender in Motion: Divisions of Labor and Cultural Change in Late Imperial and Modern China, Rowman and Littlefield, 2005. Native Place, City, and Nation: Regional Networks and Identities in Shanghai, 1853-1937, University of California Press, 1995.

石川禎浩（Ishikawa Yoshihiro）山形。博士（京都大学）
京都大学人文科学研究所准教授。『革命とナショナリズム』岩波書店、2010年。『中国共産党成立史』岩波書店、2001年

蒋海波（Jiang Haibo）中国上海。博士（神戸大学）
武庫川女子大学・神戸学院大学非常勤講師。「孫文と川崎造船所（上）――写真が語る孫文と神戸の交流秘話」『孫文研究』48・49、2011年。「水越耕南と清国外交官との文藝交流――1880年代を中心として」『武庫川女子大学紀要（人文・社会科学編）』第58号、2010年

三輪雅人（Miwa Masato）博士（大阪市立大学）
関西外国語大学国際言語学部教授。「王敬祥――孫文を支えた神戸華僑」『関西黎明期の群像』和泉書院、2000年。「師復のアナキズム」『関西外国語大学研究論集』71号、2000年

中村哲夫（Nakamura Tetsuo）神戸。博士（大阪大学）
華東師範大学歴史系客座教授。『孫文の経済学説試論』法律文化社、1999年。『同盟の時代――中国同盟会の成立過程の研究』人文書院、1992年

西村成雄（Nishimura Shigeo）大阪。博士（立命館大学）
放送大学教授。『20世紀中国の政治空間』青木書店、2004年。『中国ナショナリズムと民主主義』研文出版、1991年

執筆者プロフィール

緒形康（Ogata Yasushi）大阪。博士（東京大学）
神戸大学大学院人文学研究科副研究科長・教授。『一九三〇年代と接触空間――ディアスポラの思想と文学』双文社出版、2008年。『危機のディスクール――中国革命1926～1929』新評論、1995年

小野寺史郎（Onodera Shiro）岩手。博士（東京大学）
京都大学人文科学研究所助教。『国旗・国歌・国慶――ナショナリズムとシンボルの中国近代史』東京大学出版会、2011年。「1920年代の世界と中国の国家主義」村田雄二郎編『リベラリズムの中国』有志舎、2011年

彭剣（Peng Jian）中国湖南。博士（華中師範大学）
華中師範大学中国近代史研究所副教授。「従政体転型的角度看辛亥革命的性質」『河北学刊』2011年第4期。『清季憲政編査館研究』北京大学出版社、2011年

坂元ひろ子（Sakamoto Hiroko）大阪
一橋大学大学院社会学研究科教授。『モダンガールと植民地的近代――東アジアにおける帝国・資本・ジェンダー』岩波書店、2010年。（共著編）『連鎖する中国近代の"知"』研文出版、2009年

島田美和（Shimada Miwa）京都。博士（大阪大学）
慶応大学総合政策学部専任講師。「戦後中国知識人の内モンゴル自治論争」石川禎浩編『中国社会主義文化の研究』京都大学人文科学研究所、2010年。「顧頡剛の『疆域』概念」西村成雄・田中仁編『中華民国の制度変容と東アジア地域秩序』汲古書院、2008年

城山智子（Shiroyama Tomoko）東京。Ph.D.（Harvard University）
一橋大学大学院経済学研究科教授。『大恐慌下の中国――市場・国家・世界経済』名古屋大学出版会、2011年。China during the Great Depression: Market, State, and the World Economy, 1929–1937, HarvardUniversity Asia Center, 2008.

孫江（Sun Jiang）中国江蘇。博士（東京大学）
静岡文化芸術大学文化政策学部教授。『新史学――概念・文本・方法』第2巻、中華書局、2008。（編著）『近代中国の革命と秘密結社――中国革命の社会史的研究（1895～1955）』汲古書院、2007年

執筆者プロフィール

高嶋航（Takashima Koh）大阪。博士（京都大学）
京都大学大学院文学研究科准教授。「戦争・国家・スポーツ：岡部平太の「転向」を通して」『史林』第93巻第1号、2010年。「1920年代の中国における女性の断髪：議論・ファッション・革命」石川禎浩編『中国社会主義文化の研究』京都大学人文科学研究所、2010年

武上真理子（Takegami Matiko）大阪
京都大学人文科学研究所研究員。「孫文『実業計画』の同時代的位相――英・中初出稿とその評価をめぐって――」『人間・環境学』第19巻、2010年。「孫文と医学――『紅十字会救傷第一法』をめぐって――」『文明構造論』第5号、2009年

田中剛（Tanaka Tsuyoshi）鳥取。博士（神戸大学）
神戸大学大学院人文学研究科研究員。「成吉思汗廟の創建」森時彦編『20世紀中国の社会システム』京都大学人文科学研究所、2009年。「『蒙疆政権』の留学生事業とモンゴル人留学生」『歴史研究』第38号、2001年

許紀霖（Xu Jilin）中国上海
華東師範大学歴史学系教授。『啓蒙如何起死回生：現代中国知識分子的思想困境』北京大学出版社、2011年。『大時代中的知識人』中華書局、2007年

許毓良（Hsu Yuliang）台湾台北。博士（台湾大学）
台湾輔仁大学歴史学系助理教授。『清代台湾軍事与社会』九州出版社、2008年。『清代台湾的海防』社会科学文献出版社、2003年

安井三吉（Yasui Sankichi）東京
神戸大学名誉教授。『帝国日本と華僑――日本・台湾・朝鮮』青木書店、2005年。『孫文と神戸（補訂版）』神戸新聞出版センター、2002年

鄭小威（Zheng Xiaowei）Ph.D.（University of California at San Diego）
Assistant Professor, Department of History, University of California, Santa Barbara. "Loyalty, Anxiety and Opportunism: Local Elite Activism during the Taiping Rebellion in Zhejiang, 1851-1864," Late Imperial China, 40.2, 2009. "Passion, Reflection and Survival: Political Choices of Red Guards at Qinghua University, June 1966-July 1968," Joseph W.

Esherick, Paul G. Pickowicz, and Andrew G. Walder, eds.,China's Cultural Revolution As History, Stanford University Press, 2006.

索引

人名索引

※中国、韓国、モンゴル、朝鮮の人名については、日本語の読みにしたがって配列した。

あ行

アッカーマン　121
ジョバンニ・アリギ　345
ハンナ・アレント　98
伊集院彦吉　90, 92
伊東俊太郎　309, 310, 317
伊藤柳太郎　79, 90, 91
伊徳欽　77, 78, 83-86, 88-90
井上円了　37, 40
井上清七郎　149
井上貞次郎　150
マックス・ウェーバー　105
于恒山　76, 86, 91
烏沢声　11-13, 18, 19
内田康哉　82, 92
宇都宮太郎　86, 92
ジョセフ・エシェリック　16, 107, 342
閻錫山　331
袁世凱　58, 67, 78, 90, 98, 106-125, 157-160, 173, 283-294, 330, 331, 341, 345
オイケン　306, 316

汪以鍾　81
汪睿昌　77, 78, 88
汪暉　144, 349
欧榘甲　27, 326
王子鳳　68, 70
王時沢　27, 29
王振邦　70, 71
王人文　200, 204, 219, 220
汪精衛　18, 103, 335
王正廷　255
汪東　19
王陽明　37, 38
欧陽予倩　38
恩和布林⇒呉恩和

か行

賀金声　324, 325, 329, 333
郭樹清　209, 210, 221
郭沫若　216, 217, 222
蒲豊彦　256, 268
川島真　285, 295
河原操子　57, 77, 79, 85, 91
甘作霖　132
簡又文　261, 262, 270
菊池義郎　69
喜多清三　167, 171

魏忠賢　215
帰徳雲　235, 236
丘廑競　68, 70
姜義華　306, 313, 315
龔宝銓　29
許家慶　132, 142, 147
許崇智　61, 63
金永昌　77-79, 84, 86, 88-90
金冲及　59, 68-76
クェブリ　305, 316
グンサンノルブ　77-79, 81-90, 94
慶藩　66, 68, 70
厳復　43, 45, 127, 177, 190, 327, 344
弘一法師⇒李叔同
黄遠生　123
恒鈞　12, 13, 18, 19
高君実　132
黄興　160, 284, 323, 332, 333, 338
江三乗　207
黄士誠　25
洪秀全　261-264, 265, 268, 271

光緒帝	154, 155, 215, 221	朱叙五	24, 33	曾国藩	108, 231-233, 248
洪仁玕	259, 260	鐘栄光	254-262, 265, 266, 268-270	曹錕	290, 291
黄楚九	185, 187, 195			叢良弼（興業公司）	150
幸徳秋水	136, 145	勝恩	64	孫中山⇒孫文	
康有為	12, 55, 143	章開沅	59, 73, 74, 247	孫道仁	61, 65-67, 70
黄宗羲	105, 127	蒋介石	13, 19, 310	孫文	5, 6, 13-19, 22, 23, 25, 27, 28, 31-33, 59, 73, 93, 102, 105, 122, 126, 129, 158-160, 171, 252-254, 261, 262, 265, 268, 277-293, 295, 297-323, 326-328, 331, 333-334, 337, 338, 343, 345, 355, 357-361, 363, 365, 368, 370, 373
胡永年	197, 198, 218	章士釗	40, 123		
顧炎武	113, 114, 128	章錫琛	132		
呉恩和	76, 85, 90, 92	松寿	60, 62, 64		
胡漢民	103, 334	章太炎⇒章炳麟			
呉錦堂（怡生号）	150	焦達峰	24, 33		
辜鴻銘	140	章炳麟	11, 35-40, 54, 57, 314, 328		
呉芝瑛	50				
呉凌清	251, 367	ショーペンハウアー	138, 306, 307, 316		
胡縄武	59, 68, 73-76				
小林丑三郎	180, 195	ショーペンハウエル⇒ショーペンハウアー		**た行**	
胡愈之	132, 145				
		邵力子	190, 195	太平	85
さ行		エモリー・ジョンソン	303, 320	瀧川辨三	149
				譚延闓	24
蔡元培	22, 32	秦檜	215, 216	譚嗣同	39, 44
蔡高	248-255, 265, 266, 268, 269	岑春煊	67	単士釐	42, 55
蔡如金	59, 68, 73, 76	スターリン	10, 18	端方	199, 200, 203-205, 209, 219
載沢	152, 153	サミュエル・スマイルズ	138		
薩鎮冰	66-67			段治文	300, 310, 312
史堅如	254, 265, 266, 268	盛宣懐	198	（ジェローム・）チェン	113, 114
清水誠	149	西太后	40, 108		
下田歌子	50, 57	石長信	198	長安	81, 82
シャルティエ	130, 144	銭恂	42	張雲山	24
周恩来	341, 349	銭智修	132, 135, 145, 147	張海珊	68, 70, 71
秋瑾	29, 30, 34, 45, 50-51, 56	銭鼎	24, 33	張勲	290, 291
		宋教仁	36-39, 54, 102, 118, 283, 287, 290	張元奇	67
習近平	341			張彩廷	260
朱山	205, 206	宋慶齢	302, 306, 315, 316	張之洞	197, 198, 201

趙爾豊	26	
張祝齡	255-262, 264, 266, 268-271	
趙修五	139, 146	
張振勳	230	
張相臣	22	
張廷獻⇒張祝齡		
張東蓀	125, 129	
張伯祥	30	
張白麟	25	
張仏泉	122, 129	
張朋園	59, 73-75, 128, 129, 249, 333	
張鳳翔	24, 25	
張魴	24, 25, 33	
張友深（同益号）	150	
朝魯	81, 82	
チョロー⇒朝魯		
陳金芳	59	
陳源来（合昌号）	150	
陳公博	193-195	
陳孔立	59, 68, 73, 76	
陳作新	24	
陳輯五	255, 257, 270	
陳天華	13, 38, 50, 102, 126, 155, 325	
陳独秀	114, 128, 176, 190, 194	
土谷久米蔵	61, 64	
程瑩度	207	
鄭権	63, 64, 67, 74-77	
鄭祖蔭	59, 60, 67	
ディッキンソン	140	
プラセンジット・デュアラ		
	276, 356	
チャールズ・テイラー	350	
杜亜泉	131, 133-136, 138, 139, 145, 146, 173	
桃格桃布⇒陶建華		
陶建華	84	
湯化龍	115	
鄧孝可	198, 199, 202, 204, 205, 207, 219	
唐紹儀	117, 158	
陶成章	27, 28, 34, 328, 334, 335	
桃拓胡	84	
唐瑢	323-338	
鄧文翬	30, 34	
トクヴィル	31, 32, 34, 93, 108	
徳欽⇒伊徳欽		
徳寿	254	
特木格図⇒汪睿昌		
杜山佳	132	
戸田海市	140, 148	
富永理	11, 18	
トルグート	87, 90-92	
土爾扈特⇒トルグート		
ドリーシュ	305, 306, 315, 316, 322	

な行

並木頼寿	251, 267	
西村千代子	37, 54	
諾們畢勒格⇒金永昌		

は行

ハーレ	30	
オットー・バウアー	10	
馬寅初	182, 187, 193-195	
伯王	78	
麦少彭	87, 152	
麦沾恩	253, 270, 271, 273	
ハスバートル	80	
哈斯巴塔爾⇒ハスバートル		
巴達而胡	85	
濱野末太郎	301, 312	
パルタ	87, 88, 90	
潘樹声	139	
潘廷檖	240, 241	
ハンバーグ	252	
広重徹	309, 310, 317	
馮雲山	264	
馮炎公	256-259, 262, 266, 270, 273	
馮自由	29, 268	
深町英夫	304, 306, 311	
溥儀	108, 291, 341	
福島安正	79, 87	
富齊寶	82	
フッサール	344	
ヨアン・ブルンチュリー	11	
文楷	63	
ベルクソン	305, 306, 315-317, 322	
マリークレール・ベルジェール	176	
彭寿松	61, 63, 65, 67	

376　人名索引　は行〜欧文

彭芬　206, 207, 220
ピーター・ボウラー　209
樸寿　62-64
蒲殿俊　26, 198, 220
ホブズボーム　133, 135
ホフマン　31, 32, 34
ボルンハック　102
本田義知　149

ま行

ジョージ・マクニュール　253, 268
町田咲吉　82, 83, 89
スーザン・マン　276
萬炳南　24
溝口雄三　111, 128
宮崎滔天　28, 34, 279, 294
ミルン　256
村井弦斎　38, 54
メドウズ　264
蒙功甫　204, 206
ロバート・モリソン　255

や行

山本憲　140
熊十力　19, 40, 316
尤先甲　241
姚煜　80
楊国楨　59, 68, 73, 76
楊守仁　27
楊松　215
楊素蘭　209
楊度　12, 13, 119, 120, 122, 128, 129

楊文会　39
吉原四郎　79
横山宏章　287, 295

ら行

オーウェン・ラティモア　15
ラトゥーレット　263
拉嘛札布　80
羅倫　26
李経羲　330
李劼人　205, 217, 218, 220, 221
李剣農　117, 128, 129
李鴻章　99, 231, 278, 279, 283, 292, 294, 295, 326
李叔同（弘一法師）　35, 36, 38, 39, 54
李世燮　37, 54
柳亜子　38
劉公　156
劉成禺　251, 267, 268
劉崇佑　62
劉声元　206, 216
劉道一　29
梁啓超　12, 40, 102-106, 109, 115, 117, 123, 125, 127-130, 132, 137, 144, 172-173, 213, 287, 323, 325-330, 333-336, 344
梁漱溟　40
梁澤蘭　256, 257, 269
梁発　251-259, 262-271, 273-275

梁慕光　29
林希逸　256, 269
林顕啓　67
林斯琛　60, 67
林増平　59, 73, 74
林万山　59
ルソー　37, 124
黎元洪　33, 159, 160
ジェームズ・レイノルズ　350

わ行

ワイリー（Alexander Wylie）　264
渡辺祐子　263, 271

欧文

Marie-Clair Bergère ⇒マリークレール・ベルジェール
Roger Chartier ⇒シャルティエ
G. Lowes Dickinson ⇒ディッキンソン
Eric Hobsbawm ⇒ホブズボーム
Ralph William Huenemann ⇒胡永年
Theodore Humberg ⇒ハンバーグ
Kenneth S. Latourette ⇒ラトゥーレット
George Hunter McNeur ⇒ジョージ・マクニュー

ル
Thomas Taylor Meadows

⇒メドウズ
Charles Taylor ⇒チャールズ・テイラー

事項索引

あ行

愛国　23, 154, 166, 167, 201, 209-211, 215, 254, 265
新しい公共　357
アヘン　137, 269, 312
アヘン禁煙運動　255
アメリカ革命　112, 113, 115, 119, 124, 125, 173, 356
アメリカ憲法　99
『アメリカのデモクラシー』　31, 34
廈門　59, 67-73, 76
『廈門志』　59, 68
『廈門市志』　67
アルタイ弁事長官　90
アルバニア　133
医学　37, 88, 304, 311, 312, 315
イギリス名誉革命　356
「鷽爵」　227
毓正女学堂　77, 79, 85, 91
意志　99, 101, 105, 106, 116, 117, 138, 139, 154, 186, 233, 279, 284, 292, 307, 317
「移情閣」　5
「一統龍華山」　28, 30
以党治国　289
印僑　150
内蒙古　14, 17
内モンゴル　77, 78, 83, 94, 95, 349
内モンゴル人民革命党　77
雲貴総督　330
益賽会　256
エスニシティー　9, 346
エスニック　9, 14, 16
粤漢鉄道　197
エーテル　39, 49
エリート　9, 15, 47, 104, 107, 112, 115-117, 120, 196, 199, 200, 202, 203, 205, 211, 212, 217, 219, 274
「捐（寄付）」　228-233, 235-237, 241, 245
塩課　224, 225, 246
『沿革規則』　80, 83, 85, 90-91
塩商　226, 228, 246
王道　6
オーストリア＝ハンガリー帝国　9
オスマン帝国　8, 16, 112
オタゴ大学ホックンコレクション（Hocken Collection, University of Otago）　253
オリエンタリズム　141

か行

改革派　11, 12, 341, 342, 350, 351
会館　152, 223, 224, 228, 230-239, 241-245, 248, 274, 275
海関税　224, 225, 230
階級矛盾　348
外国借款　196-201, 203, 204, 207, 212, 218, 219
外国租界　183, 185, 186
会衆　22, 24-26, 28
『開智録』　155
「海底」　25
会党　22, 23, 25, 27, 29-31, 33, 34, 94, 136, 142
会党革命　30
改土帰流　17
恢復中華　278, 280, 281
開明専制　102, 106
開明専制論　127, 323
『開明専制論』　127, 327
華界　184, 185
科学　19, 34, 39, 49, 94, 99, 137-139, 144, 146, 176-178, 182, 188, 193, 297-319, 337, 338
科学革命　298, 309, 310
「科学救国」　300
「科学帝国主義」　300
華夏文化　348
「郭樹清事件」　210
格致書院　254

事項索引　か行　379

岳飛　　　　　30, 157, 171
革命　5, 6, 8, 11-15, 18, 22-
　　40, 42-44, 46, 47, 49-51,
　　56, 58, 67-77, 86, 89, 90,
　　92-95, 98-122, 124-128,
　　130-137, 141-145, 148,
　　149, 152, 154-160, 167,
　　169, 171-174, 176-178,
　　194, 209, 219, 223, 245,
　　249, 251-256, 258-262,
　　266-268, 274-276, 278-
　　293, 295-298, 304, 305,
　　308, 309, 311, 314, 317,
　　323-332, 334-340, 343-
　　345, 348-357
「革命協会」　　　　　　28
革命党　24, 59-63, 66, 68-
　　70, 72-74, 102, 106, 109,
　　110, 113, 115, 118, 119,
　　134, 284, 285, 287-289,
　　292-294, 326, 333-335,
　　338
革命派　11-13, 27, 29, 65,
　　68, 94, 98, 100-104, 137,
　　173, 276, 283, 290, 314,
　　326-329, 331, 332, 335,
　　341, 342, 350
「革命方略」　280, 286, 289,
　　294
華興会　　　　　　　　280
華人　23, 170, 255, 256, 270,
　　272, 355
華商　　　149-152, 170, 194
学界　58, 59, 67, 204, 250,

　　323, 326
「合衆建国」　　　　　114
華南　　　271, 274, 276, 279
株式市場　　　　　180, 188
画報　36, 40, 41, 44-49, 53,
　　55, 56
カリスマ的統治権威　118
牙釐総局　　　231, 235, 236
哥老会　　　24-28, 30, 33
漢奸　　　211, 215, 218, 275
環境革命　　　　　　　309
管子　　　　　104, 105, 127
『勧世良言』　251, 253, 258,
　　259, 263, 264, 266, 271
関税　197, 224, 225, 230, 246
漢族　11-13, 17, 28, 94, 268,
　　292, 348, 349
「漢族同登普渡堂」⇒「一
　　統龍華会」
広東（省）　6, 27, 29, 59, 60,
　　75, 150, 152, 170, 197,
　　200, 206, 228, 251-253,
　　255, 259-262, 265-267,
　　276, 290, 295
広東欽州・廉州蜂起　　60
広東七女湖蜂起　　　　60
広東十三行　　　　　　228
義兄弟　　　26-28, 30-32
妓女　　　　　46-50, 56
貴州　　　23, 25-27, 33, 75
義荘　　　　　　　　　237
『癸卯旅行記』　　　42, 55
急進主義　　　　　　　275
「俠」　　　　　　　　　27

「教会源流考」　27, 28, 34
『競業旬報』　　　　　157
共産主義　　　　　　　10
郷紳　　　199, 206, 208, 274
「共進会」　　　30, 34, 156
郷村自治　　　　　111, 113
競存　　　　　　　111, 353
橋南公益社　　　　　60, 63
共和　22, 90, 99-101, 103,
　　103, 112, 118, 119, 124,
　　130, 135, 137, 141, 144,
　　166, 174, 280, 282, 331
共和革命　11, 22, 35, 135,
　　141, 173
虚君共和　　　　　109, 110
キリスト教会　　　251, 260
義和団事件　78, 109, 261
銀行　61, 63, 74, 176, 182-
　　184, 189, 197, 198, 201,
　　256
『銀行週報』　　　　　189
『菌説』　　　　　　　37
近代植民地体制　　　347
近代性概念　　　　　179
近代多民族国家　8, 340, 342,
　　351, 352
『近代中国の革命と秘密結
　　社』　　　　　32, 33
「欽定憲法大綱」　153, 345
金融危機　176, 177, 187, 189
駆除韃虜　　　278, 280, 281
熊本　　　　　　　　　255
倶楽部　　　　　　　　32
グローバリゼーション　8,

14, 15, 340
グローバリティー 340
軍国民教育 135
君主専制 100, 101, 133, 281
軍紳政権 114, 128, 129
「訓政」 102, 106, 281, 287-289, 310, 338
「軍政」 102, 106, 281, 287
軍政府 25, 65-67, 70, 71, 126, 280, 281, 294
軍閥 6, 67, 112-114, 125, 126, 284
「軍法の治」 281, 289
慶應義塾 354
経済学 176-179, 187-190, 192-194, 275, 344
経済自由主義 186, 190
経済的自由 184
恵州蜂起 254
「恵商」 226, 227, 229, 230, 239, 242, 243
警世鐘 155, 171
「継続革命(文化大革命)」 98
啓蒙科学観 300, 301, 304, 307
結婚 36, 40, 44-46, 49, 56, 256, 302
権威 98-102, 104, 109, 110, 112, 116, 118, 119-122, 126, 173, 192, 203, 213, 298, 302, 313
「建国方略」 22, 33, 285, 292, 294, 297, 309

憲政 35, 98, 99-110, 116-122, 124-126, 129, 131-134, 137-139, 152, 153, 172, 173, 218, 221, 286, 310, 330, 341, 348, 349
「憲政」 281, 287
憲政改革 326, 330
憲政考察(視察)団 152
憲政予備会 25, 33
『原富』 344
「憲法重大信条十九条」 345
「憲法の治」 281
権力 11, 25, 67, 69, 98-105, 107-126, 134, 160, 173, 187, 199, 206, 207, 212, 217, 218, 239, 243, 292, 349
公 124-125
公益社 60-63, 150
[交易]所 178
広学会 258, 259, 270-272
公共空間 46
——心 124
——善 124, 310
——利益 124
——領域 245
公所 63, 223, 224, 230-245, 248, 274, 275
江蘇(省) 59, 75, 79, 227, 234, 236, 242, 249
『江蘇』 102, 155
江蘇諮議局 242
皇族内閣 109, 173
「後知後覚者」 285, 304, 307

興中会 25, 28, 59, 254, 278-280, 285, 287, 290, 294
皇帝 28, 99, 108, 110-113, 116, 118, 120, 130, 173, 216, 282, 284, 287-292, 297
皇帝の代弁者 351
工部局 186
光復会 30, 280
神戸(会議) 5, 6, 86, 87, 149, 150, 152, 169, 343, 345, 353
神戸華僑 87, 152, 167
『神戸新聞』 167, 170
公理 99, 101, 103, 335
「合理化」 107
「洪門」 23, 25, 27-28, 30
黄竜旗 151, 153, 156, 165, 166, 170
『国史前編』 22
『国粋学報』 157
国族主義 286, 293, 295
国民 13, 35, 41, 45-56, 103, 124, 131-133, 135, 137-140, 143, 146, 148, 154, 172, 178, 194, 197, 198, 201, 202, 205, 212, 214, 215, 217, 218, 230, 280-282, 285, 288, 289, 292, 293, 307, 309, 327, 328, 353
国民革命 98, 194, 280
国民経済 177-181, 193, 194
国民国家ナショナリズム

事項索引　か〜さ行　381

　　　　　　　　　　341
国民主権　　177, 200, 217
五権分立　　282, 288, 293
湖広外国借款条約（草稿）
　　　　　　　　　　197
心　　　　　　　　　 35
五四新文化運動　48, 50,
　　131, 144
五色旗　152, 155, 156, 162,
　　165, 351
個人主義　140, 190, 298
五族　10, 13, 162, 341, 346,
　　348
　──共和　　11, 13, 16,
　　18, 161, 162, 340, 341, 3
　　45, 346, 348
　──君権　　　　　341
国旗　148, 151, 152, 165, 166,
　　169-172, 174, 351
「国旗条項」　　　　152
国権　113, 115, 117, 126, 200,
　　201, 203, 210, 211, 217,
　　218, 275
子供　　153, 164, 211, 273
コード　　　　　　　340
湖南（省）　23, 24, 26, 27,
　　33, 75, 114, 148, 156, 169,
　　197, 200, 201, 206, 218,
　　242, 249, 267, 324, 325,
　　331, 338
個別性　　　　　　　356
護法運動　　　　　　331
『湖北学生界』　　　157
混住　　　　　　　　349

さ行

『サイエンティフィック・
　　アメリカン（Scientific
　　American）』　301, 312
財税国家（fiscal state）
　　　　　　　　　　245
財団法人孫中山記念会　5,
　　355, 358, 359
『細胞の知性』　305, 306
在理教　　　　　　　 32
雑誌　12, 38, 40, 41, 47, 102,
　　125, 131, 132, 144, 145,
　　148, 155, 157, 173, 181,
　　182, 255, 256, 301, 312,
　　336
雑徴　　　　　　　　224
三教合一　　　　　　332
参政院　　　　　　　116
三合会　　　　　　28, 29
三段階革命　102, 286, 287,
　　293
『三民主義』　297, 302, 309
「三民主義講演」　　 285
私　　　　　　　124, 125
ジェンダー　 35, 43, 54-56,
　　93, 94
諮議局　24-26, 62, 107, 113,
　　128, 196, 198, 201, 202,
　　207, 212, 242, 243, 249
「絲絹公所」　　236, 237
市場経済　177, 179, 190, 192
　　-194, 245, 275, 343-345
　──資本主義　　190,

　　191, 193
『時事新報』　183, 188, 195
「事実上の代表」　223, 225
『時事報』　　　　　 41
資政院　13, 44, 131, 153, 199,
　　212, 213
四川劇（川劇）　　　209
四川諮議局　　　196, 201
「四川商会公報」　203, 219
四川人　196, 198-200, 202,
　　205-207, 210-217
四川保路運動　34, 196, 206,
　　213, 215, 218, 219, 274,
　　275
「四川保路同志会会報」
　　　　　　　　196, 206
自然科学　139, 298, 299, 301
　　-303, 305, 311, 315, 317
士大夫　100, 107, 120, 121,
　　288
自治学社　　　25, 26, 33
七族共和　　　　345, 346
『実業計画』　297, 301, 303,
　　313
「支那保全分割合論」　281,
　　294
資本主義　127, 133, 178, 190
　　-194
市民革命　　　　　　356
　──結社　　31, 32, 34
　──社会　12, 13, 32, 93
社会科学　193, 298, 299, 302,
　　311, 317
社会革命　　　　135, 281

「社会建設（民権初歩）」 285
社会主義 10, 133, 135, 136, 145, 173, 310, 317, 347
——革命 356
社会進化論 35
社会政策 135, 136, 145
社会ダーウィニズム 13
社会福音運動 254, 255
上海 38, 40-42, 46, 56, 57, 59, 62, 66, 73, 75, 90, 149, 150, 158, 159, 169, 176-187, 189-195, 197, 199, 206, 227, 213, 255, 258, 262, 265, 274, 275, 312, 346-347
「上海ゴム恐慌」 176
上海商事研究会 187
上海証券物品取引 178, 179
上海総商会 179, 184, 186, 274
『上海総商会月報』 182, 195
上海孫中山故居蔵書 301, 312, 313, 319, 320, 322
種 36, 39, 40, 44, 49, 57
周縁 9, 12-16, 40, 41, 94, 107
『十九条信約』 109
「宗教科学並行不悖論」 139, 146
宗教結社 32, 78
住民の意思 343
主権 17, 100, 103, 110, 112 -115, 120, 121, 142, 176-179, 184-187, 196, 200, 201, 210, 212, 217, 274, 275, 293, 340-343, 348, 350
守正学堂 82, 84
守正武学堂 77, 79-86, 88, 90
種族 12, 13, 93, 134, 142, 143, 148
——革命 103, 127, 134, 327
——民主政体 192
自由 36, 44-46, 103, 135, 143, 155, 168, 176, 178, 179, 184, 186, 190, 192, 194, 211, 274, 275, 280
——市場 177
——主義 31, 122, 178, 186, 191, 192, 344, 347
——平等 278, 293, 338
儒家 28, 105, 109, 110, 112, 120, 121, 124, 331, 336
——士大夫 109, 110, 120
「恤商」 226, 227, 229, 245
十八星旗 152, 156, 162, 165, 166
巡撫 24, 25, 227, 231, 234, 238, 239
商会 179, 182, 184-186, 195, 203, 219, 223, 224, 227, 229, 236-245, 247-249, 274-276

——簡明章程 223
——聯合会 242, 243
商業税 224-227, 230, 238, 239, 245, 246, 274-276
「証券交易所法」 178
証券取引所 176-179, 192, 274, 275
『上杭県志』 59
「昌熾社」 149
商戦 244, 245
商標 148-152, 165, 167, 170, 171
『商標注冊試弁章程』 151-152
『商報』 182, 184, 188, 194, 195
『商務印書館』 131, 346
商務総会 65, 69, 70, 227, 239-242
「祥和豊洋貨号」 149
『蜀報』 198, 199, 202, 204, 205, 219
植民地 17, 56, 58, 73, 93, 95, 99, 112, 114, 128, 179, 275, 300, 347
女子教育 36, 50, 57, 84
『女子世界』 40, 41, 45, 54
女性 29, 35-37, 40-44, 46-50, 93, 142, 147
女性史 35
ジョソト盟 77, 78, 83, 94
女工 46, 48-50
清 8, 11-18, 23-31, 35, 41, 42, 47, 49, 53-55, 58-61,

63, 65, 66, 68, 72-79, 83,
86-92, 98-103, 105-113,
115, 116, 119, 120, 125,
127-132, 134, 135, 144,
145, 148, 149, 151-157,
159-161, 167, 169-173,
177, 178, 185, 186, 196-
199, 201, 202, 206, 211,
214, 218-221, 223-231,
237, 239, 242-256, 258,
259, 265-267, 274, 278,
281, 282, 284, 285, 290-
293, 297, 312-314, 317,
323-326, 330, 331, 333,
340-342, 347, 348, 350
進化論　14, 28, 298, 299, 305,
306, 314, 315
新カント主義　　　138
「新広東」　　　　27
辛亥革命　5, 6, 22, 23, 25-
28, 30, 31, 33-35, 38, 40,
43, 47, 49, 56, 58, 59, 61,
62, 67, 70-77, 86, 89, 90,
92-95, 98, 100, 102, 106
-108, 110-116, 120, 121,
124-126, 128-133, 136,
141, 143-145, 148, 149,
152, 154-156, 159, 167,
169, 171-173, 176, 219,
223, 245, 249, 251, 253,
255, 256, 258-260, 262,
263, 264, 266-268, 274-
276, 278, 282, 284, 286,
289, 291, 292, 295-297,

309, 310, 323, 330-332,
337, 338, 340, 343-345,
348-350, 352-358
『辛亥革命運動史稿』　59,
73, 74
『辛亥革命史稿』　73-76
辛亥革命百周年記念東京会
議　　　　　　　356
辛亥革命百周年記念日本会
議組織委員会　　355
「辛亥革命百周年に向けて
のメッセージ」　　5
シンガポール　66, 326, 329,
333, 356
新疆　14, 16, 19, 87, 90, 161,
349, 352
新軍　24-26, 61-63, 74, 112,
159, 282
神経病　　　35-39, 49, 93
信交風潮　　　　177, 192
『新史学』　　　　247
紳士階級　　　　109, 111
『神州女報』　　　45, 56
「新女性」　　　　48, 50
「新燧社」　　　　149
新政　65, 98, 106-108, 120,
149, 152, 153, 161, 167,
173, 229, 230, 238
『新青年』　144, 145, 193, 195
身体　35-37, 40, 41, 54, 55,
343, 344
『仁学』　　　　　39
『人体』(The Human Body)
305

信託会社　177, 179-184, 188,
189, 192, 193
人種　9, 11-13, 16, 54, 55,
137, 140, 141, 214, 290,
350
「新湖南」　　　　27
神聖ローマ帝国　　112
清朝　11-13, 15-17, 23-28,
41, 55, 58-61, 63, 65, 66,
68, 72, 78, 79, 83, 87, 90,
98, 100, 106-110, 112,
116, 119, 120, 130-132,
134, 148, 151-155, 157,
159-161, 167, 173, 185,
186, 196-198, 202, 211,
214, 220, 223-229, 231,
239, 244-248, 251, 253,
255, 259, 266, 267, 274,
278, 281, 282, 284, 285,
287, 290-293, 297, 314,
317, 323-326, 330, 331,
333, 340-342, 347, 348,
350
清帝国　8, 12, 14, 154, 169
清帝退位詔書　　　341
新聞　36, 41, 47, 56, 58-62,
67, 70-72, 87, 131, 141,
148, 159, 179-182, 184,
188, 189, 192, 198, 202,
206-208, 261, 324, 329
『新編家政学』　　50, 57
申包胥　　　　　216, 222
人文科学　　　　298, 311
『申報』　　　　　41, 195

進歩党　71, 98, 115-119, 122, 125
『新民叢報』　100, 132, 137, 144-146, 157, 333
人民　9, 12, 15, 16, 18, 19, 99-102, 104, 114, 116-117, 121, 126, 134, 151, 196, 203, 205-208, 210, 212-218, 226, 242, 279, 281, 285, 287-290, 292, 293, 309, 317, 327, 335
　——主権　100, 115
　——の意志　99, 116, 117
　——の権利　196, 208, 210, 213, 217, 335
心理建設　137, 285, 294-296, 309
『心理療法』　38, 40
『申論種族革命与政治革命之得失』　327
崇正学堂　77, 81, 82, 86, 90, 91
『図画日報』　41, 44, 45, 48, 53-56
「星期公報」　84
生気論　305, 306, 308, 315, 316
盛京将軍　78
「生元」　305-307, 317
『西顧報』　208, 220
政治革命　103, 127, 130, 134, 137, 142, 143, 278, 281, 327

政治的正統性　341
（政治的な）フレイム・ワーク　349, 352
「清燧社」　149
政体　8, 102, 105, 107, 110, 125, 126, 134, 142, 173, 192, 246, 281, 282, 288, 292, 234
青天白日旗　152, 155, 156, 162, 165, 166
正統性　161, 252, 341
正当性　99-101, 104, 109, 112, 116, 121, 126, 155, 158, 177, 178, 199, 203, 213, 291
青年会議勇団　64
「生の哲学」　305-309, 317, 321, 338
「政府組織大綱」　122
西部大開発　14
『生物学の哲学』（The Philosophy of Biology）　305
政聞社　326, 333
西洋　6, 28, 44, 100, 104, 105, 133, 135, 138-142, 147, 208, 218, 297, 300, 324, 337, 338, 340, 344
税捐　226, 229-231, 233, 236-238, 240-243
世界革命　133, 134, 141, 143
世界システム　347
浙江　27, 28, 30, 38, 56, 59, 60, 75, 215

ゼネスト　133, 135
川漢鉄道公司　196, 198-200, 202-204, 206, 217
川劇　209, 215
川人　213, 214, 218
陝西（省）　23-26, 33, 75
専制　22, 58, 100-104, 106, 110-112, 114, 115, 123, 125, 127, 133, 135, 147, 173, 281, 282, 284, 287, 288, 297
　——政体　103, 134, 281
『浅説（日日新聞）画報』　47, 56
「先知先覚者」　285, 304, 305, 307
銭糧　65, 246
善堂　237, 245
創造的進化　306, 315
宗族　237, 256, 276, 285, 286, 295
宗族主義　286, 293
総統制　113, 114, 117, 122, 126
「創立民国」　280
ソヴィエト　10, 11, 15, 17, 18
蘇州　223, 227-237, 240-243, 245, 247, 249, 274
『蘇報』　37, 155
ソ連　8, 14, 17, 18, 106, 112, 367
ソ連邦　9
「孫瓊英」　302, 318-321

孫文学説　　　　　　　285
『孫文学説』　299, 302–305,
　　309, 314
孫文記念館　　　5, 6, 355

た行

太平天国　225, 251–253, 258
　　–268, 270, 275, 276
太平天国叙述　251, 255, 267
台湾（史）　　　17, 58–73
『台湾日日新報』　58–60, 62
　　–65, 67, 68, 70–76
「大アジア主義」演説　　6
第一次広州蜂起　　　59, 60
「大一統」　　　341, 347, 348
大英帝国　　　　　　8, 15
大円和尚　　　　　　　327
『大光報』　　　　　　253
第三革命　　　　　　　290
第5回内国勧業博覧会　79
『大清商律』　　　　　244
大同　　43, 47, 49, 114, 332
『大同報』　　　12, 18, 19
第2インターナショナル
　　　　　　　　　　　10
第二革命　102, 112, 113, 118,
　　283, 290, 292
第二次広州蜂起　　　　60
代理徴収　223, 224, 233–235,
　　237, 276
多元一体論　　　　　　347
多文化共生　　　　　　357
多民族国家　　8–12, 14–16,
　　18, 340, 342, 349–352,

　　356
多民族性の市民権　　　350
地域社会　　　　　95, 267
　　——主義　　　　　　8
　　——秩序　　　　94, 95
地下組織　　　　　　　351
「知行総論」　　　　　303
「致公堂」　　　　　　23
地丁　　　　　　224, 225
「知難行易」　279, 284, 285,
　　292, 304
地方紳士　106, 109, 112, 113
中華革命党　284, 292, 294,
　　338
中華信託公司　　　　　180
中華ナショナリズム　　341
中華民国　12–17, 22, 31, 35,
　　40, 58, 67, 90, 112, 130,
　　143, 145, 152, 154, 158,
　　160–162, 167, 170, 174,
　　177–179, 181, 184, 190,
　　192, 223, 253, 254, 262,
　　265, 282, 283, 292–294,
　　297, 304, 341, 345–348
「中華民国訓政時期約法」
　　　　　　　　　　　345
中共革命　　　　　　　98
『中興日報』　326, 329, 333,
　　334
中国科学社　　　300, 312
中国革命　　6, 8, 33, 59–61,
　　73, 98, 130, 134, 135, 141
　　–143, 292, 358
中国キリスト教史　251, 265

中国共産党　14, 16, 193, 312,
　　317
『中国魂』　　　　　　325
『中国女報』　　　　　　45
『中国存亡一大問題』　327
中国同盟会　37, 38, 280, 294
『中国の命運』　　　13, 19
中国文字　　　　　139, 140
中産階級　　　　　　31, 32
中山服　　　　　　　　154
長沙　　　　24, 90, 231–233
『長汀県志』　　　　　　59
チリ　　　　　　　　　133
チベット　　14, 16, 161, 173,
　　349
チベット族　　　　　　12
知の連鎖　　　　　　　95
チャイナ・インパクト　340
中心　　　　　　　9, 13–15
超国家主義　　　　　8, 349
青島　　　　　　　　　150
『通商行船条約』　　　151
『通問報』　　　255, 268, 269
帝国　8–13, 15–17, 56, 98,
　　99, 112, 133, 148, 154,
　　169, 269, 287, 341–343,
　　345, 348–351
　　——主義　9, 10, 12–14,
　　16, 17, 140, 142, 193, 194,
　　285, 300, 342, 349
帝制　　　58, 281, 290–292
鉄道　26, 169, 196–212, 214
　　–217, 221, 283, 303, 313,
　　330

『天演論』 43, 327
天下主義 346, 348, 349
——秩序 99, 105
『点石斎画報』 41
纏足 35, 36, 40-44, 46, 47, 49, 54
天足 42-44, 55
天壇憲法 118, 122, 345
天壇憲法起草委員会 123
天地会 29, 30
天道 99, 101, 104, 121, 173
天命 99, 110, 116, 117, 120
天理 99, 101, 328
伝統中国 120, 245, 250
伝道団体漢会（Chinese Union） 263
電報 64, 66-69, 148, 200, 207, 219, 220
騰越庁南甸転運局 330
『答飛生』 327
取引所バブル 179, 190, 193, 275
東莞牛眠埔 259, 260, 270
東西文明 137, 139, 142
『東方雑誌』 91, 120, 130-133, 135-147, 172, 173
東北 14, 16, 17
東洋 135, 140, 142, 313
道尹制 71
同化 9, 11-14, 16, 42, 43
「同済公」 25
同盟会 24, 25, 37, 38, 40, 60, 65, 70, 113, 117, 131, 280, 282-286, 288, 289, 292-294
道台 69, 70, 176
道徳 32, 120, 121, 124, 125, 137-139, 146, 180, 181, 187, 189, 193, 215
同孚泰 150, 170
動物 162
同文学校 152
督軍 112
特殊性 180, 182, 193, 246
都市文化ヘゲモニー 274, 356
土地税 275
土司システム 17
都督 24, 65-67, 70, 75, 197, 231, 238, 239
トルコ革命 133

な行

内閣制 109, 113, 114, 117, 118, 126
長崎 355
ナショナリズム 93, 94, 148, 154, 169, 170, 172, 179, 181, 182, 200, 201, 203, 211, 214, 217, 275, 276, 341, 349
南京臨時政府 117, 122, 159
南京将備学堂 325
南社 38
南北和議 157
『南洋総匯新報』 326, 239, 330, 334-336
21世紀の東アジア 5
日中関係 5
日本 5, 6, 11, 12, 14, 16, 24, 37-39, 43-46, 49, 50, 55-60, 64, 66, 69, 72, 73, 77-87, 89-95, 100, 106, 111, 136, 139, 140, 149-152, 156, 159, 164, 167, 170, 172, 177, 178, 182, 192, 244, 275, 283, 300, 306, 309, 311, 312, 314, 316, 317, 326, 327, 337, 338, 344, 345, 353-356
日本語教育 95
日本孫文研究会 343, 355, 358
「認捐」 233-236
ネストリウス派 236
ネットワーク 26, 27, 30, 32, 93, 148, 169, 358
農業税 224-226, 228
農商部 178, 184, 187

は行

拝上帝会 251, 263, 264, 271
ハイチ 133
ハイブリッド 12, 15
——な共同体 357
——な社会 357
——な統合 351
排満 22, 26-28, 30, 31, 35, 130, 173, 267, 324, 327, 328
「売官」 227
客家 259

事項索引　は行　387

覇道	6, 329	
派閥	67, 113, 121, 124, 178, 196, 217	
ハプスブルク帝国	8	
「喀喇沁王府見聞録」	82	
ハラチン右翼旗	77-89, 94	
半植民地	179, 183, 194	
反清復明	23, 25, 27, 28, 30	
万国人種大会	141, 147	
『万国工業所有権保護同盟条約』	151	
東トルキスタン独立運動	352	
東ユーラシア	342	
「美術救国」	38	
秘密結社	22-28, 30-33, 112	
『秘密会党史』	22, 31	
表象	23, 31, 49, 56, 93, 167, 172, 307, 356	
萍瀏醴武装蜂起	24	
フィラデルフィア憲法制定会議	124	
富強	120, 138, 143, 164, 166, 244, 279, 330	
福州	59-70, 72-76, 159, 273	
——プロテスタント	276	
——文明社	63	
複数	94, 178, 356	
復辟	58, 143, 260, 290, 291	
『婦女時報』	47, 56	
武昌	23, 25, 35, 61, 68, 70, 73, 154, 156, 253, 282	
——起義	50, 89, 109	
——蜂起	24-26, 61, 68, 75, 130, 133, 154, 156, 157, 159, 161, 275	
「不知不覚者」	285, 304, 307	
福建	58-61, 65-67, 70-75, 93, 95, 242	
福建革命党	59, 60	
『福建辛亥光復史料』	59, 62, 74-76	
福建政務院	67	
福建同盟会	65	
『復興中国之先声』	68, 73	
仏教	35, 37, 39, 40, 49, 95, 331, 344	
「物質建設（実業計画）」	285, 292, 295	
「不平安慰法」	138, 146	
普遍性	193, 356, 357	
普遍的王権	120	
フライブルク学派	138	
フランス法	275	
プロテスタント	255-258, 265-267, 274, 276	
文化の相互承認	348, 349	
——多元主義	356	
分封制	111	
文明	12, 43-46, 49, 56, 112, 131, 137, 139-142, 146, 154, 183, 186, 213, 297, 300, 309, 310, 317, 332, 335, 338	
「平均地権」	280, 281	
平和と発展	6	
——のヴィジョン	5	
『北京のアダム・スミス』	345	
ペルー	133	
ペルシャ	133, 142	
——革命	133	
辺境	9, 13, 16, 17, 252, 348-351	
辮髪	35, 36, 39, 44, 65, 154, 291	
保安会	68-70	
「包捐」	233, 234, 236	
幇会結社	32	
法家	104, 121	
宝華アンチモン鉱山会社	330	
封建	110-116, 119, 127, 128, 173, 202	
——主義	110	
法制	105, 117, 120	
法政大学	155, 275	
法治	102, 104, 105, 117, 118, 121, 125, 126, 173	
奉天中等学堂	44, 55	
「法理上の代表」	223, 245	
ホーム・ユニヴァーシティ・ライブラリー叢書（The Home University Library of Modern Knowledge）	302	
「北伐（中山）紀念館」	6	
「北洋海軍章程」	151	
北洋集団	341	
北洋勢力	108, 109	
北洋武備学堂	78, 81	

戊戌変法　258, 261, 324
『戊申全年画報』　48, 53, 56, 57
墨家　331, 336
ポストコロニアル　346, 347
ホブド弁事大臣　90
ボリシェヴィキ　10, 14
ポルトガル革命　133
保路運動　26, 34, 196, 200, 203-206, 213-215, 218-220, 274, 275
「保路同志会」　26, 196, 198, 202, 204-209, 214, 219-222, 275
香港興中会　279, 294
香港浸会大学（Hongkong Baptist University）　59
香港道済会堂　255, 259, 267

ま行

澳門（マカオ）　251, 253, 255, 265, 266, 269
『マクニュール家族文書（McNeur Family Papers.）』　253
マッチ産業　149, 150
『燐寸商標史』　167, 171
マッチラベル　148-150, 152-156, 159-162, 164, 165, 167, 169, 170, 172-174
マリー（Gilbert Murray）　302
『マルクス主義と民族問題』　10, 18
満州軍　63, 64
満州国　10, 11, 357
満州族　11-13, 281, 282, 285, 290, 292
ミャオ族　346
民意　101, 116, 120, 121, 126, 191
民権　100, 102, 113, 115, 117, 119, 126, 200, 201, 210, 212, 217, 218, 275, 288, 297, 335
──運動　106
──主義　22, 278, 280-282, 284, 291-293, 295
──初歩　285
民国　38, 71, 74, 98, 103, 105, 106, 112, 113, 115-126, 128, 134, 145, 154, 160, 176, 178, 184-186, 245, 251, 259, 284, 286, 290-292, 323, 324, 330, 331, 341
『民国雙林鎮志』　236, 248
民主　22, 101-104, 106, 109, 111, 113, 115, 119, 125, 135, 178, 190-192, 200, 297, 301, 310, 338, 344, 348, 349
民主共和　100, 101, 105, 110
民生　143, 278, 280-285, 292, 297, 309, 310, 317, 338
民族　8-11, 13-19, 27, 93, 94, 102, 134, 140, 142, 148, 157, 173, 261, 280, 282, 286, 287, 297, 342, 346, 352
──革命　35, 43, 258, 259, 261, 264, 281
──国民国家　347
──国家　8-12, 14-18, 340, 342, 347, 349-352, 356, 357
──識別問題　349
──自決権　10
──自治　10, 12, 13
──性　9-14, 18, 44, 341, 349-351
──の分離権　350
──矛盾　348
『民報』　37, 54, 100, 145, 280, 281, 293-296, 329, 335
民謡　209-212, 275
ムスリム　12, 17
明治維新　106, 295
「明治社」　149
メキシコ革命　133
メソジスト系　256
メディア　36, 41, 49, 50, 148, 149, 167, 169, 172, 178, 192
滅洋軍　325
『猛回頭』　325
モダンガール　49, 50, 56
モロッコ内乱　133
モンゴル族　12
モンゴル独立運動　95, 352

や行

「約法の治」　281, 289
ヤオ族　346
唯物史観　297
「裕課」　226, 227, 229, 230, 239, 242, 243, 245
裕貞祥　150
郵伝部　198, 204, 219
ユートピア　43, 102, 103
『庸言』　125, 129
洋服　154
横浜　29, 90
より大きな市民権　350
『輿論日報』　41

ら行

釐局　233-236, 238-241
釐金　65, 66, 197, 224, 225, 227, 230-237, 239, 242, 246, 248
陸軍士官学校　24, 89
「李鴻章上書」　278, 283
利興成　150, 153
利興公司⇒利興成　152
立憲共和　103, 119
立憲共和制国家　340
『立憲派与辛亥革命』　59, 73, 74
「龍華会章程」　28, 34
柳条辺　17
領域　15, 341-343
両湖書院　323, 332, 333
臨時大総統　158-160, 253, 282, 283, 294
臨時約法　122, 123, 283, 292, 294, 345
倫理　121, 124, 132, 137-139, 176, 203, 297, 310
冷戦体制　347
嶺南大学　254-258, 261, 262, 265, 266, 269, 270, 274
歴史社会学　356
歴史叙述　22, 23
レトリカル　14, 186, 188, 350, 351
レトリック　11, 14, 187, 196, 200, 214, 215, 217, 218, 350, 351
連省自治　114, 126, 128
『煉心学果』　331, 336
連邦制　8, 15, 114

──帝国　15
ローマ共和政　99
六門釐局　235, 238
ロシア　10-12, 16, 17, 133, 140, 341, 356

わ行

「滙英公」　26
和諧社会　309, 317
『我之歴史』　37

欧文

China Mission Year Book　255
De la démocratie en Amérique⇒『アメリカのデモクラシー』
association　31
"The Art of Comforting Dissatisfactions"　138
The Far Eastern Review　303
Letters from John Chinaman (1901)　140
YMCA　254

\multicolumn{3}{c	}{孫中山記念会研究叢書Ⅵ}

グローバルヒストリーの中の辛亥革命
辛亥革命100周年記念国際シンポジウム（神戸会議）論文集

2013年3月22日　初版発行

編　　者	日本孫文研究会
発行者	石　坂　叡　志
印刷所	富　士　リ　プ　ロ　㈱
発行所	汲　古　書　院

東京都千代田区飯田橋2－5－4
電話03(3265)9764FAX03(3222)1845

2013Ⓒ　ISBN978-4-7629-6502-9　C3022

● アジアが生んだ二人の偉人─孫文と南方熊楠の情熱と友好の足跡をたどる！

孫中山記念会研究叢書Ⅴ

孫文と南方熊楠
―孫文生誕140周年記念国際学術シンポジウム論文集―

日本孫文研究会編

本書は、孫文生誕140周年記念国際学術討論会「孫文と南方熊楠―越境する知の対話―」（二〇〇六年十二月九日）に提出された論文を最終編集した学術報告論文集である。
孫文と南方熊楠が、ロンドン滞在中に出会い意気投合した事実は広く知られている。これまで、孫文および南方熊楠個々に関する研究は多く発表されながら、二人の交流に関する研究は少なかった。本書は、孫文研究者と南方熊楠研究者が集い、ユニットごとに報告・討論をしたシンポジウムの成果であり、これからの孫文研究、南方熊楠研究の更なる発展が期待される。

【内容目次】
開会の辞
祝　辞
まえがき

ユニットⅠ　対話の諸相

1897年ロンドンにおける孫文と南方熊楠の交友　　　　　　黄　宇　和（久保純太郎訳）
孫文と南方熊楠の科学哲学　　　　　　　　　　　　　　　武上真理子
アジアにおける自由の行方
　―孫文と南方熊楠を素材として―　　　　　　　　　　　水羽　信男

ユニットⅡ　理想社会の建設

まえがき　　　　　　　　　　　　　　　　　　　　　　　中村　哲夫
旧帝国から近代国家へ
　―孫文及び自由民権によせて―　　　　　　　　　　　　武内　善信
南方熊楠における国家と民族　　　　マルガリータ・ザナシ（根岸智代訳）
孫文の経済思想　　　　　　　　　　　　　　　　　　　　田村　義也
革命家と「野の遺賢」の邂逅
　―南方熊楠の非政治的生涯と孫文―　　　　　　　　　　安井　三吉

ユニットⅢ　孫文・熊楠とアジア

まえがき　　　　　　　　　　　　　　　　　　　　　　　松居　竜五
孫文と南方熊楠そして朝鮮知識人
　にみられるアジアの桎梏　　　　　　　朴　宣　泠（趙ウネ、安成浩訳）
南方熊楠と東アジア情勢　―『佳人之奇遇』、金玉均、『大アジア主義』　　　　　　　　　　　　　緒形　康
広東人博徒、そして孫文　　　　　　　　　　　　　　　　飯倉　照平
孫文・熊楠の「アジア主義」　　　　　　　　　　　　　　中瀬　喜陽
総合コメント　　　　　　　　　　　　羅田広・井戸敏三・真砂充敏・黄彦
閉会の辞　　　　　　　　　　　　　　貝原　俊民
あとがき　　　　　　　　　　　　　　狭間　直樹
【附録】シンポジウム関係者名簿
編集後記

▼Ａ５判上製／252頁／定価4725円
ISBN978-4-7629-2819-2　C3022　07年8月刊